金融科技原理与案例

姚国章　编著

内 容 提 要

本书以金融科技基本原理的探讨和典型案例分析为主线,力求做到理论联系实际、案例指导实践。全书分为"理论与实践篇"和"综合案例篇"。其中,前八章为"理论与实践篇",主要介绍金融科技的基本原理,并配以相应的案例予以解析。后五章为"综合案例篇",综合性地进行案例分析。各章内容分别是第一章"绪论"、第二章"互联网金融"、第三章"区块链金融"、第四章"数字货币"、第五章"保险科技"、第六章"智能投顾"、第七章"智能风控"、第八章"金融科技安全与监管"、第九章"光大银行金融科技综合案例"、第十章"众安在线保险科技综合案例"、第十一章"京东金融科技综合案例"、第十二章"中国平安金融科技综合案例"和第十三章"蚂蚁金服金融科技综合案例"。

本书适合用作各类高等院校以及自学考试金融科技类相关课程的专业教材,也可用作金融系统从业人员的培训教材,对从事相关技术研发的专业人士同样具有参考价值。

图书在版编目(CIP)数据

金融科技原理与案例/姚国章编著. —北京:北京大学出版社,2019.12
ISBN 978-7-301-30940-7

Ⅰ.①金… Ⅱ.①姚… Ⅲ.①金融—科学技术—高等学校—教材 Ⅳ.①F830

中国版本图书馆 CIP 数据核字(2019)第 253973 号

书　　　名	金融科技原理与案例 JINRONG KEJI YUANLI YU ANLI
著作责任者	姚国章　编著
策 划 编 辑	周　伟
责 任 编 辑	周　伟
标 准 书 号	ISBN 978-7-301-30940-7
出 版 发 行	北京大学出版社
地　　　址	北京市海淀区成府路 205 号　100871
网　　　址	http://www.pup.cn　新浪微博:@北京大学出版社
电 子 信 箱	zyjy@pup.cn
电　　　话	邮购部 010-62752015　发行部 010-62750672　编辑部 010-62754934
印 刷 者	河北滦县鑫华书刊印刷厂
经 销 者	新华书店
	787 毫米×1092 毫米　16 开本　19.25 印张　433 千字 2019 年 12 月第 1 版　2019 年 12 月第 1 次印刷
定　　　价	51.00 元

未经许可,不得以任何方式复制或抄袭本书之部分或全部内容。
版权所有,侵权必究
举报电话:010-62752024　电子信箱:fd@pup.pku.edu.cn
图书如有印装质量问题,请与出版部联系,电话:010-62756370

前　言

中国是世界金融大国,金融业是带动第三产业发展、驱动经济增长、提升综合国力的重要引擎,在国民经济和社会进步中发挥着优化资源配置、调节经济运行的基础性作用。夯实金融产业的根基,进一步做大做强金融产业,既是促进我国经济发展、维护经济安全的重要保障,也是培育经济新增长点、加快经济转型升级、应对国际经济局势挑战的有力举措。

伴随着大数据、云计算、人工智能和区块链等新一代信息技术的快速崛起并全方位向金融业渗透,传统的以数据流动为重要业务特征的金融业正经历着前所未有的变革,两者的深度融合迎来了金融科技的新时代。对我国面广量大的金融机构而言,如果无法有效地把握金融科技的发展良机,必将面临毁灭性的打击。国际货币基金组织前副总裁、清华大学国家金融研究院院长朱民教授多次在重要会议中大声疾呼,金融科技对金融业的存款、贷款、融资、财富管理和保险等五大核心功能带来了根本性的颠覆,将金融机构的传统固有的内生产品从设计、生产、风控、销售的过程变成了外生的产业链社会化、市场化的过程。面对金融科技的强烈冲击,如果传统的金融机构不能有效应对,就有可能变成一具被毕加索吃剩下来的"鱼骨头",头还在、品牌还在、框架还在,但是真正的"鱼肉"极有可能被金融科技分食殆尽。此言并非危言耸听,金融科技所掀起的暴风骤雨式的革命正在到来,无论是国家金融监管当局,抑或是数量众多的金融机构,还是普通民众,都必须对此予以高度的关注。从全球范围来看,金融科技的实践发展的速度在很大程度上超越了理论体系建立和完善的速度,相关人才的培养无论是数量还是质量也都远滞后于行业快速发展的需要。有鉴于此,本书以金融科技基本原理的探讨为出发点,力争能形成相对完整的理论框架,并在此基础上对金融科技的典型案例进行具有针对性的分析,以做到理论联系实际、案例指导实践。

全书分为"理论与实践篇"和"综合案例篇"。其中,前八章为"理论与实践篇",主要介绍金融科技的基本原理,并配以相应的案例予以解析;后五章为"综合案例篇",综合性地进行案例分析。各章的内容分别是第一章"绪论"、第二章"互联网金融"、第三章"区块链金融"、第四章"数字货币"、第五章"保险科技"、第六章"智能投顾"、第七章"智能风控"、第八章"金融科技安全与监管"、第九章"光大银行金融科技综合案例"、第十章"众安在线保险科技综合案例"、第十一章"京东金融科技综合案例"、第十二章"中国平安金融科技综合案例"和第十三章"蚂蚁金服金融科技综合案例"。本书适合用作各类高等院校以及自学考试金融科技类相关课程的专业教材,也可以用作金融系统从业人员的培训教材,对从事相关技术研发的专业人士同样具有参考价值。本书在用作相关课程教学时以不少于32课时为宜,在教学过程中应适当更新相关案例的数据,并结合相关内容补充更多的案例进行分析和讨论。

本书的成稿得益于很多良师益友的帮助,在美国访学期间来自吉林工商学院金融学院的王晓丹博士以及我的同事翟丹妮副教授、焦永纪副教授多次针对书稿的内容与我进行讨论,为本书的成稿贡献了独特的智慧;毕业于复旦大学、在中国人民银行工作的吴孟林先生为本书的成稿提供了专业的帮助;研究生李诗雅、吴玉雪、薛新成、王侃亮、贲莉、马娅娅、郭园园、汪征、戴悦媛、杨徐尧、张诗晨、金琰、李娅、王凡迪、杨浩、魏宁、吕桂林、陈垚等同学以及本科毕业后正在德国攻读研究生的范梦迪同学和朱莺燕、金海忠、刘思琦等同学都参与或提供了多方面的帮助,在此向付出努力和智慧的老师、同学们致以诚挚的谢意。

值得一提的是,本书后半部分的书稿是我在美国访学期间完成的。在这十分难忘的三个月中,除了日常安排的学习、交流和考察以外,我几乎把所有能利用的时间都用于本书的编写。我常常在只有我一个人的计算机实验室里从早上八点工作到第二天凌晨,既享受到在异国他乡的宁静和自在,也承受着极大的心理压力。工夫不负有心人,在访学行将结束之际我顺利地完成了初稿,也算是一个特别有意义的成果。我在美国访学期间也不断地留心着美国金融业的创新和金融科技的发展状况,美国有一点跟我国有极大的不同,那就是信用卡和现金是美国最主要的支付方式。尤其是信用卡,大到买各种大件的大额消费,小到缴停车费、买公交车票,几乎都可以通过联网的机具刷信用卡进行消费,各种网购基本也是用信用卡支付的。此外,在美国现金消费也十分普遍,商场里几乎每种商品价格的尾数都标到多少美分,收银员在收款的时候也是一分不让,有时会找给顾客一把硬币,美国人也习惯了这样一种支付方式。正如美国的实体书店依然生意兴隆并没有被网上书店冲垮一样,线上线下有机融合、并驾齐驱应该是大势所趋。科技的终极目的是为了促进人类的进步和繁荣,金融科技也是如此,终究是为了促进金融业的进步和繁荣。所以,我们在学习、研究和实践金融科技时,要始终坚持不忘金融服务的初心,切实地为用户提供安全高效、以用户为本以及与风险、收益和责任相对应的服务,只有这样才能更好地把握金融科技的本质,迎来金融科技革命的胜利。

今年,中国人民银行印发了《金融科技(FinTech)发展规划(2019—2021年)》。这一文件对促进我国金融科技更加科学、健康、快速和可持续的发展起到了重要的指导作用,书中如有相关内容未能更好地反映文件的精神,也请各位不吝指正,以期在再版时进行完善。

本书的教学课件和后续事宜将通过"STEC数字大学"的微信号提供配套服务,欢迎大家关注和交流。

姚国章(Email:yaogz@njupt.edu.cn)
(手机和微信号:13951982945)
2019年9月

目 录

理论与实践篇

第一章 绪论 ··· (3)
    1.1 金融科技概述 ··· (3)
    1.2 金融科技驱动的金融服务变革 ··· (5)
    1.3 金融科技的技术体系 ··· (10)
    1.4 本章小结 ··· (17)

第二章 互联网金融 ··· (18)
    2.1 互联网金融概述 ·· (18)
    2.2 互联网金融的主要模式 ··· (19)
    2.3 互联网金融的监管 ··· (29)
    2.4 互联网金融的风险 ··· (31)
    2.5 互联网金融风险的成因 ··· (36)
    2.6 互联网金融风险的主要特点 ··· (37)
    2.7 防范互联网金融风险的对策 ··· (37)
    2.8 美国 Lending Club 公司 P2P 网贷案例 ································· (39)
    2.9 本章小结 ··· (45)

第三章 区块链金融 ··· (46)
    3.1 区块链概述 ·· (46)
    3.2 智能合约 ··· (55)
    3.3 区块链在金融业中的应用探索 ·· (57)
    3.4 主要发展模式 ··· (63)
    3.5 面临的挑战 ·· (65)
    3.6 发展对策 ··· (66)
    3.7 本章小结 ··· (68)

第四章 数字货币 (69)
- 4.1 数字货币概述 (69)
- 4.2 数字货币的技术体系 (71)
- 4.3 ICO 概述 (73)
- 4.4 法定数字货币概述 (75)
- 4.5 我国法定数字货币的发展 (78)
- 4.6 比特币发展解析 (81)
- 4.7 本章小结 (97)

第五章 保险科技 (99)
- 5.1 保险科技概述 (99)
- 5.2 保险科技为保险业创造的价值 (103)
- 5.3 保险科技的技术体系 (104)
- 5.4 易保云发展案例 (107)
- 5.5 大象保险发展案例 (115)
- 5.6 保准牛发展案例 (121)
- 5.7 Oscar 医保发展案例 (126)
- 5.8 德国 Friendsurance 保险经纪公司发展案例 (132)
- 5.9 本章小结 (138)

第六章 智能投顾 (139)
- 6.1 人工智能概述 (139)
- 6.2 智能投顾 (142)
- 6.3 摩羯智能投顾发展案例 (148)
- 6.4 Betterment 公司智能投顾发展案例 (150)
- 6.5 Wealthfront 公司智能投顾发展案例 (155)
- 6.6 本章小结 (160)

第七章 智能风控 (161)
- 7.1 金融风险的主要类型 (161)
- 7.2 智能风控概述 (164)
- 7.3 大数据风控 (167)
- 7.4 人工智能风控 (170)
- 7.5 宜人贷信用风控实践案例 (171)
- 7.6 本章小结 (173)

第八章 金融科技安全与监管 (174)
- 8.1 金融科技安全概述 (174)
- 8.2 金融科技监管概述 (183)

8.3	金融科技"监管沙盒"	(187)
8.4	英国金融科技"监管沙盒"应用与发展案例	(188)
8.5	本章小结	(192)

综合案例篇

第九章 光大银行金融科技综合案例 (195)
- 9.1 案例背景 (195)
- 9.2 发展部署 (195)
- 9.3 基于大数据的历史交易数据在线查询系统的建设 (196)
- 9.4 大数据风险监控系统 (198)
- 9.5 信用卡风险一体化系统 (200)
- 9.6 理财业务转型 (202)
- 9.7 人工智能应用 (203)
- 9.8 对金融科技发展的思考 (204)
- 9.9 案例评析 (205)
- 9.10 本章小结 (205)

第十章 众安在线保险科技综合案例 (206)
- 10.1 案例背景 (206)
- 10.2 定位和产品 (209)
- 10.3 生态合作与演进 (211)
- 10.4 技术体系 (213)
- 10.5 生态系统 (214)
- 10.6 技术输出 (217)
- 10.7 案例评析 (220)
- 10.8 本章小结 (221)

第十一章 京东金融科技综合案例 (222)
- 11.1 案例背景 (222)
- 11.2 运营模式 (224)
- 11.3 供应链金融 (225)
- 11.4 京东白条 (227)
- 11.5 数字农贷 (229)
- 11.6 创新项目 (230)
- 11.7 大数据风控 (235)

| | 11.8 | 案例评析 | (236) |
| | 11.9 | 本章小结 | (237) |

第十二章 中国平安金融科技综合案例 (238)
- 12.1 案例背景 (238)
- 12.2 技术体系 (240)
- 12.3 业务生态圈 (245)
- 12.4 智能闪赔 (251)
- 12.5 Gamma 智能贷款 (252)
- 12.6 金融科技在保险中的应用 (255)
- 12.7 案例评析 (256)
- 12.8 本章小结 (257)

第十三章 蚂蚁金服金融科技综合案例 (258)
- 13.1 案例背景 (258)
- 13.2 生态体系 (260)
- 13.3 技术体系 (263)
- 13.4 运维体系 (265)
- 13.5 芝麻信用 (269)
- 13.6 蚂蚁微贷 (271)
- 13.7 浙江网商银行 (273)
- 13.8 大数据保险 (276)
- 13.9 大数据车辆定损 (279)
- 13.10 案例评析 (284)
- 13.11 本章小结 (285)

附录 (286)

参考文献 (297)

理论与实践篇

第一章	绪论	/3
第二章	互联网金融	/18
第三章	区块链金融	/46
第四章	数字货币	/69
第五章	保险科技	/99
第六章	智能投顾	/139
第七章	智能风控	/161
第八章	金融科技安全与监管	/174

第一章 绪论

众所周知,金融是经济发展的基本血液和重要支撑,在国民经济和社会发展中担当着基础性、支柱性、普遍性的作用。长期以来,金融业始终与各类信息技术融合共生,既相互促进,又彼此影响。伴随着云计算、物联网、移动互联网、大数据、智能技术和区块链等为代表的新一代信息技术的快速崛起,传统的金融业正面临着前所未有的考验和冲击。毋庸置疑,金融科技既是推动金融业转型升级的重要力量,也是创新金融服务模式、培育新型金融生态的主要驱动力。未来的金融机构将往什么方向演进,会不会成为一家"持有金融牌照的科技公司",金融科技怎样更好地为金融业赋能,诸如此类的问题不仅是金融服务业从业者和金融科技提供者所需要高度关注的,而且也是社会各界十分关心的。对学习和研究金融的相关人员来说,掌握金融科技的基本原理,探究金融科技的实际应用,分析金融科技的相关案例,具有十分重要的意义。

1.1 金融科技概述

金融既是促进国民经济与产业发展的基础性力量,也是满足人民群众全方位需求的基础保障。金融业是高度依赖信息技术的行业,在新一轮信息技术革命面前,金融业正面临着全新的机遇和挑战。

1.1.1 金融业所面临的形势

自 2008 年席卷全球的世界金融海啸发生之后的十余年间,新一代信息技术异军突起,快速渗透到传统金融的各个领域,产生出很多创新的金融服务,赋予了金融消费者极大的主动权。以手机替代柜台、以自助替代人工、以数据替代凭证的趋势正愈演愈烈,大有不可阻挡之势。世界经济论坛(World Economic Forum,WEF)在 2015 年 6 月发布的《金融服务未来》(*The Future of Financial Services*)中指出,破坏性创新如何重塑金融服务业结构、供应及消费,全球金融业必须对此高度重视,主动迎接挑战。2015 年 8 月,《银行家》(*The Banker*)杂志的封面故事《财富管理机器人》,介绍了无须面对客户而是通过在线投资平台机器人即可提供个人化投资管理及顾问服务,必将给传统的投资理财运作模式带来重大冲击。世界银行业领头羊之一的美国花旗银行的全球视角及解决方案部门(Global Perspectives & Solutions,GPS)在经历了大量的调研之后于 2016 年 4 月发布的报告称,金融科技将大大改变如今的银行经营模式,银行业的"优步"(Uber)时刻即将到来,银行的实体部门将逐渐被取代,移动设备将成为客户和银行之间的主要沟通"中介",这意味着银行不再需要那么多实体网,包括在其中工作的人。花旗银行预计未来 10 年间欧美银行将至少裁员 30%,总数量最多达到 170 万人。花旗银行的研究取得了以下三个方面的发现:

(1) 96%的中国电商的销售过程没有传统的银行参与;

(2) 全球银行业 56% 的利润来自放贷,7% 的利润来自支付;

(3) P2P(Peer to Peer,利用互联网平台实现个人与个人之间资金借贷业务的运作模式)网络借贷(以下简称"P2P网贷")虽然规模还不大,但发展前景十分看好。

面对汹涌而来的信息技术革命的大潮,全球金融业正处在"山雨欲来风满楼"的境地,如何积极地应对是世界各国金融机构普遍面临的问题。

1.1.2 金融科技的概念

金融科技的英文为"Financial Technology",以下简称"FinTech",相关的定义多种多样,可谓仁者见仁智者见智。不同的机构比较有代表性的观点列举如下:

(1) 金融科技并非简单的在"互联网上做金融",而是基于移动互联网、云计算和大数据等技术,实现金融服务和金融产品的发展创新和效率提升——蚂蚁金融服务集团。

(2) 遵从金融本质,以数据为基础,以技术为手段,为金融行业服务,从而帮助金融行业提升效率、降低成本——京东金融[①]。

(3) 以技术为基础,并且专注于金融产品与服务价值链上一部分或大部分,主要包括支付、科技支持型借贷、保险科技、市场结构、资产管理科技和资金筹集——高盛集团。

(4) 金融科技指互联网公司或者高科技公司利用云计算、大数据、移动互联网等新兴技术开展的低门槛金融服务,这些服务和银行所提供的金融产品和金融服务,不是颠覆的关系,而是互为补充——中国银行网络金融部。

(5) 金融科技指技术带来的金融创新,它能创造新的业务模式、应用、流程或产品,从而对金融市场、金融机构或金融服务的提供方式造成重大影响——金融稳定理事会[②]。

综合各方观点,本书认为,当今的"金融科技"是指新一代信息技术驱动的金融服务创新,技术与金融的深度融合创造出新的业务模式、新的应用、新的流程和新的产品,从而对金融市场、金融机构、金融服务和金融产业产生革命性的影响。

金融科技的外延涵盖十分广泛,当前较为受关注的业务领域主要包括以下四个方面:

(1) 基础设施,包括电子身份认证、智慧合同、大数据平台和云计算应用等基础设施;

(2) 支付清算,包括手机和网络支付、电子货币以及区块链等;

(3) 融资,包括众筹、P2P网贷、电子货币、区块链等直接融资或间接融资模式;

(4) 投资管理,包括机器人投资顾问、电子自动交易、投资风险控制等。

1.1.3 金融科技与传统金融的比较

与传统金融相比,基于新一代信息技术的金融科技在经营逻辑方面存在着显著的差

[①] 京东金融成立于 2013 年 10 月,经过 5 年的高速发展,业务边界从原有的数字金融领域拓展到了城市服务、数字化企业服务以及智能机器人等,于是在 2018 年 9 月更名为"京东数科"。由于本书聚焦金融领域,除非特别说明,仍然使用"京东金融"这一名称。

[②] 金融稳定理事会是金融领域的一个专门性国际组织,负责对全球金融体系进行监管并提出建议,英文名为"Financial Stability Board",简称"FSB"。该理事会成立于 2009 年 4 月,成员包括 20 国集团国家的中央银行、财政部与金融监管机构,以及各主要国际金融机构与各专业委员会。

异(参见表 1-1)。

表 1-1 传统金融与金融科技在经营逻辑方面的比较

比较类型	传统金融	金融科技
经营目标	致力于提供全方位服务	专注于解决单一痛点
组织人力	传统的阶层组织与人力部署	由网络组织与软件工程师主导
业务流程	管控严谨的烦琐程序	快速简便的作业程序
创新重点	聚焦在新产品发展	聚焦在大数据分析
获利来源	手续费与利差	金融数据或算法
核心客户	传统有抵押品的客户	熟悉数字科技的各类用户
信息架构	以实体机构为核心的大架构	试错与学习兼顾的虚拟架构

1.1.4 金融科技的发展阶段

从金融业与信息技术的融合来看,金融科技已经历了以下三个发展阶段:

1. 金融IT化阶段

这个阶段起始于20世纪八九十年代,主要表现为金融系统开始应用计算机软硬件设备,实现办公自动化和业务一定程度上的电子化作业。在这个阶段,尽管IT部门作为企业典型的成本中心的作用开始显现,但是基本还处在"外围"这个地位,价值尚未充分地体现出来。

2. 互联网应用阶段

这个阶段起始于20世纪90年代中后期,主要表现为互联网开始在金融业中被广泛地应用,网上银行、手机银行等开始大量涌现,金融业利用互联网或者移动终端汇集了海量的用户,实现金融业务中的资产端、交易端、支付端、资金端的有效匹配和互联互通,促进了金融业的作业模式和服务方式的优化升级。在这个阶段,信息技术起到了十分重要的作用。

3. 新一代信息技术作用阶段

这个阶段起始于2008年全球金融危机之后,伴随着云计算、物联网、移动互联网、大数据、智能技术和区块链等新一代信息技术的快速崛起,金融业受到了重要而又深刻的影响,金融业长期固有的金融信息采集来源、风险定价模型、投资决策过程、信用中介角色等均受到了全方位的冲击。传统的金融业经历了近乎"脱胎换骨"式的变革,大数据征信、智能投顾、P2P网贷等新业务层出不穷,金融业的创新进入到一个前所未有的活跃期,新的金融生态体系正在重构之中。

本书所指金融科技主要是指第三个阶段,重点探讨新一代信息技术在金融业中的发展与应用,以及与之相对应的创新和变革。

1.2 金融科技驱动的金融服务变革

在世界各地,由金融科技驱动的金融业变革正在悄无声息地进行中。2015年,以"致力于改善世界状况"为使命的世界经济论坛汇聚了全球工商、政治、学术、媒体等各领域的领袖人物,针对金融服务的未来,邀请了197位来自全球重要的金融业社群、创新社群、学术界以及金融科技新创事业等的行业领导者和创新领袖,经过长达15个月的研究后发布了《金融服务未来》,试图回答金融科技创新所衍生的三个问题:

一是哪些创新对既有金融业的冲击最大?

二是因为冲击,既有金融服务的基础架构、供给方式以及消费行为将如何改变?

三是对客户、金融机构以及整体金融产业来说,这些改变蕴含了什么意义?

针对这三个问题,世界经济论坛提供了"六大功能、十一项创新"的明确研究架构,为金融科技如何驱动金融业的未来变革提供了清晰的路线图。

1.2.1 发展框架

世界经济论坛从支付(Payments)、保险(Insurance)、存贷(Deposit & Lending)、筹资(Capital Raising)、投资管理(Investment Management)和市场供应(Market Provisioning)等六大功能列出了十一项创新(如图1-1所示)。

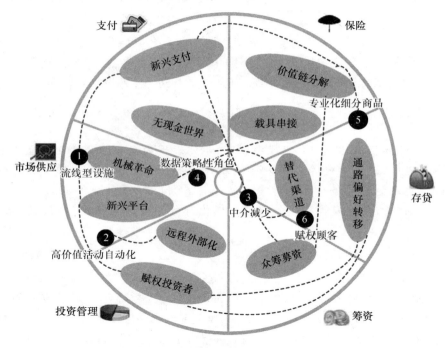

图1-1 金融科技创新架构

如图1-1所示,六大功能、十一项创新之间由多条虚线联结,分别包含以下六大主题:

(1)流线型设施;

(2)高价值活动自动化;

(3)中介减少;

(4)数据策略性角色;

(5)专业化细分商品;

(6)赋权顾客。

以上六大功能分别体现在十一项创新之中,例如"中介减少"这个主题可以体现在支付(新兴支付)、筹资(众筹募资)与存贷(替代渠道)之中。这些创新项目都是利用新一代信息技术让原有的金融流程中介参与者减少,进而提高效率,并对既有金融业产生竞合关系。在对不同的服务功能所对应的创新项目研究中,世界经济论坛的研究团队得出了以下六个方面的关键发现:

(1) 金融服务的创新是经过谨慎规划且可以预测的;在目前收益最大,而又使消费者感觉不那么方便的金融服务,将最有可能遭到金融科技的挑战。

(2) 平台化(Platform Based)、数据密集(Data Intensive)和资产轻化(Capital Light)等创新模式,将对既有金融业产生巨大影响。

(3) 银行业立刻会感受到这些创新冲击,然而受到影响最大的预计是保险业。

(4) 既有金融业从业者会采取"并行策略",一方面激进地打压新进者,但另一方面也会利用既有资源来提供新进者需要的基础建设和服务。

(5) 政府、既有金融业从业者和新进者将必须多方合作,共同厘清这些创新对于整体产业带来的正负面风险变化。

(6) 破坏式创新不会是一时的,这些不间断的创新力量将会改变消费者的行为,迫使企业的商业模式和金融业的长期结构做出调整。

1.2.2 六大功能分析

1. 支付创新

支付既是金融机构所提供的最基础的服务,也是其营业收入的重要来源。随着以互联网为代表的新一代信息技术的广泛应用,支付领域已经发生了重大的变革,传统的现金、支票交易、信息卡等支付工具正在逐步被替代。金融科技对支付最大的冲击来自两个方面,即无现金世界和新兴的支付方式的不断出现。无现金世界在国内以支付宝、微信支付为代表,短短几年就实现了大规模的普及,无现金城市、无现金社会正在快速到来,对传统的以现金为主要形式的支付方式产生了颠覆式的影响,极大程度地削弱了传统的金融机构在支付上的地位和作用。新兴的支付方式围绕"让支付变得更快速、流畅、高效"这一核心需求展开,刷脸支付、加密货币支付等创新型支付方式将会不断地出现,同时因支付所产生的数据资源必将会得到全方位的开发和利用,支付成本也会不断地下降。

2. 保险创新

保险是对可能发生的风险提供相应的保障,是国民经济和社会发展中不可或缺的重要一环。现行的财险和寿险基本是根据投保人的历史资料和预测性指标等进行定价,保险服务商仅在续保时根据被保险人的个别行为模式和使用信息等风险因素适当地调整费率,但无法做到在保障期间主动地对被保险人进行风险管理。随着云计算、物联网、移动互联网、大数据、智能技术和区块链等新一代信息技术的应用,保险业正快速步入"保险科技"的时代(如图1-2所示)。

金融科技给保险产业带来了重大而又深远的影响,长期以来无法实现的个性化保单的设计、差异化保费费率的确定以及以大数据识别骗保行为等都将变成现实。与此同时,传统的依靠"人海战术"的保单销售模式也必将无法延续,在某种意义上,大量的保险销售员必须重新寻找出路。

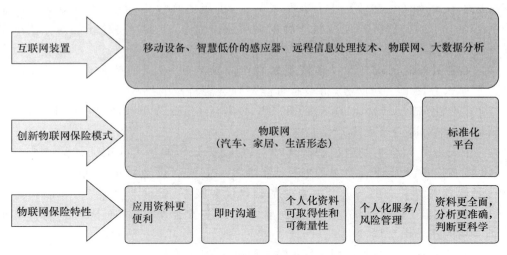

图1-2 保险科技的发展模式

世界经济论坛的研究指出,未来保险市场的发展趋势将表现在以下五个方面:

(1)走向规模经济:当个人险商品化及风险同质化越来越明显后,市场将趋向价格竞争,保险服务商为了取得规模经济而不得不走向合并,保险业寡头垄断的现象将更为明显。

(2)个人化商品及差异化费率:如机动车辆保险(以下简称"车险")的投保人车辆的情形、行为模式可以通过随车设备、行动装置、定位系统、网络活动情形等产生相关数据,保险服务商可以实时收集、追踪并掌握这些数据,并精确地计算个别保险费率。

(3)客户导向的商品设计:以投保人的需求为中心,开发能满足投保人全面需求的保险产品,为其提供全方位的保障。

(4)移向各类细分市场:由于基于个人需求的个人险的不断出现,保险业的竞争将转向各类细分市场,要求各个保险服务商强化精算及核保能力,夯实服务根基。

(5)提供全方位服务:保险服务商要全面审视被保险人的基本状况及生活形态,主动为被保险人提供相关的服务,如健康提醒和专业体检等,并通过与其他行业服务商的合作,为被保险人创造更高的价值。

3. 存贷创新

存款和贷款是银行业的命脉,但在传统的条件下银行业只能按照"抓大放小"的思路开展业务,对小额存款的客户、大量缺乏抵押物的小微企业和个人贷款客户均无法提供相应的服务支持,而金融科技则提供了可行的解决方案。近年来,迅速崛起的余额宝为客户提供了零起点的理财增值服务,蚂蚁花呗、京东白条则提供了方便、快捷且低门槛的贷款支持。可以说,传统的存贷业务正面临着被边缘化的危险,前途堪忧。银行业利用金融科技实现存贷业务的创新,主要包括以下两种途径:

一是建立新型借贷模型。即银行业利用自身的品牌和客户资源优势建立P2P网贷平台,为资金供求双方提供高效、精准的服务,并通过大数据行为分析,有效地控制信用风险。

二是完善虚拟银行（Virtual Banking）的服务。传统的实体服务柜台正在快速地被虚拟的服务系统所取代，银行业必须顺应这一形势，加快虚拟银行存贷款业务系统的建设，以提升服务质量、降低服务成本、提高服务效率。

4. 筹资创新

传统的只能依托金融机构才能募集资金的模式正在成为过去，利用金融科技搭建开放的"众筹型"（Crowdfunding）平台正成为破解传统筹资难题的有效选择。"众筹型"平台的快速发展对目前金融机构所扮演的角色将产生实质性的影响与冲击，包括以下四个方面：

一是这类平台被定位为小型或初创企业在高风险、成长初期的主要筹资渠道，当这些企业具有一定的发展基础后，传统的金融机构必须与筹资平台的天使投资人开展竞争；

二是部分投资人可以直接进入筹资平台投资自己感兴趣的金融产品，以获取潜在的、较高的报酬，致使他们摆脱传统的金融机构而产生投资回报；

三是筹资平台同样需要提供大型企业直接从客户端筹集资金的渠道，以降低筹资成本并鼓励客户参与企业的经营；

四是发行人与投资人之间的接触变得更为便利，未来的金融中介者（如证券承销商）所扮演的角色也将受到影响，预期除筹资平台外，尚有新的专业服务业者（例如，尽职调查及评等服务、专业企划服务、筹资数据分析业者、媒体宣传及服务业者等）加入到服务企业的筹资活动中，而传统的金融机构在很大程度上会被排除在外。

5. 投资管理创新

由于市场不确定因素的不断上升，投资人对传统的投资理财顾问逐渐丧失了原有的信任感，而金融科技在投资理财中的应用为投资人带来了新的选择。如自动投资顾问服务及交易平台通过计算机算法、程序交易等系统来提供在线理财咨询与服务，可以有效地摒除人为介入因素，形成具有较高可信度的投资方案，让投资人对于管理自己的财富具有更高的主导权。基于金融科技的智能投顾将在以下三个方面实现创新：

一是自动化管理及报告，基于个人需求提供高价值且低成本的定制化投资组合建议；

二是社群交易，使个人投资者更容易获取并分享他人的投资策略和投资组合；

三是算法交易，使投资者更容易建立、测试和执行算法交易，同时提供专业投资者可以与他人分享交易演算的平台。

智能投顾的快速发展将会使传统的金融系统财务顾问黯然失色，大量的客源将转往自动理财顾问，特别是一般大众和中产阶层，这迫使传统的投资理财顾问将目标客户群移转到高净值和极高净值的投资者，这必将使得面向客户端的争夺战不断加剧，有大量传统的投资理财服务必将被迫退出这一业务领域。

6. 市场供应创新

金融科技的快速发展推动了金融市场的竞争，一些能充分利用大数据、云计算、移动互联网等技术的金融服务企业将逐步扩大优势，最终会在竞争中胜出。未来交易的主要特性包括灵敏度（Agility）、准确性（Accuracy）和特许权（Privilege），高水平的金融科技应用将实现的目标包括：

一是多样化的交易策略：速度比赛已经从对价格动向的快速响应转化为向策略方向发展，通过大数据分析与机器研判，将能获得更加可靠的决策依据。

二是交易策略与活动的整合：当算法交易变得更聪明并能获得更完整的市场数据集时，大数据分析会向市场单一焦点集中。

三是重回人工操作：越来越多的公众对于算法交易不满，导致自动化数据供给无法满足相关决策者的需要时，人工操作将在一定程度得以回归。

从市场供应的角度来考虑，全球重要的新兴市场平台将出现以下五种类型：

（1）交易服务平台：资本市场交易服务平台提供在线下单交易服务。

（2）众筹平台：融资需求方将其需要众筹的项目发布到众筹平台上，让投资者在专业投资人的帮助下参与投资，投资对象可以是股权、债权和投资基金等。

（3）金融社群平台：会员通过社群平台分享投资想法、新闻、资讯和研究报告等，整合社群网站平台。

（4）交易商交易社群网络：这一社群网络可以连接来自世界各地的交易商，授权交易商可以使用其他交易商的交易技巧。

（5）保险软件云端服务：以往，保险服务商委托技术开发商建设专门的系统，为保险参与各方提供业务支撑。在金融科技的背景下，金融机构可以通过社群网站的资料来掌握金融消费者的消费习性和经济状况，提供适度的授信，规划适当的理财投资或保险商品，以有效地提高销售概率。

1.3 金融科技的技术体系

金融科技既是一个综合性的概念，也是一个动态演进的过程。从当前的发展来看，金融科技包含云计算、物联网、移动互联网、大数据、智能技术和区块链等技术，是一个以新一代信息技术为主要表现形式的技术体系。

1.3.1 云计算

云计算（Cloud Computing）是指基于网络的计算。它使终端设备可以像用水、用电一样只要按需使用共享资源、软件和信息，而不必考虑如何实现，以节省使用成本并降低应用难度。在云计算体系中，处于网络节点上的、动态的计算机群就是"云"，数量庞大的计算机分工协作，共同进行计算，以更低的成本、更高的效率为用户提供更强的计算能力。云计算的核心理念是通过不断地提高"云"的处理能力，减少用户终端的处理负担，最终使用户终端简化为一个单纯的输入输出设备，以较低的成本享受"云"的强大的计算处理能力。目前，搜索引擎、在线字典、网络邮箱等都是云计算的一些典型应用。

云计算所提供的各项云服务都是通过云平台来实现的。云平台由计算资源服务层、软件服务层和互联网应用服务层组成，面向不同类型的用户提供各类应用服务项目。图1-3为云平台的运行体系。

云计算技术经过较长时间的发展，现已出现了一批有影响力的云服务提供商，其中国内的"阿里云"的服务对象包括二百多个国家和地区的用户，已成为这一领域的翘楚。

图 1-3 云平台的运行体系

国际上,Alphabet(谷歌计算)、微软、SAP、IBM、亚马逊等都是世界著名的云服务提供商,并已形成了较为可观的云服务市场。

1.3.2 物联网

顾名思义,物联网是指"物的互联网"(Internet of Things),是人的互联网的进一步扩展和延伸,由于"物"的数量远远大于人的数量,因此物联网的应用范围和发展前景十分广阔。物联网系统包括感知层、网络层和应用层三层架构,将越来越多的、被赋予一定智能的设备和设施相互连接,提供在线监测、定位追溯、自动报警、调度指挥、远程控制、安全防范、远程维保、决策支持等管理和服务功能。

1. 感知层

感知层用于原始数据的采集,是物联网应用的源头,数据采集的数量和质量会直接影响物联网应用的实际成效。

2. 网络层

网络层实现了感知层和应用层之间的数据传输,是实现"物与物"之间连接的纽带。网络层具体包括互联网、通信网或专用网络等,既可以是一种,也可以是多种组合,具体要根据应用场景进行选择。

3. 应用层

应用层是物联网用于满足各类业务需求的应用系统的集合,是物联网应用价值的具体体现。应用层涉及各行各业的具体应用,开发方需要根据业务需求进行有针对性的开发和应用。

图 1-4 为物联网的原理架构。

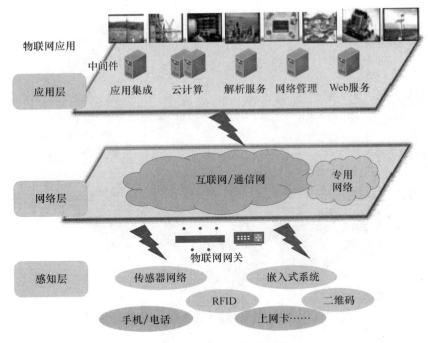

图 1-4 物联网的原理架构

经过多年的快速发展,当前物联网的应用触角已经伸展到大量的行业。目前,我国物联网的应用正在全面铺开,应用成效也在不断地得到显现,未来的发展有着极为广阔的前景,这为我国的经济转型和社会进步提供了重要的技术支撑力量。图 1-5 为较为典型的物联网行业应用。

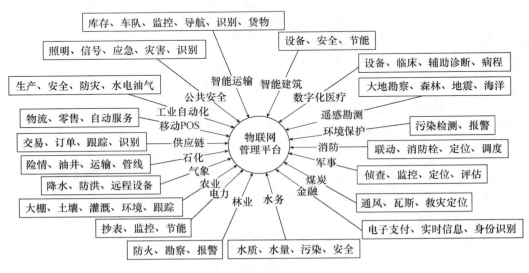

图 1-5 物联网行业应用

1.3.3 移动互联网

移动互联网是指互联网的技术、平台、商业模式和应用与移动通信技术充分结合，实现基于移动状态的各种互联网应用。移动互联网是互联网与移动通信各自独立发展后相互融合的新兴技术，包括互联网产品移动化和移动产品互联网化两种趋势。移动通信网是移动互联网发展的重要基础设施，全球移动通信网以带宽（数据速率）的提升为标志，经历了一代又一代的变革。当前，我国的移动通信网络已进入 5G 时代。按照国际电信联盟（International Telecommunication Union，ITU）的解释，5G 网络同时具备在 1 平方千米范围内向超过 100 万台物联网设备提供 100Mb/s 平均传输速度。图 1-6 为不同代移动通信网络传输速率对照。

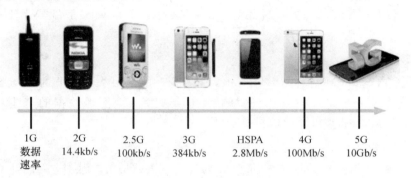

图 1-6　不同代移动通信网络传输速率对照

与当前已经广泛普及的 4G 相比，5G 在流量密度、峰值速率、用户体验速率、频谱效率、移动性、时延、连接密度、网络能量效率等方面有了显著的提升（如图 1-7 所示）。

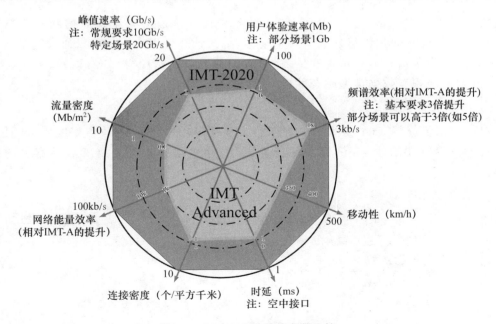

图 1-7　5G 与 4G 的性能参数比较

值得一提的是,世界领先的通信服务企业华为公司在 5G 研发方面已拔得头筹,相关的网络和终端研发在国际上处于领先地位。可以预见,随着 5G 的逐步商用,长期制约我国用户使用移动互联网的带宽瓶颈将被彻底破除,真正意义上的信息社会必将真正到来。

1.3.4 大数据

"大数据"(Big Data)是近年来最为炙手可热的概念之一。简言之,大数据是指无法在可承受的时间内用常规的软件工具进行捕捉、管理和处理的数据集合。大数据蕴藏着巨大的价值,因为用常规的方法无法挖掘,所以需要用相应的技术和方法来解决。云计算是大数据的信息化基础,而大数据是云计算的一个典型应用,可以说,大数据的业务需求为云计算的落地找到了实际应用。大数据具有 5 个以英文字母"V"开头所描述的基本特征:

1. 数据的规模性

数据容量(Volume)的存储从 TB[①]扩大到 ZB[②],甚至更大。数据加工处理技术的提高,网络宽带的成倍增加,以及社交网络技术的迅速发展,使得数据的产生量和存储量急剧增长,给数据处理带来了严峻挑战。

2. 数据的高速性

数据容量的增长要求数据传输和数据处理速度(Velocity)快速提升,主要表现为数据流和大数据的移动性,以及大容量数据实时性的传输和处理。比如,用户通过手持终端设备关注天气、交通、金融等信息,如果数据处理速度跟不上,那么就会使数据的价值荡然无存。

3. 数据的多样性

大数据的形式(Variety)丰富多样,包括各种途径来源的关系型数据和非关系型数据。由于各种设备通过网络连成了一个整体,个人计算机用户不仅可以通过网络获取信息,而且还成为了信息的制造者和传播者,数据种类也开始变得繁多,语音、数字、文字、模型、图像或视频等数据类型融合共生。

4. 数据的价值性

挖掘数据价值(Value)是大数据应用的关键所在,但大数据的价值密度低,并且具有稀缺性和不确定性的特点,价值发现较为困难,这也是大数据应用所需要克服的主要障碍。

5. 数据的真实性

数据真实性(Veracity)的要求高,分析并过滤有偏差、伪造、异常的数据,要防止这些"Dirty Data"损害了数据系统的完整性和正确性,进而影响决策。

图 1-8 为大数据的"5V"特征。

[①] 1TB=1024GB。

[②] 1ZB=10^9TB。

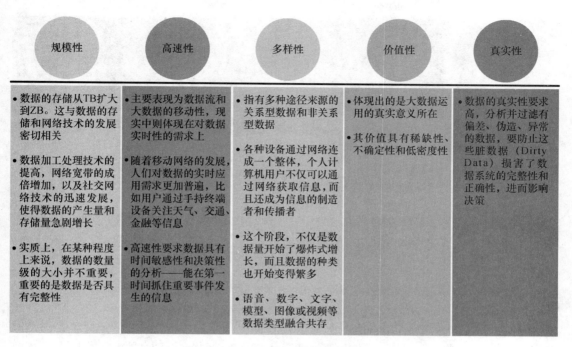

图 1-8 大数据的"5V"特征

不同的行业在大数据的开发和应用方面有着不同的价值潜力和开发难度,金融业是牵涉面广泛、数据密集程度高的行业,因此大数据技术有着极为广阔的用武之地。

1.3.5 智能技术

智能技术是一个综合性的概念,由现代通信技术、计算机网络技术、智能控制技术、传感技术和定位技术等汇集而成,形成一种集成化的应用,实现智能化管理和服务的目的。智能技术涉及的范围十分广泛,其中人工智能是重要的表现。人工智能的本质是对人思维的信息过程的模拟,是人的智能的物化,用于研究、开发模拟、延伸和扩展人的智能。人工智能经过信息采集、信息处理和信息反馈三个核心环节,实现了智能感知、智能计算和智能反馈,即感知、思考和行动三个层层递进的运行过程。"人工智能"这一概念发端于20世纪50年代初的图灵测试,并于1956年在美国达特茅斯学院的会议上正式被提出,至今已历经六十余个春秋,图1-9列出了人工智能发展史上的里程碑事件。

伴随着互联网的广泛普及,人工智能迎来了新的大发展机遇。从1998年至今的二十多年间,人工智能已经历了以下四波浪潮:

(1) 第一波,互联网智能化——通过调用互联网的大量数据,让互联网网站、手机App变得更聪明;

(2) 第二波,商业智能化——把很多商业公司多年留存的数据激活并产生商业价值;

(3) 第三波,实体世界智能化——把真实世界里很多过去非数字化的行为数字化后上传;

(4) 第四波,全自动智能化——无人驾驶、机器人等进入商业应用。

图1-9 人工智能发展史上的里程碑事件

深度学习（Deep Learning）是当前全球人工智能领域的主要热点之一，世界各国的政府和相关企业对此倾注了极大的热情。基于人工神经网络的深度学习技术是当前最热门的研究领域，被谷歌、Facebook、IBM、百度等企业广泛使用，用来进行图像、语音和人的行为习惯的智能识别。

虚拟现实（Virtual Reality）作为智能技术的后起之秀，正在受到广泛的关注。虚拟现实是指借助计算机系统、传感器技术生成三维环境，创造出一种新颖的人机交互方式，通过调动用户的视觉、听觉、触觉和嗅觉等感官来享受真实的、身临其境的体验。目前，随着各种技术的深度融合、相互促进，虚拟现实技术在教育、科研、军事、制造业、艺术与娱乐、医疗、城市管理和环境保护等领域已经有了比较多的应用，并已经呈现出越来越广泛的应用态势。

金融业是对智能技术应用需求最为强烈的行业之一，尤其是利用人工智能技术来替代人工作业，并不断地优化作业效率将是金融业进步、演进的长期趋势，融合的广度和深度也将会不断地提升。

1.3.6 区块链

区块链（BlockChain）是近年来伴随着比特币（BitCoin，BTC）的出现而快速发展起来的新技术，这种以"去中心化"为基本特征的分布式数据库技术具有去中心化、集体维护、高度透明、去信任、匿名等特征，在比特币体系中得到了创新性应用，其独特的应用成效得到了世界各国政府和企业的广泛关注。

从技术实现的角度来看，区块链可以看作是由计算机控制的一个计算机总账程序，它可以独立并且完整地记录在区块链上发生的所有交易，确保不被篡改，数据能被追溯。区块链的技术原理并不复杂，在经济社会发展的各个领域有着十分广泛的用途，它作为一种与传统数据库类型有着显著差异的新型数据库系统，为涉及数据库应用的各行业的发展提供了新的技术选择。金融业作为数字化程度越来越高的行业，对区块链的应用自然有着多方面的需求，两者的有机结合必然会产生强大的融合效应。

1.4　本章小结

　　如果仅仅从字面上来理解"金融科技"，显得有些过于宽泛，甚至有点不得要领。毫无疑问，当今如火如荼快速发展中的金融科技与1994年从美国军方转向商用并一直处于高速增长的互联网紧密相关，但绝不仅仅包含"互联网"这种技术，当今更是体现为云计算、物联网、移动互联网、大数据、智能技术和区块链等一系列新一代信息技术的集合，是将相关技术综合应用到金融业务中去，实现深度融合，产生新的模式，创造新的价值。犹如电脑、手机必须依赖基本的操作系统才能运行一样，金融科技已成为当今金融业务运转的"操作系统"，它影响着整个金融系统的运作基础、运作框架和运作规则，各类金融业务、金融服务和金融创新活动必须按照金融科技的法则和逻辑来重新统合传统的运作模式和管理方式。与此同时，金融科技也已经成为传统的金融业转型升级的利器，是传统的金融业提升市场适应能力和竞争实力的必然选择。传统的金融业只有抓住这一重要机遇，才能赢得新的发展。当然，金融科技的应用和发展是一项复杂的系统工程，涉及组织、人员、流程、管理和运营等各个方面的变革，只有统筹考虑、系统谋划、有序推进才能使金融科技这副"良药"发挥应有的疗效，"治愈"各类"疑难杂症"。

　　本章通过对金融科技的概念和外延的讨论、金融科技驱动的金融服务变革的分析和金融科技的技术体系的解析，形成了一个基本的脉络，以便为后续的探讨提供一个基础的理论框架和技术体系。

第二章 互联网金融

互联网从20世纪90年代中期开始率先在美国实现商用至今,已经经历了二十多个年头,取得了突飞猛进的发展,成为驱动经济社会发展的革命性力量。以互联网为代表的新一代信息技术与金融业的融合共生催生了"互联网金融",这一新生事物在过去的数年中得到了如火如荼的发展,并不断地彰显出活力和生命力。我国是全球互联网金融最活跃的国家之一,参与面之广、影响面之大和渗透力之强,令世界为之侧目。

当前,我国互联网金融的发展正处在快速成长期,以P2P为主要表现形式的互联网金融服务企业如雨后春笋般地涌现,为繁荣金融服务、促进互联网金融生态体系的形成无疑起着十分重要的作用。互联网金融作为金融科技与传统的金融业务有机结合的产物,已呈现出新的业务种类不断地涌现、用户数量不断地上升、业务规模不断地提升的局面。但是,不容忽视的是,由于忽视了对互联网金融风险的认知,再加上对风险缺乏有效的评估和监管手段,由风险失控所引致的各种意外事件也变得越来越层出不穷,这些意外事件不仅给国家金融体系的安全带来了严重的危害,而且也给大量的投资人以及相关各方带来了无可挽回的损失,甚至产生了较多的社会不安定因素。因此,我们必须加强对互联网金融的深入研究,促进其健康、有序、安全、稳妥的发展。

2.1 互联网金融概述

互联网金融是伴随着互联网的快速普及而兴起的,虽然发展时间还比较短,但增长速度之快、发展规模之大,超乎了我们的想象,相关的理论研究和实践探索还在逐步完善之中。

2.1.1 互联网金融的概念

互联网金融是近年来新出现的概念,有不少的学者分别从不同的角度对其进行定义,很难形成一致的意见。从狭义的角度来看,互联网金融则应该定义在跟货币的信用化流通相关的层面,也就是资金融通依托互联网来实现的方式方法都可以称为互联网金融。从广义的角度来看,任何涉及广义金融的互联网应用都应该看作是互联网金融,包括但是不限于第三方支付、在线理财产品的销售、信用评价审核、金融中介、金融电子商务等各种模式。

本书认为,互联网金融是指以互联网(包括PC互联网和移动互联网)、云计算、大数据以及各类智能化终端等新一代信息技术为支撑手段,以金融业务与信息技术的深度融合为标志的一种金融业务实现模式,旨在创新金融业态、拓展金融服务,助推金融业的转型升级和跨越式发展。

2.1.2 我国互联网金融的发展

我国互联网金融从概念的初步形成到发展成为全球领先的互联网金融大国,经历了以下四个发展阶段:

1. 2005 年之前:发展前期

2005 年以前,互联网与金融的初步结合主要体现为金融机构开通了互联网网站,互联网为金融机构提供技术支撑,帮助金融机构"把线下业务搬到网上",但基本没有出现真正意义的互联网金融业态。

2. 2005—2012 年:发展孕育期

2005 年之后的数年中,第三方支付机构正式亮相,网贷也开始萌芽,互联网与金融的融合从单纯的技术应用提升到技术驱动金融业务的升级和创新。这个阶段的标志性事件是 2011 年中国人民银行开始发放第三方支付牌照,第三方支付业务进入快车道。与此同时,银行、券商、基金、保险等传统的金融机构开始积极谋变以巩固既有的优势地位。

3. 2013—2015 年上半年:快速增长期

2013 年被称为互联网金融元年,是互联网金融发展最为迅猛的一年,P2P、P2C(Person to Company,个人对企业)网贷平台如雨后春笋般地涌现,众筹融资平台开始起步,第一家专业网络保险公司——众安在线财产保险股份有限公司(以下简称"众安在线")获批,一些银行、券商也以互联网为依托,对业务模式进行了重组改造,加速建设线上创新型平台,互联网金融的发展进入了新的阶段。百度、阿里巴巴和腾讯先后进入互联网金融领域,2013 年 6 月 17 日余额宝正式上线,标志着全新的理财方式的诞生,开启了互联网金融的新时代。

4. 2015 年下半年以来:逐步规范期

在经历近乎野蛮式的快速增长之后,互联网金融出现了不少造成严重社会影响的案例,给人民群众造成了不可挽回的损失。2015 年 7 月 18 日,中国人民银行等十部委出台了《关于促进互联网金融健康发展的指导意见》。该指导意见按照"依法监管,适度监管,分类监管,协同监管,创新监管"的原则,确立了互联网支付、网贷、股权众筹融资、互联网基金销售、互联网保险、互联网信托和互联网消费金融等互联网金融主要业态的监管职责分工,落实了监管责任,明确了业务边界。与此同时,该指导意见还确立了"坚持以市场为导向发展互联网金融,遵循服务好实体经济、服从宏观调控和维护金融稳定"的总体目标,为互联网金融健康、有序的发展指明了方向。

2.2 互联网金融的主要模式

当前,我国互联网金融的主要模式包括以下十种:

2.2.1 第三方支付

支付是金融的核心业务之一,基于互联网的第三方支付是指具备一定实力和信誉保障且独立于买方和卖方之外的第三方机构,采用与相关银行签约的方式,提供与银行支付结算系统接口的交易支持平台的网络支付模式。第三方支付作为互联网金融的基础支撑，具有交易成本低、交易便捷和自助性强等特性，优势十分明显。第三方支付在我国已取得了快速的发展，为我国金融支付业务带来了近乎革命性的变革。

目前，第三方支付包括以下三种类型：

1. 信用中介型

这种支付模式主要提供信用担保和代收代付服务，如支付宝、微信支付等是第三方支付的主要类型。

2. 电子商务网站内生型

这种支付模式只服务于电子商务网站自身，主要存在于 B2B（Business to Business，企业对企业）和 B2C（Business to Customer，企业对消费者）电子商务模式中，如云网支付和早期的苏宁易付宝等。

3. 独立的支付网关型

这种支付模式是专门为用户提供支付服务和订单处理的平台，通过与银行、商家和消费者签订合同来提供服务，一般只涉及支付方案和支付服务，是纯粹的中介服务，如首信易支付主要为企事业单位、政府机关、公共服务机构等提供服务。

从未来的发展来看，第三方支付将会出现以下发展趋势：

（1）支付的范围将更加广泛，将会给用户带来更多的应用便利；

（2）新业务和增值业务将成为金融机构利润的主要来源，尤其是跟收款机构合作推出相关的支付优惠业务等；

（3）基于各类移动终端的支付将会成为主要应用形式，各类线下的支付将会逐步被替代；

（4）相关法律、法规会进一步完善，将为第三方支付提供更加完善、可靠的保障。

2.2.2 P2P 网贷

P2P 的字面意思是"个人对个人"或者"点对点"，P2P 网贷是指有资金并且有理财投资想法的个人或其他主体，通过基于互联网的贷款中介平台，将资金贷给其他有借款需求的个人或实体。这种模式于 2005 年起源于英国，2007 年开始进入中国，随后开始迅速发展，目前正处于野蛮生长之后的调整期，由于出现了较多的欺诈、跑路和倒闭的事件，给金融秩序和社会安定带来了很大的困扰。P2P 网贷属于新生事物，监管层对其还缺乏足够的认识，相关的监管措施等还远未到位。

经过数年的发展，目前国内的 P2P 网贷主要包括以下六种模式：

1. 纯中介模式

互联网金融服务平台仅作为信息中介，不扮演任何担保或保证人的角色，以撮合交易为主，投资人自行承担风险，如拍拍贷。

2. 保证本金（利息）模式

互联网金融服务平台的服务商在促成交易时会提取一定比例的资金放入"风险备用金"账户，当借款人出现违约风险时，平台服务商可以用备用金应急。

3．小贷公司线上模式

即小贷公司利用互联网为优秀的投资项目寻求投资人,为资金供求双方搭建合作的桥梁,同时为项目提供担保。相对来说,小贷公司要承担较高的风险。

4．债权转让模式

债权转让模式是指互联网金融服务平台自身作为借款方,将资金借给贷款人而形成债权关系,平台再将债权分拆打包成固定收益类理财产品销售给投资人,平台不再扮演单纯的中介角色,而是参与了整个资金转移的过程,这种模式的操作难度和风险均较大。

5．自融模式

互联网金融服务平台自身作为资金需求方进行集资,用于自身的投资或其他目的。目前,一些不法人员就是利用这种模式为虚构的项目高收益融资,最终造成十分严重的后果。

6．新衍生出来的模式

新模式包括 P2B（Person to Business,个人对非金融机构）、P2C、P2G（Person to Government,个人对政府项目）以及 P2N（Person to N[①],个人对多机构）等,逐步呈现出百花齐放的状态。

从未来的发展看,P2P 网贷将会出现以下发展趋势：

（1）P2P 网贷在解决我国中小企业长期面临的融资难问题方面会发挥越来越重要的作用,成为现代融资服务的重要组成部分;

（2）针对 P2P 网贷的法律、法规必然会逐步完善,使 P2P 网贷的发展能够尽快实现有法可依;

（3）基于行业细分的 P2P 网贷服务将会逐步成熟,如房地产项目 P2P 网贷、高技术项目 P2P 网贷等;

（4）对风险的评估和控制将会得到进一步加强,投资者的利益也会得到更好的保障;

（5）互联网跨区域运营的特点将会使 P2P 网贷业务实现全国甚至全球的运作;

（6）投资收益将会逐步规范,那些收益奇高或奇低的投资项目将会被市场抛弃。

2.2.3 众筹

所谓众筹,是指一种群体性合作的融资方式,当某些个人或组织有新的项目发起时,投资人会通过网络平台汇集资金,以支持项目的开展和进行。最初,众筹模式的应用主要来自一些创意工作者,如音乐家或艺术家,为了完成艺术作品,他们会向粉丝筹资,粉丝则自愿向自己钟爱的艺术家无偿地提供资金。随着众筹的影响力的扩散和项目的不断成功,越来越多的网站加入这个行列,项目范围也从最初带有慈善性质的募捐向商业化、多领域扩展。有些众筹平台甚至可以为项目发起者提供募资、投资、孵化、运营等一站式综合众筹服务。作为一种新型的互联网金融模式,众筹在一定程度上为缓解社会尤其是中小企业的融资难题开辟了一条新的道路,受到了政府和公众的广泛关注,特别是

---

① "N"一般为多家机构,即借款人来源于网贷平台合作的小贷公司、担保公司、融资租赁、保险公司。

随着众筹平台在国外的成功,国内同类型网站也开始迅速成长起来。目前,在国际上众筹平台开始呈现出多元化的态势,股权制众筹、债券制众筹等形式不断地出现。在我国,现有的法律、法规明确要求众筹平台上的所有项目不能以股权、债券、分红或是利息等金融形式作为回报,项目发起者更不能向支持者许诺任何资金上的收益,必须是以相应的实物、服务或者媒体内容等作为回报,否则,可能涉及非法集资,情节严重的甚至可能构成犯罪。此外,如果采用股权制众筹还存在着突破法律对股东人数限制的问题。因为《中华人民共和国公司法》规定,有限责任公司的股东人数上限为50人。

总体而言,我国的众筹平台主要分为以下四种类型:

1. 回报制众筹

这类众筹平台往往用于生产消费领域,项目发起者会在项目成功后的一段时间内对项目的支持者兑现事先所承诺的回报。回报制众筹不仅能够使消费者的消费资金前移,提高生产资金筹备和销售等环节的效率,而且又能通过众筹获得潜在消费者对于预期产品的市场反馈,从而满足客户更加细化和个性化的需求,有效地规避盲目生产所带来的风险和资源浪费。

2. 捐赠制众筹

这类众筹平台带有一定程度的公益性质,将购买消费品的行为转换成了公益活动。

3. 股权制众筹

这类众筹平台通过严格筛选一批"高客户增长、前途乐观、受投资者追捧和其他增长潜力"的初创公司,供投资者挑选,以获得股权作为回报。目前,股权制众筹在我国化身为凭证式、会籍式和天使式三大类表现形式:凭证式众筹的投资者一般通过熟人介绍加入众筹项目,而投资者不成为股东;会籍式众筹的投资者成为被投资企业的股东;天使式众筹的投资者有明确的财务回报要求。

4. 债权制众筹

这类众筹平台类似于P2P网贷模式,它通过众筹平台对债权融资企业的资金流水和财务情况进行管理,为投资者进行债权投资服务。

从未来的发展来看,众筹模式将会出现以下发展趋势:

(1) 作为金融服务的新模式,为企业融资开辟了新的渠道,其作用和地位会不断地提升;

(2) 股权融资和债券融资方式会逐步成熟,成为众筹平台的重要方式,并将开创股权融资和债权融资的新模式;

(3) 众筹的范围将会进一步拓展到更多的领域,成为诸多行业的资金筹集模式;

(4) 众筹将为创新创业提供强大的资金支持,会进一步改善投资和融资的环境。

2.2.4 互联网银行

互联网银行早在1995年10月就问世了,当时在美国具有代表性的3家银行和IT公司联合创办了全球第一家无任何分支机构的纯网络银行,即美国安全第一网络银行(Security First Network Bank,SFNB)。这家银行得到了美国联邦银行管理机构的批准,在互联网上提供银行金融服务,开创了互联网银行的先河。在成功经营了5年之后,这家银行正式成为加拿大皇家银行金融集团旗下的全资子公司,并取得了新的发展。我国的互联网银行起步相对较晚,但发展势头很好,深圳前海微众银行股份有限公司(以下简称"微众银行")、浙江网商银行股份有限公司(以下简称"浙江网商银行")、福建华通银行股份有限公司等相继设立,已成为传统的金融业不可或缺的组成部分。

简言之,互联网银行是利用与互联网相关的新一代信息技术来实现银行的相关业务。与传统的银行相比,互联网银行具有三个方面的优势:一是专注小额借贷,符合国家对普惠金融的发展倡导;二是以金融科技为基础,实现精准化、个性化服务,能更有效地控制信贷等业务风险;三是全天候在线运作,全面提升了效率,降低了运营成本。

从运营的模式来看,互联网银行可以分成以下两种类型:

1. 纯网上经营的银行

纯网上经营的银行没有实体营业网点,单纯依靠互联网来运作。美国安全第一网络银行和中国的微众银行、浙江网商银行等都属于这一类。近年来,新获准开设的民营银行基本都以纯线上方式经营,互联网网站、手机 App 以及微信服务号等是这类银行的基本生存形态。

2. 传统银行的互联网分支

传统银行的互联网分支是指现有的传统银行将互联网作为新的服务手段,建立银行站点、开发手机 App 等,以提供在线服务来满足客户的需求。

按照中国人民银行发布的《中国人民银行关于改进个人银行账户服务 加强账户管理的通知》的相关规定,通过银行柜面开立的账户划为Ⅰ类银行账户[①],通过远程视频柜员机和智能柜员机等自助机具、网上银行和手机银行等电子渠道开立Ⅱ类银行账户[②]或Ⅲ类银行账户[③]。据此规定,纯网上经营的互联网银行只能为用户开设Ⅱ类银行账户或Ⅲ类银行账户,在功能上有一定的限制。因为这两类账户在使用功能上不及Ⅰ类银行账户来得方便,比如在消费限额上Ⅰ类银行账户设有限额,Ⅱ类银行账户日累计限额为1万元,Ⅲ类银行账户日累计限额为5000元。

从未来的发展来看,互联网银行将会出现以下发展趋势:

(1) 互联网银行将是传统的银行转型升级的基本方向,必将对传统的银行运作模式带来重大影响;

(2) 随着人脸识别等人工智能技术的发展和应用,远程开户、身份识别等将会变得更加安全、可靠;

(3) 纯线上的互联网银行与依托实体银行的互联网银行将并驾齐驱,彼此相得益彰。

2.2.5 互联网保险

作为金融业的基本组成部分,保险业已成为互联网金融的重要发展内容。简言之,

[①] Ⅰ类银行账户是全功能的银行结算账户,存款人可以以此办理存款、购买投资理财产品等金融产品、支取现金、转账、消费及缴费支付等。

[②] Ⅱ类银行账户可以办理存款、购买投资理财产品等金融产品、办理限定金额的消费和缴费支付等,Ⅱ类银行账户与Ⅰ类银行账户最大的区别是不能存取现金、不能向非绑定账户转账。

[③] Ⅲ类银行账户用来办理小额消费和缴费支付,与Ⅱ类银行账户最大的区别是仅能办理小额消费及缴费支付,不得办理其他的业务。

互联网保险是指利用与互联网相关的技术提供基于网络的保险服务，包括保险信息咨询、保险计划书策划、投保、交费、核保、承保、保单查询、保全变更、续期交费、理赔和理赔支付等保险全过程的网络化。与传统的保险运作模式相比，互联网保险具有门槛低、展业成本低、交易简便快捷和大数据优势等特点，代表着保险业转型升级的发展方向。

经过多年的探索，互联网保险已形成以下五种模式：

1. 官方平台模式

目前，各大保险公司和保险中介服务企业几乎都开设了各自的官方网站，开展各类业务的在线运营。

2. 第三方电子商务平台模式

这类发展模式依托独立于保险买卖双方之外的第三方平台，为交易双方提供保险业务的交易和相关服务，如由焦点科技股份有限公司主导的"新一站"互联网保险服务平台就是实际的例子。

3. 网络兼业代理模式

这类发展模式主要由保险中介服务企业通过互联网保险服务平台开展业务的运作，还有些尚未达到相应资质的垂直类专业网站以技术服务的形式使用兼业代理的资质与保险公司开展业务合作。

4. 专业中介代理模式

这类发展模式主要是指获得网上保险销售资格的保险中介服务企业通过互联网保险服务平台销售保险产品，目前以一年期短期意外险为主。

5. 专业互联网保险公司模式

这类发展模式分为财险与寿险相结合的综合性金融互联网平台、专注财险或寿险的互联网营销平台以及纯互联网的"众安"模式，比如交通意外险、旅游意外险等。

从未来的发展来看，互联网保险将会出现以下发展趋势：

（1）互联网保险将逐步成为保险业展业和服务的重要平台，推动保险产业的转型升级；

（2）保险领域之间的竞争将会围绕互联网保险服务平台而展开，得平台者得天下的趋势不断地变得明显；

（3）保险经纪人和保险客户都将越来越依赖网络服务平台来开展业务，互联网保险的优势也会得到进一步的放大；

（4）互联网保险的大数据将成为保险业运作的核心资源，对提高保险业的运营质量和服务能力将会发挥更为重要的作用。

2.2.6　互联网信托

信托（Trust）是指委托人基于对受托人的信任，将其财产权委托给受托人，由受托人按委托人的意愿，以自己的名义代委托人购销或寄售商品，并取得报酬的法律行为。

信托既是一种理财方式，也是一种特殊的财产管理制度和法律行为，同时还是一种金融制度，与银行、保险和证券一起构成了现代金融体系。信托业务是一种以信用为基础的法律行为，一般涉及三个方面的当事人，即投入信用的委托人、受信于人的受托人和受益于人的受益人。传统的信托业面临着两大制约发展的瓶颈:一是信托产品一般都不是标准化的产品,因而难以流通;二是信托业的门槛较高,委托资金基本需要达到100万元以上才可以投资信托产品。互联网信托是指委托方通过信托公司自建或他方提供的网络平台办理相关信托业务,包括在网上签订信托合同、转让信托产品、查询信托财产等。

当前,互联网信托有以下三种发展模式:

1. 信托受益权拆分转让模式

在该模式下,信托公司将信托标的通过互联网信托平台进行拆分,让更多不具备信托投资条件的客户参与信托投资。但是,这种模式超越了信托的受益权拆分、转让"100万元起投"的红线,具有较高的法律风险。

2. 信托直销模式

在该模式下,信托公司将自己的业务布局到互联网上,其销售的产品与传统的信托公司的区别不大,同样是100万元起投,线上平台则起到了较好的产品宣传和推介的效果,但仍然存在流通难、门槛高等问题。

3. 跨界模式

在该模式下,信托公司和互联网公司进行跨界融合,如由中信信托有限责任公司与百度百发共同推出的一款兼具众筹和消费信托双重特点的产品——百发有戏,就是充分发挥了各自的独特优势,实现了融合发展和合作共赢。

从未来的发展来看,互联网信托将会出现以下发展趋势:

(1) 信托产品利用互联网销售的比例会越来越高,互联网信托将成为传统的信托产品销售的重要补充;

(2) 长期以来所规定的"100万元起投"的红线会随着互联网信托的发展而逐步松动,分拆式投资将可能成为更多投资者的有效模式;

(3) 适合互联网销售的信托产品将会得到开发,更加灵活的投资额度和投资期限,以及个性化的信托产品将会受到客户的欢迎。

2.2.7 互联网基金

互联网基金是指基金销售机构与其他的机构通过互联网合作销售基金等理财产品,实现投资客户与第三方理财机构的直接交流,从而绕开银行介入,是对传统金融理财服务的延伸和补充。这种模式达到既为客户创造较高收益,又为基金管理公司扩大销售规模的目的。余额宝是互联网基金销售最为典型的例子,这只由支付宝和天弘基金管理有限公司共同推出的互联网基金不但开启了互联网基金销售的先河,甚至还引领了互联网金融的潮流。

余额宝的服务特点体现在以下四个方面:

1. 操作流程简单

余额宝将基金公司的基金直销系统内置到支付宝网站中,客户将资金转入余额宝,实际上是进行货币基金的购买,相应的资金均由基金管理公司进行管理。余额宝的收益也不是利息,而是客户购买货币基金的收益,客户如果选择使用余额宝内的资金进行购物支付则相当于赎回了货币基金。其整个操作流程就跟给支付宝充值、提现或购物支付一样简单。

2. 最低购买金额没有限制

余额宝对于客户的最低购买金额没有限制，一元钱就能起买。它的目标是让那些零花钱也获得增值的机会，让客户哪怕只用一两元、一两百元都能享受到理财的快乐。

3. 收益高，使用灵活

跟一般"钱生钱"的理财服务相比，余额宝不仅能够提供高收益，而且还全面支持网购消费、支付宝转账等几乎所有的支付宝功能。同时，支持货币基金"T+0"实时赎回，客户转入余额宝中的资金可以随时转出至支付宝余额，实时到账无手续费，也可以直接提现到银行卡。

4. 安全

支付宝为余额宝还提供了被盗金额补偿的保障，以确保用户的资金万无一失。余额宝转入和转出资金都无需手续费，支持资金实时转出，并能及时到账，用户可以在支付宝账户中查看余额。

经过数年的发展，互联网基金的销售已形成了以下三种模式：

1. 传统的基金销售机构互联网化模式

传统的基金销售机构互联网化模式主要针对具有基金销售资格的银行、证券公司、保险机构等传统的基金销售机构开展网销，或者是基金管理公司本身开展网上直销的业务。这种模式只是传统的基金销售机构把自身业务与互联网技术相结合，模式本身并未呈现出突破性创新。

2. 独立基金销售机构代销模式

独立基金销售机构代销模式主要针对已取得中国证券监督管理委员会（以下简称"证监会"）颁发的基金销售牌照的非金融机构通过互联网合法合规地售卖基金，如天天基金网、数米基金网等。这类模式主要的营利模式就是基金代售公司分取佣金，与基金管理公司谈基金管理费分层。

3. 基于互联网平台的基金销售模式

基于互联网平台的基金销售模式是指不具有独立第三方基金销售牌照，但又想开展此类业务的互联网平台，比如一些希望拓展基金销售业务的P2P公司，通过引流帮基金管理公司或第三方基金销售平台来销售基金，自身不触碰客户的资金，也不处理相关的业务。

从未来的发展趋势来看，互联网基金销售将会出现以下发展趋势：

1. 监管将会更加严格

互联网基金销售业务由证监会负责监管，基金销售机构及其合作机构必须切实履行风险披露义务，不得通过违规承诺收益方式来吸引客户，基金管理人应当采取有效的措施防范资产配置中的期限错配和流动性风险。

2. 基金收益风险不可低估

基金的高收益必然隐藏着高风险，一些基金项目因各种原因出现了违约就会导致客户的利益受损，类似的情形将来也不可避免地会出现。

3. 第三方支付机构的职责更为明确

第三方支付机构在开展基金互联网销售支付服务的过程中,必须遵守中国人民银行、证监会关于客户备付金和基金销售结算资金的相关监管要求。客户备付金只能用于办理客户委托的支付业务,不得用于垫付基金和其他理财产品的资金赎回。

互联网基金销售既给基金产业的发展带来了前所未有的机遇,同时也促进了传统的基金运营模式的转型升级。

2.2.8 互联网消费金融

消费金融有广义和狭义之分,广义的消费金融可以理解为与消费相关的各类金融活动,狭义的消费金融可以理解是为满足居民对最终商品和服务消费需求而提供的金融服务。据估算,我国有近8亿人至今没有被纳入央行征信系统,这就意味着按照传统的信用评分标准,他们无法在银行等金融机构获得贷款或者其他的授信支持。互联网所具有的"覆盖广、成本低、可获得性强"等优势为消费金融的发展插上了翅膀,在过去的数年中,互联网金融取得了极为迅猛的发展。互联网消费金融是指互联网金融服务提供方通过互联网向个人或家庭提供与消费相关的支付、储蓄、理财、信贷以及风险管理等金融活动。就消费者而言,其在还款方式上主要包括一次性付款和分期付款两种。互联网消费金融的主要优势体现在数额小、门槛低、放款快等多个方面,单笔贷款的金额不高,大部分都不超过5万元,而且贷款期限短,所以审批快,并且对贷款者的要求不高,大部分消费金融产品都没有要求贷款者提供抵押、担保。

互联网消费金融的服务提供主体有多种,目前除正式获得国家消费金融牌照的消费金融机构外,不少的互联网企业、传统的商业银行、P2P网贷平台等都参与其中,呈现出越来越多样化的态势。互联网消费金融的服务对象也变得越来越多样化,正逐步覆盖包括一线、二线、三线城市及县域居民、农户等几乎所有的社会群体,用以开支的产品和服务包括购车、租房、教育、旅游、健康、婚庆以及消费品购买等场景的各种消费类支付和信贷服务,已成为普惠金融的重要组成部分。

按运营平台划分,互联网消费金融可以分为以下四种类型:

(1) 基于电子商务平台交易的模式,如京东的"京东白条"、阿里巴巴的"花呗"等;

(2) 基于银行的模式,如北京银行消费金融公司的互联网消费金融业务;

(3) 基于P2P网贷平台的模式,借款人通过P2P网贷平台发布借款项目,出借人经P2P网贷平台借出资金,到期后由借款人向出借人还本付息,如"惠人贷";

(4) 基于消费金融公司的模式,如苏宁消费金融有限公司的"任性付"产品。

从未来的发展来看,互联网消费金融将会出现以下发展趋势:

(1) 竞争日趋激烈:由于进入门槛低、利润高,吸引了越来越多的投资者进入,竞争将日渐白热化。

(2) 服务对象将越来越集中:互联网消费金融的服务对象主要集中在缺乏传统的征信数据支持的中低收入人群,在一定程度上弥补了传统的信用体系的不足。

(3) 大数据将发挥越来越重要的作用:互联网消费金融服务提供企业主要依靠数据来评价客户的信用水平,具体包括客户的消费、信贷、投资、网络社交、网络搜索等各类线上行为,加上身份特质、履约能力、信用历史、人脉关系、行为偏好等辅助数据,以此对客户进行信用判断和综合评价。

（4）差异化的定价策略将成为常态：由于服务对象个人的差异和借款用途的多样性，互联网消费金融可以提供个性化的定价策略，以满足不同客户的需要。

2.2.9 大数据金融

数据是金融的"血液"，大数据技术的快速发展为金融业的发展输送了大量新鲜的血液，两者的深度融合造就了"大数据金融"这种新型的互联网金融模式。简言之，大数据金融是指集合海量非结构化数据，通过对其进行实时处理和关联分析，为金融机构及其相关各方提供专业、科学和及时的决策支持等金融活动。

国内大数据金融服务平台的运营模式主要分为以下两种：

1. 阿里小贷模式

阿里小贷模式是针对阿里巴巴 B2B 平台商户的信用贷款，贷款额度从 5 万元到 100 万元不等，期限一般为一年，采用循环贷和固定贷两种方式。循环贷的方式较为灵活，贷款人首先获取一定额度的备用金，不取用就不收取利息，随借随还，单利计算；而固定贷的方式较便宜，贷款一次性发放。阿里小贷模式走的是一条量化放贷的路，依托自身数据信息的标准化和同质化，按照一般商品的设计理念，采用工厂化运作方式，将小额信贷作为标准产品销售给客户。它以"封闭流程+大数据"的方式展开金融服务，通过电子化的系统，对贷款人或贷款企业的信用状况进行有效核定，从海量数据中进行真伪，通过庞大的云计算平台为商户及时计算其信用额度和应收账款数量，并依托淘宝、支付宝和阿里云，真正地实现了客户流、信息流和资金流的封闭运作，有效地降低了贷款风险，成为商业银行的重要补充，在很大程度上满足了多数中小企业的短期融资需求，实现了放贷模式的创新。

2. 供应链金融模式

供应链金融是指平台企业运用供应链管理的理念和方法，为相互关联的企业提供金融服务的活动，主要运营模式是以核心企业的上下游企业为服务对象，以真实交易为前提，为采购、生产、销售各个环节提供金融服务。大数据为供应链金融服务提供了全新的技术和手段，使供应链金融更加高效、经济、精准。京东商城和苏宁易购等著名的电商企业以电子商务交易所产生的大数据为基础，以未来收益的现金作为担保，通过获取银行授信，为供应商提供贷款，从中获取贷款利息和流畅的供应链所带来的企业收益，已取得了明显成效。

从未来的发展来看，大数据金融将会出现以下发展趋势：

（1）大数据将成为互联网金融的核心资源，为互联网金融提供基础支撑；

（2）大数据金融将对传统的信贷审核模式产生颠覆式的影响，客户征信等审核将变得简单快捷；

（3）传统的依靠实物作抵押的信贷模式将不复存在，取而代之的是客户的信用和相关交易记录；

（4）金融服务机构将建立起基于大数据的风险监控体系，进一步提升风险监控和管理的能力。

2.2.10 互联网金融门户

利用互联网提供各类金融资讯早已有之,随着互联网金融的兴起,互联网金融门户重新迎来了大好的发展机遇。简言之,互联网金融门户是指通过第三方金融服务平台,为金融服务供求双方提供交易以及资讯等服务的金融活动。互联网金融门户采用"搜索+比价"的模式,将各种金融产品投放在平台上,客户通过垂直比价来选择所需要的金融产品进行交易。除此之外,第三方金融服务平台还提供高端理财投资、金融产品咨询及购买、比价等其他的金融服务。目前,我国的互联网金融门户处于快速发展期,不同的服务商分布在信贷、保险、理财和P2P网贷等互联网金融细分领域。

从目前的发展状况来看,互联网金融门户主要包括以下五种运营模式:

1. 信贷类门户

这类平台既不参与双方的交易,也没有自己的信贷产品,仅提供一个搜索比较平台,客户可以在平台上搜索不同的金融机构的不同产品,然后通过横向或纵向的比较,选择适合自己的产品进行购买。

2. 理财类门户

这类门户以第三方理财机构的角色存在,本身不参与任何交易,只是通过客观地分析客户的理财需求,向客户推介平台上的优质货币基金、信托和私募股权基金等理财产品,主要靠广告费和推介费来获取盈利。

3. 保险类门户

这类门户不但为客户提供保险产品的垂直搜索服务,而且还为客户提供简易保险产品的在线选购、保费计算和综合性保障方案等专业性服务,主要靠收取一定比例的手续费、广告费和佣金来获取盈利。

4. P2P网贷类门户

这类门户通过发布P2P网贷行业最新资讯,为客户提供业务交流和决策参考,主要靠广告费来获取盈利。

5. 综合类门户

这类门户涵盖更广泛的金融产品种类,提供包括垂直搜索比价等服务,通过线上为客户提供咨询服务来促进线下达成交易的,主要靠收取一定比例的手续费、广告费和佣金来获取盈利。

从未来的发展来看,互联网金融门户将会出现以下发展趋势:
(1)门户的资讯将会更加全面、丰富,为客户提供更好的决策支持;
(2)平台的业务功能将更为全面,为客户带来更多的便利;
(3)门户与各专业平台的对接将更为深入,业务关联性也更加紧密。

2.3 互联网金融的监管

为了促进互联网金融的健康发展,我国出台了一系列相应的监管措施,明确了发展互联网金融要"以市场为导向,遵循服务实体经济、服从宏观调控和维护金融稳定"的总体目标,切实保障消费者的合法权益,维护公平竞争的市场秩序。目前,相关的监管制度主要包括以下八个方面:

2.3.1 互联网行业管理

任何组织和个人开设网站从事互联网金融业务的,除应按规定履行相关金融监管程序外,还应依法向电信主管部门履行网站备案手续,否则不得开展互联网金融业务。工业和信息化部负责对互联网金融业务涉及的电信业务进行监管,国家互联网信息办公室负责对金融信息服务、互联网信息内容等业务进行监管,两部门按职责制定相关监管细则。

2.3.2 客户资金第三方存管制度

除另有规定外,互联网金融从业机构应当选择符合条件的银行业金融机构作为资金存管机构,对客户资金进行管理和监督,实现客户资金与从业机构自身资金分账管理。客户资金存管账户应接受独立审计并向客户公开审计结果。

2.3.3 信息披露、风险提示和合格投资者制度

互联网金融从业机构应当对客户进行充分的信息披露,及时向投资者公布其经营活动和财务状况的相关信息,以便投资者充分了解从业机构的运作状况,促使从业机构稳健经营和控制风险。从业机构应当向各参与方详细说明交易模式、参与方的权利和义务,并进行充分的风险提示。

2.3.4 消费者权益保护

加强互联网金融产品合同内容、免责条款规定等与消费者利益相关的信息披露工作,依法监督处理经营者利用合同格式条款侵害消费者合法权益的违法、违规行为。构建在线争议解决、现场接待受理、监管部门受理投诉、第三方调解以及仲裁、诉讼等多元化纠纷解决机制。细化完善互联网金融个人信息保护的原则、标准和操作流程。严禁网络销售金融产品过程中的不实宣传、强制捆绑销售。国家金融监管部门会同有关行政执法部门,根据职责分工依法开展互联网金融领域消费者和投资者权益保护工作。

2.3.5 网络与信息安全

互联网金融从业机构应当切实提升技术安全水平,妥善保管客户资料和交易信息,不得非法买卖、泄露客户个人信息。"一委一行两会"[①]、工业和信息化部、公安部、国家互联网信息办公室分别负责对相关从业机构的网络与信息安全保障进行监管,并制定相关监管细则和技术安全标准。

2.3.6 反洗钱和防范金融犯罪

互联网金融从业机构应当采取有效措施识别客户身份,主动监测并报告可疑交易,

---

① 指国务院金融稳定发展委员会、中国人民银行、证监会、中国银行保险监督管理委员会。

妥善保存客户资料和交易记录。从业机构有义务按照有关规定,建立健全有关协助查询、冻结的规章制度,协助公安机关和司法机关依法、及时查询、冻结涉案财产,配合公安机关和司法机关做好取证和执行工作。坚决打击涉及非法集资等互联网金融犯罪,防范金融风险,维护金融秩序。金融机构在和互联网企业开展合作、代理时应根据有关法律和规定签订包括反洗钱和防范金融犯罪要求的合作、代理协议,并确保不因合作、代理关系而降低反洗钱和金融犯罪执行标准。中国人民银行牵头负责对从业机构履行反洗钱义务进行监管,并制定相关监管细则。打击互联网金融犯罪的工作由公安部牵头负责。

2.3.7 加强互联网金融行业自律

充分发挥行业自律机制在规范从业机构市场行为和保护行业合法权益等方面的积极作用。中国人民银行会同有关部门,组建了中国互联网金融协会。协会要按业务类型,制定经营管理规则和行业标准,推动机构之间的业务交流和信息共享。协会要明确自律惩戒机制,提高行业规则和标准的约束力。强化守法、诚信、自律意识,树立从业机构服务经济社会发展的正面形象,营造诚信规范发展的良好氛围。

2.3.8 监管协调与数据统计监测

各监管部门要相互协作、形成合力,充分发挥金融监管协调部际联席会议制度的作用。国务院金融稳定发展委员会、中国人民银行、证监会、中国银行保险监督管理委员会(以下简称"银保监会")应当密切关注互联网金融业务发展和相关风险,对监管政策进行跟踪评估,适时提出调整建议,不断地总结监管经验。财政部负责互联网金融从业机构财务监管政策。中国人民银行会同有关部门,负责建立和完善互联网金融数据统计监测体系,相关部门按照监管职责分工负责相关互联网金融数据统计和监测工作,并实现统计数据和信息共享。

2.4 互联网金融的风险

在我国,互联网金融正处在爆发式增长期,各种形式的互联网金融业务呈现出争奇斗艳的态势。但是,我们在看到互联网金融快速崛起的同时,互联网金融所隐含的风险也正处在急速积累期,如果不能对各种现实的和潜在的风险进行科学合理的认知,一旦风险失控,必然会给互联网金融的未来带来毁灭性的影响。

互联网金融的风险主要包括以下六种类型:

2.4.1 操作风险

1. 技术人员操作失误的风险

对于互联网金融服务平台而言,无论是工作人员还是客户,都有可能因为操作不当而出现问题。一旦出现诸如"乌龙指"之类的问题,就会带来意想不到的后果,而且一旦因为操作不当出现问题,网络黑客就可能会找到系统的漏洞进行攻击,病毒也会入侵系统,这样会造成系统瘫痪。

2. 消费者操作失误的风险

随着移动互联网的发展,特别是 4G、5G 等无线技术的普及,免费或公用 WiFi 等热点的布设,消费者已经处在一个互联网的世界中,而这也给许多的不法分子提供了机会。不法分子利用广大消费者对随时随地接通互联网的需求,建立假冒的 WiFi 热点,当消费者连接上这些热点以后,输入的银行账号、密码或是其他的一些个人信息就都暴露在他们的视线中,不法分子获取这些信息后就能够轻松地对消费者的资金进行各种操作。此外,也有一些不法分子通过发送短信等方式诱骗消费者登录某些网站,从而获取消费者的信息以盗取消费者的资金。所以,在消费者养成这些消费行为习惯的同时一定要谨慎。

2.4.2 技术风险

金融业的数字化特征非常明显,互联网金融更是对现代信息技术高度依赖,因此所面临的技术风险也极为复杂,具体表现在以下两个方面:

1. 技术开发风险

目前,用于互联网金融开发的技术很多,而且各种技术的变化很快,如果互联网金融服务企业选择不当,选择了那些不合理的技术方案,就很容易引起互联网金融的技术开发风险,具体表现在以下两个方面:

一是技术淘汰风险。

互联网技术创新与发展日新月异,互联网金融服务企业选择的技术方案可能很快就会落后或过时,这样的技术方案导致业务流程不顺畅,业务达成成本增加,客户体验大为下降,最终面临着被淘汰的风险。

二是技术兼容性无法满足要求。

如果互联网金融服务企业选择的技术系统与客户终端的兼容性较差,就会显著影响具体业务的开展,甚至危及生存。

2. 技术安全风险

互联网金融依托互联网信息系统而运行,"安全"是互联网金融的"命门"。从目前来看,互联网金融的技术安全风险主要表现在以下四个方面:

一是技术泄密的风险。

互联网金融依靠各种加密的手段来确保数据的完整、准确和不可抵赖等,但如果一旦技术被泄密或被破解,就可能会造成灾难性的后果。

二是计算机病毒感染的风险。

互联网金融是依托网络运行的复杂系统,一旦感染了病毒,就会在整个系统扩散,轻则导致网络的瘫痪,重则会造成运行体系的崩溃。

三是系统运行中断的风险。

当交易十分密集时,系统就需要对大量的数据进行并发处理,这会造成系统服务器负载过重,出现宕机等现象,从而导致互联网金融服务平台不稳定,影响交易的进行。

四是数据传输过程的安全。

互联网金融在数据传输的过程中容易造成信息被窥探或被截获的情况发生,导致传输出现故障,从而影响交易的安全。

2.4.3 信用风险

信用是互联网金融的"纽带",是驱动业务的核心要素。一旦失去信用,互联网金融必然会陷入发展的泥淖,失去未来。信息风险主要表现在以下三个方面:

1. 违约风险

互联网金融作为一种新发展起来的金融运行模式,在信用控制方面远没有传统的金融业控制到位。当前,由于针对互联网金融的征信管理系统缺乏,导致违约成本很低,大大地增加了违约风险,不管是贷款人还是互联网金融服务平台的信用违约,都存在着较大的风险。在P2P网贷中违约风险尤为严重,经常性出现的平台倒闭或负责人跑路的例子,给整个行业的运营带来了很大的阴影。

2. 信用信息滥用风险

客户的各种信息是互联网金融的重要经营资源,特别是客户的信用信息是判断业务安全性和可靠性的基本依据。一旦客户的信用信息被滥用,那么就无法对信用评估对象做出客观公正的评估,信用风险就会随之产生,对经营活动的威胁也就会自然形成。

3. 欺诈风险

金融欺诈在传统的金融活动中时有所闻,在互联网金融领域更是不绝于耳。欺诈风险主要分为内部欺诈和外部欺诈两种类型:内部欺诈是指由于管理不严导致内部人员为了满足个人的私利而采取的欺诈行为,这些行为的表现五花八门,如挪用公款、篡改数据和私自接单等;外部欺诈是指由外部人员主导的欺诈行为,如第三方故意盗取、盗用客户的资金,或融资方以虚假的项目承诺高收益等方式骗取客户的资金的行为。无论是内部欺诈还是外部欺诈,都会不同程度地给互联网金融业务带来冲击,轻则失信,重则走上违法犯罪的道路。

2.4.4 运营风险

互联网金融业务的运营是一个复杂的过程,所要面对的风险自然是种类繁多、涉及面广泛,主要表现在以下六个方面:

1. 流动性风险

保证适当的流动性是金融业运营的重要条件,但对互联网金融服务企业而言,由于缺乏与传统的金融业相对应的存款准备金、存款保险制度和风险资产拨备制度等的保障,对短期负债和预期外的资金外流缺乏有效的应对措施,极易导致流动性风险的发生。在已经发生的各类平台跑路等意外事件中,不少都是因为流动性风险爆发造成的,这足以说明流动性风险是互联网金融服务企业的"生死劫"。

2. 市场选择风险

市场选择风险是指在信息不对称的情况下,互联网金融服务企业与客户之间相互选择的风险。它具体包括以下两种风险:

一是互联网金融服务企业的选择风险。

由于信息不对称,互联网金融服务平台服务商很难用技术手段对客户的信息进行鉴别和信用风险的判断,导致自己在交易的过程中处于不利的地位。

二是客户的选择风险。

由于互联网金融服务平台的信息披露机制不健全,再加上渠道不够畅通等,使客户对平台服务商的信用和安全等方面的认识不到位,自然会加大市场选择的风险。

3. 期限错配风险

不少通过互联网金融方式筹集的资金是投资在传统行业的,如房地产、制造业等,投资回报期相对较长,而面向客户的融资期限一般都很短。为了解决这一长一短的难题,互联网金融服务企业常常会进行拆标处理,也就是将一个投资期限长、回报速度慢的标拆成几个投资期限短、回报速度快的分标,在拆标销售的过程中,平台就难免会面临着期限错配的风险。如果期限错配的程度较高,在一定程度上造成了资金链断裂,互联网金融服务企业就有最终走向崩盘的可能。

4. 资金平衡风险

对于互联网金融服务企业来说,一方面需要对汇集的资金尽可能高效地进行输出,产生尽可能高的收益,另一方面要留存一定的资金进行应急以及其他可能的投资。如何确保资金的合理周转和高效调度是一个复杂的问题,与之相关的资金平衡风险在一定时候会给互联网金融服务企业的经营带来威胁。

5. 关联性风险

互联网金融服务企业一般会与担保企业、第三方支付平台和商业银行等企业或机构开展合作,不管是哪一方因何种原因发生危机,都必然会对互联网金融服务企业造成影响,引发关联性风险。由于应对危机机制的缺乏,再加上经验不足,一旦出现局部的意外,就有可能导致整条合作链条的断裂,使合作失败。

6. 协调机制缺失风险

互联网金融服务企业在业务的发展过程中,为了更好地吸引投资者参与,往往以高收益、低风险等承诺来进行宣传,但在项目的执行过程中可能会出现各种意外,使得原来的承诺无法兑现,导致投资者的利益受损。与此同时,相关的担保企业、银行、第三方支付平台,甚至是互联网金融服务企业等也会出现利益受损的情形,但目前尚未形成有效的利益协调机制,出现利益纠纷后会导致无休止的纷争。

2.4.5 法律监管的风险

从目前的情况来看,法律空白、监管缺位等是阻碍互联网金融健康发展的重要制约因素之一,具体表现在以下四个方面:

1. 法律、法规缺失的风险

由于我国互联网金融发展的时间较短,现有的法律、法规还不能有效地满足这一新生事物的需要,如电子数据有效性的认定、网上证据的采集等都还不完善,当参与各方的利益受损、陷入纠纷时处理起来必然会非常棘手。

2. 监管缺位的风险

由于互联网金融的涉及面十分广泛,与现有的监管体制并不能完全重合,因此由哪个部门管辖都很难有定论。从目前的情形来看,地方政府的银保监局、金融管理办公室、证监局、通信管理局、工商行政管理局等都与之有关联,究竟由谁实施有效的监管,绝非简单决策就能得到结果。

3. 主体资格合法性的风险

由于我国没有出台与互联网金融相关的法律、法规,使得这个行业处于金融服务行业和互联网行业的中间灰色地带,如何认定合法的经营主体,是否需要跟银行一样要发放牌照等问题还没有定论。因此,经营主体的合法性风险不可忽视,有些互联网金融服务平台服务商很可能因为某一政策的出台而被取缔经营资格。

4. 洗钱、套现的风险

尽管互联网金融服务平台对客户基本都采取了实名认证的管理制度,但这不能杜绝洗钱、套现等非法行为的出现,因为相关的业务活动都是通过网络进行的。因此,互联网金融难以避免相应的虚假交易,洗钱、套现的风险必定存在。

2.4.6 其他的风险

除上述的主要风险外,互联网金融还存在其他的一些风险,主要表现在以下四个方面:

1. 认知的风险

互联网金融作为近年来迅猛发展起来的新业务模式,公众对其认知还远远不足,有的人把它简单地看作是在线的"地下钱庄",也有的人把它看作是快速致富的捷径,更多的人只是看到了收益、回报却忽视了其背后的风险。从本质上来看,互联网金融是金融业务和互联网等新一代信息技术的高度融合,技术助力金融业务的运作,但并没有改变金融业务的本质。比如,最早点燃互联网金融战火的余额宝,其本质是货币基金,虽然收益比较稳定,但风险也是有的。由于对互联网金融的认知不足,无论是投资者还是互联网金融服务平台服务商,都可能受此风险的困扰,产生不必要的纠纷。

2. 道德的风险

在互联网金融高速发展的过程中,由于缺乏相关的监管手段,不少人乘机浑水摸鱼,导致道德风险随之而生。如贷款人或不提供真实准确的个人信息进行贷款,或拿到贷款后就违约跑路。又如,有的互联网金融服务平台利用虚假的项目吸引投资人,获取了投资人大量的资金后就卷款跑路等,导致投资人的权益受到侵害。

3. 被抵制的风险

互联网金融的快速发展必然会给传统金融业带来较大的冲击,尤其是银行业,在余额宝等互联网金融品种的冲击下,存款流失的压力越来越大。毫无疑问,银行等传统的金融机构对互联网金融这一新兴业态必然会采取各种可能的应对措施予以抵制,相应的风险同样不可忽视。

4. 舆论的风险

对于新生的互联网金融服务企业来说,社会舆论对其生存的影响也很大,一则不经意的新闻就有可能使一个互联网金融服务平台遭遇危机。而且,舆论的风险往往防不胜防,因此其影响不可小觑。

2.5 互联网金融风险的成因

与传统的金融业务运作相比,互联网金融的风险不但有其自身的成因,而且也有着不同于传统的金融风险的特点。作为一种新型的金融业务运作模式,互联网金融充分融合了以互联网为代表的新一代信息技术与各类金融业务,形成了一种全新的业务运营模式,风险的成因也较为复杂。

2.5.1 标准规范缺失

由于互联网金融发展的时间较短,而且基本都是自发成长起来的,凭借着一些互联网公司的独特资源,在短时间内实现了快速的扩张。到目前为止,有关互联网金融的标准规范基本处于空白的状态,如互联网金融的技术系统、数据资源管理的规范,类似于银行存款准备金的风险保证金等,都没有官方的规范,在很大程度上处在自生自灭的状态,对行业的良性发展极其不利。

2.5.2 监管滞后

监管滞后是很多的新兴行业所面临的共同问题,而在互联网金融领域这一问题尤为突出。在传统的金融业监管中,经过长时期的积累,已形成了较为严格的监管体系,如从中央政府层面形成了以中国人民银行、银保监会、证监会和金融监管部门为主体的"一行三会"[①]的监管格局,在地方政府层面均有相应级别的机构与之对应。而且,在监管依据方面,已形成了一套较为完整的法律、法规体系,并通过市场准入、业务审批等方式予以规范。但是,对于新兴的互联网金融而言,原有的监管体系已经不足以适应互联网金融监管新形势的需要,无法可依、无人监管是当前互联网金融所面临的尴尬状态,而且也很难在较短时间内有大的突破。

2.5.3 技术保障不够到位

互联网金融综合应用桌面互联网、移动互联网、大数据、云计算以及各类智能终端等各项技术,并围绕金融业务的需求进行开发和应用,两者相互结合所形成的技术系统既具有较高的开放性,又必须兼容当今社会上应用面较广的各类技术体系。以手机终端为例,互联网金融系统一般既要开发基于安卓的应用,又要开发基于苹果 iOS 的应用,接入平台的终端越多、体系越复杂、涉及的技术越广泛,所面临的风险自然就越高。而且,诸如黑客的攻击、病毒的攻击和操作的失误等防不胜防,相关的风险自然不可避免。与此同时,由于与互联网金融相关的技术演进十分迅速,新旧技术体系的衔接、新系统的技术漏洞等,对 IT 系统运行相对缺乏经验的互联网金融服务企业而言,所面临的挑战必然更为严峻。

[①] 指中国人民银行、证监会、银监会和保监会。2018 年 3 月,在中国运行长达 15 年的"一行三会"金融监管模式转变为目前的"一委一行两会"金融监管模式。

2.6 互联网金融风险的主要特点

加强风险防控是互联网金融健康、快速、可持续发展的前提条件,"风控为王"是决定互联网金融的前途和命运的首要准则。从当前互联网金融风险的表现形式来看,主要具有以下特点:

2.6.1 风险的多元性

互联网金融作为金融业与新一代信息技术高度融合的产物:一方面其表现形式非常丰富,而且尚处在发展演进之中,新的模式还在不断地涌现;另一方面,互联网金融涉及的领域也非常广泛,既包括技术,也包括管理、法律、标准规范等。因此,互联网金融的风险呈现出多元性的特点,需要对不同形式的风险类型进行分别对待。

2.6.2 风险的多变性

互联网金融服务企业都建立在互联网网络技术的基础上,企业一旦遇到网络风险,那么风险就可能很快在互联网金融服务平台上扩散,不受控制,轻则影响企业的日常运营,重则让整个企业的系统瘫痪,平台交易无法进行,客户的资料被泄露,资金安全受到威胁。当然,如果互联网金融服务企业能采取较为有力的措施,那么就可以使风险得到有效控制,并且成本较小、难度也较低。比如,当互联网金融服务企业的计算机系统遭受攻击等,只要消除相应的隐患即能得到控制,此类风险也会随之消除。

2.6.3 风险的多边性

互联网金融服务企业与担保企业、银行、第三方支付机构以及其他的互联网金融服务企业有着千丝万缕的联系,当遭遇风险时,特别是资金方面的风险,必定会彼此影响、相互关联。如某个互联网金融服务企业出现资金流动性的风险时,它会向金融机构贷款或是向同行业的其他企业借款以渡过难关。但是,如果互联网金融服务企业自身的问题最后得不到解决,势必会波及其他的合作伙伴。因此,互联网金融的风险具有相互关联的多边性,往往是一个系统性风险。

2.6.4 风险监管的多重性

互联网金融的业务运作是通过网络来实现的,不但交易过程具有虚拟性和跨时空性,而且交易的不透明性和交易对象的模糊性使得对风险的监管变得异常复杂和困难,出现了交易风险,将给现有的监管体系带来严峻挑战。因此,从风险监管的角度来说,既要求政府跨地区、多部门协同监管,又要求对互联网金融的各个环节、各个参与方进行有针对性的监管,体现出了风险监管多重性的特点。

2.7 防范互联网金融风险的对策

互联网金融虽然发展迅速,但如何更好地评估和监控风险是其发展的命脉。为了促进我国互联网金融健康、科学、有序的发展,本书提出以下针对互联网金融风险防范的对策建议。

2.7.1 创建互联网金融普识体系

虽然互联网金融发展迅速,也为广大公众所熟知,但是大多数普通人对互联网金融的本质认识不清,以至于他们投资的风险意识十分薄弱,所以互联网金融服务企业有必要加强互联网金融知识的宣传。

首先,提高广大公众对互联网金融本质的认识。

互联网金融并未改变金融的功能与属性,主要功能仍然是投资放贷、支付清算等,其本质上是金融市场的一种模式创新,但并未超越现有金融体系的范围。

其次,提高公众对互联网金融风险的认识。

互联网金融风险无处不在,不管是投资人还是贷款人都必须谨慎处置,许多的投资人为了高收益不惜将大量的资金投入互联网金融领域,但是却鲜有人意识到背后的风险,也有贷款人盲目地相信互联网金融服务平台的实力而将融资的愿望押注在一个平台上,导致错过其他的融资机会,这也是得不偿失的。

最后,提高公众的道德水平。通过知识的宣传和普及,提高人们的诚信度,以减少人们之间的不信任,诚信与否关系着互联网金融发展的未来,必须引起各方的重视。

2.7.2 构建互联网金融网络安全体系

互联网金融具有互联网的特性,技术风险很高,无论是技术选择、系统性的安全还是技术支持方面都存在着较高的风险。因此,构建互联网金融网络安全体系十分有必要。

首先,互联网金融服务企业需要加快研发适合互联网金融快速发展的信息系统,不论是软件还是硬件,或是通信技术、移动终端等,要尽可能减少对国外产品的依赖性,提高网络安全,降低风险。

其次,要加强对网络环境的管理,既要增强网络防护能力,以阻止网络黑客的恶意攻击和计算机病毒的入侵,保证互联网金融系统的正常运行不受影响,也要完善互联网用户的身份认证系统,将非法互联网用户隔离在互联网金融的网络体系之外,限制他们的非法访问。

最后,互联网金融服务企业要建立一套信用服务体系,通过数字证书为网上交易双方提供安全交易的保障,只有有了交易的保障,交易才会顺利地进行。

2.7.3 建立互联网金融信用风险管理体系

信用风险是互联网金融面临的主要风险之一,在网贷平台中表现得尤为明显,因此建立信用风险的管理体系十分重要。

首先,互联网金融服务企业要加强内部控制的机制建设,建立起相应的风险管理制度,并设立专门的风险控制团队,将风险控制在发生的源头。

其次,相关部门要完善我国个人征信系统建设,以中央银行征信系统的基础数据为依据,以互联网金融服务企业的业务数据为补充,利用大数据、云计算等新兴技术,统一信用评价机制和信用管理办法,同时将企业的信用评级机制引入进来,促进互联网金融业务的开展。

最后，互联网金融服务企业需要加强与传统的金融机构之间的合作，传统的金融机构有良好的个人信用记录，互联网金融服务企业需要通过与它们的合作，打通信用评级渠道，从而更好地服务互联网金融服务平台和自身的客户。

2.7.4 建立健全互联网金融运营风险管理体系

业务运营风险是互联网金融面临的最大风险，包括市场选择风险、资金安全风险和流动性风险等，因此互联网金融服务企业必须尽快建立起一套适应互联网金融发展的运营风险管理体系，并健全相应的管理体制和管理机制。

首先，互联网金融服务企业需要建立有效的信息收集机制，同时要确保信息的完整性、及时性、真实性和可用性，为投资人提供充分的信息保障。

其次，互联网金融服务企业要加强对资金的监管，互联网金融服务平台是资金的集散地，既不能滥用投资人的资金，也不能形成资金池，要在保证平台正常运营的前提下切实保障投资人的资金安全。

最后，互联网金融服务企业要加强对关联性企业或机构的跟踪管理，密切关注合作各方的风险动态，如合作的互联网公司提供技术支持发生困难、担保企业发生债务危机等，对不同的风险要有应对措施和应急预案，要尽可能避免合作方的风险殃及自己，以免造成不必要的后果。

2.7.5 完善互联网金融的监管和法律体系

互联网金融的快速发展已经突破了传统的银行业、保险业、证券业、信托业和基金业等业态的经营边界，已对如何监管提出了严峻的挑战。当前，由于法律、法规的不健全，已导致较多的互联网金融服务企业实际已行走在法律的边缘，合法或非法都难有定论。因此，完善互联网金融的监管和法律体系已显得十分重要和迫切。

首先，要对分业监管和混业监管两种模式进行重新界定，对互联网金融行业应进行综合监管，进一步提升行业的准入条件，防范风险过度聚集。

其次，在现有的金融法律、法规的基础上，要充分考虑互联网金融发展的实际，尽可能拓宽法律、法规适用的边界，将互联网金融能有效地纳入其中。

最后，要加大互联网金融投资者权益的保障力度，在相应的保障机制尚未健全的背景下，应将对保护投资人的利益放在重要位置，以有效地维护市场秩序，促进互联网金融健康、有序、可持续地发展。

2.8 美国 Lending Club 公司 P2P 网贷案例

Lending Club（中文含义为"借贷俱乐部"）创立于 2006 年，总部位于美国加州的旧金山，是一家利用互联网提供借贷服务的金融企业，在运营初期仅提供个人贷款服务。2012 年，Lending Club 的贷款总额达 10 亿美元。2014 年 12 月，Lending Club 在纽约证券交易所上市，成为当年最大的科技股 IPO（Initial Public Offerings，首次公开募股），目前是美国也是全球最大的 P2P 网贷平台。

2.8.1 公司背景

2006年10月,Lending Club在美国的特拉华州以"SocBank"的名字成立。公司的董事会成员中包括许多的重量级人物,如摩根士丹利的前CEO约翰·迈克、凯鹏华盈公司的合伙人玛丽·梅克尔、Visa前总裁汉斯·莫里斯、汇丰银行前集团总经理西蒙·威廉姆斯以及美国前财政部部长劳伦斯·萨默斯等人。2006年11月,公司更名为"Lending Club"。2008年10月,在长达6个月的美国证券交易委员会的注册静默期后,Lending Club在10月份开业时成为第一家按SEC安全标准提供个人、商业贷款的企业,从此Lending Club保障了平台上投资人的交易与资金拥有合法权。

与传统的借贷机构最大的不同是,Lending Club利用网络技术打造的这个交易平台直接连接了个人投资人和个人借贷人。对于投资人来说,可以获得更好的回报;而对于借贷人来说,则可以获得相对较低的贷款利率,可谓能实现双赢。

Lending Club提供线上平台作为交易服务媒介,单一债务人(借款人)经资格审核,可以提出借贷要求并提供借贷目的等相关信息。依照债务人的信用评级、借款总额和分期贷款天数,计算出每期应偿还的利息和本金。Lending Club再将债务总额分割为小金额债券,供众多的投资人(贷出者)参照债务人的相关信息进行选购,投入资金以期日后收取定期还款的本金与利息,中介服务费抽成为Lending Club的基本收入来源。

2.8.2 发展历程

从成立以来,Lending Club走过了一段不平凡的发展历史,代表性的事件有:

Lending Club出现在Facebook的第一批应用里,随后于2007年8月从美国的西北风险投资公司和迦南合伙人募集到了1000万美元的A轮融资,自此Lending Club彻底地转变为一个P2P网贷公司。

2008年,Lending Club取得了美国证券交易委员会的认定,使得Lending Club从真正意义上发展成为一个银行和交易平台(即便发生严重的债务危机,甚至Lending Club破产或者倒闭,贷出的款项也会继续得到美国政府的资金保障)。

2008年10月14日,Lending Club恢复了新的投资人的注册手续,走向了一个全面发展之路。

2011年秋季,Lending Club的总部从加州的桑尼维尔和雷德伍德城移至旧金山市中心。

2012年,员工达到80人,日均贷款额达到150万美元。

2012年11月,总贷款额度超过10亿美元大关,同期Lending Club实现了盈利。

2013年11月,Lending Club已协助发行30亿美元的债务借贷。

2014年3月,Lending Club开始上线商业信贷服务。

2014年4月,Lending Club完成最后一笔股权融资,估值涨至37.6亿美元。

2014年4月,Lending Club收购了春石公司,开始提供教育和医疗信贷服务。

2014年12月12日,Lending Club在纽约证券交易所挂牌交易,代码为LC,IPO首日报收达到了23.43美元,较发行价大涨56.2%,市值达到了85亿美元。

2015年全年,Lending Club平台新设贷款金额达到了83.6亿美元。

2016年3月底至4月8日，Lending Club 向杰富瑞集团出售了2200万美元贷款,因存在瑕疵,暴露出内控方面存在不足,迫使其创始人雷纳德·拉普兰奇等人辞职,公司一度陷入低谷。

2016年5月23日,我国的盛大网络斥资1.487亿美元购入2000万股Lending Club的股票,占发行股票的11.7%,成为最大的股东。

2016年5月23日,盛大网络增持Lending Club的股份至18.8%,继续保持大股东的地位。

2.8.3 服务种类

经过数年的发展,Lending Club的服务逐步聚焦到以下四大领域:

(1) 个人信贷:属于无抵押贷款,金额为0.1万~4万美元,1000美元以内贷款的最长期限为3年,0.1万~4万美元贷款的最长期限为5年。

(2) 商业信贷:贷款金额在1.5万~30万美元,贷款期限为1~5年。

(3) 教育和医疗服务:贷款金额为499美元到5万美元之间,投资期限灵活设置。

(4) 投资管理服务:Lending Club下辖LCAdvisors子公司,运营和管理5个投资基金,每个基金最多100人且每人最低出资为50万美元。

2.8.4 收入来源

Lending Club的收入来源包括交易手续费、服务费和管理费。交易手续费是Lending Club向借款人收取的费用,服务费是Lending Club向投资人收取的费用,管理费是Lending Club管理投资基金和其他管理账户的费用。

交易手续费是Lending Club的主要来源,因为借款人个人条件的不同而有所不同,一般为贷款总额的1.1%~5%。

对于投资人,Leading Club会在其借款人还款到期日15日之内对所有按时还款的金额收取1%作为服务费,用于补偿Lending Club对贷款的服务、对凭证的支付和对投资人的账户的维护。如果借款人没有按时还款,那么Leading Club将不会收取手续费。然而,如果借款人有贷款拖欠等行为,Leading Club将会为投资人进行追债,在没有诉讼的情况下收取追回金额的18%作为收款手续费;如果因为欠债行为引起了诉讼,那么Leading Club将会收取最高35%的收款手续费或每小时的律师费的30%。催收如果不成功,则Leading Club不会收取手续费,同时还规定催收费最高不能超过收回的金额。

除手续费外,借款人还可能需要支付以下费用:

(1) 未成功支付的费用:借款人每月的还款都是通过借款人的账户向Lending Club自动转账,如果借款人的账户未能支付(如账户的余额不足、账户关闭或者账户暂停),借款人需要支付每次15美元的费用。

(2) 逾期还款的费用:如果借款人还款晚于15天的宽限期,从第16天开始需要支付未付分期还款金额的5%和15美元之间的高者,每次逾期支付一次。

(3) 处理支票的费用:如果借款人选择使用支票付款,需要支付每笔15美元的费用。

2.8.5 运作流程

Lending Club 通过与美国联邦存款保险公司担保的犹他州特许银行 WebBank 合作，由 WebBank 向通过审核的借款人放贷，WebBank 再将贷款以债务凭证的形式卖给 Lending Club，Lending Club 将债务凭证销售给投资人后的资金进行适当的提成后支付给银行。在交易的过程中，投资人和借贷人并不存在直接的债券和债务关系，借款人每月通过银行账户自动将还款转给 Lending Club，再由 Lending Club 转给投资人。其运作流程如图 2-1 所示。

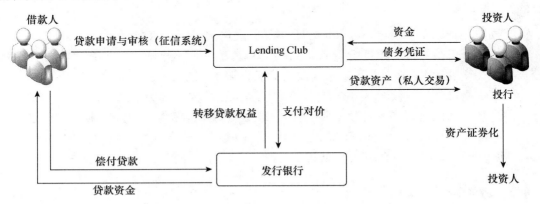

图 2-1 Lending Club 的运作流程

Lending Club 之所以选择与犹他州特许银行 WebBank 进行合作，主要原因是因为 Lending Club 不具有贷款资质，而 WebBank 是在犹他州注册的州立银行，可以向全国范围内的居民发放贷款，而且犹他州对于通过 P2P 网贷平台发放的贷款没有利率上限的规定。在美国，一些州存在限制高利贷的管理条例，但是联邦法律允许州立银行根据所在州的法律向其他的州"输出"利率设定，而不管借款人所在的州是否存在高利贷利率限制。

2.8.6 信用评级

借款人提交借款申请后，Lending Club 会根据 WebBank 的贷款标准进行初步审查。借款人需要满足以下标准才能借款：

(1) 美国 Fair Isaac Corporation 公司提供的 FICO 分数（根据 Experian、TransUnion、Equifax 三大征信局的信用报告）在 699 分以上[①]；

(2) 除按揭外债务收入比为 18.29%；

(3) 信用记录[②]历史在 16.4 年；

(4) 个人收入为 75 894 美元（收入水平在全美前 10%）；

---

① 美国人均 FICO 大约是 695 分。

② 信用记录长度并非直接从用户开第一张信用卡之时算起，这个数字是综合用户最老的信用卡、最新的信用卡、所有的信用卡平均开卡时间、使用不同类型的信用账户（比如按揭、学生贷等）的时间等信息再做加权平均，在美国平均信用记录时间约为 7 年。

(5) 平均单笔贷款 14 583 美元。

当借款人通过了初始信用审查后，Lending Club 专有评分系统会对借款人进行评估，并决定同意或拒绝申请。专有评分系统给申请人提供一个分数，再连同借款人的 FICO 分数和其他信用属性一起输入模型等级（Model Rank）中，模型等级根据内部开发的算法来分析借款人的表现，并考虑借款人的 FICO 分数、信用属性和其他申请数据。模型等级介于 1~25 之间，并对应一个基础风险子级，Lending Club 会根据贷款金额和贷款期限来调整基础风险子级到最终子级，最终子级共分为 35 个级别，归入 A、B、C、D、E、F、G 七个等级，每个等级又包含了 1、2、3、4、5 五个子级。Lending Club 根据该评级来决定借款人有无资格申请贷款，并核算出借款人应付的利息和费用，从而准确地划分出投资人/借款人投资不同等级会产生的不同收益差。以 2016 年 3 月 31 日的数据为例，A 类等级的平均利率为 7.17%，B 类等级的平均利率为 10.67%，C 类等级的平均利率为 13.94%，D 类等级的平均利率为 17.25%，E 类等级的平均利率为 20.04%。超过上述几个等级，利率水平还会提升。

Leading Club 的贷款期限通常为 3 年，借款人若想延伸至 5 年，则需要缴纳更高的费用以及承担更高的利率，借款人同时也可以在期限内的任何时间还款。为了有效地控制风险，又能简化借贷的手续，Leading Club 将贷款金额限制在 1000 美元至 3.5 万美元之间，其中，1000~9975 美元的贷款只能申请 3 年的期限。当前，Leading Club 平均贷款规模约为 1.5 万美元。A、B 两类贷款占比大，C、D 两类贷款占比不断地增多，E、F 和 G 三类贷款的占比最小且呈不断缩小的趋势。

2.8.7　对投资人的要求

为了保证平台借贷的整体稳定性，Leading Club 对于投资人提出了较高的要求：

第一，投资人必须是全美所确定四十余个特定州的合法居民。

第二，除加州外的其他州的投资人必须满足以下两项中的任意一项：

(1) 年收入在 7 万美元以上并且净资产（不包括房产和汽车）在 7 万美元以上；

(2) 净资产（不包括房产和汽车）在 25 万美元以上。

加州的投资人则需要满足：

(1) 年收入在 8.5 万美元以上并且净资产（不包括房产和汽车）在 8.5 万美元以上；

(2) 净资产（不包括房产和汽车）在 20 万美元以上；

(3) 不满足前两条的投资人，只能进行最多不超过 2500 美元的投资。

2.8.8　投资回报

Leading Club 将贷款金额限制在 1000 美元至 3.5 万美元之间，投资人可以通过 Lending Club 的网站搜索借款人的借贷列表，并根据给出的借贷信息进行放贷。贷款利率由 Lending Club 拟定，每单投资金额最小为 25 美元，投资人可以自由选择投放的金额和所在的信用等级类别。A~C 类等级的平均年收益在 5.25%~8.64%，并且收益以月现金流的形式进行。图 2-2 为不同等级下的贷款利息和年利率对照。

在美国的各大银行中，1 年期的存款年收益最高值在 1.2%~1.3%，而 5 年期存款年收益最高值则为 2.25% 左右，相比之下，Leading Club 的收益回报要远远高得多。

这种模式避免了错综复杂的关系，流程清晰、操作简单、效率极高，受到了投资人的广泛好评。

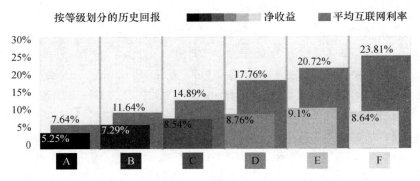

图 2-2　不同等级下的贷款利息和年利率对照

2.8.9　投资风险

对于投资人而言，Lending Club 提供的投资项目存在以下六种风险：

（1）Lending Club 发放的成员贷款都是无抵押、无担保的贷款，而投资人持有的收益权凭证的收益完全依靠借款人每月的还款。当借款人违约时，投资人会损失部分或者全部的收益。

（2）投资人持有的凭证不代表其和借款人之间有契约关系，因此当借款人不能按时还款时，投资人也不能直接找借款人催款，而必须通过 Lending Club 和第三方催款机构来催款。

（3）收益权凭证的最长期限为 5 年，如果 5 年内借款人不能还款，但在 5 年后借款人偿还了款项，Lending Club 不会将这部分还款转给投资人，因为当收益权凭证的期限终止后，投资人不再享有接受还款的权利。

（4）借款人拥有无惩罚提前还款的权利，这给投资人带来了一定的风险。一旦借款人提前还款，投资人就不能够获得之前期望的收益率，同时也不能获得任何提前还款的补偿。

（5）投资人还需注意流动性风险，虽然收益权凭证可以在特定交易平台上转让，但是这种凭证仅限于在 Lending Club 成员之间转让，因此流动性很低。

（6）由于凭证的标的物——成员贷款具有固定利率的特性，当市场利率上升时，投资人将会损失其他的收益更高的投资机会；当市场利率下降时，借款人也有可能会提前还款，投资人也可能受到损失。

为了降低投资风险，优化投资收益，投资人需要分散投资。Lending Club 提供了两种分散投资的方法：一是建议手动投资，投资人浏览各种借款项目，然后自己手动选择要投资的项目；二是在选择自动投资时，投资人需要设置相应的投资限定条件，只有当寻找到符合条件的借款项目时，自动投资系统才会为投资人下单。

2.8.10　案例评析

Lending Club 与传统的银行借贷不同，它是利用网络技术打造的交易平台，直接连接了个人投资人和个人借贷人。通过这种方式,缩短了资金流通的细节,尤其是绕过了传统的大银行等金融机构,使得投资人和借贷人都能得到更多的实惠、更多的便捷,同时也避免了很多中间环节带来的时间与资金的损失。Lending Club 也不像股票市场一样需要投资人投入一定数量的资金,符合要求的投资人最低只要 25 美元就可以参与 P2P 网贷来获得稳定的收益,这也是 Lending Club 的最大优势之一。

Lending Club 是第一家按照美国证券交易委员会的安全标准注册的向个人提供个人贷款的借贷公司,最重要的价值是帮助投资人和借贷人减小开支,使得资金流和管理更直接、更透明,从而减少了资金链两端人群的支出,对于借贷人来说降低了还款利息,而对于投资人来说回报率更高。

当然,作为一种新型的借贷服务模式,Lending Club 走过了一条曲折的发展道路,尽管已经取得了一定的成功,但仍然面临着许多的问题和挑战,可以肯定的是,这种模式有非常光明的发展前途。

2.9 本章小结

作为新一代信息技术与传统的金融业融合发展的产物,互联网金融可谓生逢其时,在一定程度上成为驱动金融业变革和创新的根本力量。经过短短数年的发展,我国已经当之无愧地成为世界互联网金融大国,正引领全球互联网金融的发展潮流。作为一项新生事物,互联网金融在快速崛起的过程中所呈现出来的问题错综复杂,其中对风险的评估和监控是重中之重,相关的理论研究已远远滞后于实践发展的需要。风险是互联网金融的本质属性,也正是因为风险的存在才使得互联网金融更具有吸引力。有关互联网金融风险的研究是一个复杂而又庞大的体系,需要对此进行长期并且深入的探索。可以肯定的是,只有对风险进行更加全面、深入和系统的认知与监控,才能使互联网金融发展得更有保障、更有活力、更有前途。

第三章 区块链金融

区块链技术在过去十多年的时间内异军突起,受到了广泛的关注,并成为全球范围内创新创业的热点和焦点,令世人瞩目。不可否认,区块链技术正掀起影响深远的技术变革,必将对人类社会的经济发展模式和社会进步方式带来不可低估的影响。从当前的发展形势来看,尽管区块链仍处在发展的早期,但已经有很多的行业已开始受到全方位的波及,尤其是金融业首当其冲,全球金融业正在围绕区块链展开前所未有的竞争,以区块链与金融业加快融合为标志的"区块链金融"已成为金融业竞争与发展的核心能力。与此同时,以发达国家为主的各国政府对发展区块链倾注了极大的热情,英国、美国等国家更是处在世界领先地位,中国后来居上,发展势头良好。可以预料,区块链作为具有广泛带动和深度融合的新一代信息技术,将会对金融业产生十分深远的影响。

3.1 区块链概述

区块链是伴随着比特币的出现而产生的,经过快速发展,现正逐步向各个领域渗透,把握区块链的基本原理是促进其发展和应用的前提。

3.1.1 区块链的基本概念

一般来说,所谓区块链,是一种分布式账本技术,是指基于分布式数据存储、点对点传输、共识机制、加密算法等计算机技术的新型应用模式。所谓共识机制,是指在区块链系统中实现不同的节点之间建立信任、获取权益的数学算法。区块链通过去中心化和去信任的方式,由参与其中的成员共同维护一个特定数据库的技术方案,该技术方案让参与系统中的任意多个用户(节点),把一段时间系统内用户交互传输的数据,通过特定的密码学算法计算并记录到一个数据块(Block),并且生成该数据块的指纹用于链接(Chain)下一个数据块进行校验,系统用户所有参与节点来验证记录的真伪。

从通俗的角度来说,区块链技术本质上是一种全民参与记账的方式,每个用户通过网络参与记账,都拥有一个数据库,然后把每个独立拥有的数据库看作是一个大账本。区块链给予每个用户参与记账的机会,即每个用户都可以对一定时间段内的任何数据变化进行记录,而系统会自动识别出记账最快最好的人,然后将他所记的内容写到大账本,同时将此内容发给系统内的其他人进行备份,这样系统中的每个用户都拥有了一本完整的账本,达到了分布式共享记账的目的。图3-1为传统的中心化记账与区块链分布式记账的对比。

去中心化是区块链的独特之处,在传统的条件下,甲、乙双方要想通过网络实现资金的转移,就必须通过银行的网银、支付宝或微信等第三方渠道,是典型的中心化模式。在区块链系统中,没有中心化代理,系统赋予每个节点平等的权利和义务,不仅能实现点对点的价值转移,而且还具有良好的健壮性——不管其中哪个节点损坏或者是失去都不会对系统的运作造成影响。图 3-2 为传统的中心化模式与去中心化模式的对比。

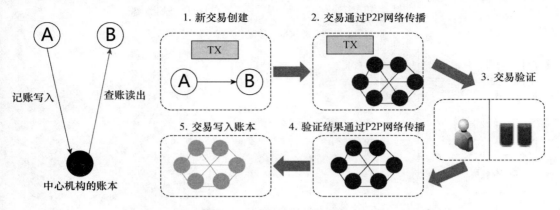

图 3-1　传统的中心化记账与区块链分布式记账的对比①

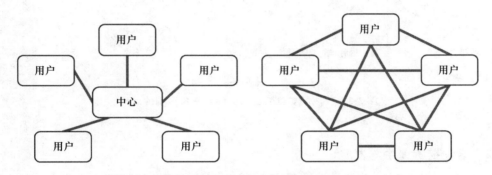

图 3-2　传统的中心化模式与去中心化模式的对比

去中心化的特性在商业金融领域有着特别的用武之地,以我们熟悉的网购为例,常规的流程是:

（1）买方向第三方付款,第三方在收到款项后通知卖方发货;

（2）卖方发货,买方确认收货;

（3）第三方向卖方打款。

在整个交易过程中,不仅仅只是买卖双方在进行交易,而且还有提供信任保障的第三方,每一笔交易都是依靠第三方展开的。但是,如果作为中心化的第三方的系统出了问题便会直接影响交易过程,买卖双方也因为简单的购买交易而要向第三方提供多余的信息,这便是典型的中心化体系的弊端之一。去中心化的方式就是买方和卖方只需要交换钱和产品即可完成交易,不仅使得整个交易过程变得更加方便、快捷、高效,同时也从一定程度上避免了泄露与交易无关的信息,并规避了被中心化代理控制的风险。图 3-3 为传统的支付系统与区块链支付系统的对比。

---

① 在图中,A、B 表示交易的双方,TX 是账簿的编号。

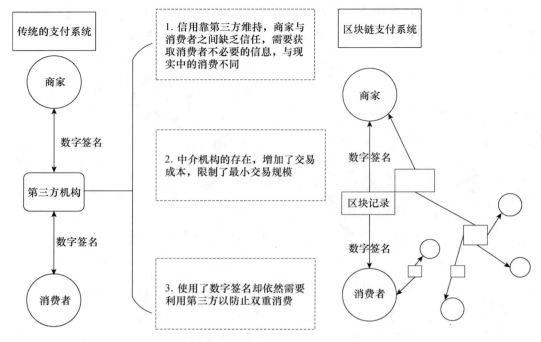

图 3-3 传统的支付系统与区块链支付系统的对比

3.1.2 区块链的诞生与发展

2008年9月20日,雷曼兄弟公司宣布破产,两周后美国"百年一遇"的金融危机正式爆发,危机迅速波及了包括中国在内的众多国家。此后不久,一位自称"中本聪"(英文名为"Satoshi Nakamoto")的人在美国的一个网络论坛上发表了一篇题为《比特币:一种点对点的电子现金系统》[1]的文章。该文章涉及了P2P网络技术、时间戳技术等现代金融电子现金系统的一些基本概念框架,不仅标志着比特币的诞生,同时也标志着"区块链"概念的问世。2009年1月3日,第一个比特币创世区块诞生,序号被定为0号。几天之后又一个区块诞生,被赋予1号区块,1号区块与0号区块同时相连形成了一条区块链,由此标志着真正意义上的区块链正式形成。自此之后,区块链踏上一条充满神奇而又不平凡的发展道路,一直受到世人的瞩目。迄今为止,区块链的发展已经历了以下三个阶段:

(1) 区块链1.0阶段(数字货币[2]),用于以比特币为代表的可编程数字货币上;

(2) 区块链2.0(智能合约),是所有权登记认证系统,实现了市场交易和商业信用行为,如债券、保险、外汇、股票、期货等;

(3) 区块链3.0(分布式人工智能和组织),区块链技术远超出货币支付和金融领域,基于信用共识构建鉴证类服务,是网络化计算机协同的人工智能操作系统,进入高

---

[1] Satoshi Nakamoto. Bitcoin:A Peer-to-Peer Electronic Cash System[EB/OL]. [2008-10-31]. https://bitcoin.org/bitcoin.pdf.

[2] 数字货币的英文全称是 Digital Currency。

度自治的运行状态。

3.1.3 区块链的组成

区块链是由一个接一个首尾连接在一起的数据区块组成的（如图3-4所示）。

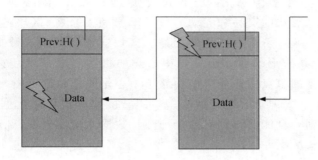

图3-4 区块链的组成

数据区块分为两个部分，即区块头+区块体（如图3-5所示）。

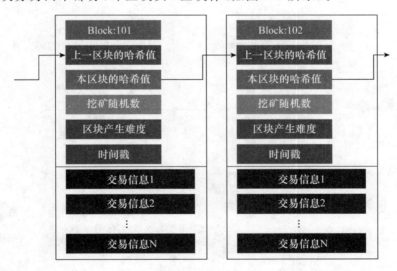

图3-5 数据区块的组成

如图3-5所示，区块头包含的信息：一是区块编号；二是上一区块的哈希值（Hash）；三是本区块的哈希值树（Hash Tree）；四是一个挖矿随机数；五是区块产生难度；六是时间戳。上一区块的哈希值用于将本区块与上一区块构建一一对应的映射关系，形成环环相扣的链；控矿随机数随机生成，需要通过相应的算力（譬如比特币的"挖矿"）才能获得；哈希值树记录了这一区块中各类存储信息的密钥阵列，客户必须通过获得密码才能获取存储在该区块中的特定数据；时间戳用于记录数据存储于本区块的具体时间。在每一个区块头中，都记载了本区块的哈希值和上一区块的哈希值，这样就确保所有的区块都是链接在一起的——这就是所谓"链"的含义。

区块体包含的信息较为单一，就是这一段时间之内相关的所有交易信息——诸如 A 转账给 B，X 转账给 Y 之类的。

从本质上来看，区块链可以理解为一个基于计算机程序的分布式共享总账（Distributed Shared Ledger），它可以独立记录在区块链上发生的所有交易，系统中的每个节点都可以将其记录的数据更新至网络，每个参与维护的节点都能复制获得一份完整数据库的拷贝，这就构成了一个去中心化的分布式数据，可以在无须第三方介入的情况下，实现了人与人之间点对点式的交易和互动。从技术原理上来看，区块链并不复杂，但在经济社会发展的各个领域有着十分广泛的用途。区块链能实现全球数据信息的分布式记录（由所有的参与者共同记录而非由一个中心化的机构集中记录）与分布式存储（存储在所有参与记录数据的节点中而非集中存储于中心化的机构节点中）。从效果的角度来看，区块链可以生成一套记录时间先后的、不可篡改的、可信任的数据库，这套数据库是去中心化存储且数据安全能够得到有效保证。从数据的角度来看，区块链是一种几乎不可能被更改的分布式数据库。

3.1.4 区块链的工作原理

区块链作为实现在线价值转移的核心技术，价值转移的原理可以用图 3-6 进行说明。

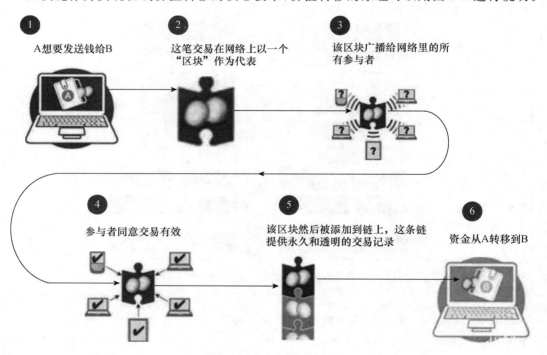

图 3-6 区块链价值转移的原理

如图 3-6 所示，如果 A 想要向 B 转移若干资金，这笔交易就先计入区块之中，这一区块广播给网络里的所有参与者，参与者同意交易有效，该区块然后被添加到链上，这条链提供永久和透明的交易记录，表明这个交易正式完成。

3.1.5 区块链的主要类型

根据区块链的性质和开放程度不同,区块链可以分为公有链、私有链和联盟链三种。

1. 公有链

公有链是指向全网络上的任何节点开放的,全世界任何人都可以读取,任何人都能发送交易且交易能获得有效确认,任何人都能参与其中共识过程的区块链,任何人都可以下载完整的数据的区块链。公有链的所有账本都是公开,并且是"完全去中心化"的——通过共识过程决定哪个区块可以被添加到区块链中和明确当前的状态。在公有链中,程序开发者无权干涉用户,区块链可以保护使用他们开发的程序的用户。任何拥有足够技术能力的人都可以访问,只要有一台能够联网的计算机就能够满足访问的条件。公有链的应用越来越多,包括比特币、以太币、超级账本、大多数山寨币以及智能合约等。其中,比特币是最为典型和成熟的应用。以太坊作为公有链的后起之秀,也正受到广泛关注。它是可编程的区块链,允许用户按照自己的意愿创建复杂的操作,较为适合那些在点与点之间自动地进行直接交互或者跨网络促进小组协调活动的应用。

2. 私有链

私有链是指其写入权限局限在某一特定组织和个人手中的区块链。在有些区块链的应用场景下,区块链的运营者并不希望这个系统对网络中的所有人都开放,不希望任何人都有权查看所有的数据,因此他们设置只有被许可的节点才能够参与并且查看所有的数据。在私有链中,参与运作的主体在参与运作时需要申请和身份验证,并签订协议,采用基于协议的共识机制,由预设的某些节点进行记账,建立区块,实现分布式记账,全网所有的节点都可以参与交易,并查看所有的账本。如果一个实体机构通过私有链控制和处理所有的交易,那么就可以做到完全免费或以非常低的成本进行业务运作,这也正是银行等金融机构积极拥抱私有链的重要原因。私有链的价值主要体现在可以提供安全、可追溯、不可篡改、智能运营的运算平台,可以同时防范来自内部和外部对数据的安全攻击,这个是传统的系统很难做到的。

3. 联盟链

联盟链是指建立在某个机构内部的区块链,联盟中每个节点的权限都完全对等,参与者在不需要完全互信的情况下就可以实现数据的可信交换,具体规则由机构自己来设定,适合机构之间的交易、结算或清算等场景。例如,在银行之间进行支付、结算和清算的系统就可以采用联盟链的形式,将各家银行的网关节点作为记账节点,当网络上只要有超过 2/3 的节点确认一个区块时,该区块记录的交易即可得到全网的确认。联盟链在交易的确认时间、交易并发数、安全性、可靠性等方面都要比公有链高。

由于各金融机构之间有着支付、结算和清算等关联业务的巨大需求,所以联合起来构筑联盟链是共同的选择。R3 CEV 是一家总部位于纽约的区块链创业公司,由其发起的 R3 区块链联盟已经吸引了包括富国银行、美国银行、纽约梅隆银行、花旗银行、平安银行等数十家银行巨头的参与,目前正有不断扩大之势。传统的跨境汇款涉及汇出行、汇入行、环球银行金融电信协会(Society for Worldwide Interbank Financial Telecommunication,SWIFT)等多个参与者,不但花费时间长,而且成本高,越来越不适应市场需求。

而联盟链在跨境汇款等领域的应用将能大幅地提升效率、降低成本,必然会在很大程度上颠覆传统的跨境汇款模式。

3.1.6 区块链的主要特征

作为一种去中心化的技术,区块链具有以下四个方面的主要特征:

1. 数据的完整性和不可更改性

区块链能够完整地记录整个交易过程的全部数据,并且交易的所有参与者都能实时获得区块链中的全部数据,这样可以消除信息不对称所造成的风险。与此同时,区块链中的所有数据具有基于时间的单向流动性,当新数据写入区块后,新生成的区块将会被迅速覆盖至区块链中的全部区块,这样的流程不可逆转,所产生的数据记录既无法修改也不能撤销,充分保证了数据的真实性。

2. 独立性和相互依存性并存

区块链由共同参与业务运作的用户群体所共享,每个节点上的用户均可以同步更新区块链的数据,并且任何参与运作的节点均可以查询整个区块链的全部数据。当整个区块链网络中单一节点出现故障时,并不会导致其他节点上信息的缺失,其余的参与者仍能照常运行,因此具有较强的独立性。另外,区块链网络任一节点所产生的交易数据必须依赖网络上其他节点的确认才能有效地纳入整个区块链之中,相互依赖的关系十分明显。

3. 开放性和专用性相结合

区块链依托互联网进行数据的传输和业务的运作,任一用户只要遵循响应的规则即可通过互联网参与业务的运行,也可以根据自身的需要自由退出,这种开放性的特征在很大程度上保障了用户的自由选择权,能做到进退自如。在互联网提供广泛的开放性的同时,区块链网络利用各种加密技术手段,使得关联业务之间的用户可以组成专门的业务单元,开展特定业务的运作。

4. 去信任和自治性

区块链系统中所有的节点之间无须信任也可以进行交易,因为数据库和整个系统的运作是公开透明的,在系统的规则和时间范围内,节点之间无法欺骗彼此。区块链采用基于协商一致的规范和协议使得对"人"的信任改成了对"机器"的信任,任何人为的干预都不起作用。

3.1.7 区块链与传统的数据库的比较

从技术特性来看,区块链可以看作是一种去中心化的数据库,与传统的数据库相比,两者虽然都具有数据存储和处理的功能,但差异更加明显,表现在以下三个方面:

1. 数据的存储方式不同

传统的数据库需要通过中央服务器存储数据才能提供服务,是典型的中心化服务模式(如图 3-7 所示);而区块链并不需要中央服务器存储数据,它是通过分散在网络中的所有节点来实现分布式存储,达到去中心化的目的(如图 3-8 所示)。

2. 数据的可靠性和准确性不同

传统的数据库由于数据存储在中央服务器上,数据被恶意篡改以及遭受各种意外的可能性较高,因此数据的可靠性和准确性很难得到保证;而在区块链中存储的数据,由于实行分散化存储和透明化管理,使得数据被篡改以及被灭失等可能性几乎不存在。

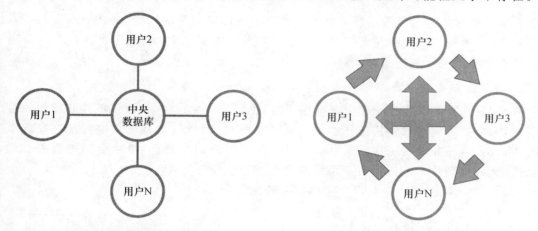

图 3-7　传统的数据库存储模式　　　　图 3-8　区块链的存储模式

3. 数据的时效性不同

传统的数据库的数据文件被保存在中央服务器上,当中央服务器处于离线状态时所有的用户都无法访问,数据的时效性无法体现;而区块链要求所有的节点必须接入网络,通过在线方式以确保数据的实时更新,使得数据的时效性得到了更好的保障。

区块链作为一种与传统的数据库有着显著差异的新型数据库系统,为涉及数据库应用的各行业的发展提供了新的技术选择。金融业作为高度数字化的服务行业,自然与区块链有着紧密的联系,两者的有机结合必将产生强大的融合效应,形成全新的发展模式。

3.1.8　区块链在金融业中应用的独特优势

区块链技术之所以可以被广泛地应用到金融等产业,与其自身所具有的独特优势有关。

1. 安全的共享账本

由于区块链技术是以记账的方式永久记录交易参与者的所有交易行为,打破了过去不同的金融机构独立记账的模式,避免了确认交易记录的重重限制。交易参与者可以从共享的账本系统上看到被授权查看的交易记录,从而确保了交易记录的透明、公开和真实。

2. 自动作业的智能合约

交易参与者可以将合约里的交易方式等商业条款以编码的方式写入以区块链为核心的交易服务中。因此,系统会按照双方同意、授权的合约内容自动地进行相关交易,无论是金融服务企业还是客户都不用担心交易作业机制会与合约不同。

3. 交易参与者隐私的有效保护

虽然区块链技术会自动地记录交易参与者的所有行为,但交易参与者并不需要将个人数据与交易信息捆绑在一起,同时还可以指定哪些交易信息可以被授权查看。

4. 打造交易共识

无论交易参与者是以匿名还是公开的身份加入区块链网络,只要某个交易参与者发起一项交易,所有的交易参与者都会在第一时间收到交易信息(非交易者数据),并且通过区块链技术的共识算法进行确认。

5. 消除金融流程中存在的痛点

目前,金融服务各业务流程中普遍存在的效率瓶颈、交易延时、金融欺诈和操作风险等痛点,大多数可以通过区块链技术的应用得到解决。例如,现有流程中大量存在的手工操作、人工验证和审批工作将通过区块链技术实现自动化处理,纸质合同被智能合约所取代,交易处理环节不再会由于系统的失误而导致损失的发生。

图 3-9 为区块链在金融流程中应用前后的比较。

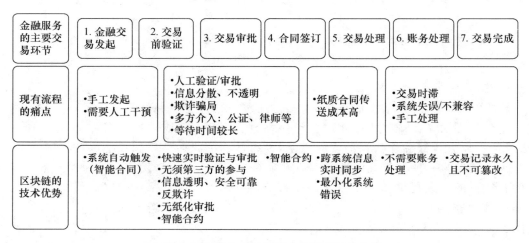

图 3-9　区块链在金融流程中应用前后的比较

3.1.9　区块链的基础技术

区块链的基础技术包括安全技术、数字签名、P2P 网络、工作量证明机制和分布式账本技术五种类型。

1. 安全技术

区块链技术的安全性是其命脉所在,主要依靠非对称加密算法和哈希算法(SHA256)来实现。

非对称加密算法是保障区块链安全的基础算法,包含两个密钥,分别是公钥和私钥。首先,系统按照某个密钥来生成算法,将输入(比如说随机数)通过计算以此得到私钥。然后,系统采用另一种算法根据之前得到的私钥生成公钥,公钥生成的过程是不可逆的,因为采用哈希算法得到的私钥的数量可以达到 2^{256} 个,因此可以认为这种密码加密方式是有充分的安全保障的。非对称加密算法在区块链当中一共有两种用途:数据加密和数字签名。而区块链交易也分为两个过程:交易签名和交易验证。非对称加密算法的应用让区块链拥有了秘密性和真实性。

哈希算法(SHA256)是由美国国家安全局研发,由美国国家标准与技术研究院在2001年发布的,是将任何一串数据输入到SHA256将得到一个256位的哈希值(散列值)。其特点是:相同的数据输入将得到相同的结果;输入数据只要稍有变化(比如一个1变成了0)则将得到一个千差万别的结果,且结果无法事先预知。这种算法一般用在验证数据是否完整上面,可以全面保障数据的完整性。

2. 数字签名

数字签名是基于椭圆曲线加密技术的公/私钥来实现的,具有两个特点:一是公/私钥是非对称加密技术,公钥和私钥不同,但是可以基于私钥生成公钥;二是具有高度的相关性,只有是公钥加密的内容对应的私钥才能解密,只有私钥加密的内容对应的公钥才能解密。

3. P2P网络

根据比特币协议,区块链采用一种无结构的P2P网络。P2P网络分为有结构和无结构两种,区别在路由规则的制定方面:有结构的P2P网络,利用分布式哈希表(Distributed Hash Table,DHT)来构建每个节点的路由表;无结构的P2P网络的代表是努特拉(Gnutella),节点之间的路由靠广播方式。

4. 工作量证明机制

工作量证明机制(Proof of Work,PoW)就是证明确认测试者做过一定量的工作。工作量是信任产生的基础,在区块链中,通过解决一个数学难题来证明自己的工作量,这个数据难题是对一个数字串进行2次SHA256运算,如果得到的数小于一个指定的值,就算是成功。否则,测试者要通过不断的尝试试错(称为"暴力破解")来求解这个数。

5. 分布式账本技术

分布式数据库的思想是:把之前集中式数据库里的数据分散地存储到多个能够通过网络将其连接起来的数据存储的节点上,从而可以获得更大的存储容量以及更高的并发访问量。区块链被称为是一种分布式账本技术,与分布式数据库一样都是分布式的,但是在数据结构和存储方式上有所不同。在分布式数据库系统中,数据存储的方式包括集中式、复制式、分割式和混合式四种。而区块链的数据存储模式可以认为是一种混合式,这种模式把复制式和分割式混起来使用,首先依照时间的间隔来打包封装成为数据块,然后将其同步到所有的区块链网络节点中,各个节点上所拥有的数据相同,它是水平分割的全复制类型的存储方式。区块链的这类数据存储和组织的方式保障了数据的不可篡改性和完整性,并且还能提高数据查询的效率。

区块链的数据结构可以由链、区块和交易三个部分组成,同一时间周期内的交易组成了一个区块,接着又按照时间的顺序来将区块衔接起来最终形成区块链。正是通过这种方式,区块链技术既完成了对交易信息的溯源,也保障了数据的真实性。

3.2 智能合约

智能合约是区块链的重要功能,是实现区块链实际应用的基础性支撑。

3.2.1 智能合约的基本概念

一般而言,传统意义上的合约与执行合约内容的计算机代码没有直接联系。如果将区块链视作一个去中心化的分布式数据,智能合约则是能够使区块链技术应用到现实当中的应用层。简言之,智能合约是指按照预设逻辑执行的计算机程序,一旦建立,即可独立于系统中的任何机构(包括智能合约的创建者)。换言之,智能合约可以用来构建真实的合约条款,并在满足合约条款的情况下自动触发相关条款的履行。智能合约不仅仅局限于法律合约,其范围和方式均可以实现多样化和定制化,任意的代码和合约可以被放置在分布式账簿上完全自主地运行。智能合约的潜在好处包括降低合约在签订、执行和监管方面的成本,对很多与低价值交易相关的合约来说,在成本经济性和履约高效性方面发挥了积极作用。

图3-10为智能合约执行器的原理。

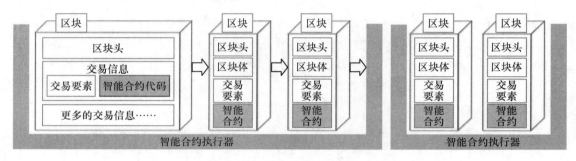

图3-10 智能合约执行器的原理

如图3-10所示,只要当事方将业务逻辑写到智能合约中,并签名记录到区块链,一旦具备执行条件,智能合约即能自动执行。

3.2.2 传统合约和智能合约的比较

与传统合约相比,智能合约的根本特征是能依据设定的计算机程序自动执行合约的相关条款。图3-11为传统合约与智能合约的比较。

如图3-11所示,传统合约通过App来控制谁可以做什么,存在的问题是用户的权限难以管理,共享数据也极为困难;而智能合约则分别从用户的角度和合约的角度来观察共享账本,实现合约的自动化执行和权限的个性化管理,同时还能有效地实现数据的共享。

图3-11 传统合约与智能合约的比较

3.2.3 智能合约的实施过程

智能合约的实施包括建立合约、事件触发、执行合约、价值转让、资产结算和链下资产结算六个步骤：

（1）建立合约：所有的订约方就共同的合约条款达成一致意见，合约条款以编码文本的形式存储在区块链上。

（2）事件触发：某一特定事件发生并且触发区块链上的一项交易，交易双方就可以拥有先前拟定的智能合约。

（3）执行合约：基于合约条款的具体内容，自动执行合约中的编码文本。

（4）价值转让：依照合约的内容，标的资产的价值转让给买家。

（5）资产结算：对在链上的数字资产进行自动结算。

（6）链下资产结算：通过结算指令，链下资产（例如证券产品）的结算过程会反映到各自的账本上。

3.2.4 智能合约的应用场景

智能合约具有十分广泛的应用前景，并将会不断地衍生出相应的商业模式。智能合约一些较为具体的应用场景举例如下：

（1）彩票业：主管方用智能合约根据中奖结果自动进行结算，大大提升了结算的效率和准确率。

（2）在线音乐：发行方利用智能合约解决在线音乐无法解决的盗版问题，用户一点播即能启动自动计费。

（3）物联网：实现了机器与机器之间的自动信息交互和价值传递，比如停车自动计费等，将会带来极大的便利。

（4）遗产计划：当事人生前将遗嘱以智能合约的形式进行登记，过世后根据先前设定的遗嘱条件自动地进行相应财产的分配。

（5）数字资产：数字资产所有人利用智能合约来实现数字资产的交付和价值转移。

3.3 区块链在金融业中的应用探索

区块链伴随着比特币的出现已经历了十多年，以银行为主的金融业从早期对区块链有所抵触和防范到后来的逐步接纳，再到目前的全面融入，展现出金融业与区块链不断地走向融合的过程。区块链作为有着巨大应用潜力的新技术，如何在金融业中发挥用武之地，是全球金融界正在深入探索的共同任务。从对国际金融业的实践探索进行总结，结合未来的发展趋势，区块链在金融业中的应用主要包括以下十个方面：

3.3.1 数字货币的发行和流通

货币是国家主权的主要象征之一，国家货币主权是不容许外国干涉的排他性权力。长期以来，各国都把货币的发行和流通管制作为国家治理的基本内容，尽管出现了类似欧元这样的跨国区域经济体货币，但货币作为国家命脉的地位并没有改变。而基于区块链技术的比特币作为一种不以国家主权为背书的虚拟货币,从2009年出现就一直风靡至今,对传统的货币体系带来了前所未有的挑战,从某种意义上掀起了一场影响巨大的货币革命。相比较于传统的纸币来说,数字货币具有很多的优势,如发行、交易的成本低,可追踪,去中心化信用,交易便利,流通价值高,造假成本高等。同时,由于它的"留痕"和"可追踪性",洗钱、逃税漏税等违法犯罪行为容易被跟踪、追查,从而大大提升了经济交易活动的便利度和透明度。因此,随着区块链技术在全球范围日益广泛的应用,未来一旦构建了区块链信用体系,数字货币也将势必成为类黄金的全球通用支付信用。图3-12展示了数字货币的使用过程。

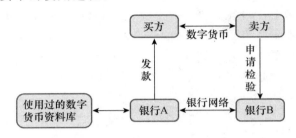

图 3-12　数字货币的使用过程

比特币虽然不能算是真正意义上的数字货币,但它是区块链技术最广泛、最成功的运用。与此同时,国际社会对利用区块链技术发行数字货币已引起了较大的关注,尤其是英国政府计划把英国的土地和房屋全部登记在区块链上并以此作为锚定物的全球数字货币,面向境内外投资人发行数字货币,以吸引全球的资金向该国流动。如果这一项目正式实施,将会对全球资本的流动带来巨大的冲击,尤其为目前障碍重重的跨国投资提供前所未有的便捷,甚至有可能改变世界吸引境外投资的固有模式。中国人民银行曾指出,发行数字货币既可以降低传统的纸币发行、流通的高昂成本,提升经济交易活动的便利性和透明度,减少洗钱、逃税漏税等违法犯罪行为,提升中央银行对货币供给和货币流通的控制力,还有助于我国建设全新的金融基础设施,进一步完善我国的支付体系,提升支付清算效率,推动经济提质增效升级。可以肯定,无论是国际还是国内,加快基于区块链技术的数字货币的发行和流通已成为普遍的共识,对重构全球未来货币金融体系无疑有着重要的意义。

3.3.2　支付结算

支付结算既是银行业的核心业务,也是银行业存在的价值所在。目前,银行在开展支付结算的过程中,后台部门从事大量的账目登记、结算和对账等业务,部分复杂的交易则必须由人工进行记录和操作,而且在一些复杂的交易中,往往需要涉及多个交易参与主体,必须进行多方沟通和核对。区块链的出现,对传统的以银行为媒介的支付结算系统带来了近乎颠覆式的影响,去中心化、数据不可篡改和加密安全等特点使银行传统的支付结算中介地位深受冲击。与传统的支付体系相比而言,区块链支付可以绕过第三方机构,方便交易双方直接进行点对点支付,这样既可以大大提高交易速度又能降低交易成本。除商业贸易外,包括全球所有的银行之间、银行内部都可以使用区块链技术,实现去中心化的实时结算,极大降低了运营和审计的成本,不仅快速提高了全球资金流通效率,而且金融体量还可能将扩大 10~100 倍。经过最近几年的持续探索,银行业正逐步寻找到与区块链技术在支付结算业务融合发展的思路,主要的做法是在一定的范围内构建私有链体系,一方面满足政府对银行业的合规性和监管要求,另一方面则希望打造一个统一的账本和结算系统,旨在小额支付、跨国结算等领域构建绿色通道,以降低银行的运营成本,提升服务效率,进一步提升自身的竞争力。在支付结算方面,区块链主要利用智能合约功能将操作规则或协议代码化,自动执行支付结算交易,减少人工干预,从而实现更高效和更专业的金融服务。

由全球四十多家大型银行组成的区块链联盟组织——R3 已经制定了可交互结算的标准,为下一步的深入应用迈出了重要一步。澳大利亚的银行业则在区块链技术应用于支付结算中做出了实际的探索,澳新银行和西太平洋银行正在开发利用区块链技术的支付结算系统,澳联邦银行则把区块链技术用于其附属机构之间的支付结算,西太平洋银行也已经完成了向两个国家进行小额国际支付的尝试,总体进展顺利,应用成效良好。

瑞波(Ripple)是目前在跨境支付领域的一个实际的例子,它是可以让全球不同的货币自由、免费、零延时地进行汇兑的开放支付系统,用以解决国际换汇时间久、手续费用高的问题。Ripple 支付系统通过加密算法隐藏了它的各个成员银行之间的支付交易信息,只有银行自己的记账系统可以追踪交易详情,从而解决了商业银行进行金融交易的私密性、安全性等问题。在传统的条件下要实现两国之间的跨境资金汇兑,通过 SWIFT 系统短则需要数十分钟、长则需要数日,而通过 Ripple 支付系统则几乎实时即可完成。

3.3.3 证券交易

证券交易是典型的依赖中心化组织开展运作的金融业务,我国的上海证券交易所(以下简称"上交所")和深圳证券交易所(以下简称"深交所")就是担任这样的角色。国际著名的埃森哲咨询公司的研究发现,在当今信息技术快速发展的背景下,传统的证券交易所面临着三个方面的困惑:

(1) 传统体系对网络攻击的抵御能力弱;
(2) 系统级技术风险的监管压力增大;
(3) 用于资本合规性检查的开支费用高。

区块链在解决传统的证券交易方面有着独特的优势:

(1) 由于区块链是去中心化的,数据分布式存储,因此在抵御网络攻击方面优势明显;
(2) 区块链去中心化运作,其本身的协议保证了 P2P 交易的可行性,能有效地规避系统级技术风险的发生;
(3) 依托区块链的运作,所有的交易记录和资产情况完全公开,并且不能更改,资本的合规性检查支出可以完全避免,必然能为证券交易所节省大量的开支,并能有效地提升服务的能力。

区块链技术在证券交易中应用的核心目标是要在去中介化的平台上自主完成 IPO、自由完成交易,创造新的证券发行和交易模式。图 3-13 为区块链应用于证券结算和清算系统。

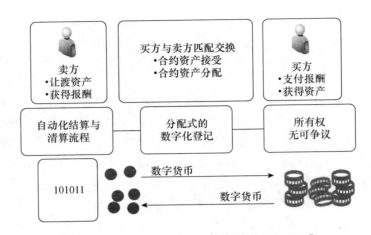

图 3-13 区块链应用于证券结算和清算系统①

目前,世界上有不少的证券交易所开展了区块链应用的探索,并取得了较大的进展。全球最重要的证券交易所美国纳斯达克证券交易所正式推出了基于区块链技术的产品——Nasdaq Linq。Linq 是首个基于区块链技术建立起来的金融服务平台,能够展示在区块链技术上实现资产交易的情况,而且这也是一个私人股权管理工具,作为纳斯达克私人股权市场的一部分,可以为企业家和风险投资者提供投资决策服务。澳大利亚的证券交易所也开始了这方面的探索,希望利用区块链技术能记录真实的交易历史、客户数据、身份注册的记录等。

从未来的趋势来看,证券交易要么与区块链共融共生,要么被区块链淘汰,这需要证券交易机构尽早认清新的形势。

3.3.4 资产权益证明

在现实生活中,大量的实物资产或虚拟资产有赖于第三方的中心化机构予以确认和管理。比如,在我国商品住宅必须由房产所在地的政府住房管理部门提供权益证明,以确认资产的所有权。又如,企业公开发行上市的股票需要由政府的证券管理部门核准,并确保其合法性和有效性。在传统的资产权益管理模式下,由于资产变动、恶意篡改等原因,很容易造成资产权益信息的不完整或者错误,如人们常有耳闻的房产证造假等,为各类经济活动和权益保护带来了困扰。

由于区块链技术具有可靠的、可追溯的优势,天然适合于资产权属的登记与管理,只要权益所有人加入区块链体系参与维护节点,就都能获得一份完整的数据记录,利用其数据完整和集体维护的特点,就可以确保交易信息不可篡改也不可抵赖,这样就能对权益的所有者精确确权。对土地、房产、证券、债券以及其他资产权益等需要精确确权的资产而言,区块链技术有着极大的用武之地。

股权确权是目前区块链技术尝试应用较为成熟的领域,股权所有者凭借私钥可以证明自己对该股权的所有权,在进行股权交易转让时可以通过区块链系统转让给买方,以

---

① 在图中,"101011"表示数字货币的代码。

确保产权清晰、记录完整，而且整个过程无需第三方的参与。纳斯达克证券交易所利用区块链技术已经实现了让股东们不必出席公司的周年大会，只要用自己的手机就能投票，并且可以永远地保存投票记录，过去费时费力的股东身份确认和投票统计模式得到了根本性的改变。

3.3.5 征信管理

　　征信是现代金融业繁荣的基石，离开了征信，银行借贷、投资、融资、信托等业务几乎寸步难行。长期以来，金融系统的征信管理主要依托第三方的中心化机构来实施。在我国，商业银行在开展信贷等业务时，无论是针对个人还是针对企业，最基本的依据是贷款主体本身所具备的金融信用，而信用数据的来源主要是中央银行的征信系统，它们需要在获得客户授权的前提下再从中央银行的征信系统中调取相关数据。尽管这样的征信体系在我国已运行了长达二三十年之久，但征信数据造假、信息不完整、使用限制多和效率不高等问题大大影响了征信系统作用的发挥。目前，我国的中国人民银行个人征信系统收录的自然人数已超过9亿，其中约4.2亿人有信贷业务记录，换言之，缺乏征信记录的人数多达4.8亿人，他们在贷款购房、买车等环节无法得到银行的信贷支持。

　　利用区块链技术实现征信管理的去中心化是未来的趋势。在区块链系统中，金融机构利用程序算法自动进行相关信用信息的记录，并在区块链网络中的每一台计算机上进行存储。区块链自动记录的各类金融活动的数据信息高度透明、不可篡改、使用便捷高效。当金融机构需要调取相关对象的征信数据时，再也不必向中央银行申请查询征信即可完成，并且所获得的数据在准确性、完整性和时效性等方面都将比过去有更大的提升。

3.3.6 数字票据

　　票据是金融业基础性的信息载体，是维持各项金融业务运行的基本"血液"。随着以互联网为主要表现形式的信息技术的快速发展，票据的电子化早已在行业内普遍应用，但基本还停留在传统纸质票据的无纸化阶段，必须依赖中心化的管理机构来确保虚拟票据的有效性和合法性。区块链技术的出现为传统票据的数字化提供了全新的思路，基于区块链技术的数字票据融合了区块链的技术特性和票据的属性，是一种更加安全、智能、高效、便捷的票据呈现形态。

　　利用区块链技术的数字票据具有以下四个方面的特性：

　　一是票据不需要中心化的管理机构来实现票据价值的传递，票据传递的各方可以直接进行点对点的数据交换，传统的票据中介的作用将会被替代；

　　二是利用区块链不可篡改、全网公开的特性，可以确保数字票据的真实性和可验证性；

　　三是票据不需要中心服务器存储数据，既可以降低票据管理的成本，也可以防范传统票据管理系统所面临的各种风险；

　　四是区块链所具有的可追溯性可以对票据的合理性和业务的吻合性进行核查，对防范各类金融风险有着极大的帮助。

　　数字票据在金融领域的应用十分广泛，各类支付凭证、外汇、纸黄金等金融产品均可通过数字票据的形式得以体现，传统的票据管理模式将会产生革命性的变革，基于区块链技术的更安全、更智能、更便捷和更具有前景的票据形态将应运而生。

3.3.7 保险业务运营

我国虽然已经是位居世界第二的保险大国,但保险业内仍然存在着消费误导、理赔效率低、行业信息无法共享等难题,保险业外也存在着骗保骗赔、对保险不信任等痛点。区块链技术在保险行业能够通过共识算法和加密技术,确保数据交易的安全性,实现行业数据共享;基于可溯源、不可篡改的特征,确保数据交易的真实性,解决消费误导、骗保骗赔等问题;利用智能合约技术,实现自动理赔,从而提高理赔效率等。

在区块链技术的应用下,保险公司将投保标的情况、原始保单、历史出险情况等相关的数据上传至区块链系统中,以便及时掌握准确的风险信息,进而降低核保的成本、提升效率。同时,保险公司利用区块链技术共享透明、历史可追踪的特点,可以有效地降低信息不对称、逆向选择风险以及道德风险等。此外,在区块链技术的应用下,保险公司可以实现点对点的互助保险,使资金的归集和分配实现公开透明,大大降低了管理成本,进而也解决了保险管理难度大的痛点问题。

区块链技术在保险行业的应用仍处于早期研发和试水阶段,广泛应用仍然有很长的一段路要走。一旦区块链技术被引入保险业,传统意义上围绕保险公司为中心的一整套"总公司—省公司—市公司—分支机构"的组织机构就会被打破——至少在技术上就不存在这样的上下级关系,区块链技术从数据存储上就会构建出一个去中心化的数据网络。例如,某保险公司北京分公司的一个赔案上传,该保险公司在全国各个分公司的理赔系统都会同时共享这个赔案的相关数据和信息,甚至是一个标准。

目前,这方面实际应用的案例也已开始出现。相关的数据表明,在英国每年购买了航班延误险的旅客理赔中,最终只有不到40%的旅客会去申请理赔,高达60%的旅客都会因为忘记或嫌麻烦而放弃。如果保险公司采用区块链的智能合约技术,提前确定好赔付的条件,达到理赔条件自动履行打款,赔付率自然能达到100%。

3.3.8 审计

审计是审计人员通过客观地获取和评价有关经济活动与经济事项认定的证据,以证实这些认定与既定标准的符合程度,并将结果传达给有关使用者的一个系统化过程。长期以来,审计行业在交易取证、追踪、关联和回溯等方面存在着难以解决的问题,而在区块链技术的应用下可以保证所有的数据完整、永久并且不可更改,进而可以有效地解决以上痛点。区块链技术在审计中的应用主要包括:可追溯的审计跟踪;自动审核流程;交易认证;追踪资产所有权;发展智能合约;任何资产(从原材料到知识产权)的注册和库存系统管理等。

区块链技术在审计中的应用不但能大大降低不同来源信息的错误率,而且区块链系统中的财务记录一旦生成就不能改变,即使是会计系统的管理员也无法更改,因此财务记录的真实性得以保证,这样就有可能大大减少甚至消除对审计资源的需求,甚至直接导致审计这个行业发生颠覆性的变革。

区块链技术在审计中实际应用的价值体现在:一是可以改进审计数据的记录方式,确保数据的真实、可靠和可追溯;二是改变审计数据的存储方式,每个节点均有相同的备份,不仅可以节省服务器的高额成本与维护费用,而且更能保障数据的完整性;三是采用半公开私有链做到实时审计,既可以保证企业内部的私密性,又可以使外部审计人员实施实时审计查询。

3.3.9 抵制洗钱

洗钱行为在金融领域不时地出现,在一定程度上成为银行业的"毒瘤",存在这种情形的主要原因在于金融机构之间的信息不对称,给不法分子提供了可乘之机。利用区块链技术,各金融机构可以将各自管理和验证的客户信息进行数字化处理后,统一上传至区块链系统,可以实现数据之间的同步和比对,以便及时发现可疑的线索。与此同时,各金融机构为交易中的实体提供电子身份证明的私钥,并将客户的地址与其电子身份证明信息实现一一对应,每笔交易的发生都需要经过该私钥和银行掌握的公钥进行验证,只有相互匹配才能促成交易,并通过客户的地址进行,这就决定了区块链系统上数据的真实性和合法性。

从世界范围来看,反洗钱一直是银行业的老大难问题,各国的银行为之展开了各种探索,但至今收效甚微。区块链技术的引入将为抵制银行业洗钱行为的发生提供可靠的技术支撑,同时也为区块链技术在金融领域的应用提供了更大的用武之地。

3.3.10 内部管理

国际、国内的大型银行等金融机构由于人员众多、机构分布分散、业务流程复杂等原因,导致内部的管理效率不高、问题频出。比如,目前银行内部员工的身份管理需要通过中心化的管理平台加上各类识别卡等方式予以确认,这为身份假冒者提供了可乘之机,同时银行还需要面临系统运营和信息安全等风险,导致诸如巨额存款丢失或被冒领等事件的发生。各金融机构应用区块链技术进行内部管理,可以建立起非中心化的、点对点的信任,实现金融机构内部各部门之间和员工之间的彼此信任,构筑高效、便捷和直接的信任链,对改善内部管理的效率和水平大有裨益。区块链技术如何在金融机构的内部管理中发挥积极作用正引起越来越多的金融机构的兴趣,相关的应用案例也正在逐步成熟之中。

除以上十个方面金融领域的应用外,区块链技术在其他一些金融领域也有着巨大的应用场景和应用需求,例如去中心化的众筹平台、网贷、信托、基金等正在涌现,成效也在不断地体现。

3.4 主要发展模式

在瞬间即逝的发展机会面前,全球金融业对区块链技术的发展表现出了极大的热情。从目前的发展状况来看,在全球金融业中银行业对区块链技术的热情普遍较高,进展也较快,其次是证券业,保险、信托和投资等行业相对关注较少。在国际上,金融业发展区块链的模式主要有以下三种[①]:

---

① 尚妍,庞淑娟.区块链技术在商业银行的运用探析[R].中国工商银行研究报告,2016,有改动。

3.4.1 独立研发

全球一些实力位居前列的大银行凭借自身的技术和资金等优势，纷纷组建了独立的区块链研发机构以进行相应的应用研究和开发，较有代表性的有：

1. 美国的花旗银行

花旗银行在内部成立了一个创新实验室，率先探索数字货币的发行项目。目前，一款名为"花旗币"的数字加密货币已投入测试，该数字加密货币依托花旗银行自身的3条区块链进行运作，开创了全球商业银行发行基于区块链的数字货币的先河。

2. 瑞士银行

以高安全性著称的瑞士银行于2014年在伦敦成立了瑞银区块链金融实验室，主要任务是探索区块链在支付、数字货币和结算模式等方面的应用，目前已有部分业务上线运行。

3. 桑坦德银行（西班牙国际银行）

桑坦德银行（西班牙国际银行）于2015年6月通过金融技术投资基金InnoVentures进行了区块链试验，目前已发现了数十种可以使用区块链技术的银行业务场景，全面实施后可以每年节省200亿美元以上的国际交易及结算成本。

3.4.2 合作研发

由于区块链技术有着广泛的应用前景，因此受到了资本市场的青睐，不少的创业企业把相关技术的研发和应用作为创业的主攻方向。与此同时，有些金融机构选择联合初创公司进行合作研发，目前已成为全球金融机构弥补自身短板的重要选择，较有代表性的有：

1. 英国的巴克莱银行

巴克莱银行通过"巴克莱加速器"选出了3个与区块链相关的初创公司Safello、AtlasCard和Blocktrace开展合作。与此同时，该银行还与比特币交易所Safello开始联合探索区块链技术如何服务传统金融业的技术方案，并取得了一定的进展。

2. 美国的CrossRiver银行、CBW银行

美国著名的CrossRiver银行和CBW银行与数字货币公司Ripple Labs合作，以虚拟货币作为媒介，开展跨境汇款服务实验。目前，合作各方已推出实时支付系统——ONE-Card，这项技术可以为实时结算提供便利，使得客户可以即时取回资金，对传统的结算方式带来了根本性的变化。

3.4.3 直接投资

对一些目标明确、基础良好的区块链技术初创公司直接进行投资，也是众多金融机构的重要选择，较有代表性的有：

1. 美国的高盛集团

世界著名的投资银行高盛集团联合其他的投资公司向区块链技术开发公司Circle

注资 5000 万美元,通过投资入股的方式共同开展区块链技术的技术储备和探索。

2. 西班牙对外银行

西班牙对外银行于 2015 年年初通过旗下子公司以股权创投的方式参与了区块链创业公司 R3 CEV 的创始成员 Coinbase 的第三轮融资。此后不久,该银行宣布将在区块链技术基础上研究完全去中心化金融系统的可行性。

以上三种模式并不是孤立的,有的金融机构选择一种,也有的金融机构选择两种甚至三种,各金融机构都在探索适合自身的区块链发展道路,试图能更好地把握机会、赢得未来。

3.5 面临的挑战

区块链作为一项对金融业发展有着重要影响的重大技术,必将给全球的金融业带来革命性的变革。当前,全球金融业的先行者正在密切关注,并努力通过各种形式的创新探索抢抓这一历史性的机遇。在我国,金融业发展和应用区块链也已成为必然的选择。从当前来看,我国的金融业发展和应用区块链面临着以下多个方面的挑战:

3.5.1 法律、法规滞后的问题

由于金融业具有高度数字化和虚拟化的特点,世界各国政府几乎无一例外地对此予以严格管制。在我国,针对银行、证券、保险等各类金融业态的法律、法规不计其数,监管的主体在国家层面主要是"一委一行两会",行业层面还有诸如沪深两地的证券交易所等机构,各责任主体有明确的监管职责,监管体系严密,监管法律规范明确。而区块链技术的引入必将给传统的金融监管带来全新的挑战,由于区块链技术具有去中心化、匿名性等特点,将在很大程度上脱离传统的监管体系,尤其是比特币这种非官方发行的货币给政府对货币的监管带来了极大的困扰。我国当前与区块链技术直接相关的法律、法规还基本处于空白状态,而区块链技术渗透到金融领域的速度已超乎想象,法律、法规缺失的矛盾也越来越突出。由此可以预见,在区块链技术快速发展的过程中,立法滞后、监管缺乏依据将会是一种常态,是我国金融业必须长期面对的挑战,需要金融业监管部门和从业企业通过前瞻性的探索为完善相关法律、法规提供相应的依据。

3.5.2 技术制约的问题

区块链作为对金融业发展有着颠覆性影响的重大技术,正受到全球范围的高度关注,并作为金融科技的热门技术受到资本市场的追捧。从技术源头来看,区块链技术主要来自美国等国家,最近几年相关的研究和应用基本都是以美国、英国、澳大利亚和加拿大等国家为主,我国虽已有不少的机构和个人参与了相关研究,但总体水平和实力与国际水平相距甚远。对我国的金融行业而言,全面推进区块链技术的发展和应用已越来越成为共同的任务,但如何突破技术上的瓶颈还是一个棘手的现实问题。与美国等发达国家相比,目前真正在国内已经落地的区块链金融项目还是凤毛麟角,相关技术的开发和应用的经验普遍缺乏,急需要补足技术制约这一短板,否则就很难快速发展起来。

3.5.3 标准缺失的问题

毋庸置疑,作为一项牵涉面广泛、应用前景广阔、技术复杂层度高的新兴技术,标准是关系到该技术能否得到全面应用的重要因素。众所周知,TCP/IP 协议是互联网最基础的协议,是造就当今世界互联网奇迹的"重大功臣"。构筑于 TCP/IP 协议之上的诸如 HTTP、SMTP 等各类应用协议既是发挥互联网独特价值的实际体现,也是互联网丰富多彩应用的表现形式。从本质上来看,区块链是作用类似于 TCP/IP 这样的基础性协议,用于规定在网络中传递和管理信息的基本格式及相应规则,比特币是建立在区块链技术基础上的应用系统,可以理解为是盖在区块链这一"地基"上的一栋大厦,而大量新的用于不同功能定位的大厦有待不断地去设计和建设。基于区块链技术的各类应用标准可谓是新建大楼的"设计图",直接关系到大厦建设的成败。

目前,全球范围内的区块链标准大战已打响,"得标准者得天下"已成为广泛的共识。由花旗银行、摩根大通、瑞士银行等共同组成的 R3 区块链联盟显然已在标准制定方面阔步前进,试图推动制定适合全球金融业使用的统一的区块链技术标准,强化在全球金融业中的领先地位。在我国,金融业中针对区块链的标准研究和制定基本还没有真正起步,与国际发展存在着较大的差距,是一个必须予以高度重视的现实问题。

3.5.4 安全隐患的问题

安全无疑是金融业的命脉,无论是对国家还是对金融机构抑或是个人,无不如此。区块链技术与金融业的逐步融合将面临多方面的安全挑战,具体表现在:

一是去中心化的运作机制在一定程度上削弱了中央政府对金融的控制,有可能危及国家的金融安全;

二是用户匿名化的操作会在发生意外时(如密码丢失等)相关的权益得不到相应的保护;

三是客户端的风险,如比特币钱包的私钥一般存在于客户的计算机中,既可能受到黑客的攻击,也可能因为系统误操作等原因而丢失。

区块链技术在金融领域中的应用,安全问题当然是必须考虑的,但决不能因噎废食,而是需要通过有效的手段加以提升安全保障能力,防范可能发生的风险。

3.6 发展对策

区块链作为一项能为经济社会带来巨大变革的新兴技术,必将对全球金融业带来革命性的影响。对我国的金融业而言,如何更好地应对区块链技术带来的严峻挑战,同时又能把握这一极其难得的机遇,是一个需要深入研究的现实问题。在当前,从我国政府和金融行业发展的角度,本书对如何更好地发展和应用区块链技术提出以下一些对策和建议:

3.6.1 形成必要的共识

区块链技术的出现为世界各国的金融业带来了新的机遇和挑战,对我国的金融业而言,在这一势不可挡的新技术革命浪潮冲击面前,是成为技术受益者还是成为技术的被颠覆者,是我国政府和金融业所共同面临的考验。在新的形势下,我国政府金融监管部门和各金融机构必须审时度势,积极主动地把握区块链技术所带来的机遇,化被动为主动,把加快推进区块链技术在我国金融业中的发展和应用作为我国金融业转型升级的重要抓手,以期能全面提升我国金融业的国际竞争力、市场适应力和服务发展力。总体而言,当前我国的金融业在技术应用、服务提供和商业模式等方面与世界先进水平发展方面尚存在着比较大的差距,在这一轮涉及面广泛的金融科技革命面前,我国的金融业必须奋起直追、补足短板,力求取得新的突破。

3.6.2 加强技术研发

区块链伴随着比特币的出现而问世,并得到了十分迅猛的发展,涌现出了诸如以太坊等具有重要国际影响的区块链服务平台。目前,金融领域区块链应用项目的开发已受到国际金融巨头们的高度关注,相关项目的研发正在不断地推进。国内对金融领域区块链技术的应用研究和开发还处于起步阶段,相关的研发基础总体还比较薄弱,必须克服困难,尽可能在比较短的时间内启动相应的研究开发项目。当前,可以由中央银行等机构牵头,重点在跨境支付、银行跨行结算、数字货币、证券发行和数字票据等方面加强研发,构筑若干通用型的应用服务平台,为金融机构开展区块链应用提供相应的应用支持。在安全防范方面,要结合金融系统和区块链技术各自的特点,寻找可靠的解决方案。与此同时,还需要研究与金融区块链相关的法律、法规,需要通过不断地研究和探索,逐步完善相应的保障体系,为区块链金融的健康发展提供可靠的支撑。

3.6.3 促进全方位合作

区块链技术作为一项新鲜事物,有大量的理论问题和技术问题需要解决,尤其是在金融领域的应用,需要全方位、多角度、深层次的合作和创新。因此,既要加强行业内部之间的交流和合作,又要促进政产学研之间的深度合作。在行业合作方面,国际上已经运行的R3区块链联盟在推进行业合作方面的做法值得借鉴,该联盟自成立以来取得了多方面的成果,成为全球金融区块链应用的"风向标"。我国银行业之间的合作结盟也较为多见,中信银行联合十多家全国性股份制商业银行发起的"商业银行网络金融联盟"就是一个例子,但专门针对区块链应用的合作还比较少见,而且合作的广度和深度还有待进一步提升。在加强行业内部合作结盟的同时,大力推进政产学研之间的合作和结盟同样十分重要。金融区块链的应用是一个复杂的系统工程,政府、金融机构、技术服务商、高校和科研机构都是重要的参与主体,只有各方通力合作才能形成强大的合力,解决各种可能遇到的问题和困难,共同赢得更多、更大的发展机遇。

3.6.4 推进相关的标准实施

标准既是金融区块链发展和应用的通行证,也是行业走向规范有序的基本保证。目前,国际上围绕区块链应用的标准大战已经展开,总部位于美国旧金山的区块链技术供应商Chain公司和花旗银行、富达投资集团、第一资讯和三菱日联金融集团等全球领先的金融机构合作,已公开发布了Chain开放标准1,参与开发的一些领先金融公司已在多个区块链项目中应用了这一标准,在金融区块链的共识模型、私链数据加密、智能合约运行和可伸缩的数据模型等方面取得了较大的突破。我国在金融区块链应用标准也给予了一定的重视,中国互联网金融协会等机构在着手进行相关的工作,但标准的制定和实施是一项复杂而又艰巨的任务,需要一步一个脚印、由浅入深地推进,期待通过通力合作能取得卓有成效的成果。

3.6.5 补足人才短板

人才无疑是区块链技术发展的最大瓶颈,尤其是金融区块链的发展和应用,相应的人才匮乏将会是一种常态,依靠引进高校毕业生或从社会招聘来解决难度很大。补足人才短板可行的做法主要有:

一是通过联合培养的方式选拔本单位有潜力的人才到国内外的高等院校和科研机构进行学习进修,让优秀的业务人才能够及时"嫁接"上区块链技术;

二是设立专门的人才培养项目,引进相应的专业师资和专家团队,联合培养专业人才;

三是通过组织诸如"金融区块链应用创新大赛"等形式,发现具有较好基础和实力的个人或团队;

四是联合相关的高校和科研机构设立科技攻关项目,通过项目研发培养和发现相应的专门人才。

毫无疑问,人才瓶颈的突破是一个曲折的过程,只有多管齐下、持续推进,才能取得预期的效果。

3.7 本章小结

与比特币相伴而生的区块链技术在经历了十多年的快速发展后,现正向各行各业深度渗透,其中金融业是当之无愧的最重要的发展行业之一,两者的全面融合将会开启一系列全新的商业模式,并将掀起全球范围内金融领域的新一轮竞争。当前,全球的金融界正处在金融新技术革命的一个路口,犹如金融业务充满各种风险一样,金融区块链技术的发展和应用必定也会充满各种不确定性,但发展的方向是明确的,发展的前途也是光明的。对我国面广量大、地位重要、作用重大的金融行业而言,区块链技术发展的大幕已经开启,应用的号角已经吹响,只要目标明确、措施得力、推进有序,必定会迎来风光无限的美好明天。

第四章 数字货币

货币是人类文明的标志性成果,是促进人类经济发展、市场繁荣和社会进步的重要驱动力。在漫长的历史发展进程中,货币经历了实物货币、贵金属货币、纸币、电子货币等多种形态,担当着价值尺度、流通手段、贮藏手段、支付手段和世界货币等基本职能。货币的演进是一个动态的历史过程,其中实物货币向贵金属货币转变代表着第一次货币革命,从贵金属货币向纸币转变代表着第二次货币革命。伴随着以互联网为主要驱动力的电子商务的快速崛起,电子货币大行其道,尤其是在作为支付手段方面发挥出了无可替代的优势。在我国,以支付宝和微信为代表的移动支付手段已成为引领世界的潮流,但电子货币本质上是纸币的电子化,还算不上真正意义的货币革命。数字货币是一种采用数字加密算法、基于节点网络的新的货币形态,以比特币的出现为标志,代表着货币发展史上的第三次革命——从纸币上升到电子货币再迈向数字货币阶段。建立在区块链技术基础之上的比特币从诞生至今,起起落落,历经风雨,正受到国际社会的广泛关注。与此同时,一系列不同形态和功能的数字货币正应运而生,迎来了数字货币爆发式增长的新时期。为了更好地促进货币改革,我国的中央银行也已经启动数字货币发展的正式议程。可以想象,数字货币必将成为未来货币世界的重要一员,以其独有的形态和特色,发挥出独特的作用和价值。

4.1 数字货币概述

从货币演化的历史进程来看,货币主要的作用是为了便利商品之间的交换,基本的作用是充当交换媒介。在数字经济飞速发展的时代,数字货币已成为越来越重要的货币形态,相关的概念和理论体系正在形成之中。

4.1.1 数字货币的概念

在货币的多种形态中,实物货币、金属货币和纸币是最容易理解的,从实物货币向贵金属货币转变以及从贵金属货币向纸币转变代表前两次货币革命基本完成,当前正处在从纸币向数字货币跃升的第三次货币革命进程之中。数字货币跟现在广泛存在、普遍使用的电子货币不是同一个概念,形态也各不相同。迄今为止,"数字货币"并没有一个统一和确切的定义,世界上最具有影响力的国际反洗钱和反恐融资组织——反洗钱金融行动特别工作组认为,数字货币是一种价值的数据表现形式,通过数据交易并发挥交易媒介、记账单位和价值存储的货币。为了更好地理解"数字货币"的独特含义,需要将其与容易混淆的电子货币、虚拟货币区分开来。

一般来说,电子货币是纸币在银行或其他相关金融机构将法定货币电子化、网络化存储和支付的形式,常以磁卡或账号的形式存储在金融信息系统内,以方便贮藏和支付为主要目的,本质上是法定货币的电子化。各类银行的借记卡和贷记卡(信用卡)、储值卡（公交卡、就餐卡、购物卡等）和支付宝、支持微信支付的财付通等第三方支付方式均是电子货币的具体表现，当用户在账户之间划拨资金时，实质上只是资金信息的传递，并不代表价值的实际转移。电子货币的价值主要来自于用户对政府法定货币和银行金融体系正常运转的信心，它的核心功能是支付，但它并没有改变整个金融货币系统的运行状态，所以并不是一个完整意义上的货币。总体来看，我国在电子货币发展方面取得了极大的发展，以支付宝和微信支付为代表的移动支付在较短的时间内得到了极大的普及，成为我们经济生活中一道独特的风景线。

虚拟货币一般是指没有实物形态，主要依托互联网运营的货币形态，如腾讯的Q币、各大网游公司发行的游戏币以及一些为奖励网民而推出的积分等。虚拟货币往往是企业行为，有时甚至是个人行为，使用范围也常常限定在发行者的经营范围之内，目的是方便用户进行价值交换和相关交易的处理，比如购置游戏装备、点卡充值等。从自身价值来看，虚拟货币也可以与真实货币进行关联，用于相互之间的兑换。

表 4-1 列出了电子货币、虚拟货币和数字货币之间的比较。

表 4-1 电子货币、虚拟货币和数字货币之间的比较

特性	电子货币	虚拟货币	数字货币
发行主体	金融部门或相关机构	互联网企业等	无主体或国家主权作为背书
使用范围	有较高的通用性	针对特定业务	通用性强
发行数量	与法定货币对应	由发行主体决定	不确定
储存形式	磁卡或账号	用户ID等	数字
流通方式	双向流通	单向流通	双向流通
货币价值	与法定货币等值	与法定货币不对等	与法定货币有关联
信用保障	国家信用	企业信用	参与者的信念或国家信用
交易安全性	符合国家相应的规范，安全性高	由不同的发行主体决定	较高
交易成本	较高	较低	较低
运行环境	不同的网络环境和终端设备	企业服务器和互联网	开源软件和P2P网络
典型代表	信用卡、支付宝、市民卡等	Q币、盛大游戏币等	比特币和国家发行数字货币

4.1.2 数字货币的形态

目前，数字货币主要分为非加密数字货币和加密数字货币两大类。

1. 非加密数字货币

非加密数字货币主要以数字黄金为主，典型的计量单位是金衡制"克"或者金衡制"盎司"，它的存款以黄金而不是法定货币为单位计量。因此，数字黄金货币的购买力波动和黄金的价格相关：如果黄金的价格上涨，那么就变得更有价值；如果黄金的价格下跌，那么会导致价值损失。数字黄金作为一种非加密数字货币，是以黄金实物作为背书的，具有比较可靠的安全保障。

2. 加密数字货币

加密数字货币一般是指使用了P2P技术和加密算法，依靠密码和验证技术来创建、

发行和维护的数字货币。比特币是当今加密数字货币的主要表现形式。

相比较而言,加密数字货币是当今数字货币的主体,也是社会各界广泛关注的重点所在。所以,在本书中,除非特指,数字货币均指加密数字货币。

4.1.3 数字货币的法律地位

以比特币为代表的数字货币快速兴起并引起了全世界的广泛关注,我国也不例外。为了进一步防范风险,2013年12月5日中国人民银行、工业和信息化部、中国银行业监督管理委员会(以下简称"银监会")、证监会、中国保险监督管理委员会(以下简称"保监会")联合发布了《关于防范比特币风险的通知》,对比特币在我国境内的使用和交易进行了相关的法律界定。该通知明确指出:比特币不是由货币当局发行,不具有法偿性与强制性等货币属性,并不是真正意义的货币。从性质上看,比特币应当是一种特定的虚拟商品,不具有与货币等同的法律地位,不能且不应作为货币在市场上流通使用。但是,比特币交易作为一种互联网上的商品买卖行为,普通民众在自担风险的前提下拥有参与的自由。

2017年9月4日,中国人民银行、国家互联网信息办公室、工业和信息化部、国家工商行政管理总局、银监会、证监会、保监会共同发布了《关于防范代币发行融资风险的公告》,指出,代币发行融资中使用的代币或"虚拟货币"不由货币当局发行,不具有法偿性与强制性等货币属性,不具有与货币等同的法律地位,不能也不应作为货币在市场上流通使用。该公告发布之日起,任何所谓的代币融资交易平台不得从事法定货币与代币、"虚拟货币"相互之间的兑换业务,不得买卖或作为中央对手方买卖代币或"虚拟货币",不得为代币或"虚拟货币"提供定价、信息中介等服务。代币发行融资与交易存在多重风险,包括虚假资产风险、经营失败风险、投资炒作风险等,投资者须自行承担投资风险,希望广大投资者谨防上当受骗。

2017年9月13日,中国互联网金融协会发布了《关于防范比特币等所谓"虚拟货币"风险的提示》。该提示指出,投资者通过比特币等所谓"虚拟货币"的交易平台参与投机炒作,面临价格大幅波动风险、安全性风险等,且平台技术风险也较高,国际上已发生多起交易平台遭黑客入侵盗窃事件,投资者须自行承担投资风险。不法分子也往往利用交易平台获取所谓"虚拟货币"以从事相关非法活动,存在较大的法律风险,近期大量交易平台因支持代币发行融资活动已被监管部门叫停。各类所谓"币"的交易平台在我国并无合法设立的依据。

从目前我国的相关规定来看,比特币等数字货币并未受到官方的认可,相关的风险不可小觑。但从现实情况来看,民间对包括比特币在内的各种数字货币具有极高的关注度,需要引起各方的重视。

4.2 数字货币的技术体系

数字货币作为一种依托网络而存在、以数字形态表现的货币,具有匿名性、不可篡改性、不可重复交易性、不可伪造性和不可抵赖性等特性,需要依托相应的技术体系做支撑。从目前数字货币的运行实际来看,数字货币的技术体系包括数字货币交易技术、可信保障技术和安全技术三个部分。

4.2.1 数字货币交易技术

数字货币交易技术是实现数字货币交易功能的基本技术,包括在线交易技术和离线交易技术两种形态。在线交易技术主要包括支持在线交易处理技术、实现设备通信交互和通过互联网实现数据传输等技术,目的是要实现数字货币的在线交易业务;离线交易技术主要通过相应的离线设备和传输技术的应用,实现数字货币的离线交易业务。无论是在线交易技术还是离线交易技术,最终都要实现数字货币的价值转移,保障交易功能的真实性、完整性和可靠性。

4.2.2 可信保障技术

可信保障技术是指基于可信服务管理平台用以保障数字货币应用数据与安全模块的安全性和可信度的可信服务管理技术。这一技术的目的是要为数字货币的发行、转账、交换和流通提供安全、可信的操作环境。这一技术主要提供数字货币应用程序下载、用户注册、安全认证、风险评估、身份鉴别等各种服务,以确保数字货币系统的安全性和可靠性。

4.2.3 安全技术

安全是数字货币的命脉,安全技术涉及数字货币的基础安全、交易安全和数据安全三个方面。

1. 基础安全技术

基础安全技术包括安全芯片技术、加密和解密技术两个部分。安全芯片技术包括智能卡芯片技术和终端安全模块技术:智能卡芯片一般配备有 CPU 和 RAM[①],可以自行处理相应的数据;终端安全模块作为加密、解密算法和安全存储的载体,可以保障交易终端的安全性。数字货币的加密和解密技术主要应用于数字货币的生成、保密传输和认证等各方面,是数字货币安全的主要保障性技术。

2. 交易安全技术

交易安全技术包括身份认证、匿名处理、防伪和防重复交易等技术。身份验证技术通过验证中心来验证用户的身份以确保交易参与者的真实身份。匿名技术可以通过零知识和盲签名的方法实现数字货币的匿名性。防伪技术主要通过加、解密算法和数字签名等方式以确保数字货币交易的真实性。防重复交易技术采用序列号、数字签名和时间戳等方法以确保数字货币不会也不能够被重复使用。

3. 数据安全技术

数据安全技术包括数据安全存储技术和数据安全传输技术两个方面。数据安全存储技术通过访问控制、加密存储等方式存储与数字货币相关的各类数据,以确保数据的机密性、完整性和可控性。数据安全传输技术通过公钥和私钥加密传输的方式传输数字

---

① RAM 的英文全称是 Random Access Memory,即随机存取存储器,也叫主存,是与 CPU(Central Processing Unit,中央处理器)直接交换数据的内部存储器。

货币的数据,以确保数据的安全保密,不被外界改变。

4.2.4 数字货币系统的组成

数字货币系统以数字货币技术体系为依托,支撑数字货币业务的实际运行,主要包括基础设施系统、数据传输系统、发行与存储系统、注册登记系统和终端应用系统等五个子系统。

1. 基础设施系统

数字货币的基础设施系统包括可信服务模块、认证模块和大数据分析模块,各组成部分的功能如下:

(1) 可信服务模块:提供应用程序发行、认证、管理并授权使用数字货币相关业务的功能,为参与者提供基于安全模块应用的发布及管理。

(2) 认证模块:提供相关平台和客户数字证书,管理数字货币相关机构和用户的身份信息。

(3) 大数据分析模块:利用大数据手段分析各类业务数据,防范可能的交易欺诈等行为的发生。

2. 数据传输系统

数据传输系统主要实现在线交易和离线交易的数据传输功能,用户通过交易网络和在线交易系统实现在线支付数据的传输和价值的传递;基于离线交易的数据传输模块则能在离线状态下实现交易数据的交换,同时在在线时同步相关的交易数据。

3. 发行与存储系统

发行与存储系统主要是针对法定数字货币的发行方而言的,包括发行库与存储库。发行库主要是指存放法定数字货币发行的数据库。存储库主要是指银行存放数字货币的数据库,是法定数字货币的核心数据库。

4. 注册登记系统

注册登记系统不仅记录数字货币与系统用户身份之间的对应关系,同时还记录数字货币的交易流水信息,是特定用户申请开户和业务处理的主要入口。

5. 终端应用系统

终端应用系统主要包括移动终端和安全模块,移动终端由商户与用户持有,基于移动终端的客户端应用存储在相应的安全模块之中,通过支付平台与其他的移动终端实现连接,完成跨移动终端的交易。

4.3 ICO 概述

ICO 是与数字货币相伴生的一个概念,是数字货币发行的主要方式,用以资金募集以及投资对象的确定等。

4.3.1 ICO 的概念

ICO 是 Initial Coin Offering 的缩写,中文意思为"首次代币发行",跟证券界的 IPO

的含义类似,只不过两者是两种完全不同的模式。区块链社区为了在合规性和合法性上与 IPO 做个区分,也有把 ICO 叫作"Initial Crypto-Token Offerings"的,即"首次公开加密代币发行",这一叫法能更切实地反映出 ICO 的实质。

与以盈利为目的、需要证券监管机构审批的 IPO 不同,企业行为有国界、有分红、有股权,能用现金流、资产实力和营利模式评估;而在区块链上发售 ICO 是社区行为,很难用现金流、资金实力和营利模式进行评估,也无须类似证监会这样的证券监督管理机构进行审批,根本目的是建立一个无须法制、高效便捷、轻所有权和重使用权的共识共享社区。ICO 是比特币产生的基本方式,只不过比特币的 ICO 采用的是持续发行的"挖矿"机制,而现在的 ICO 采用的是一次性发行和持续分配机制。

从全球范围来看,ICO 当前的发展速度明显高于传统的风险投资,在一定程度上成为加密数字货币发行的主要融资方式。当今在数字货币界风头仅次于比特币的以太币是 ICO 成功的典型案例之一。2014 年 7 月,以太坊以 ICO 方式募集到三万余个比特币,创下 ICO 的纪录,也是迄今为止除比特币外市值最高的数字货币。该项目将智能合约理念真正推进到实际应用的区块链项目,成为全球基于区块链公有链的智能合约最成功的例子。

4.3.2 ICO 的规则

每一个 ICO 项目均有自己的规则,以注册在新加坡、在 5 天时间内融得价值 1500 万美元的比特币和以太币的"量子链"项目为例,这一项目的主要规则包括以下九个方面:

(1) 以非营利基金会的形式注册,该基金会负责运营量子链及作为量子币的发行主体;

(2) 量子链是开源软件系统,任何人无须许可都可以使用该系统;

(3) 该系统的开发、运行、应用采用去中心、分布式、自组织的社区制;

(4) 基于量子链上的量子币是一种功能币,在使用量子链或量子链上的各种应用时需要支付些微的量子币;

(5) 只能发行代表量子链使用权的代币——量子币来融资,以支持量子链的开发工程;

(6) 量子链公布将发行总数 1 亿个的量子币,其中 51% 公开发行,另外在 4 年的时间里,29% 将分配给社区的学术研究、教育推广和商业应用项目,20% 分配给创始人和开发者;

(7) 所有用量子币换取来的价值 1500 万美元的比特币和以太币都将全部存入多重签名的钱包,钱包的地址可以公开透明,由多人签名才可能被使用;

(8) 量子币可以在数字货币交易所进行交易;

(9) 量子币的公开发行得到了基金会注册地监管机关的有条件"无异议函",在"监管沙盒"机制下,获得了最低限度的合规性。

4.3.3 ICO 的监管

与受国家法律严格监管的 IPO 不同,在世界范围内受共识机制制约的 ICO 在监管方面几乎还处于探索之中，具有代表性的一些新举措包括：

（1）2017年3月21日，日本内阁会议通过了《关于虚拟货币交换业者的内阁府令》，其中规定从事虚拟货币买卖和虚拟货币间交换业务的公司需登记申请并提供有关信息。

（2）2017年7月25日，美国证券交易委员会就ICO方式发行的"The DAO"项目发表声明，ICO代币需要被视为证券发行，因此属于其监管范围，需符合相关规定，并提醒投资者谨慎投资。

（3）2017年8月24日，加拿大证券管理局发布了46-307号关于ICO代币发行的通知，参照加拿大证券法规监管加密货币的发行。

（4）2017年9月4日，中国人民银行等七部委联合发布了《关于防范代币发行融资风险的公告》，以涉嫌扰乱金融秩序叫停ICO，要求各类活动应立即停止，已完成发行的应组织清退，拒不停止和违法违规行为将被查处。

（5）2017年9月5日，香港证券及期货事务监察委员会发出声明，提示ICO有机会触及证券条例，令所有向香港公众人士发售或给予投资意见的行为都可能受监管。

4.4 法定数字货币概述

数字货币最初是以无发行主体、无监管机构、无权益保障的比特币形式出现的，主要依托区块链技术进行运行。经过多年的发展，比特币等数字货币为各国发行法定的数字货币提供了相应的经验，当前包括我国在内的多个国家正在实施法定数字货币的计划。

4.4.1 法定数字货币的概念

比特币自2009年正式诞生以来取得了非同寻常的发展，对各国原有的金融体系带来了实实在在的挑战。为了应对去中心化的数字货币所导致的对现有货币政策、金融体系、货币主权和消费者权益等各方面的冲击，同时为了更好地适应数字经济快速发展的需要，一些国家开始进行法定数字货币的实践。

一般认为，法定数字货币是基于密码学原理、基于端对端交易，以国家主权为背书，并具有法定地位的数字货币。从法律地位上来看，法定数字货币等同于主权数字货币。与比特币等为表现形式的非主权数字货币相比较，法定数字货币是具有发行主体和法定地位、具有中心化特性，并与传统货币体系兼容的一种数字货币形态。与电子货币相比，法定数字货币在于增加了分布式账簿，可以脱离银行账户体系独立运行，并能支持端对端交易。

4.4.2 法定数字货币的作用

与缺乏发行主体和监管机构的常规数字货币相比，由国家主导发行的法定数字货币在以下四个方面将发挥独特作用：

1. 保障数字货币的合法地位

法定数字货币以国家信用为背书，与主权货币一样具有强制性、法偿性和稳定性，更容易被社会大众所接受，人们无须面对波动剧烈的非主权数字货币，可以像使用现有主权货币一样去使用中央银行的法定数字货币。非主权数字货币由于缺乏第三方的信用背书,价格极易变化,在交易的过程中需要不断地对其进行实时定价,其拥有者必须承担相应的风险。2013年12月5日,由中国人民银行等部门联合发布的《关于防范比特币风险的通知》正式公布,在消息公开的1个小时之内,由人民币计价的比特币的价格迅速从6970元下跌至4520元左右,跌幅达35%,令人匪夷所思,而且在一定程度上引发了社会的不稳定因素。由此可见,这样的数字货币,既无法保证币值的稳定,更无法担当国家主权货币的角色。

2. 有助于数字经济的健康发展

数字货币既是数字经济的有机组成部分,也是推动数字经济的重要驱动力。但是,非主权数字货币往往有较高的技术壁垒,有各不相同的算法和技术标准,导致系统互不兼容,不同币种之间的交易十分困难。法定数字货币具有固定的算法和统一的技术标准,将破除非主权数字货币的数字"孤岛",对促进数字经济的大力发展将起到十分积极的作用。

3. 有利于保障用户的合法权益

由比特币而导致的一夜暴富、欺诈和资产安全问题不绝于耳,很多参与者的权益得不到应有的保护,甚至出现了一些悲剧。法定数字货币以国家信用作为背书,在技术上采用更为安全可靠的方式来保障用户资产的安全,同时具有不完全匿名、不可篡改和可追溯等特性,能最大限度地防范欺诈等行为的发生,能有力地保障用户的合法权益。

4. 有利于新型货币体系的建立

非主权数字货币体系的快速崛起,数字经济的迅猛发展,对传统的货币体系带来了极其严峻的挑战,法定数字货币充分利用非对称密码算法、区块链、云计算和大数据等新一代信息技术,构建适应新的经济社会发展所需要的货币体系,促进创新型货币监管体系的形成。

4.4.3 部分国家对法定数字货币的部署

从世界范围来看,越来越多的国家开始部署法定数字货币的发行和流通工作,并已取得了不少实质性的进展,比较有代表性的国家主要有:

(1) 2015年12月,突尼斯正式发行法定数字货币,成为世界首个发行数字货币的国家。

(2) 2016年1月,英国政府办公室发布《分布式账本技术:超越区块链》,就愿景、技术、治理、隐私等方面为英国政府发展区块链技术和分布式账本技术提出了8条建议。同时,英格兰银行和伦敦大学学院正在合作推出法定数字货币"RSCoin"的发行。

(3) 2016年11月,德意志联邦银行与法兰克福金融管理学院联合主办了一场名为"区块链技术:机遇与挑战"的中央银行研讨会,研讨了区块链在支付领域的发展,为中央银行正式发行法定数字货币提供准备。

(4) 2016年11月26日,塞内加尔发行了国家数字货币eCFA,成为世界第二个发行法定数字货币的国家。

(5) 2016年4月,荷兰的中央银行在其《2016年年度计划》中指出,将利用区块链技术开发一款标准的虚拟货币,这个项目被命名为荷兰中央银行货币(DNBCoin)计划。

(6)新加坡金融管理局于2017年3月10日完成了一项专注于银行间支付的分布式账本试点实验,为法定数字货币的发行做准备。

(7)2016年12月,欧洲中央银行和日本的中央银行开始了名为"Stella"的联合试验项目,目的是研究分布式账本系统是否能够取代当前欧洲中央银行和日本的中央银行部署的实时全额结算系统。

总体来看,世界上不少国家正在大力推进法定数字货币的发行和流通工作,但存在的问题和困难还有不少,需要在实践中不断地摸索,在发展中逐步成熟。

4.4.4 法定数字货币的发行模式

代表一个国家货币主权的法定数字货币主要有以下三种发行模式:

1. 中央银行独家发行模式

中央银行独家发行模式又称中央银行大账本模式,是指由个人用户、单位用户和金融机构同时在中央银行的账户开户,由中央银行独家受理用户的开户和账户的管理的一种模式。这种由中央银行独家垄断数字货币发行权的做法在一定程度上可以提升货币管理的效率,降低全社会的交易成本,但这必将对传统的金融体制带来颠覆式的影响,大量的商业银行会被边缘化,甚至被淘汰出局。与此同时,由中央银行独家发行数字货币,相应的技术风险和经营性风险也将高度集中,不利于数字货币长期、稳定的发展。

2. 联合发行模式

联合发行模式是指由中央银行和商业银行联合发行数字货币,共同参与数字货币的运营的一种模式。联合发行模式具体的运作模式是在保留现有货币发行机制的基础上,由中央银行和各商业银行共同来发行数字货币,由商业银行负责用户的身份认证和账户管理等具体业务。这种模式对现有金融体制的冲击较小,较容易得到各商业银行的认同,同时也能为各类用户带来较大的便利,并能创造出实实在在的价值。

3. 自主发行模式

自主发行模式是指由各商业银行按相应的规则独立发行数字货币并负责各自数字货币体系的运营,同时承担相应的风险的一种模式。这种模式类似于当今香港地区的货币体系,作为世界五大国际金融中心之一的香港并没有自己的中央银行,流通货币由汇丰银行、渣打银行和中国银行三家商业银行独立发行。目前,美国、日本等国家已允许一些商业银行探索发行自身的数字货币,希望经过一定时间的摸索,再由中央银行制定相应的标准将各商业银行不同的发行机制和记账方式统一起来,并进行有效的管控。实际上,除商业银行外,还有其他组织甚至个人都在尝试独立发行各自的数字货币,这也是构成当今数字货币独特景象的主要原因。

以上三种发行模式都有合理性,每个国家实际选择哪一种模式发行数字货币,需要根据实际情况予以综合考虑。从我国的现实国情来看,基本倾向于采用联合发行模式。这种模式能较好地维护现有货币体系的稳定,同时能较好地、积极有效地发挥数字货币的作用和功能。

4.5 我国法定数字货币的发展

我国在法定数字货币发行方面已经经历了多年的准备,逐步具备了发行的条件,相关的工作正在推进之中。

4.5.1 主要优势

我国由中国人民银行牵头组织数字货币的发行,具有十分明显的优势,表现在以下三个方面:

一是总量可控,货币币值稳定。

虽然比特币有设定的货币总量,但主要靠"挖矿"等模式产生,而且最致命的是货币的币值犹如坐过山车般跌宕起伏,无法担当起流通货币的角色。中央银行发行的法定数字货币,不仅能做到总量可控,而且能确保币值稳定,真正发挥主权货币的独特功能。

二是公平、公开、公正。

比特币等非法定数字货币的获得在很大程度依赖于用于"挖矿"的计算机的性能,从而导致无止境的计算机性能升级的"军备"竞赛。而中央银行法定数字货币根植于实际的经济活动,按照货币发行的规则进行投放,从真正意义上保证了数字货币的公平、公开和公正。

三是高安全性。

以比特币为代表的非法定数字货币以去中心化和高度匿名性著称,一旦发生意外,用户便陷入投诉无门、利益损失无可挽回的结局。中央银行发行的法定数字货币采用可控匿名技术,既能有效地保护合法的数字货币资产,又能对打击各类违法犯罪起到十分有效的作用。

4.5.2 面临的挑战

尽管中央银行发行法定数字货币具有独特的先天优势,但同时也面临着较为严峻的挑战:

1. 隐私保护问题

法定数字货币将会获得用户全方位的隐私数据,如何存储、管理这些数据对于充分保护用户的隐私和财产安全至关重要,在法律不够健全、技术手段不够完善的前提下存在着较大的风险。

2. 安全保障问题

安全为天,当中央银行实现中心化管理时,中央银行的数据系统必将成为全球黑客的攻击目标,如何全方位保障用户数字资产的安全是一个十分棘手的问题。

3. 社会普及问题

经过较长时间的发展,比特币在国际上有了较高的知名度和认可度,在国内也已经产生了不可低估的影响,从某种意义上可以说,比特币已成为数字货币的代名词。中央银行发行的数字货币能否在比较短的时间得以全面普及是一个必须考虑的现实问题,需要进行深入的研究和探讨。

4．数字鸿沟问题

数字货币的使用和管理存在着一定的技术门槛,对缺乏应用能力和应用条件的用户来说存在着较大的实际困难,从某种程度上会使数量巨大的用户群体被边缘化,使业已存在的数字鸿沟进一步扩大。

5．监管问题

法定数字货币的流通涉及面将会十分广泛,各种点对点的直接交易必将大规模扩大,在一定程度上将会绕开原有的货币监管体系,商业银行的参与力度和控制能力也会被削弱,必将给监管带来一系列全新的挑战。

4.5.3 发展方向

我国法定数字货币的发行正在紧锣密鼓的推进之中,根据目前的部署来看,中央银行的数字货币将采用"中央银行-代理投放的商业机构"的双层投放模式,未来中央银行和商业银行等金融机构都可以发行数字货币,为了保证货币不超发,代理投放的商业机构需要向中央银行按100%全额缴纳准备金。这样做既保持了流通中货币的债权债务关系不变(用户手中的数字货币还是由中央银行负债,由中央银行的信用作担保,具有无限法偿性),又不改变现有的货币投放体系和二元账户结构,不会构成对商业银行存款货币的竞争,不会增加商业银行对同业拆借市场的依赖,不会影响商业银行的放贷能力,同时因为不影响现有货币政策传导机制,不会强化压力环境下的顺周期效应,也就不会对现行实体经济运行方式产生负面影响。这种双层投放模式更有利于发挥中央银行数字货币的优势,节约成本,提高货币流通速度,提升支付便捷性和安全性;有利于抑制公众对私有加密数字货币的需求,巩固国家货币主权。

根据中央银行相关的解释,之所以选择这种双层投放模式,有以下五个方面的原因:

一是因为我国幅员辽阔、人口众多,各地区经济发展、资源禀赋和人口受教育程度的差异较大,在设计和投放(发行)、流通中央银行数字货币的过程中,要充分考虑系统、制度设计所面临的多样性和复杂性。比如,目前偏远地区的网络覆盖严重不足,如果只是单层投放,中央银行数字货币的便捷性和服务可得性就难以保证。

二是双层投放模式有利于充分利用商业机构现有的人才、技术等资源优势,市场驱动、促进创新、竞争选优这些优势可以通过市场驱动、有序竞争得到充分释放。当前,我国的商业银行的IT基础设施应用和服务体系已经比较成熟,系统的处理能力较强,在金融科技应用等方面已经积累了一定的经验,人才储备较为充分,如果另起炉灶、重复建设,对社会资源是巨大的浪费。

三是考虑在安全、可靠的前提下,中央银行和商业银行等金融机构可以合作,不预设技术路线,通过竞争实现系统优化,共同开发、共同运行。

四是双层投放模式有助于分散化解风险,中央银行以前的清算系统是给金融机构用的,数字货币要直接给所有人用,单靠中央银行无法支撑,双层投放模式则可以避免风险过度集中。

五是双层投放模式还可以避免"金融脱媒"。中央银行如果直接投放数字货币,就会和商业银行的存款货币形成竞争,而中央银行的数字货币信用等级高于商业银行的存款货币,商业银行的存款就可能被"挤出",从而会影响商业银行的贷款投放能力,使资金价格变高,损害实体经济等。

与比特币去中心化不同的是,中央银行发行的法定数字货币将反其道而行之,采用中心化管理的模式,主要原因有以下四个方面:

一是因为中央银行发行的法定数字货币仍然是中央银行对公众的负债,债权债务关系没有改变,所以必须保证中央银行在投放过程中的中心地位;

二是中央银行的宏观审慎与货币政策调控职能必须保证和加强;

三是中心化管理可以不改变二元账户体系,保持原有的货币政策传导方式;

四是避免代理投放的商业机构超发货币,需要有相应的安排以实现中央银行对数字货币投放的追踪和监管。

中央银行所强调的中心化投放模式和传统的电子支付工具有所不同:电子支付工具的资金转移必须通过账户完成,采用的是账户紧耦合方式;中央银行发行的数字货币则应基于账户松耦合方式,使交易环节对账户的依赖程度大为降低,这样中央银行发行的数字货币既可以和现金一样易于流通,又能实现可控匿名。实现可控匿名有两个方面的考虑:一方面,中央银行发行的数字货币如果没有交易第三方匿名,会泄露个人的信息和隐私;另一方面,如果允许实现完全的第三方匿名,又会助长犯罪,如逃税、恐怖融资和洗钱等。为了平衡,必须实现可控匿名,只对中央银行这一第三方披露交易数据。在具体设计上,中央银行可以考虑在商业银行的传统账户体系上,引入数字货币钱包属性,实现一个账户下既可以管理现有电子货币,也可以管理数字货币。图 4-1 为支持数字货币的商业银行的账户体系。

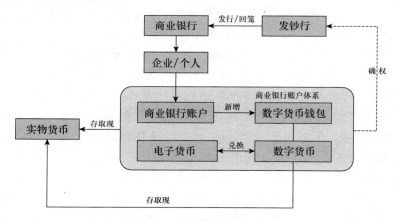

图 4-1 支持数字货币的商业银行的账户体系

如图 4-1 所示,数字货币与电子货币在管理上有共性,如账号使用、身份认证、资金转移等;但也存在一定的差异,数字货币管理将体现其作为加密货币的所有属性,由商业银行根据与客户的约定权限进行管理,比如必须有客户和商业银行两把钥匙才能打开等。之所以需要建立支持数字货币的商业银行账户体系,是因为这样的体制沿用了货币发行二元体系,不会导致商业银行被通道化或者边缘化。数字货币属于现金(M0)的范畴,是发钞行(中央银行)的负债,不在账户行(商业银行)的资产负债表内,这样账户行依然还可以履行实质性管理客户与账户的职责,同时又可以通过发钞行直接确权,既不完全依赖账户行之间的跨行支付系统,又能利用客户端的数字货币钱包实现点对点交易,较好地解决了数字货币参与各方之间责、权、利的对应关系。

我国作为世界第二大经济体和第一人口大国,法定数字货币的推广决非一蹴而就。中国人民银行对法定数字货币持有比较积极的态度,也在加紧进行相关方面的研究,希望在技术越来越完善、架构越来越优化、时机越来越成熟的条件下,正式发行适应我国国情的法定数字货币。

4.6 比特币发展解析

比特币是当今世界当之无愧的数字货币的"领头羊",历经十多年的起起落落,已成为区块链技术应用的最为成功和最富有影响力的项目,并为非主权数字货币的未来发展提供了重要的借鉴。作为当今全球经济金融活动中的一个独特现象,比特币给世界各国乃至全球的金融体系带来了前所未有的挑战,需要我们深入思考、积极面对。

4.6.1 比特币的概念和产生方法

比特币是一种开源的、基于网络的、点对点的匿名电子货币,不依靠特定货币机构发行,而是通过特定算法的大量计算而生成的数字货币形式。从本质上来讲,比特币为虚拟电子货币,并无实物载体,其地址是大约33位长的、由字母和数字构成的一串字符或代码,由1或者3开头。例如,"中本聪"的创始地址为"1A1zP1eP5QGefi2DMPTfTL5SLmv7DivfNa",美国联邦调查局用于收取罚没比特币的地址为"1Ez69SnzzmePmZX3WpEzMKTrcBF2gpNQ55"。

与传统的货币不同,比特币的发行不依靠特定的货币机构,而是依据特定的算法,通过大量的计算产生,俗称"挖矿"。所谓"挖矿",是指"矿工"以算力的竞争来获取记账权的过程,"矿工"使用专业的计算机设备,通过运行比特币算法,生成随机数哈希值(散列值),哈希算法将任意长度的不同信息(如数字、文本或其他信息)转化为长度相等但内容不同的二进制数列(由0和1组成)。比特币采用的是哈希算法中的SHA256算法,任意长度的信息通过该算法都能生成一组256位的二进制数字。这组数字的每位数都由0和1构成,也就形成2^{256}种可能,只要区块中的信息发生任何变动,哈希值就随之改变,而从哈希值本身无法还原出原有信息,也就是整个压缩过程是不可逆的。"挖矿"的目的就是要通过调整随机数找到符合要求的哈希值,目前的难度是让整个网络约每10分钟得到一个合格的答案,拥有合格答案的"矿工"将有资格开启新的区块,并获取记账的权力。随后,比特币网络会新生成一定量的比特币作为奖金,以奖励获得答案的人。区块链中的每一个区块都包含了区块编号(id)、交易信息(tx)、时间戳(time)和随机数(random)四个方面的数据,这些数据通过一个哈希算法的压缩处理就生成了一个哈希值(如图4-2所示)。

4.6.2 比特币的由来

比特币的历史需要追溯到2008年。2008年8月18日,比特币的官方网站域名"bitcoin.org"正式注册成功,域名和服务器都托管在芬兰赫尔辛基的一家小型主机托管

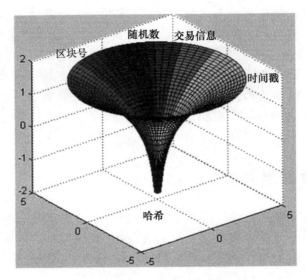

图 4-2 哈希算法的原理

商 Louhi Net Oy 那里,注册商那里登记的域名所有人的信息为一名日本男性,当时年龄为 39 岁。2008 年 11 月 1 日,当时一位化名为"中本聪"的人在一个专门研讨密码问题的论坛中发表了一篇在今天看来具有划时代意义的研究论文——《比特币:一种点对点的电子现金系统》,阐述了基于 P2P 技术和加密技术等技术的电子现金系统的构架理念,即比特币系统的基本框架。顺着这一思路,"中本聪"于 2009 年 1 月 3 日发布了开源的第一版比特币客户端 Bitcoind,并挖出了第一个序号为"0"的比特币的区块——包含 50 个比特币的创世区块诞生了。2009 年 2 月 11 日,他在 P2P 基金会网站上发表声明,称自己已开发出了一个叫作"比特币"的开源 P2P 电子现金系统,它完全去中心化,没有中央服务器或者托管方,所有感兴趣的人都可以自行挖掘。这一以"开放、对等、共识、直接参与"为基本理念的系统,不属于任何一个国家,它的上线标志着具有重要历史意义的比特币的诞生。"中本聪"在声明中指出,传统的货币最根本的问题是信任,中央银行必须让人信任它不会让货币贬值,但是历史上这样的事情一再发生。银行本应该帮储户保管钱财并以电子化形式流通,但是他们放贷出去,让财富在一轮轮的信用泡沫中浮沉。他认为,世界上每一个国家都有自己的货币,有的还有多种,基本都由一国的中央银行控制,而一旦这个国家的政权更替或者信用崩溃,这些货币就必然沦为废纸,这样的事例在历史上一再发生。比如,2008 年津巴布韦遭遇了 2.2 万倍的恶性通货膨胀,发展成为 1 亿津巴布韦元只够买一个鸡蛋的极端情况,当地民众苦苦积累的货币财富顷刻间化为乌有。他指出,自己发明的比特币系统能有效地解决这一问题。

有意思的是,这位自称"中本聪"的人在搭建完比特币体系后就从互联网上彻底消失了。此后,该项目由两个前谷歌的工程师进行维护,但即便是他们俩也声称从未见过"中本聪"本人。时至如今,"中本聪"的身世一直成谜,虽然业界猜测众多,但终无定论。

4.6.3 比特币的发展

在比特币系统上线的早期,基本处于无人问津的状态,以"中本聪"为首的创始团队处于自娱自乐的状态。2010年5月22日，美国佛罗里达州程序员兼BitcoinTalk的用户拉丝勒·豪涅茨同意付给一个英国人1万比特币（地址为"1XPTgDRhN8RFnzniWCddobD9iKZatrvH4"），让他帮自己从当地的棒·约翰订一份价值25美元的比萨，这标志着真实世界的首个比特币交易由此诞生，这笔交易包含5美元的服务费，1比特币的价值约为0.003美分。后来，比特币的参与者为了纪念这个特殊的日子，把每年的5月22日设定为专属比特币的节日——比特币比萨节。以此为开端，比特币走上了一条价值近乎无限扩张的增值道路，2017年12月17日创下了超过2万美元的新高，令世人震惊。到2018年后，比特币开始猛烈下挫，12月17日比特币的最高价格仅为3590美元，较上一年的峰值跌幅超过80%，进入2019年后又开始适当回暖。在过去几年，比特币经历的大事件主要有：

（1）2011年6月，比特币获得《时代周刊》和福布斯的关注，开始吸引主流媒体的目光；

（2）2012年11月28日，比特币的产量第一次减半；

（3）2013年8月，德国联邦财政部承认比特币为"记账单位"，和外汇一样具有结算功能，但不具备充当法定支付手段的功能；

（4）2013年11月，在比特币交易平台——火币网上比特币的价格达到峰值8000元/个；

（5）2013年12月，我国中央政府五部委联合发布了《关于防范比特币风险的通知》，并禁止第三方支付参与比特币交易，比特币的价格应声回落；

（6）2014年2月，当时全球最大的比特币交易平台Mt.Gox宣称85万个比特币被盗，随后破产；

（7）2014年6月，美国加州最终通过了AB-129法案，允许使用比特币等数字货币在加州进行消费；

（8）2014年7月，戴尔公司、美国卫星电视巨头Dish Network、电子商务巨头新蛋网等接受比特币支付；

（9）2015年1月，Coinbase成为美国首家持牌比特币交易所；

（10）2015年6月，纽约州金融服务局宣布BitLicense许可证正式生效，纽约成为美国第一个正式推出定制比特币和数字货币监管的州；

（11）2015年10月，欧盟法院裁定比特币交易免征增值税；

（12）2015年12月，2015年度比特币上涨约120%，成为表现亮眼的投资品；

（13）2016年1月，中国人民银行在北京召开数字货币研讨会；

（14）2016年5月，日本首次批准数字货币监管法案，并定义比特币为财产；

（15）2016年7月，比特币的产量第二次减半；

（16）2016年8月3日，最大的美元比特币交易平台Bitfinex被盗的比特币共计119 756个，总计价值约为6500万美元；

（17）2017年6月29日，韩国最大、全球前五大的比特币交易所Bithumb发现遭到黑客的入侵，超过3万名客户的个人信息被盗取，这次黑客入侵导致投资者损失数十亿韩元；

（18）2017年12月1日，芝加哥商品交易所集团宣布，计划于12月18日推出比特币期货合约；

(19) 2017年12月4日，芝加哥期权交易所宣布，将于美国东部时间12月10日下午6点推出比特币期货；

(20) 2017年12月17日，比特币站上2万美元高点，创历史新高；

(21) 2018年1月26日，日本加密货币交易所Coincheck遭到黑客的攻击，价值约5.34亿美元的新经币①被黑客盗走，约26万用户受害；

(22) 2018年5月22日，美国交易平台Taylor遭黑客入侵，BTC的价格从8419.95美金下跌至7397.56美金，跌幅达12.1%；

(23) 2018年12月，年仅30岁的QuadrigaCX交易所首席执行官兼创始人拉尔德·科顿在印度死亡，由于该交易所的密钥只有其一人掌握，导致1.9亿美元的数字货币和法定货币被"锁死"；

(24) 2019年2月10日，菲律宾联合银行推出加密资产ATM，允许客户通过ATM机购买和出售虚拟货币。

比特币的价格一直是全球比特币参与者最为关注的数据，图4-3为近年来比特币的价格走势。这一价格随时处在变动之中。

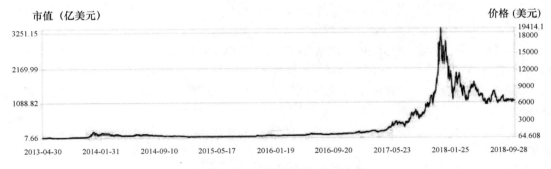

图4-3 近年来比特币的价格走势

4.6.4 主要特性

作为一种具有高度独创性的数字货币，比特币具有以下一些特性：

(1) 去中心化：不需要发行人，用户构成了整个网络系统，存储和运行采用的是P2P的方式。

(2) 全世界流通：全球所有的电脑都可以对比特币进行制造、出售、购买和收取，只需要拥有比特币客户端即可。

(3) 安全持有：操控比特币是必须要有私钥的，而它除用户自己外无人可以获取。

(4) 低交易费用：汇出比特币是免费的，不过最终会对每一笔交易收取大约0.001个比特币的交易费，用于确保交易执行更加高效。

(5) 方便快捷的交易转账：只要知道对方的账户地址，用户就可以转账，方便快捷，并且由于账簿是公开透明和分布式的，因此不需要引入第三方就可以确保不存在

---

① 新经币的英文全称是New Economy Movement。它的发行总量是90亿个，首创并采用了重要性证明（Proof of Importance）技术。

二次花费。

（6）防止通货膨胀：比特币的总量恒定，发行完毕后不再增发。

在比特币问世后，模仿比特币的算法和理念又衍生出了大量其他种类的去中心化数字货币，如莱特币(Litecoin)、以太币、瑞波币(Ripple)、蝴蝶币等，一般统称为竞争币或山寨币。显然，在区块链技术下数字货币已成为不可抗拒的潮流，未来也必将成为一种大趋势。

4.6.5 比特币的发行

比特币的发行是通过独特的"挖矿"机制实现的，主要是根据比特币对等网络中大多数用户端的算力而自动进行调节和规范的，核心规则是对比特币的发行速率的设定，前四年每10分钟全球发行50个比特币，以后发行速率每四年递减一半，降成每10分钟发行25个比特币。按照这一发行速度，在前四年发行总数为1050万个比特币，在第五年到第八年会发行525万个比特币，以此类推。因此，最后一个比特币大约会在2140年前后被挖出来，届时全球比特币的总数将会恒定在2100万个这一极限之内。

2012年11月28日，比特币迎来了一个里程碑的时刻，当天比特币的发行量达到发行总量的一半，已发行总量为1050万个；2016年7月，比特币的产量第二次减半，变为每10分钟产出12.5个。到2017年年末，比特币已被开采1670万个，约占总量的79.90%，尚余430万个有待被挖掘出来。

为了获得新发行的比特币，参与者必须购置具有较高算力的设备用于所谓的"挖矿"淘金。"挖矿"是通过软件实现的，软件需要解决"找一个最小的散列值"的特定的数学问题来创建一个数据块，目前一个新的数据块价值12.5个比特币，而解决这样的问题需要强大的算力用于反复运行哈希算法的运算。比特币的"挖矿"和节点软件是基于对等网络、数字签名、交互式证明系统来证明发起和验证交易的。"矿工"要制造出比特币，就要争取成为全网络第一个创造出新数据块的人，并将这个新数据块向整个网络公布，当一个节点找到了符合要求的解时，那么它就可以向全网广播自己的结果，其他的节点就可以接收这个新解出来的数据块，并检验其是否符合规则。如果其他的节点通过计算哈希值发现确实满足要求（比特币要求的运算目标），那么该数据块有效，其他的节点就会接受该数据块，表明这一组新的比特币发行成功。打个比方，全世界每10分钟就产生一个加了密的、目前装有25个比特币的宝物箱，谁能率先对藏在里面的比特币解密并且能得到较多数量的人确认就可以得到相应的比特币。

为了提高"挖矿"的成功率，全球比特币的参与者展开了大力提升算力的竞争，"挖矿机"从早期的英特尔的CPU产品到2012年年末出现的GPU或FPGA等"挖矿机"，再到2013年年中出现的5THash/s以上的集群式ASIC"挖矿机"，可谓算力提升神速。到今天，比特币全网算力已经全面进入P算力时代（1P=1024T），在不断飙升的算力环境中，P时代的到来意味着比特币进入了一个新的军备竞赛阶段，参与者竞争惨烈。但即使如此，全球众多的参与者依旧乐此不疲，掀起了一次又一次的算力竞赛高潮。图4-4为位于瑞典的比特币"挖矿"的"矿场"。

图 4-4　位于瑞典的比特币"挖矿"的"矿场"

4.6.6　比特币的交易

比特币使用整个 P2P 网络中众多节点构成的分布式数据库来确认并记录所有的交易行为,并使用密码学的设计来确保货币流通各个环节的安全性。参与者在注册比特币账户时会获得一个公钥,即比特币地址,只需将该地址告诉他人,他人就可以通过比特币系统向这一地址付款。同时,收款人会获得一个私钥,只有私钥才能打开电子钱包。如果收款人将私钥丢失,将无法找回自己的比特币。

比特币在交易时的表现形式是一串被称为"数字签名"的字符,这串字符包含了上一次交易的数据和下一个所有者的公钥信息。这串字符将被发送给收款人(下一个所有者),收款人会对这串字符进行验证,并向全网络广播,被全网络认可的交易数据将被确认形成区块,收款人可以通过自己的私钥接受比特币汇款。图 4-5 为比特币的交易。

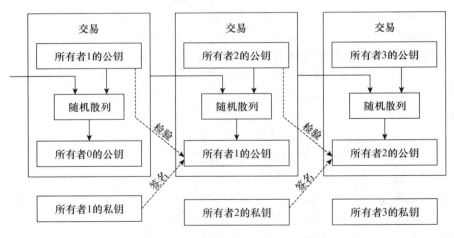

图 4-5　比特币的交易

目前,日本、韩国等国家比特币的交易较为活跃,主要原因有三个方面:一是交易平台的技术、资金门槛相对较低;二是交易平台具有马太效应,交易量越大影响力也必然越大;三是不少的交易所免收交易环节手续费的政策吸引了大量的投资者前来交易。

4.6.7 比特币的时间戳

虽然数字签名可以确保付款人信息的真实性,但现有的支付系统必须有一个第三方机构来确认交易的唯一性,避免同一笔资金支付给多个收款人。在比特币系统中,时间戳被用来记录特定时间发生的交易数据,比特币区块链上的每一个区块都会被盖上时间戳,该时间戳能够证实特定数据在某个特定时间确实是真实存在,因为只有在该时间存在了才能获取相应的随机散列值。每一个时间戳应当将前一个时间戳纳入其随机散列值中,每一个随后的时间戳都对之前的一个时间戳进行增强,这样就形成了一个环环相扣的链条。图4-6为时间戳。

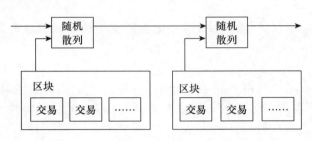

图4-6 时间戳

4.6.8 比特币的工作量证明

交易的记账权是需要通过"挖矿"来计算一个复杂的数学问题,即找到图4-7中的随机数。比特币系统通过提高寻找这个随机数的难度,可以增加所需的计算量,这种计算量就构建了一个工作量的证明机制。比特币系统如果想要修改某个区块内的交易信息,就必须完成该区块及其后续连接区块的所有工作量,这种机制大幅提高了篡改信息的难度。同时,工作量证明也解决了全网共识问题,因为全网认为最长的链包含了最大的工作量。图4-7为比特币的工作量证明。

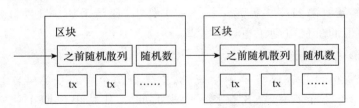

图4-7 比特币的工作量证明

4.6.9 比特币产生的影响

经过十多年近乎野蛮的生长,比特币受到了极为广泛的关注,所引发的各类问题也正引发人们越来越多的思考,所产生的影响表现在以下五个方面:

1. 在有些国家从一定程度上已经具备了实体货币的功能

从实体货币所需具有的价值尺度、流通手段、支付手段、贮藏手段和世界货币等五大基本功能来看,比特币已经在有些国家从一定程度上实现了,具体表现如下:

(1) 价值尺度。

由于新发行比特币需要"矿工"购置装备,花费大量的时间和精力以及电力的投入,因此比特币的价值在一定的范围内得到体现。

(2) 流通手段。

一些国家的中介机构以及个人投资者接受了比特币的买卖,使其具有了良好的流通性。

(3) 支付手段。

从咖啡到汽车再到住宅,一些国家的卖家开始接受比特币的支付,使其成为一种新型的支付手段。

(4) 贮藏手段。

有不少参与者为了将比特币作为财产传递给下一代而收藏比特币,使其贮藏的功能得到进一步体现。

(5) 世界货币。

比特币在全球一定的范围内得到应用,在一定程度上具备了世界货币的特性。

由此可见,不管我们以怎样的态度去看待比特币,它的货币特性已经越来越明显,这是不以任何人的意志为转移的一种客观存在,需要对此予以正视。

2. 抵御实体货币风险的作用开始显现

货币代表一个国家的信用,当国家的信用面临着威胁或者遭遇通货膨胀等危机时,实体货币抵御风险的能力将经受挑战,比特币因不受国家主权的控制,抵御风险的优势可以充分体现出来。2013年3月,受欧债危机的持续影响,欧洲援助计划让塞浦路斯的银行业近乎崩盘,为了拿到欧盟等外部救援方的救助金以摆脱金融体系失控的窘境,塞浦路斯政府推出了严厉的存款税和资本管制措施,宣布没收和冻结60%的居民储蓄作为条件,由此导致塞浦路斯的储户人人自危,后来一些人突然发现比特币可以挽救他们的财富,因为比特币本身不会被冻结,不用纳税,可以和美元等多种货币进行兑换,于是在塞浦路斯全国范围内迅速掀起把本国的货币兑换成比特币的热潮,最终使比特币短短几天从三十多美元飙涨到265美元。在这一事件中,比特币的避险功能得到了很好的体现,也使得比特币的价值得到了更好的发挥。

3. 币值规模越来越大

在早期,比特币只是程序员手中的玩物,毫无价值可言。从第一次用于购买比萨诞生了比特币第一个公允汇率,在比较长的一段时间,1比特币长期在兑换0.1美元以下徘徊,一直到2011年1月比特币的交易价格才突破了1美元,达到1.06美元的高位。自那以后,比特币的币值尽管时高时低,不太稳定,但总体处在快速上升期,尤其是到了2013年11月29日,比特币的交易价格疯涨到1比特币兑换1242美元的历史高位,而同时黄金的价格为一盎司1241.98美元,比特币的价格首次超过了黄金。到了2017年,比特币的价格一路走高,从年初的1000美元一度冲高到年末的2万美元,令全球金融界以及所有关心或参与比特币的人为之侧目。从某种意义上可以说,比特币已成为不可忽视的"数字黄金"。

4. 参与范围越来越大

比特币自问世以来,吸引了全球大量的追随者,并自发形成了遍布全球的"挖矿"队伍。根据初步统计,全世界上目前有数以百万计的"矿工"投身于比特币的"挖矿"大业,抢挖余下的四百万个左右待挖的比特币。目前,全球可以用比特币进行消费的商家和饭店等已达数万家,消费者可以用比特币支付各种开支,购置种类越来越多的商品。用于比特币与法定货币相互兑换的比特币 ATM 机也已经在不少的国家出现,这类 ATM 机主要分为单向和双向两类:单向比特币 ATM 机只能用法定货币购买比特币,并从中收取一定比例的手续费;双向比特币 ATM 机既可以出售比特币,也可以购买比特币,ATM 机通过验证人的生物特性来限制其每日买入/卖出的数量,从而预防洗钱活动。

5. 国际社会对比特币的认可程度正在逐步提高

作为一种新出现的虚拟货币,目前国际上对比特币的合法化存在着较大的争议,但总体来说关注程度正在不断地提高。

在亚洲,日本对其持最为开放的态度,希望能借此机会打造数字货币大国,而韩国、新加坡等国家的态度也较为积极。

在北美,美国和加拿大都在考虑把 ICO 与传统的股票发行等同起来,但具体的政策都不明确;在南美,巴西表示加密货币并不被归类为金融资产,因此禁止资金投注于加密货币投资。

在欧洲,德国、瑞士采取的是积极支持的态度,相关的产业也发展迅速;法国和英国等国家则采取了相对保守的态度。

我国曾经是全球最为活跃的比特币交易大国,但目前我国的相关政策较为明确,对其采取了较为严格的限制政策。

4.6.10 存在的问题

在历经十多年的快速发展后,目前比特币已成为区块链技术应用最为成功的数字货币项目。但是,在发展的过程中也已经暴露出来的一些问题到了不得不面对的地步。

1. 数据容量限制成为瓶颈

比特币区块链在设计之初人为地将一个区块的容量设置为 1MB,而后期随着比特币发行量的增加和相关应用类型的增多,1MB 的容量已经变得捉襟见肘,交易经常性地被迫推迟,扩容成为迫切的需求。因为容量的限制,比特币的处理量太小,这样的限制会严重削弱比特币的未来扩展。目前,全球范围内参与比特币开发的核心人员在不断地为此努力,希望能得到可行的解决方案。

2. 能量消耗巨大

算力在比特币区块链的"挖矿"中尤其重要,早期估计全球比特币区块链网络每天在"挖矿"中花费 150 万美元,一年将近 5.3 亿美元。目前,随着"挖矿机"算力的提高,消耗的能量和金额水涨船高,根据得得智库的统计,2018 年比特币的年耗电量为 62.35 万亿瓦时,较 2017 年耗电量 15.53 万亿瓦时同比上涨 301.46%。全球 2018 年的"挖矿"收入约为 61 亿美元,而"挖矿"成本将近 31.17 亿美元,占比特币"挖矿"收入的一半。同时,整个网络会释放出上百万吨的二氧化碳,对环境的影响不可忽视。虽然相比黄金币制比特币的能量消耗更低,相比信用纸币制比特币更加安全,但如果比特币区块链希望得到更广泛的普及、达到更大的规模,能量消耗是必须要克服的瓶颈。2018 年,时任国际货币基金组织的总裁克里斯蒂娜·拉加德在达沃斯世界经济论坛上指出:"比特币'挖矿'依靠大量计算机加速运算来确定实际价值,加上这种激励机制,导致消耗了太多能量;我们认为在这种情况下,2018年比特币"挖矿"的电力能耗会相当于阿根廷整个国家的耗电总和;如今,气候变化问题越来越引人关注,当我们看到很多地方使用煤炭发电来开采比特币时,这真的是个大问题。"由此可见,为了比特币"挖矿"导致大量的能源消耗,这在一定程度上已成为一个严峻的社会问题。

3. 并发处理能力低下

目前,比特币需要平均10分钟才能确认交易并将交易记录到区块链中,而且每个区块只能容纳4096笔交易,无法处理超过7次/秒的交易,根本原因在于比特币区块链是通过工作量证明系统来确保系统的安全性和可靠性的,而工作量证明系统对于大额交易甚至要花费更长的时间来处理。相比于现实所需要的处理能力,在2017年的"双十一"期间支付宝的支付峰值达到25.6万笔/秒,这样的高并发交易量对区块链而言是无法想象的。即使超级账本的联盟链每秒能够处理的极限是2000~3000笔,同样远远不够处理现有的最高峰的交易量。换言之,假如比特币真正大规模应用于各类实际的交易,显然很难满足需要。

4.6.11 带来的挑战

经过十多年的发展,比特币所带来的各种现实挑战也正进一步显现,主要表现在以下五个方面:

1. 对现有的金融体系带来较大的冲击

比特币出现在美国发生金融危机之时,当时美国政府向华尔街和底特律汽车公司注入了大量的资金,美国联邦储备委员会(以下简称"美联储")还推出了"量化宽松"的货币政策,本质上是通过大量印钞的方式来摆脱危机,这在很大程度上稀释了美元的价值,引起了全球性的对实体货币稳定的担忧。在欧债危机发生之后,不少的欧洲国家遭遇了十分严重的金融困境,除塞浦路斯外,西班牙在危机高峰时民众纷纷将购置比特币作为抵御金融风险的重要手段。因此,比特币的存在有较高的合理性和必然性,必须采取科学合理的措施加以应对。

从当前的发展状况来看,比特币的出现对传统的金融货币体系产生了不可低估的影响:

第一,比特币没有中央发行机构,世界各国政府无法对其进行有效的监管,特别是对本国货币的流动性和物价的调控产生了实质性的干扰;

第二,比特币依托网络而虚拟存在,各国政府无法对其发行规模和汇率等进行有效的调控;

第三,比特币在全世界范围内流通,成为事实上的国际通用货币,使一国的国际汇兑业务在一定程度上出现失衡;

第四,随着虚拟货币的应用范围和使用规模的扩大,会跟法定货币产生实质性的竞争,这将使一国政府在不同程度上丧失对本国货币的主导权。

2. 为各类非法活动提供了温床

作为一种虚拟货币,比特币由于身份隐匿、交易便捷,成为国际上一些非法活动的重要支付工具,在一定程度上出现了泛滥发展的状态。由于比特币不再依赖传统的账户系统来证明资产的归属,而是通过公开密钥技术加上可以随意生成的私钥完成交易,因此成为贩毒、走私以及向海外转移财产的重要工具。早在2011年,美国纽约州参议员查尔斯·舒默(Charles Schumer)和西弗吉尼亚州参议员乔曼钦(Joe Manchin)致信给美国食品药品监督管理局,要求对从事比特币交易的网站——丝绸之路展开调查,因为其只收取比特币。丝绸之路是一个匿名化的黑市,贩毒者可以通过这个网站把毒品换成比特币,接着通过Mt. Gox交易平台提现,换取美元等货币。这一网站已于2013年10月被美国联邦政府关闭,网站负责人也被逮捕,其账户上大量的比特币被没收。

伴随着全球性对政府官员公开财产的呼声越来越高,各国握有巨额财产的官员为了避险,纷纷看好比特币的身份隐匿功能。当今比特币的身价高企,与全球较多数量的官员将资产转化成比特币不无关系,而且这种势头有越演越烈的趋势,从某种意义上可以说比特币为不法分子把黑钱洗白提供了一种可行的选择。

3. 独特的发行机制造就了近乎畸形的产业

从本质上来看,比特币是一种由开源软件所产生的虚拟货币,既不需要印刷,也不需要专门的运输和存储,但它的生成需要通过基于特定算法的巨量计算来实现。正因如此,比特币的出现在全球范围内造就了一支规模巨大的"挖矿"队伍,而以算力为核心评价指标的"挖矿"装备又形成了一个堪称"黑金"的独特产业。在早期,"挖矿"装备仅仅需要在"矿工"使用的普通电脑加装专门的软件就可以有所斩获,后来随着"挖矿"人数的激增再加上"挖矿"难度的提升,"矿工"开始在"挖矿"装备的算力方面展开了白热化的竞争。特别是在连续两次产能下降一半后,"矿工"的"挖矿"装备也实现了全面升级。遍布在全球各地日夜不间断运行的"挖矿机"犹如一台台小型的老虎机,编织着全球"矿工"的财富梦想。由于"矿工"的"挖矿"装备既没有统一的技术标准,也没有合法的制造手续,并在很大程度上被少数几个开发人员所垄断,而且这类装备只能在地下销售,既没有品质保障,也没有服务承诺,是否管用在很大程度上只能看购买者的运气。

正如淘金者不如卖水者更能有收获一样,目前全球整个比特币的"挖矿"装备市场由于更新换代极为神速,总体规模至少在上百亿美元。如果加上"挖矿机"日夜运行所需要的电费、空调费、房屋租金和人工成本等各项开支,比特币的配套产业已经极为可观,而且大有快速放大之势。

4. 保障机制的缺失使投资者的利益受损

自诞生那一天起,比特币一直处于自我发展、自我管理的状态,既没有中心化的组织,也没有专门的管理体系和管理人员,这样的体制为比特币免受不当干预提供了重要的保证,但这种无组织、无约束的局面也给投资者的利益保障带来了很大的挑战。随着参与面的不断扩大和比特币价值的不断提升,投资者遭遇的各种利益受损事件也越来越频繁。

第一,由于缺乏类似股票的涨跌停保护机制,比特币的汇率如坐过山车般的情形时有发生。比如,在2013年4月10日先涨到了每个比特币兑266美元的高位而在同一天又迅速下跌至80美元的水平,让一些高位入市的投资者损失惨重。

第二，由交易网站所导致的意外事件屡见不鲜。比特币交易网站的设立可以自发地进行，并不需要履行传统的报批手续，只要得到投资者的认可就行。但是，如果交易网站遭到黑客的攻击，或者网站的创办者要蓄意侵占投资者的利益，投资者的权益就无法得到应有的保障。全球著名的比特币交易平台 Mt.Gox 于 2011 年 6 月 20 日受到黑客的攻击，使比特币的汇率瞬间从 18 美元急落至 1 美分，平台上大量投资者的比特币资产被无情地贱卖，而且相关的注册信息也被泄露，造成了极其严重的影响，但由于缺乏必要的追偿保护机制，投资者只好自认倒霉。同样的情况在近些年也出现了多次，2018 年 1 月 26 日日本最大的比特币交易所之一 Coincheck 遭到黑客的攻击，交易所内大量的新经币被盗，价值 5.3 亿美元，约 26 万用户的利益受损，成为历史上针对数字货币的最大盗窃案，直接导致全球比特币价格的大幅下跌。从中我们可以看出，缺乏有效管制的金融服务市场难免出现混乱和无序。

第三，个人的使用和存储不当会使比特币永久灭失。由于比特币不与持有人的身份挂钩，因此无法挂失，其财产权利也很难得到现有法律的保护。从本质上来看，比特币是加密的计算机代码，如果持有人无法记起自己设置的密码，或者保存有私有密钥的钱包数据的硬盘不慎被格式化，比特币就会永久丢失，这犹如传统的纸币被火烧毁一样，永远无法再找回。

5. 淘金的强烈冲动会让不少的参与者执迷不悟

比特币自问世以来，尤其是价值进入高位以来，全球大量的投资者参与其中，而且这一队伍还在不断地发展和壮大之中。大多数参与者是为了圆淘金梦而去，他们当中有的人投入大量的资金直接从事比特币的买卖，有的人则不惜巨资用于"挖矿机"的投资，有的人则通过开办交易系统来牟利，可谓各显神通、取财有道。

目前，在世界范围内活跃着一支总数超过百万人的"挖矿"队伍，这当中有"挖矿机"的研发销售者、交易平台的拥有者、比特币投资交易者和数量占绝大多数的"矿工"。在这一条参与人数众多的黑色产业链中，参与者分工明确、配合默契，形成了一个相对完整的运行体系。在这一神秘的体系中，比特币的交易规模加上"挖矿机"的交易和其他包括"挖矿"过程中的能源等开支，总体规模已十分可观，但由于尚未得到有效的监管，几乎所有的交易都处在游离状态，既不用纳税，也不能对交易双方的权益予以必要的保护。一个又一个如梦如幻的比特币快速致富的故事让不少的投资者忘乎所以，有的人甚至不惜血本、倾其所有投入其中，但并没有意识到其中的风险。

4.6.12 存在的风险

作为一种独特的虚拟货币，比特币所隐藏的风险十分复杂，主要表现在以下四个方面：

1. 技术风险

从技术的角度来看，比特币面临着以下三个方面的风险：

（1）技术破解的风险。

作为一种去中心化的虚拟货币，比特币是基于一套密码编码、通过复杂算法产生的，在理论上可以确保任何人、任何机构都无法操纵其发行规则和发行总量，但这是基于其技术体系长期得以维持的前提下才能成立,一旦人为设置的技术规则被攻破,就会产生致命的后果,比如总发行量被突破或者发行频度被改变都有可能使这一发行体系崩溃。而且,比特币的计划发行时间要一直延续到2140年,在信息技术日新月异的今天,很难预料这一技术体系能支撑多久。

(2)技术垄断的风险。

根据规则,比特币的获取是基于预设的数学算法进行计算,通过反复的加密解密计算搜寻64位数字,为比特币网络提供所需的数据,当这组数据创建成功后"矿工"就可以获得一定数量比特币的回报。从原理上来看,谁的"挖矿"装备先进、"挖矿"能力强,谁就能获得更多数量的比特币。因此,随着装备的升级、竞争的加剧,"挖矿"能力的集中程度必然会越来越高。可以预见,在不久的将来,新比特币的发行将会逐步被少数的大户所垄断,对大量的中小散户而言只能画饼充饥、望洋兴叹。所以,比特币的技术垄断风险必然会使其失去应有的公平性,导致新的虚拟货币霸权的产生。

(3)技术被攻击的风险。

比特币由名为"中本聪"的人设计、开发并成功上线运行,这一堪称天才的设计受到了全球投资者的高度认可。但是,智者千虑,必有一失。有人预言,只要比特币的数学模型被发现有一个漏洞,整个比特币大厦就会坍塌。与此同时,全世界觊觎比特币已久的黑客们已经开始了各种行动,希望能尽快地攻下这一堡垒。当前,黑客们正以开发比特币"挖矿木马"、盗取投资账号和攻击交易市场等方式攫取利益,对广大比特币的投资者造成了直接的威胁。由此可见,当比特币越来越成为众人关注的目标时,这一系统的技术攻击风险在很大程度上已难以避免。

2. *流动性风险*

作为一种需要发挥流通作用的货币,流动性是比特币最基本的特征。当前,比特币所面临的流动性风险主要表现在以下三个方面:

(1)发行规模局限的风险。

比特币的发行总量是按照预先确定的速率而逐步增加的,发行总量为2100万个。从全球流通的现实需要来看,2100万个的总发行量显然难以满足需要,相较于全球实体货币的规模而言,这只能算作是九牛一毛。尽管设计者考虑到流通的需要,将比特币的最小币值单位分割到小数点后8位(即0.00000001BTC,千万分之一个比特币),但这样的划分由于币值计量单位太小很难得到现实世界的认同。从中不难看出,发行规模的限制注定比特币很难担当全球通用货币的重任。

(2)分布不均衡的风险。

由于比特币采用去中心化运作,无法定的监管机构,在实际运作的过程中已造成了事实上的不平等,尤其是在比特币的分配上,一些先知先觉的机构和个人已抢先通过自行"挖矿"或者低价购入等方式聚集了大量的比特币。根据相关的数据,目前全球持有比特币数量较多的机构和个人主要有:一是"中本聪"。由于比特币系统是匿名的,在发行早期几乎乏人问津,早期的发行基本由其控制,总持有量约有98万个。二是美国联邦调查局。该机构通过没收涉及毒品交易而取得比特币,比如该机构查封了毒品黑市"丝绸之路",没收了其账户上大量的比特币。三是卡梅伦和泰勒兄弟。这对双胞胎兄弟是进入较早的比特币大玩家,共同持有十余万个比特币。从以上具有代表性的持币者可以看出,目前有较大数量的比特币已被少数的机构和个人所控制,这种局面不但造成了比特币分布的不均衡,而且对比特币的流动性带来了极大的冲击。

(3) 流通功能被削弱的风险。

比特币自问世以来,由于其特有的去中心化运作、不依赖任何一国的政府或银行而存在、稳定地增加供应总量、可全球化交易等特点,受到了全球范围内众多追随者的追捧,致使其身价从当初的几美分上升到一两万美元。随着身价的飙升,越来越多的投资者入市,使比特币变得奇货可居,很多人把持有一定数量的比特币作为一种财富保值增值的手段,尽可能多买入少卖出。这样一来,比特币的流通功能不断地降低,流动性风险骤然上升。可以想象,当一种货币逐渐成为一种收藏品时,这样的货币已经不是一般意义上的流通货币了。因此,投资者对比特币采取囤积居奇、坐等升值的心态,会逐步使比特币失去活力,渐渐变成"死币"。

3. 信用的风险

众所周知,在传统的条件下,货币本身并没有价值,国家信用才是实体货币价值的背书。因此,当一个国家或地区的信用体系受损甚至崩溃的时候,货币体系必然会随之一损俱损。与实体货币相比,作为无发行主体的虚拟货币,比特币的信用体系显然要脆弱得多。目前,比特币面临着以下三个方面的信用风险:

(1) 世界各国是否认同的风险。

比特币自问世以来取得了十分迅速的发展,在一定程度上已给传统的金融体系带来了现实的冲击,世界各国政府对此都采取了较为审慎的态度。德国是世界上第一个认可比特币合法身份的国家,比特币在德国可以用来进行多边结算,并用作缴纳税金或其他的用途。美国政府早期对比特币持较为开放的态度,近年来开始加强监管,要求将一切参与比特币交易的客户信息都记录下来,财政部能对其进行检查,同时还要求参与比特币交易的商家缴纳足额的保证金。由此可见,取得世界各国政府的合法认可是比特币得以健康发展的重要条件,但这是一个艰难而又曲折的过程,当中充满了各种已知和未知的风险。

(2) 交易平台的信用风险。

作为一种虚拟货币,比特币的交易必须通过相应的交易平台来实现。当前,从事比特币交易的平台已不一而足,成为整个比特币产业链不可或缺的参与主体。但是,由于这些监管平台既没有相应的监管部门,也缺乏有效的交易服务手续,在很大程度上处在"灰色地带"。可以想象,作为支撑比特币市场的重要支柱,比特币交易平台的风险对整个比特币的发展所带来的影响不可低估。

(3) 交易规则的信用风险。

自诞生之日起,比特币就始终带有"被交易"的角色,币值一直处于跌宕起伏的状态,而且由于没有成熟的定价机制,在日常的交易中同样表现出涨跌无常的状态。从目前的情况来看,比特币交易价格的形成都是事件驱动型的,并且是在全球范围内实行24小时交易,没有类似股票涨跌停比率的交易保护制度,交易价格的剧烈波动在所难免。从未来的发展趋势来看,整个比特币市场将会越来越受到大户们的控制,在一定程度上将呈现出寡头垄断的局面,对数量众多的普通投资者来说,其中所蕴含的风险是不难想象的。

4．权益保障的风险

众所周知，货币是财富的象征，是所有权人获得财富权益的基本依据。作为一种虚拟货币，比特币在保障所有权人的权益方面面临着以下三个方面的风险：

（1）容易灭失的风险。

从表现形式来看，比特币是一串代码，以"wallet.dat"文件的形式存在，这一文件可以由个人自行保存在计算机或存储设备上，但如果遭遇一些意外操作，比如硬盘损坏或者系统格式化等，就可能使比特币永久灭失。为了更好地防范比特币灭失的风险，一些专业人士干脆把比特币雪藏到一台永远不使用的电脑中，就如同把现实货币埋藏在地下一样。但即使这样也不是万无一失的，一旦电脑系统出现故障或遭遇失窃，所造成的损失同样无法挽回。

（2）市场被操控的风险。

随着比特币影响的不断扩大，越来越多的资金涌向比特币市场，掀起了声势浩大的比特币淘金浪潮。由于当前比特币的总体交易规模还较小，大量的比特币资金进入后正在形成一个又一个的比特币"庄家"，在一定程度上已开始操控整个比特币市场。与股市相比，比特币交易既没有必要的监管机构，也缺乏基本的游戏规则，对绝大多数普通投资者而言，意识不到其中的风险必然会陷入一发不可收拾的困境。

（3）利益协调机制缺失的风险。

比特币作为去中心化的特殊货币，没有相应的监管机构和基本的组织管理体系，这样的特点在一定程度上避免了传统的货币监管部门的干预，但也失去了监管机构的保护，由此而造成的风险也变得越来越复杂。比如，比特币对美元、人民币等实体货币的汇率瞬息万变，在比特币买卖和作为支付工具时交易双方难免会出现一些问题甚至纠纷，在现有的比特币运行体系中是无法获得有效的解决办法的。又如，涉及比特币作为遗产继承公证、交易过程失误和无主财产认领等问题时，没有传统的监管机构的介入，往往会使简单的问题变得复杂，从而使相关各方的利益受损。

4.6.13 发展思考

比特币从诞生至今只经历了较短的时间就发展成为一种有影响的虚拟货币，并演变成一种独特的金融现象。比特币将何去何从，目前谁也无法对其做出准确的判断，但我们必须采取理性的态度来看待比特币，并能通过有效的管理和控制手段，使其成为对经济社会发展有利的一种经济活动。面对这一新鲜事物，以下四个方面的思考值得我们关注：

1．科学理性地看待比特币的存在

比特币肇始于全球金融危机爆发这一特殊的历史时期，再加上互联网的广泛普及，一经出现就得到了全球范围内的关注和认同，成为众多投资者的新宠，这有其历史必然性和存在的合理性，在一定程度上迎合了民间对投资避险的需求。作为互联网金融的一种独特形态，比特币在未来将会以独特的方式存在，并会逐渐形成自身的生态体系，成为未来金融领域的一个有机组成部分。退一步讲，即使比特币由于某种原因而被废弃，但类似比特币的虚拟货币也一样会存在。实际上,目前莱特币、瑞波币和国内的小蚁币等新的数字货币已经出现,呈现出越来越复杂化和多样化的趋势,我们必须以科学理性的态度予以对待,切忌简单行事、粗暴干预。

2. 深入研究针对比特币的监管措施

随着交易规模和影响面的迅速扩大,比特币对传统的金融体系所带来的冲击已经不言而喻。假设比特币将来犹如今天的美元一样在全球范围内广泛流通,那必然会对现有的国际金融体系产生致命的打击,不少国家的金融体系甚至会面临崩溃。目前,国际上有不少的国际组织开始出台针对比特币等虚拟货币的政策,如国际清算银行(Bank for International Settlements, BIS)认为,全球的中央银行需要尽快界定虚拟货币所应具备的技术标准和法理属性,并尽快就是否发行自己的虚拟货币做出决定。比如,韩国政府要求从2018年开始实行数字货币交易实名制,规定所有的交易所必须只允许账户名字与银行账户相匹配的客户进行虚拟货币交易,所有的外国公民,无论是否是本地人都禁止任何交易,即住在韩国境外、没有韩国银行账户的外国人士,以及19岁以下人士,都无法购买或销售比特币等数字货币。比特币的参与面和在全球的影响力从客观上来看不容小觑,政府监管部门需要审时度势、科学应对,找到一条行之有效的应对之路。

从现阶段来看,监管部门可以考虑从保护投资者的角度,对比特币的交易平台以及比特币"挖矿机"的生产和销售等商业活动进行有效的监管,使规模越来越大的"比特币经济"逐步纳入良性发展的轨道。从长远的发展来看,针对比特币等虚拟货币的立法不可或缺,必须做到有法可依、有序发展。

3. 加强对投资者的风险警示和合理引导

比特币交易价格一度的大涨吸引了大量投资者的参与,呈现出一发不可收的趋势,数量众多的投资者要么花重金购置"挖矿机"挖掘原始的比特币,要么用大量的真金白银换成一串串数字化的比特币,根本目的无非是为了实现投资增值,特别是在股市低迷、房市不景气的背景下,投资比特币成为一种重要选择。毫无疑问,不少的投资者尤其是早期的投资者无论是"挖矿"还是从事比特币的买卖确实取得了较大的回报。然而,应该看到的是,我国虽然曾出现过一些日进斗金的超级玩家,但大部分投资者正面临着"挖矿"难度越来越高、"挖矿"所得越来越少、"挖矿"耗时越来越多的窘境,有的投资者几乎到了血本无归的地步,甚至酿成了人生悲剧,实在令人惋惜。面对一个既缺乏监管又不具备必要保障机制的金融市场,投资者的投资风险不言而喻。对于政府管理部门而言,针对一个业已存在的虚拟货币交易市场,必须对投资者进行必要的风险警示,对那些不具条件和经验的投资者要进行合理的引导,以避免不必要的损失。对于投资者而言,正确地认识比特币的风险,理性、理智地参与投资是非常必要的,尤其是那些对比特币还缺乏基本了解的投资者更应对此保持审慎的态度,切忌因为盲目冲动而遗憾终生。

4. 大力开展国际合作,共同应对虚拟金融的挑战

以比特币为代表的虚拟货币已成为新的货币存在形式,而且这种趋势将会越来越明显,世界上的任何一个国家和地区都将面临这一挑战。在信息网络化、全球经济一体化

的背景下,世界各国的金融体系无法在封闭的环境下独善其身,必须融入全球日益紧密的金融大家庭中,我国自然也不例外,要与世界各国深入合作,共同应对比特币等各种虚拟货币带来的挑战。

4.6.14 案例评析

美国已故经济学家弗里德曼曾经提议废除美联储,他设想用一个自动化系统来取代中央银行,它既可以以稳定的速度增加货币供应量、消除通货膨胀,又可以不由任何政府、企业或银行创办,没有规则却可以真实交易,并将通货膨胀设定在可控水平上,比特币似乎是实现这一梦想的不二选择。具有"三无"(无国界、无监管、无担保)特征的比特币将会给人类社会带来什么样的影响,比特币的未来将何去何从,这些问题随着时间的推移将会越来越清晰。从对比特币发展的系统分析,我们可以得出以下四个方面的结论:

第一,比特币不可能成为常规的流通货币。从比特币的发行规模、普及程度和运行体系等方面来看,离真正流通所需要的货币要求差距十分悬殊,要成为被全球广泛认可的世界货币的可能性不大。

第二,比特币具有类似于股票的投资品的功能。从目前比特币的市场发展状况来看,其更像是一种无涨跌停限制的股票,它的价格基本由事件驱动,由投资者对它的理解确定,呈现出变化无常、涨跌无序的状态。如果遇到一些大的变故或者突发事件,就有可能使投资者丧失对比特币的信心,一旦投资者失去信心,比特币的价值也就必然荡然无存了。

第三,普通投资者应该谨慎参与。从深层次去思考,比特币的获取除消耗较多数量的电力和无休无止升级的算力外,并没有创造出真正的社会财富。换句话说,比特币的存世量越高,所消耗的社会资源就越多,这是有悖常理的。对于一心希望从比特币交易获利的中小投资者而言,必须保持清醒和理智,不要盲目入市,否则会在遭受损失时追悔莫及。

第四,政府应加强对比特币的监管。作为一种新的数字货币存在形式,比特币已实实在在地对传统的货币体系带来了冲击,绝非认可或不认可其合法性那么简单。政府相关部门应对此加强研究,采取切实有效的措施,切忌使比特币交易成为现实中的"大赌场",让那些不明真相的投资者因此而步入深渊。

当前,有越来越多的投资者把比特币看作是互联网上的"荷兰郁金香"或新的"庞氏骗局",当然做这样的判断还需要时间的检验,但能最大限度地让投资者意识到其中的风险,避免犯下不该犯的错误,这是无论怎样强调都不为过的。

4.7 本章小结

采用数字加密算法、基于节点网络的数字货币是货币发展史上的一个重要里程碑,引领数字经济更好更快的发展。ICO作为一种具有一定创新性的加密货币融资模式,在一定程度上给传统的IPO带来了冲击,但也提供了解决融资问题的新的思路,值得进一步研究。法定数字货币作为基于国家信用的数字货币形式,已成为社会各界的共同期待，它既是传统纸币的升级换代，也是适应数字经济发展需要的新的货币形态。

作为数字货币的代表性成果，比特币已在全球范围内产生了重大而又深远的影响，其所依托的区块链技术、"挖矿"发行机制和严密的管理体系，为数字货币的理论研究和实践发展提供了十分宝贵的案例借鉴。

第五章 保险科技

保险是金融业的核心组成部分,是国民经济社会发展的基础产业。1384年,意大利的佛罗伦萨诞生了世界上第一份具有现代意义的保单,这一保单的承保物是从法国南部阿尔兹运抵意大利的一批比萨。经过六百多年的快速发展,保险已深入融合到各个行业、各个领域,成为保障经济发展和社会稳定的基本力量。自改革开放以来,我国的保险业取得了巨大的发展,已成为名副其实的世界保险大国。银保监会的数据显示,2018年保险业为全社会提供风险保障金额共计6897万亿元,同比增长66.2%。2018年全国保险业实现原保费[1]收入38 016.62亿元,同比增长3.92%。其中,产险公司原保费收入为11 755.69亿元,同比增长11.52%;人身险公司原保费收入为26 260.87亿元,同比增长0.85%。总体来看,我国的保险业呈现出欣欣向荣的喜人景象,但我国的保险业长期以来模式较为单一,作业方式相对较为传统,与新技术的结合相对偏弱。随着大数据、云计算、人工智能、区块链和互联网等新一代信息技术的快速发展,"保险科技"(InsurTech[2])正从金融科技的范畴中独立出来,成为保险界、IT界、学术界、资本市场和监管者共同关注的中心话题,无论是理论的探讨,还是技术的研发,抑或是实践的推进,都已进入到快车道,并将对传统的保险业带来近乎革命性的变革。保险科技通过对数据和技术的深度开发,以及在保险全流程中的应用,以提高效率、降低成本、提升客户体验,使国民经济的各个领域都能获得更加高效、便捷和人性化的保险服务,从而提升保险业服务实体经济的能力和水平。

5.1 保险科技概述

我国是名副其实的保险大国,保险业服务国家战略和实体经济的力度持续加大。如何利用保险科技大力促进保险业的转型升级是政府、保险公司以及社会各界所共同关注的议题。

5.1.1 保险业的发展趋势

历史悠久的保险业从大的发展趋势来看正呈现出以下四个发展趋势:

一是线上线下一体化。目前,全球范围内较为领先的保险公司都已全面实现线上线下一体化运作,而且线上业务的占比在不断地提升。

二是个性化。保险公司针对不同的客户提供个性化的保险解决方案,而不只是提供

---

[1] 原保费是指通过原保险所取得的保费收入。原保险又称第一次保险,是指保险人对被保险人因保险事故所致的损失直接承担原始赔偿责任的保险。原保险是相对再保险而言,接受原保险的保险公司按国家要求以一定的比例进行分保,接受分保的保险公司收取的保费就是再保费收入。

[2] 系 Insurance Technology 的缩写。

千篇一律的保险产品，保单设计将从过去的"一类一价"转变成"一人一价"。

三是智能化。保险公司充分利用大数据、人工智能等技术，促进保险和用户场景、量化指标更多地结合，能够有效地改造与升级传统保险价值链。

四是扁平化。保险公司中间很多的链条和环节是可以用更高效的方式加以替代和简化，以提升运营效率，降低作业成本。

5.1.2 传统的保险业务的运营流程与业务痛点

我国是当今世界保险市场规模最大和增长速度最快的国家之一，但传统的保险业务流程在一定程度上已成为阻碍保险业快速发展的瓶颈。图 5-1 为传统的保险业务的运营流程。

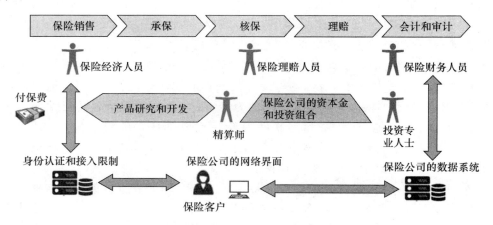

图 5-1 传统的保险业务的运营流程

如图 5-1 所示，传统的保险业务的运营流程包括保险销售、承保、核保、理赔以及会计和审计等环节，每个环节牵涉到不同的人员和业务系统，在很大程度上还处于相互割裂的状态。在传统的保险业务的运营流程中存在着以下多个方面的业务痛点：

1. 身份认证复杂

保险客户在购买保险产品以及涉及理赔时，需要通过繁杂的身份认证方式来认证身份，包括需要户口本、居民身份证、公安机关出具的其他证明等，不少的投保客户为此感到很麻烦，这样不利于业务的处理。

2. 保费过高

由于保险销售环节费用高、理赔环节效率低等原因，所以保费相对于其他的消费来说总体偏高。

3. 免责情况多

保险公司的各个险种往往设置了数量众多的免责条款，一旦出险，一般的保险客户很难真正地理解大多数免责条款，最终无法顺利地获得赔付，同时也对后续投保产生了负面影响。

4. 理赔效率低

传统的理赔一般要经历从实名认证到材料审核，再到理赔处理和保费到账等三个环节，时间短则数天长则数月，让不少的保险客户不堪忍耐。

传统的保险业务的运营流程之所以存在着诸多痛点，在很大程度上在于保险公司和客户之间存在较大的信息不对称，同时因为保险公司之间的激烈竞争使得他们将更多的人力和物力投入到销售环节，造成了缺乏精准化服务和专业化水平的"过销""盲销"，最终的结果是投保、审验、理赔等环节的流程变得冗长繁杂，严重影响了保险客户的体验，使他们对保险业务的认可度和对保险公司的忠诚度大为降低。正是因为传统的保险业务存在着诸多痛点，无论是保险业界还是社会各界对发展保险科技充满了期待，希望能为保险业务带来全新的变革和发展的机会。

5.1.3 保险科技的概念与分类

保险科技的概念来源于金融科技，属于大金融科技的范畴。在2008年的金融危机以后，以美国为首的银行业受到了极其严苛的监管，被迫回到银行主营业务，因此由银行业务主导的金融科技受到了较大的限制。相比于银行业而言，保险行业受到的冲击较小，保险科技从大金融科技体系中逐渐挣脱出来，慢慢成为市场的宠儿。当前，保险科技的发展正进入一个蓬勃兴起的发展时期，新的运作模式和发展方式正在不断地涌现，为保险行业的繁荣和发展带来了勃勃生机。

顾名思义，保险科技是指以大数据、人工智能、云计算、物联网和区块链等一系列新一代信息技术为支撑的保险与科技的融合产物，以改善业务流程、提升业务运营效率，并提升客户体验和满意度。从本质上来看，保险科技中的"科技"与金融科技中的"科技"没有实质性区别，当然更多地侧重于保险业务的自身特色，根据保险业务的特殊需求设计相应的技术解决方案，以实现保险业务的创新和变革。

总体而言，保险科技的发展是一个由浅入深、逐步推进的过程。在早期保险公司一般由技术驱动，积累客户数据，与保险客户建立起直接的联系，形成独特的保险业务新模式。在此基础上，保险公司引入更多的保险产品和保险客户，促进新型生态系统的形成。从长远发展来看，保险科技将会随着生态系统的不断完善成为保险产品创新和金融服务延伸的重要支撑，对培育和繁荣保险服务市场有着重要的意义。从发展趋势来看，未来保险科技将呈现出以下三个重要方向：

（1）数据的全面融合和共享：数据将成为保险业务运营的"血液"，使保险业全面进入到数字经济时代。

（2）新型保险消费场景的运用：保险科技将促进更多的保险消费场景的形成，产生更多的市场机会。

（3）解决保险欺诈困扰：保险公司利用区块链、物联网等技术，可以解决困扰行业发展的道德风险和逆向选择等问题。

5.1.4 保险科技的类型

从创新的角度划分，保险科技可以分为产品创新、营销创新、平台创新和服务创新四种类型。

1. 产品创新

产品创新是指保险公司利用新一代信息技术,促进新的保险产品的开发,以满足传统的保险产品无法满足的市场需求。比如众安在线成立后,开发出专门服务网购退货运费赔付的退货运费险,利用大数据等技术为数以亿计的网购用户提供了网购退货的保障,受到了他们的欢迎。

2. 营销创新

营销创新是指保险公司利用大数据技术,根据客户的个性化需求进行个性化保险产品的推介,这样既可以帮助保险公司精准地引流客户,同时也为保险客户提供了更有针对性的保险产品供其选择。

3. 平台创新

平台创新是指各类新型的保险平台正在不断地被开发出来,比如为保险代理人、保险客户等提供服务的平台,用以建立起保险代理人和保险客户之间的业务通道,以提高保险代理人的服务效率和服务水平。

4. 服务创新

服务创新是指保险公司利用物联网、大数据、云计算等新一代信息技术来实现保险服务的创新。比如,保险公司利用移动终端用可以收集和记录客户的驾驶行为,包括驾驶习惯、主要行驶路线、刹车使用等各种数据,从而为客户提供个性化车险报价。

5.1.5 保险科技的典型产品

目前,国内已有较多基于保险科技的保险产品,比较有代表性的有以下六种:

1. 退运险

退运险是指在发生退货时由保险公司承担运费赔付的一种险种。退运险分为退货运费险(买家)和退货运费险(卖家)两个类别,交易成功后运费险将自动失效。买家或卖家可以在购买商品时选择投保,在发生退货时,一般在交易结束 72 小时内,保险公司会按约定对买家或卖家的退货运费进行赔付。

2. 航班延误险

航班延误险是指投保人(乘客)根据航班延误保险合同的规定,向保险人(保险公司)支付保险费,当合同约定的航班延误情况发生时,保险人(保险公司)依约给付保险金的一种险种。

3. 定制化车险

定制化车险是指保险公司根据车主的个性化驾驶习惯以及常规的驾驶路线和年驾驶里程等数据设计专门的保险方案的一种险种。它采用"随人随车"的风险定价模式,让车主能够按需投保,从而满足其定制化需求。

4. 信用证保险

信用证保险是指保险公司对出口企业以信用证支付方式出口的收汇风险进行承保的一种险种。信用证保险用于对出口企业按信用证要求提交单证相符、单单相符的单据后不能如期收汇的损失进行补偿。

5．手机碎屏险

手机碎屏险是指用于手机碎屏意外的一种险种。保险客户在购买手机时为了防止手机屏幕损坏而向保险公司支付保费,当手机出现保险合同所规定的故障时,由保险公司进行赔付。

6．个性化健康险

个性化健康险是指保险公司根据保险客户的个人情况提供的一种具有针对性和专业性的的健康险种。保险公司一般通过连接保险客户的可穿戴智能设备,掌握其行为数据,从而实现个性化的保险产品定价。

5.2 保险科技为保险业创造的价值

保险科技并不是简单地将相关的技术应用到保险行业的运作中去,而是将各类新一代信息技术与保险业务进行深度融合,从而实现保险业务的全方位变革。总体来看,保险科技将会在以下三个方面给保险业创造价值:

5.2.1 提升保险业的运营能力和运营水平

保险业的运营能力不足是制约我国保险业做大做强的一个重要因素,而保险科技将从以下五个方面为提升保险业的运营能力和运营水平提供支撑:

一是为保险客户提供差异化的保险定价。在传统的条件下,因为缺乏相应的技术手段和技术条件,保险公司要想实现差异化定价十分困难,而通过大数据、人工智能等技术的应用,保险公司可以为保险客户制订出富有个性化的保险方案,做到"千人千价",体现出更大的公平合理和科学公正。

二是实现更好的绩效控制。保险科技能使保险公司根据市场需求的变化和自身的产品进行调整,以确保达到最佳的绩效,并提升绩效控制水平。

三是产生更为精准的精算模型。保险公司利用各类可以获得的数据对客户的认知和行为进行动态测算,以形成更为精准的精算模型,并优化保险业务的决策。

四是能对市场有更深入的理解。数据是保险科技的核心资源,也是保险公司对市场进行更深入了解的基本支撑,可以为更有效地拓展保险服务市场奠定基础。

五是支撑自动化业务运作。保险科技促进保险公司后台流程的自动化,大大提升了作业的效率,降低了作业成本,同时还能有效地提升客户体验。

5.2.2 优化保险产品和保险服务

保险科技的全面应用将会给传统的保险产品和保险服务带来全面的优化,促进整个行业的转型升级,具体表现在以下四个方面:

1．保险新品种的开发

由于保险科技的应用使得过去那些传统的保险产品无法覆盖的险种得到创新性的开发,如退运险,按里程收费和按行车习惯收费的车险等。

2. 提供新的增值服务

例如,一些保险公司为小型客户提供在线风险分析工具,用以帮助保险公司在吸引客户的同时降低客户流失的风险。

3. 升级理赔服务

保险公司运用保险科技使保险理赔变得更加简洁、直接、高效,比如航班延误险,一旦航班出现延误即可直接进行自动赔付,减少了大量传统的业务流程,给客户带来更好的服务体验。

4. 延伸服务

例如,一些保险公司通过为投保的机动车辆加装车联网、传感器等设备,一旦出现重大的风险隐患,即能触发自动报警,并能开展相应的辅助处理。

5.2.3 激发保险业的商业模式创新

保险科技的全方位应用将使海量的保险数据焕发出全新的活力,同时由于在保险公司、保险客户和保险标的之间建立起了更加直接的联系,使得保险业的商业模式得以全面创新,主要表现在以下三个方面:

1. 有助于形成新的保险生态体系

由于保险科技产生的数据使得业务需求更为精准和丰富,各类关联的保险业务可以得到进一步的开发和运营。比如财产险和健康险进行融合,又如特定用户群体的保险需求得以全面整合等,这对形成以客户为中心的保险生态大有帮助。

2. 个性化定制保险将全面推行

长期以来,限于条件和能力,保险产品一直处于粗放式运营状态,无法做到按个性化需求进行定制。保险科技使得这一需求得以实现,并且保单还可以实时地、自动化地得到更新,能更好地反映出客户风险的动态变化。

3. 保险理赔实时化

在理赔服务得以优化的同时,保险公司可以利用保险科技来促成理赔的实时化——在风险事件发生的同时理赔就被激发,不仅可以显著地提升保险理赔的运行效率,而且还可以让客户得到更好的服务体验。

5.3 保险科技的技术体系

与传统的保险业运作模式显著不同的是,保险科技以新一代信息技术作为业务运作的基础。目前,在保险科技的发展中运用较为普遍的技术主要有以下五种:

5.3.1 大数据技术

大数据是保险科技的关键性技术,主要通过研究海量的、低价值密度的、高速动态和多样性的数据,找出保险业务与客户需求的匹配,同时为保险业务的个性化定制和专业化服务提供支撑。大数据在保险科技中的应用主要是通过全平台全行业的合作提升同一账号及数据分析能力,实现海量的数据积累,为客户进行全方位的画像,最终实现涵盖保险定价、信用分析和评价、信用风险定价、客户分析行为、精准营销以及定制产品和服务等全方位的应用(如图5-2所示)。

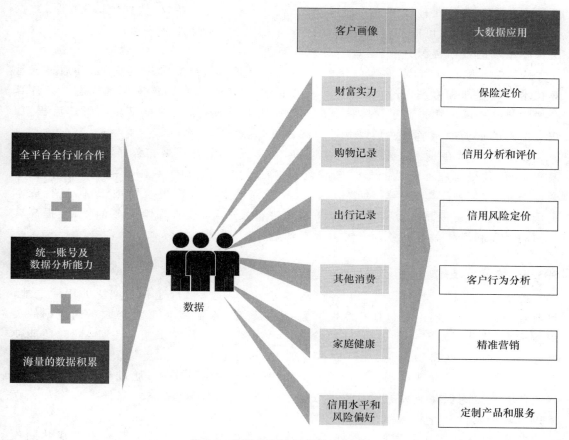

图 5-2 保险科技大数据的应用流程

5.3.2 人工智能技术

人工智能是保险科技应用的后起之秀,大有后来居上的发展态势。人工智能主要应用在保险业务中需要运用大量的人力进行处理,但极易产生委托代理和信息不对称问题的领域。比如,在营销环节,智能机器人可以根据客户的需要制订相应的客户保险需求方案,以降低渠道费用、提高营销团队的专业性、降低保险客户的退保率;在核保、承保和理赔的过程中,人工智能可以减少重复性的人工工作,降低运营成本,加快环节流转,提高正确率,减少保险欺诈;在厘定费率的过程中,人工智能结合大数据、物联网等技术的应用,能够对风险进行个性化评估,进一步提高精算和实际风险水平的契合度,制订出更为科学合理的保险方案。

当然,人工智能在保险领域的应用不可能是一蹴而就的,而且人工智能也不能完全替代人类的作用,在复杂问题、沟通态度等方面还必须依赖人工来解决,只有真正意义上将"人工"和"机器智能"有机地融合到一起,才能使人工智能为保险业的发展创造出更大的价值。

5.3.3 云计算技术

云计算是一种利用互联网实现计算资源实时申请、快速释放的计算模式,目的是帮助用户能更加高效并且经济地访问共享资源。云计算具有高效、快捷、部署方便、数据处理能力强等特点,可以广泛地运用于保险业的定价、风险评估等业务过程中去,以解决保险市场的数据资源分散、信息不对称等问题。

从整个保险行业来看,客户的保险信息的共享是通过云平台来实现的,并通过云计算技术进行存储和管理,进而改善效率和精准度,并减少客户的逆向选择问题。云计算在保险科技中的应用提高了保险信息的实时交互性,有利于构建标准化的工作流程,加快了保险的现场勘验、审核、理赔等环节的速度。

目前,云计算的应用正从云基础设施的共享上升到业务系统和数据资源互联互通的层次,应用效果也在不断地凸显。同时,云计算、人工智能和大数据的结合真正实现了融合作业,才能使三者发生联动效应,使保险产品的潜在客户更容易被识别、运行成本更低,保险公司可以将资金有计划、有重点地进行投放,对提升保险服务的质量、提高客户的满意度和增强保险业务的发展力大有裨益。

5.3.4 物联网技术

物联网是通过互联网实现"物与物"连接的技术,在保险行业有着广泛的用武之地,目前较为成功的使用主要包括车联网和可穿戴设备。车联网是车险获取车辆数据的关键性技术,能让保险定价更为精准、风险管控更加到位、保险服务更加专业,同时还能使信息不对称的问题得到控制、理赔成本有效下降,让车主能得到更加公平合理、更为专业高效的服务。可穿戴设备主要应用在健康、医疗等保险业务中,通过动态采集客户的各类监测数据为保险业务的运行提供依据,对有效地监控风险隐患、降低发病率和死亡率以及减少赔付等方面都有着重要的作用。

当然,物联网同样需要跟大数据、云计算、人工智能等技术"结盟",只有形成共同作用的合力才能发挥出真正的作用。

5.3.5 区块链技术

区块链作为一种具有去中心化、开放性、透明性、匿名性、数据不可更改性和自治性等特征,并具有智能合约等功能的新兴技术,正受到保险业的青睐。区块链所具有的去中心化的特性使得保险公司对中介的依赖度下降,有助于费用的降低和相互保险的发展;开放性有效地解决了保险公司和保险客户之间的信息不对称问题,有利于发展过去定价难、分析难的保险产品;透明性、匿名性和数据不可更改性使得保险信息的获取更加便捷、快速、准确和连续,解决了保险客户的隐私保护问题;而自治性有效地剔除了人为干扰,在降低人力成本的同时减少了合同实施可能产生的纠纷。与此同时,智能合约功能为保险业务的执行提供了高效率、低成本的服务实现方式,对改善客户体验、提升保险业的经营效益具有重要意义。从未来的发展趋势来看,智能合同将在一定程度上代替人工合同,有利于合同公平、高效、透明地得到执行,对杜绝虚假信息和恶意行为,进一步改进产品和更加精准地评估风险有着十分重要的意义。

当然，区块链技术在保险业中的应用是一个渐进的过程，实现自动理赔、简化数据收集与支付的操作，以及实现巨灾风险或损失的聚合及分摊等将会是发展前期较为成熟的应用。

5.3.6 五种技术的成熟度

在保险科技领域，大数据、人工智能、云计算、物联网/车联网和区块链技术担当着"领头羊"的角色，目前这五种技术在保险业中应用的成熟度各不相同（如图5-3所示）。

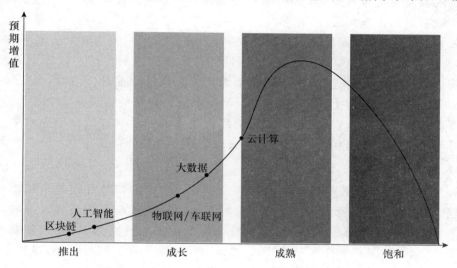

图 5-3 保险科技核心技术成熟度曲线

如图5-3所示，区块链和人工智能技术在保险领域中的应用尚处于早期，相关的成熟案例还不多，但应用前景非常广阔。大数据、物联网/车联网等技术经过前些年的积累，已进入到了成长期，而云计算技术已基本进入到了成熟期，应用的范围正大扩大，应用的成效也正在得到显现。

除以上五种核心技术外，其他相关的技术也在被不断地运用到保险业务之中，如生物基因检测技术、移动通信技术、虚拟现实技术等，未来必将会呈现出各类新兴技术与保险业彼此融合的繁荣场景。

5.4 易保云发展案例

易保网络技术（上海）有限公司（以下简称"易保"）是一家成立于2000年、总部位于上海的保险科技公司。该公司以"让保险变得容易"为使命，经历十多年的快速成长，现今业务已遍布全球三十多个国家和地区，服务一百多家保险公司，众多的保险代理、经纪公司及其他的生态伙伴，成为保险科技领域的领军企业。

5.4.1 发展历程

易保是由曾经在麦肯锡和IBM等企业担任高层，又有着美国威斯康星大学物理学博士学历的海归人才莫元武带领团队创立，其间几多顿挫，公司几次调整方向，但始终坚守"让保险变得容易"的"连接梦"，努力为保险数字化时代铺路，逐步铸就保险科技为保险业转型升级的发展道路。

1. 从外部连接开始

创始人创立易保的初心是希望让保险变得容易，这一点体现在两个方面：一是连接；二是自动化。在创办初期，易保曾考虑在网上卖保险，但那时大众的保险意识还较低，来自网络的客流量也很有限，互联网刚开始起步，所以做得不太成功。于是，易保最后选择为保险公司提供连接服务，在车险理赔系统方面做了尝试。当时，易保通过互联网将保险公司的查勘员、修理厂和内勤连接在一起，车险理赔只需要理赔人员手拿一个数码相机，将受损车辆和部位拍照后再上传到网上，数据进入易保的车险理赔系统后，这些业务均可以得到实时的连接和处理，效率得到了大幅度的提升。当时，易保曾想把它开发成云服务的模式在网上共享，但当时保险公司认为自己的管理系统更有保障而不愿接受云服务的方式，于是这套车险理赔系统最后变成了一套软件。在创业的第三年，易保从一开始定位为网上卖保险转型成为一家保险服务软件公司。

2. 聚焦内部连接

在转型为软件公司后，易保清醒地看到云服务在当时的保险业还是个超前的事物，于是在接下来的10年里就埋头开发运营保险公司内部的核心系统软件。当时，保险公司的各个分支机构都各自安装系统，这些系统都是在本地独立部署，彼此分割，效率低下。鉴于这一状况，易保发布了基于Java的新一代的保单管理核心系统，赢得了第一批保险核心系统客户，推动了我国的保险公司从此走向集中化管理的浪潮，并由此实现了保险公司内部各协作部门、各分支机构高效率的连接和实时互动，总部的集中支持和管控，此时易保在解决保险公司内部连接方面已经崭露头角。

3. 从内部连接到外部连接

到了2015年，保险开始广泛连接到各行各业，易保意识到此时实现云服务的时机基本成熟，因为一方面是随着移动互联网的广泛应用，保险业务开始向线上迁移，数字化不断地降低了连接成本，激发了无数个碎片化、个性化的保险需求；另一方面，保险开始变轻，并深入到各种生活场景中，正覆盖一个个之前所望尘莫及的长尾需求，开放式的"云+"生态正开始成为保险公司的标配。

易保充分认识到，虽然移动互联网技术让外部连接变得更容易，但由于保险本身的复杂性却妨碍了连接，传统的保险生态更像是一个刚性的、点对点的生态环境，比如经营车险的保险公司通过4S店、保险代理人、银行等刚性渠道延伸到自己的客户再开展业务，表现为稳定的产品、传统的推销、实体的渠道、松散的客户、服务的孤岛和内部的风控，此时保险公司的内部系统更多的是一种基于线性的结构。到了广泛普及的移动互联网时代，保险公司所面临的是像水一样的生态海洋，每个场景都可能成为保险公司的互联网生态渠道，这就意味着保险公司要不断地开发碎片化的产品，接入各种渠道。但是，在原有的系统下，产品开发和渠道接入的IT成本非常可观，无法适应新的市场环境的需要。

如何让保险公司实现多、快、好、省的连接是整个保险业所面临的现实问题，于是易保尝试着通过产品与开发的模块化与组件化,以降低保险公司同外部生态连接的成本。这一点可以借用汽车行业的例子来理解,如果一台汽车的每个零部件都由整车厂单独去生产,那么制造成本一定非常高昂,开发和生产的过程也非常缓慢,而如果将引擎、传送带等汽车零部件模块化,就会极大地降低成本,对提升汽车生产企业的市场适应能力和竞争实力有着革命性的影响。

4. 发展思路

在新的形势下,易保认识到市场和渠道的变化关键在于保险产品的模块化和因子元素的标准化。以前,保险公司在不同的渠道销售新产品时,要重新拷贝、单独开发,这样速度就满足不了客户的需要。而事实上各个产品线的风险因子是可以标准化的,一旦实现了标准化就可以通过封装来快速设计、发布、管理海量的碎片化产品。这样一来,保险公司就具备了快速响应市场和渠道的能力以及产品、渠道和服务的组装配置能力等。在摸准保险行业的痛点,并明确解决痛点的发展思路之后,易保开始重新上路。

5. 市场机会

在易保看来,保险业面临着三个方面的市场机会:
(1) 传统产品和传统渠道的数字化,包括代理人的移动和社交展业等;
(2) 传统产品渗入到更多的长尾渠道和场景;
(3) 长尾的、场景化的产品开发和部署。

当然,这个发展路径必须循序渐进,第一步要实现传统渠道卖传统产品的数字化改造,达到了提升效率的目标之后才能实现第二步和第三步。

5.4.2 易保云中台

建设易保云中台(Insurance Middle Office)系统的主要目的是要解决如何与保险公司原有系统衔接的问题,易保通过创新的模式有效地满足了客户的需要。

1. 系统架构

保险公司的传统核心系统是一个相对封闭的系统,专门服务于企业内部管理和运营设计。面对互联网生态,更关键的是保险公司能否在产品、渠道和服务方面灵活、提供大量场景化的产品和服务,与此相对应的系统必须是开放的、服务化的、平台化的、基于云平台和互联网化的架构。为了适应新形势的要求,易保提出了一个具有"双速"的保险IT架构,其思路是将传统核心系统(传统核)中的业务系统和管理系统分离,传统核仍服务企业内部,处理传统流程;同时建立互联网保险业务系统(互联网云核),共享核心管理系统,面向互联网生态,处理高频、海量、流程高度自动化的互联网业务。

易保云中台担当着保险公司和外部的生态系统之间的一个桥梁和耦合器的作用,保险公司依托这个云中台能非常快速、高频地完成业务交易,然后再把完成以后的保单和各种数据输出到后台,比如总账、结算以及向监管部门汇报等具体业务通过后台来实现,做到分工明确、各司其职、各尽其能。图5-4为易保云中台的系统架构。

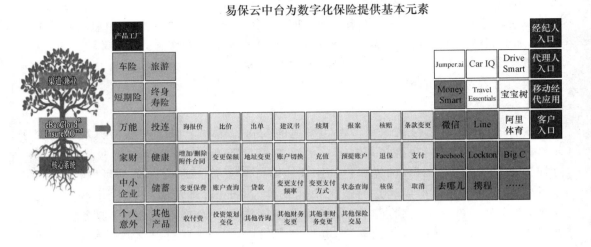

图 5-4 易保云中台的系统架构

2. 系统特色

易保云中台是易保云产品系列的中台 PaaS（Platform-as-a-Service，平台即服务）方案，是一个为保险生态各参与者（保险公司、经代①公司、兼业伙伴、金融科技创新公司）提供快速创新和深度连接的开放 API（Application Programming Interface，应用程序编程接口）平台，旨在为数字保险生态的各个参与者赋能，将无数的渠道及业务场景与保险公司的各类传统核心系统连接起来，主要特色如下：

（1）灵活的产品引擎及微服务（围绕保险销售、服务及理赔）。

基于易保之前丰富的为保险公司提供核心系统的经验，易保云中台包含保险生态里所有基础的 API，并将持续增加及优化这些 API，从而满足未来数字时代对速度与成本的期望。

（2）支持所有主流的保险产品及跨产品线打包。

保险产品包括传统的寿险、产险、健康险、场景化的小微保险，易保云中台能快速地调整产品，打破以往不能克服的产品线边界，快速打包及组合保险产品。

（3）原生云及微服务架构。

原生云及微服务架构完全为纯互联网及云架构重写，从而保证强大的系统弹性，在

---

① 经代是保险行业的一个术语，指保险经纪公司和保险代理公司的简称。从法律关系上来讲，保险代理公司是代表保险公司来销售保险产品的，而保险经纪公司是站在客户的角度来为客户选择保险产品的。

处理大并发、多样性、速度方面能对标世界级互联网公司。

（4）PaaS。

易保云中台提供了公有云和私有云两种模式，云容器提供强大的开发者支持、权限管理及赋能，同时支持与保险公司的核心系统通过 API 实现的深度集成。

3．业务体系

易保云中台的业务体系包括保险公司的核心系统、易保云和用户/商业生态系统三个部分（如图 5-5 所示）。

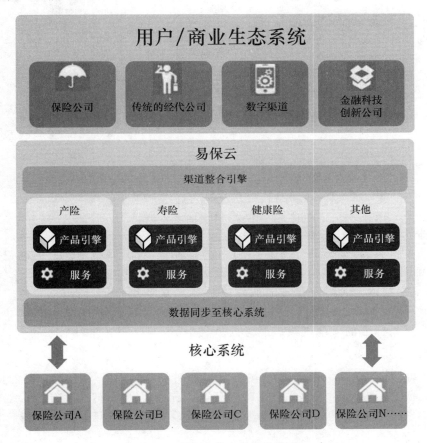

图 5-5　易保云中台的业务体系

易保云中台是基于原生云及微服务架构的一系列产品，面向保险公司、传统渠道、新型兼业渠道伙伴和金融技术创新公司提供赋能及连接的平台，能实现几乎实时地向各类渠道发布产品并支持销售、履约、服务、理赔和收付费等流程。

4．技术架构

易保云中台提供包括平台即服务（基于 API 调用的 PaaS）和软件即服务（以 SaaS[①]形式提供的 App）两大类产品。图 5-6 为易保云中台的技术架构。

[①] SaaS 的英文全称是 Software-as-a-Service，即软件即服务。

金融科技原理与案例

图 5-6　易保云中台的技术架构①

如图 5-6 所示，易保云中台提供的 SaaS 包括易保 App、基于易保云的第三方 App 以及开放 API 调用的第三方 App 等；面向保险公司的 PaaS 包括由易保微服务/API、服务管理平台、易保技术组件等易保自有服务以及第三方服务/API。此外，易保云中台通过阿里云（Aliyun）、亚马逊（AWS）、谷歌云（Google Cloud）和微软云（Azure）等世界领先的云服务商获得高标准的云基础设施服务支持。

5. 数字化能力与产品

保险公司、渠道、金融科技创新公司等可以通过易保 API 平台开发自己的应用程序。其支持的产品包括两大类：一是主流保险产品，涵盖产险、寿险、健康险等产品；二是新型创新保险产品，主要包括那些过去无法触及的小额保险、基于特定场景的保险新产品等。

6. 支持渠道

易保云中台的支持渠道包括两个方面：一是以数字化方式支持传统的渠道，包括保险代理人、经纪公司、银行、金融顾问、呼叫中心等；二是支持互联网及数字兼业渠道，包括社交网络、垂直行业网站、理财网站、员工福利平台等。

5.4.3 车商云

车商云是面向汽车经销商、汽车金融服务公司和整车厂的一站式保险服务平台，支持移动端和 PC 端的灵活部署，是国内首个搭建在云上的、针对车商经代的保险专业平台。

---

① 在图中，IaaS 的英文全称是 Infrastructure-as-a-Service，基础设施即服务。这类服务提供商提供给消费者的服务包括中央处理器、内存、存储、网络和其他基本的计算资源，用户能够部署和运行任意软件，包括操作系统和应用程序。

该平台通过 API 方式连接保险公司和车商经代,让车商经代像入住酒店一样,打开门便能享受成套的保险业务和管理功能,并享受 7×24 小时的运维和升级服务,无须自行搭建、部署系统,同时开放接入第三方技术和数据服务供应商,直接通过 SaaS 或 PaaS 模式运营。

1. 功能与优势

车商云的主要功能包括从多家保险公司获得报价、保单对比及选择、在线下单、支付、续保进度追踪及管理、理赔及维修记录等。车商云具有"专业、稳健、高效"的特点,并具有以下多个方面的优势:

(1)便捷易用、安全省心的一体化平台,支持移动端和 PC 端灵活部署,可以与现有的内部管理系统实现无缝对接;

(2)以客户为中心的统一平台涵盖了保险业务全流程,可以一站式支持多家保险公司的保险产品销售;

(3)实现跨产品线和服务的打包,能灵活开展营销活动,支持跨产品线打包组合销售,并可以叠加经销商或整车厂的特色服务;

(4)只要简单操作即可实现客户招揽和续保的流程管理,可以帮助保险公司大幅地提升续保率;

(5)提供客户理赔状态跟踪、理赔、修车一站式服务,全面提升客户服务品质,增强客户黏性。

2. 服务实例

车商云具有较强的业务处理能力,举例如下:

车商云开发了 PC 端管理视图,可以实时查看和监控全国范围各层级的运营状况。

图 5-7 为接修小助手的界面,用于保险公司向客户提供实时送修进度查询,同时支持保险公司向 4S 店推送送修信息。

图 5-7 接修小助手的界面

图 5-8 为理赔状态实时查询，可以方便保险公司提供更好的客户服务。

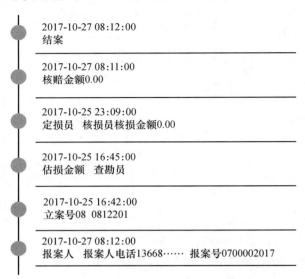

图 5-8　理赔状态实时查询

3. 应用成效举例

继 2017 年 3 月某大型汽车经销商集团选用易保车商云平台后，仅经过数月的对接、调试及培训，系统所有的模块均已成功上线，现已对接了中国人保、中国平安、太平洋保险、大地保险等十多家保险公司，在广东、四川、江苏、河北等十多个省市的七百多家 4S 店投入使用。车商云平台支持车险和非车险种以及寿险产品的端到端全流程管理，支持移动端和 PC 端多终端实时作业，跨产品线组合销售、增值服务叠加、推送修管理、续保及客户服务等功能，并提供管理视图和实时分级报表，大大提高了销售员出单、维修理赔、续保等流程的效率；改善了车主的体验，增强了客户黏性；同时也显著降低了经销商和经代公司的运营成本，提升了营利能力。

5.4.4　案例评析

伴随着保险科技的快速发展，保险行业正经历着全面数字化的浪潮。易保认为，数字化保险的实质是如何更加高效顺畅地实现全方位的连接，关键是要将保险嵌入到海量的非保险业务和生活场景中去。易保立志于在保险数字化转型过程中成为赋能连接保险的技术领头羊，并通过长期的探索，形成了自身的行业优势。

易保云中台提供基于 SaaS 模式的整体数字化保险业务解决方案和 PaaS 模式的 API 标准连接，为保险生态中各种类型的客户提供专业的技术服务，支持数字化保险业务的快速对接和快速创新，对破解行业发展难题、消除发展瓶颈有着十分重要的意义。

易保致力于为保险行业创新，提供一个可靠的基础设施平台，那些专注于保险产品和渠道创新的公司通过 API 或微服务调用的方式灵活使用易保云平台上提供的各种类型保险服务，实现与海量预集成的渠道对接，多、快、好、省地连接互联网生态。这个过程就好像盖一栋房子,创新公司只需要负责设计和使用,而无须各自去解决"盖房子"的问题,从真正意义上实现了保险业务运营模式的变革。

5.5 大象保险发展案例

大象保险是隶属于世纪保众(北京)网络科技有限公司的 C2B(Customer to Business,用户导向)互联网保险综合服务平台,旨在通过海量的数据分析和整合整个保险行业的能力,为客户挑选、设计最合适的保险产品。同时,该平台还为客户提供保险评分体系、关联保单等功能,实现一站式保险服务、管理。作为保险科技应用的创新实践者,大象保险在比较短的时间取得了快速发展。

5.5.1 发展思路

大象保险创立于 2015 年 10 月,其创始人杨喆拥有北京航空航天大学 MBA 学位,曾任职于中国移动、阿里云、华为等公司,在大数据和云计算产品的规划和创新方面有着较强的能力。杨喆的母亲曾是一名资深的保险从业人员,她在这个领域精心耕耘了 30 年。母亲的经历对杨喆的创业起到了独特的影响,他从中意识到,传统的保险是一个比较难以拓展的领域,主要有以下三个原因:

一是保险需求相对不属于刚需,是人们在基本生活需要得到满足之后才去考虑的保障服务;

二是保险是一个相对比较专业的产品,普通人比较难以理解和唤醒需求;

三是保险公司相对比较传统,客户接触保险产品比较困难。

与杨喆搭档的首席技术官(Chief Technology Officer,CTO)陈龙曾担任过支付宝无线的核心架构师,负责多家商业银行的核心业务以及创新支付产品系统架构设计和研发管理工作,在互联网金融业务架构设计、风控安全和大数据方面经验丰富。两位创始人各有所长,杨喆精通保险业务和商务运作,而陈龙更擅长技术,两人优势互补、相得益彰。

在公司成立之初,大象保险获得了世纪保险经纪股份有限公司 2000 万元的天使投资,为项目的运作奠定了相应的基础。在发展思路上,其创始团队基于对客户需求的了解和相关模型的分析,决定以为"保险行业搭建一个专业的保险数据服务平台"作为公司的发展方向,在大数据技术的高效运用、客户和产品的智能匹配方面形成自身的竞争力。大象保险之所以做出这样的选择主要基于以下三个方面的考虑:

首先,基于大数据在保险行业的应用,客户的风险可以被大象平台中的大数据风控系统精准地感知、测定和度量,并基于此反哺和升级保险公司的风险管理能力;

其次,少数大型的保险公司对市场已拥有了一定的控制权,但难以摆脱自身在体制、技术等方面的掣肘,其线上价值主要体现在渠道,因此像大象保险这种专注于在"客户价值"方面下足功夫的创新平台有望凭借保险科技的赋能,实现快速突围;

最后,以保险为代表的金融机构存在信息不对称,行业需要像大象保险这样的第三方平台来建立信任,并通过保险科技的应用改变信息收集、风险定价、投资决策等过程,从而提高金融服务的使用效率。

5.5.2 发展机会

在大象保险成立之初，其创始团队发现擅长技术的科技公司面对保险行业有以下三个机会：

1. 市场机会

与美国保险市场的规模相比，中国差距巨大，未来国内保险市场还有非常大的空间。而传统的保险行业的代理人模式弊端突显：一方面，代理人成交一单即可拿到佣金，但背后存在着恶意理赔等风险；另一方面，保险公司光靠人力来开发未来的市场显得捉襟见肘。

2. 技术机会

国内的保险机构数量近200家，除10家左右的头部公司外，普遍都存在IT化弱的问题，大多数保险公司的核心系统需要靠外包来完成，所有的保单、客户基础数据需要通过Excel录入来完成传递，而销售的完成现在还是需要通过电话进行陌生拜访，或者在网上拿到线索由销售人员继续跟进。

3. 数据机会

局外人理所当然地认为传统的保险公司掌握了大量的数据，但其实并非如此。传统的保险公司手中的数据有两类，一类是投保数据（什么人购买了保险），另一类是理赔数据（什么人获得了理赔）。而这两类数据对于客户特征、保险倾向的预测及风险控制几乎没有用处。此外，中国保险信息技术管理有限责任公司做了多年行业数据的收集工作，却一直也没有获得太大进展。

针对以上三个方面的机会，大象保险选择了以保险大数据资源开发和利用为突破口的保险科技服务，以便更好地解决行业存在的痛点。

5.5.3 业务主线

大象保险的业务发展可以归纳为以下三条主线：

1. 大数据方面

大象保险强调真实可落地的大数据，这些数据有自有客户数据，还有第三方征信机构（比如已经接入的芝麻信用以及将要接入的深圳前海征信中心股份有限公司等）的数据，通过多维度数据为客户做画像分析，逐渐搭建客户分层分级的体系，实现自动理赔，并降低骗保的风险。随着产品迭代和数据准确度地不断提升，从最初的做客户标签和产品推荐，到如今基于客户画像的产品智能匹配，研发的机器智能顾问（Robot Adviser，RA）可以利用智能机器人为客户提供保险知识普及、产品导购、后端理赔等全自动和全流程服务。

2. 产品方面

大象保险强调以客户为中心，通过不断地强化本身产品的创新和定制能力来构建核心价值和核心竞争力。大象保险不仅利用互联网渠道优势，引进市场上一些不错的保险产品，而且还会利用自身经纪人资质的优势，联合保险公司开发各种创新产品。针对不同的垂直场景，比如互联网信用评估平台"闪银"和天气查询信息工具墨迹天气等，大象保险会根据它们的生态和业务流提供定制化保险产品和保险服务。

3. 服务方面

大象保险围绕保险销售、保险资讯、保险产品搜索、产品定制、电子保单管理和后端理赔等来满足客户有关保险的全方位诉求。有别于其他的第三方互联网保险平台,大象保险的股东世纪保险经纪股份有限公司拥有十多年的保险经纪代理经验,和大多数保险公司有着战略合作,同时大象保险凭借这一优势可以迅速地响应客户的理赔需求。比如健康险的理赔,客户将理赔材料拍照后上传,通过大象保险的在线审核机制,可以帮助客户优化理赔流程,实现快速理赔,后续大象保险也会为客户提供先行垫付理赔服务。

5.5.4 业务模式

与传统的保险中介以销售为导向不同,大象保险基于数据对客户的洞察能力、对保险产品的理解能力,通过保险科技在产品设计、智能系统、定价体系、理赔服务等各环节的全面介入,站在客户需求的角度,搭建保险服务和保障体系,进而为客户匹配相应的保障方案。图5-9为大象保险的业务模式。

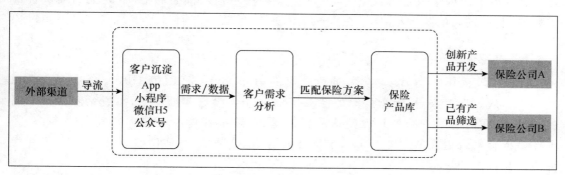

图 5-9 大象保险的业务模式

在保险产品方面,大象保险会基于特定人群的需求开发一些新产品,更重要的是大象保险会将保险条款拆分成数百个维度,包括基础费率、保障周期、是否可续保等,通过自然语言处理(Natural Language Processing,NLP)来梳理保险条款,得到险种画像并对其进行打分。

在产品类型上,大象保险既有意外险、短期和长期的健康险、中长期的养老险等,对于特定人群(如老人、儿童、女性等)也有特种疾病的重疾险。比如,客户支付12元保费即可投保女性宫颈癌专项保障,一旦出险即可获得5万元的赔付保障。

通过客户的基本信息、互联网行为、健康、出行、高风险行为等数千个维度的数据,大象保险可以构建客户画像,对客户的需求、风险进行动态分析,为其提供保障方案并进行弹性定价。在形成一定的客户规模后,大象保险开始为客户做产品关联分析,根据客户所处的时间节点、风险偏好等为其匹配最合适的产品组合,比如健康险与寿险组合、短期险与长期险搭配等。大象保险希望通过海量数据的挖掘和移动互联网技术为客户提供可信、精准、高效的保险及其延伸的金融服务,打造国内领先的保险大数据服务平台。

从营利模式来看,目前大象保险赚取的主要是来自保险公司的佣金,未来将把从保险公司获得的佣金全部返给客户,并不赚取佣金收益,而是向客户收取保险方案咨询服务的费用。这一模式对标美国的零售商 Costco,与一般的超市不同,Costco 只有很少一部分利润来自商品的差价,大部分利润来自于会员费用。目前,大象保险 App 上已有为客户提供保障方案咨询的付费产品,正在尝试这一新业务模式。

5.5.5 数据来源

大象保险获取数据主要通过以下四个渠道:

(1) 通过保单获取基础数据:即客户完成保单购买,提供了真实完整的基础数据,包括姓名、身份证号、手机号等。

(2) 通过产品获得行为数据:即通过客户使用 App 获得相关的行为数据,包括客户路径、关注方向、停留时间和客户来源等。

(3) 经授权的设备终端数据:即经客户授权获得相关数据,包括位置信息、日历提醒等。

(4) 购买第三方数据:即从芝麻信用、通信运营商等渠道购入数据,为保护客户的隐私,一般需要和公立的第三方做联合数据建模,主要获得客户在偏好理解上的数据标签。

通过以上四种渠道获得数据后,大象保险会针对客户特征的不同,为他们提供各自需要的、私人定制的险种组合。

5.5.6 产品匹配

大象保险采用的是 B2C 模式,通过自有的 App、小程序、微信 H5、公众号等途径触达客户。从表面上来看,大象保险的 App 很像一个保险选购推荐平台,展示着针对不同的人群、不同的场景下的各种保险产品。但是,保险推荐比电商模式要复杂得多,实际上保险推荐平台更多的是充当了一个产品展示、客户交互、信息收集的功能。图 5-10 为保险产品匹配的过程。

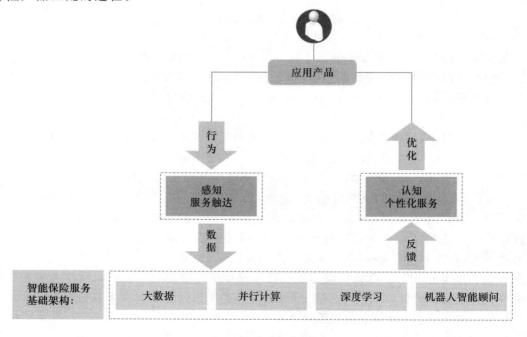

图 5-10 保险产品匹配的过程

为了给不同的客户提供个性化的产品和服务，大象保险一开始会向客户提供一个以内容为导向的保险教育产品或者一些免费、有趣的险种（如天气险、颜值险）让客户进行体验，或者根据客户特定的职业场景做一个推荐。在这期间，大象保险不断地收集客户的访问数据、授权信息，然后加以分析，最终制订出一份适合客户个人或其家庭的全面保障计划。在这个过程中，大象保险通过对客户的访问数据、授权信息、基本资料等进行客户保险画像分析，建立风险模型，然后根据客户生命周期里不同的时间点、行为、需求和家庭的变化制订保障方案，做动态匹配，以满足客户特定的保障需要。

5.5.7 智能运营

保险产品本质上是针对不同场景的不确定性聚集群体的力量，对发生问题的主体给予保障的金融服务形态。繁多的场景种类、各式的承保主体等条件，注定了它是一种难以标准化、服务条款极为复杂的金融服务，需要有较长的、定制化的辅助购买流程，这也是长期以来保险智能化和个性化服务难有起色的主要原因。智能运营就是要充分利用大数据、人工智能等手段来解决如何给客户选择最合适的保险产品的问题，主要包括以下两个方面的应用：

一是精准推荐，保险公司面向不同的客户推荐适合其个性化需要的保险产品和保险服务，需要利用大数据技术完成客户保险画像，在此基础上选择相应的保险产品，再进行有针对性的推荐；

二是智能交互，保险公司利用自然语言处理和人机交互能力，构建智能问答推荐或智能保顾，再结合离线和在线的行为、上下文信息，深入挖掘客户深层次的需求，并以问答或机器人的形式传递给客户，引导客户最终完成产品购买。大象保险的智能运营流程如图 5-11 所示。

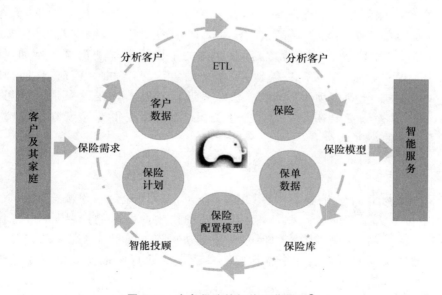

图 5-11　大象保险的智能运营流程①

---

① 在图中，ETL 的英文全称是 Extraction Transformation Loading，即数据抽取、转换和加载。

如图 5-11 所示,大象保险已经建立起了行业目前比较完整的客户画像体系,并接入多维数据源深度分析客户潜在的保险需求,完成从保险责任级产品到条款的匹配等智能交叉线索分析,运用基于流计算的时时客户决策分析引擎来一站式解决客户的保险需求。

大象保险通过对市场上的各类保险产品做深度的收集、整理、学习、分析后,已经形成了全行业最完整的保险知识库(保险知识图谱),通过 200～30 000 个维度去定义和标签化产品,用以分析和判断哪一个保险产品在什么样的情况、什么样的阶段下更适合什么人。通过技术驱动原有的保险,让客户更容易接受,从而实现更精准地匹配。

保险产品前期匹配的目的就是让客户找到最合适的保障方案,而在后期,依托大数据进行智能化的理赔和服务同样重要,尤其是依据数据对真实的风险和欺诈进行的判断。大象保险的大数据通过多维度数据为客户做画像分析,逐渐搭建客户分层分级的体系,实现自动理赔,降低了骗保的风险。比如,健康险的理赔,客户将理赔材料拍照上传,通过大象保险的在线审核机制,可以帮助客户优化理赔流程,实现快速理赔,原本一个月甚至数月才能走完的理赔流程,借助保险科技在 3～15 天即可完成,大大提升了运营效率。

5.5.8 业务发展

大象保险在短短的两年多时间内已与中国人保、中国人寿、中国平安、太平洋保险、太平保险、泰康保险、阳光保险、美亚保险等上百家国内外顶尖保险公司合作,推出了包含健康险、少儿险、意外险、旅行签证险和产险等多种产品,并与教育、汽车、旅游、高校、运动、母婴等领域的多家企业建立了战略合作关系,累计为三百多万客户提供了保障服务,总保障额度超 400 亿元。

开放、合作和创新是大象保险的基本经营理念。在这一理念的指导下,大象保险推出了受市场欢迎的众多创新产品,如联合 Blue Pink 母婴店、泡泡少儿英语、知妈堂、妈妈帮等众多品牌,携手 10 万宝妈家庭,用互联网的手段拉低保费门槛。例如,综合医疗险仅需 588 元保费,包含了疾病住院医疗、意外门急诊医疗、重大疾病、住院津贴、意外身故或伤残、心理辅导等多项保险保障,总保额近百万元。这在原来是不可想象的,如此规模的保额,过去保费要在数千元甚至上万元,而现在变得普通家庭都能唾手可得,因此受到了市场的高度认可。

5.5.9 案例评析

大象保险作为面向 C 端客户的保险科技公司,秉承"让每一份安全都触手可及"的使命,以大数据和人工智能科技驱动,致力于以科技改变保险的产品形态,将保险真正作为一个互联网产品,解决了传统的保险无法解决的客户痛点,打通了从产品认知—产品匹配—产品购买—售后理赔等全流程服务体验。大象保险的主要发展经验包括以下四个方面:

一是构建了比较完整的客户画像,客户画像基于客户多纬度、全生命周期,这样对客户在各个阶段对保险产品的需求有了更加深入的了解;

二是基于人工智能的智能客服机器人引导客户进行人机交互,更直接、更能富有个

性化地进行产品设计和推荐;

三是在理解客户需求的基础上有比较完备的保险产品库,可以给客户制订更全面的保障方案;

四是智能风控及智能理赔,客户在互联网端做核保、承保、理赔的过程中,通过自身的历史数据和行为路径可以得到更为快捷和具有针对性的服务。

作为最早重视建立全客户画像的第三方互联网保险平台,大象保险通过"自建平台+合作伙伴渠道+大数据"的模式,已形成了覆盖多场景、触发式的精准营销输出能力,能够随时随地通过便捷的渠道为有不同需求的客户提供个性化保险产品和保险服务,同时基于自建的大数据风控平台、智能核保系统,能够实时、准确地预测和规避各类风险,为客户创造了非同寻常的体验,同时也为行业转型升级提供了新的路径。

5.6 保准牛发展案例

保准牛创立于2015年,隶属于北京优全智汇信息技术有限公司,是保险科技与数据驱动的全球化保险定制平台。经过短时间的快速发展,保准牛已发展成为我国保险科技领域的代表性企业。

5.6.1 公司简介

保准牛的创始人晁晓娟在大学毕业后,进入日本电气股份有限公司从事技术开发工作。5年后,晁晓娟远赴德国,在德累斯顿工业大学攻读硕士学位,学成回国后进入汽车之家等互联网企业,为自己积累了丰富的互联网行业经验。2013年,凭借独有的"创新能力与热情,以及深厚的互联网背景和学习能力",晁晓娟在众多的候选人中脱颖而出,进入新华保险电商公司担任首席技术官。2015年8月,她带领团队创办了保准牛。保准牛的团队来自保险与互联网行业的领军企业,是国内最早一批互联网保险的探索者与践行者,有着丰富的"互联网+保险"的经验积累与沉淀。

保准牛专注于保险定制领域,打破了传统的保险行业的壁垒,通过互联网运作方式创新产品、贴身服务、升级体验,为企业和个人提供定制化的专属保障,实现碎片化场景与投保及时性的结合,助力企业和个人转嫁各类风险。保准牛为众多的知名企业服务,真正地用互联网思维站在企业的角度思考问题,先后定制了上百种保险,如骑行保、雇主保、兼职保、足球保、外卖骑士保、健身保、数据安全、课后保、冰雪保、铁人保、零工保、牛游保、幼园保、吉祥三保等,以实力赢得了口碑,受到了市场的认可。

5.6.2 发展思路

在创立保准牛之前,晁晓娟曾有5年在保险公司做互联网产品的经历。做技术出身的晁晓娟在工作过程中不断地碰到大量特定的保险需求,但在现实中找不到可行的解决思路。经过深入调研和思考之后,她总结出四个方面的痛点:第一,传统的保险许多保险条款不具有针对性,有些产品虽然保障条款多,但很多条款并不是企业需要的;第二,大多数企业只能与保险公司的传统销售员对接产品需求,这些销售员有时会因"佣金导向"向企业推荐高利润、实际并不适合的产品;第三,大多数企业没有保险方面的专业人员,很难看懂保险条款,最终发生理赔难、不理赔的现象;第四,传统的保险公司难有意愿,也没有足够的人力费心去接待中小规模企业保户。图 5-12 为传统的保险业发展痛点分析。

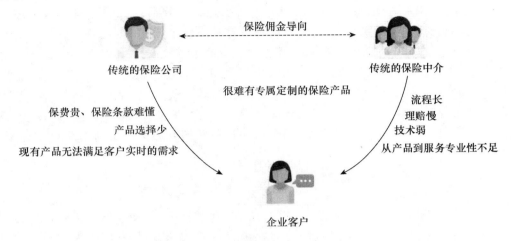

图 5-12　传统的保险业发展痛点分析

针对现实中存在的各种痛点,晁晓娟和她的创始团队决定通过大数据技术分析场景,定制出合理的投保价格,得出保险产品存在的问题,让风险发生率降低,为客户创造价值。在确立了基本的发展思路之后,保准牛开始了具体的行动:一是通过行业的精细数据来分析企业场景存在的风险问题,针对企业场景提供清晰的保险定制服务,并组织专家为其提供专业条款解读;二是在上游直接对接中国人保、中国人寿、太平洋保险、法国安盛保险、德国安联保险、瑞士苏黎世保险等全球数十家顶级保险公司,积极争取到具有竞争力的价格,为中小规模企业保户省去了可观的中间费用;三是将投保、增减人员、理赔整个过程线上化,提高理赔效率,一旦发生理赔,会为企业最大限度地争取理赔机会。

5.6.3　核心业务

从解决保险业务的痛点出发,保准牛推出了以下四大核心业务:

1. 互联网场景保险

保准牛为共享经济、O2O、旅游、教育等创新领域定制了专属保险,并针对创新性场景的碎片化特点,创造性地利用 API 对接技术实现按人、按时间、按订单投保,非常精准、便捷,解决了交易多方的风险。

2. 体育保险

保准牛已上线 100 + 体育保险产品,覆盖了热门体育包括马拉松、足球、游泳等 38 个项目。体育保险为体育赛事的组织方、场地方、体育大众等提供了转嫁风险、商业模式变现、风控管理一站式解决方案。

3. 雇主保险

结合人力外包行业众多企业的保障需求,保准牛定制了专属的保障产品——雇主保,其保障额度为 10 万～80 万元,保障内容根据企业的需要按需定制,通过大数据风控来降低保费。雇主保险最大限度地帮助企业转嫁了用工风险,降低了运营成本,解决了企业的后顾之忧。

4. 留学保险

留学保险是保准牛基于留学场景专为我国的大学、中学、小学留学生定制的海外直赔的高端医疗保险,在为广大留学生提供安全健康保障的同时,也为相关的留学机构整合了留学服务,提升了全球化留学服务品质。

5.6.4 服务对象

作为保险定制服务的提供者,保准牛将服务对象确定为以下两种类型:

1. 存量客户

存量客户是指一直存在但需求未得到有效满足的那部分保险客户。保准牛针对他们做的是产品"重构"——经过重新设计产品,去除冗余的保险项目,优化客户的保险方案,使他们的需求得到更好的满足。

2. 新增客户

保准牛不断地发掘新场景,如共享单车、在线外卖等,这些互联网创新场景中的企业和从业者的保险需求更加实时、碎片化,传统的保险公司很难找到商业模式。如跨境留学,国内市场尚无真正适合国人的留学保险;又如体育健身,也基本没有相关的保险数据可用。保准牛结合客户的特定需求进行保险产品的创新开发和设计,有针对性地满足了客户的需求。

5.6.5 核心优势

保准牛在服务和技术方面具有自身的独特优势。

1. 服务优势

保准牛是在保险科技与数据的驱动下,通过定制保险来解决企业和个人的风险,所具有的服务优势包括以下四个方面:

(1)按需定制:保准牛通过行业基本数据,按需定制适合企业与个人的保险产品和保险服务。

(2)合理定价:保准牛与众多顶级保险公司合作,通过大数据精准定价,提供全球范围内极具竞争力的保险价格。

(3)简化流程:客户可以通过 PC 端、移动端进行线上投保、保全、理赔,这样既简化了流程,又提升了客户体验。

(4)风控管理:保准牛通过对行业内投保、报案、理赔等数据进行分析,针对风控薄弱之处为企业搭建风控管理体系。

2. 技术优势

保准牛拥有成熟的保险技术对接能力,其技术团队融合了来自保险公司的首席技术官和处理过数亿并发访问的互联网架构师,具体表现在以下三个方面:

（1）快速：保准牛的平台成熟接口随时介入，最快 3 分钟让平台实现投保功能。

（2）省心：客户平台无须担心技术对接时间和对接成本，能实时、快捷地接入保险产品。

（3）稳定：保险牛的平台日投保千万单，高并发、高可用架构可以确保稳定、安全。

5.6.6 保险定制

和很多的消费产品一样，传统的保险产品大部分还是标准化的，但在现实生活中，每个人、每个企业在各自工作或生活的场景中所面临的风险是完全不同的，"定制"一直以来都是保险市场的顶层用户——一般是大型的企业或机构——的专属。对于数量庞大的中小企业和个人客户，传统的保险公司不愿意也没有能力为它们提供非标准保险产品。随着保险意识和消费能力的提升，个人消费者显然已经对无法满足自身差异化需求、千篇一律的保险产品感到厌倦；希望通过购买保险来转移自身多元化风险的企业也急需性价比更高的解决方案。保准牛看到了市场中需求场景和供给的严重不匹配，于是基于特定场景中特定人的特定风险设计和提供特定的保险产品，开展定制保险服务。

在供给端，保准牛与国内外主要的保险公司建立了合作关系，利用大数据和人工智能技术，用更加精准的数据进行分析并实现自动化，同时通过大量数据的不断迭代做好风险管控，与合作伙伴做到供给端连接、共享，从而形成牢固和稳定的业务合作。

在需求端，保准牛通过保险科技，能够对客户进行精准画像，根据其需求设计出定制化的产品，并结合各保险公司的优势和特长，再将供给和需求进行精准的匹配。需求端的重要趋势是消费升级和重度垂直，这两个趋势必然会导致保险需求的极度个性化，这既是传统的保险业难以解决的困难，也正是保准牛体现自身价值的优势所在。

5.6.7 体育保险

体育是涉及面十分广泛的一个产业，大量与体育相关的企业在业务运营的过程中，无论是运动人群还是运营方、场地方都会存在各种各样的风险，非常需要有保险帮助他们规避风险，以实现可靠的保障。在过去传统的保险业务中，专门针对体育项目的保险产品十分匮乏。保准牛瞄准体育保险的市场，并且专门去为每个不一样的体育场景实现定制，成为这一细分市场的领先开拓者。

体育所涵盖的门类众多，传统的如马拉松、足球、篮球、乒乓球、游泳等，现在有许多新兴的体育项目（比如帆船、赛艇、体育舞蹈、定向运动与野外生存、素质拓展等），覆盖了越来越多不同的人群，不管是哪一种运动场景，几乎无一例外地需要应对各种风险，由此而产生了体育保险的需求。保准牛应用大数据和人工智能等技术手段，帮助客户把碎片化的风险逐一通过保险项目进行化解。比如，保准牛为成立于 2017 年 7 月的"觅跑"[①]开发了相应的保险项目，当客户在"觅跑"里开始一次健身运动时，就自动享受了保准牛提供的保险。

---

① "觅跑"运动仓和 MiniKTV 模式类似：4 平方米的场地内容纳 1~2 人行动，配置跑步机等运动器械，自助门禁按时付费。不同的是，这一模式的关键点在于社区场景和运动需求，共享租赁以占用商圈和学校等场景为主。

保准牛的"牛体育"自诞生以来,一直积极助力我国体育产业的健康发展,为体育企业和人群保驾护航,专为体育赛事方、运营方、场地方和各个企业提供团体体育保险解决方案,可以实时投保、实时解决风险。目前,"牛体育"已覆盖一百多个体育项目,提供多维保障责任、多款保额方案。客户可以自己随心组合,线上投保也很方便,而且无论赛事大小,都能为其保驾护航,让赛事无忧。

在整个体育产业链中,从需求端到供给端,不管是帮助企业规避运营风险还是帮助企业更好地为客户、运动人群提供更好的保障,所有的个性化需求都可以通过技术手段来定制专属这个场景下的风险产品。体育产业在高速发展,体育保险自然也会有更大的空间,保准牛希望在每个体育场景里面,通过科技的手段,守护每个人、每次运动,让运动更加从容,共同为体育产业更好更快的发展挡风遮雨、保驾护航。

5.6.8 发展经验

为了更好地满足不同客户的保险定制需求,保准牛取得了以下四个方面的发展经验:

1. 用场景化思维发现场景

保险是风险的孪生兄弟,而风险无处不在,在各个场景中都存在着企业的运营风险或个人的安全风险。因此,只要实现场景与风险的结合,就会产生保险需求。因此,保准牛只要用场景化思维去发现场景,就能发现潜在的市场,然后通过场景风险存在的强度和频次进行判断,便能挖掘出真正有意义的保险需求。

2. 用保险科技推动场景保险的解决与落地

"高频、个性化、碎片化"是场景保险不得不关注的需求,针对这些需求,通过保险与科技的融合可以加速最优保险方案的落地。保准牛运用大数据技术精准地进行定价和建模以促进产品的创新,采用动态风控从而降低成本,利用互联网平台多渠道连接分销,通过人工智能技术提升理赔效率,努力在保险供给端与客户需求之间用保险科技搭起桥梁,使得供给端与需求端得到更加有效的匹配。

3. 从精准走向保准

保准牛深挖企业和个人的场景风险需求,运用先进的技术手段和大数据风控,定制专业化、创新性、低成本的新型保险产品与保障服务体系,帮助企业和个人转嫁风险,实现变现,受到了众多客户的高度认可。

4. 与合作伙伴互利共赢

场景保险的发展,一方面得益于互联网保险行业的快速崛起,另一方面离不开保险公司与互联网创新企业的通力合作。保准牛作为互联网创新企业,与保险公司一起在联合发现有价值的新场景、快速对接技术共享、战略联合创新产品、提升在线服务客户的能力及联合拓展客户等方面进行全方位的合作,促进了互联网科技创新与保险业务更快速的融合,实现了场景保险创新的共赢之路,同时为客户创造出更大的价值。

5.6.9 案例评析

作为国内保险科技领域的新锐,保准牛将大数据和人工智能等新一代信息技术融入到保险的核心业务流程,从产品设计到售前、承保,再到理赔以及售后服务,通过不断地迭代保险科技,让定制化保险越来越精准,在降低企业投保成本的同时,智能化服务也提高了客户定制保险、投保、理赔、保全等整个流程的效率。

保准牛以保险定制作为核心竞争力,在重度垂直细分领域精心耕耘,用保险科技将碎片化的场景、分散化的需求和个性化的服务充分融合,实现了保险产品开发和保险服务的双重创新,走出了一条与众不同的创新之路,在我国的保险市场这条万亿元规模的赛道上尽情奔跑。

5.7 Oscar 医保发展案例

Oscar Health Insurance(中文译名为奥斯卡健康保险,以下简称"Oscar")是美国保险科技领域的新兴企业,主要面向个人客户提供健康保险计划,旨在把保险公司从单纯的理赔者变成一个给美国人进行健康管理、寻医问药的门户。在过去的几年中,Oscar先后筹集了超过7.27亿美元的资金,市值估值达27亿美元,成为美国医疗保险领域的独角兽。

5.7.1 成立背景

Oscar 成立于 2012 年,创办的灵感源自于创始人马里奥·施罗塞尔和他在哈佛大学商学院的两位同学凯文·纳泽米和乔希·库什纳的一次聊天。当时,马里奥·施罗塞尔的太太正怀着他们的第一个孩子,他在为找妇产科医生和儿科医生而不胜其烦;而另一位同学刚看完一次医生,为读不懂医保公司寄来的账单而感到恼怒。当他们三人了解到当时奥巴马的医改政策即将上路,数千万名美国人将进入医保市场后,觉得这是一个大的商机,于是就立下决心,在纽约建立了奥斯卡医疗保险公司("奥斯卡"是其中一位创办者祖母的名字)。

三位创始人的背景较为独特,创始人兼首席执行官马里奥·施罗塞尔曾就读于斯坦福大学和哈佛大学,具有计算机本科和工商管理硕士的学历,曾就任于高盛 PE 直投部,创办过 Vostu 公司;创始人兼首席技术官凯文·纳泽米毕业于哈佛大学商学院,后就任于微软,曾经担任过 Done 公司的共同创始人兼首席执行官;乔希·库什纳因所投资的 Instagram 以 7.15 亿美元被 Facebook 收购、3 天之内账面回报率翻倍而一举成名,他创办的兴盛资本(Thrive Capital)在 Oscar 的前几轮融资中均有出现。当然,更为微妙的是,乔希·库什纳的弟弟还是美国现任总统特朗普的大女儿伊万卡的丈夫。颇为豪华的创业团队使 Oscar 一诞生就有了较为显赫的身世,受到了社会的广泛关注。

Oscar 的诞生要得益于当时的奥巴马总统大力推行的医改法案——《患者保护与平价医疗法案》。该法案规定,美国公民、合法移民(持有绿卡)以及其他合法的长期居民必须强制购买保险;所有的保险必须提供最基本医疗保障,保险公司不得以既往症拒保,不能因为旧病提高保费。图 5-13 所示为《患者保护与平价医疗法案》的相关条款。

在医改法案公布之前,美国没有全民医疗保险,是"唯一一个没有实现全民医保的发达国家"。政府提供的医疗保障 Medicare① 和 Medicaid② 仅仅面向老人、穷人、老兵、残疾人等弱势群体,并不强制企业为员工提供医疗保险。在美国,个人要想获得医疗资金上的保障,只能自行购买商业保险,这导致总数大约为 4700 万的国民没有医疗保障。奥巴马总统进行医改以后,要求所有的美国人都要购买保险以平摊保险理赔费用,否则将面临处罚。而名目繁多的商业保险程序特别复杂,费用高昂,理赔又十分困难,尤其是企业给员工购买的保险,企业主和普通百姓对此怨声载道。

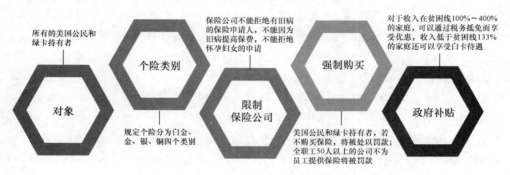

图 5-13 《患者保护与平价医疗法案》的相关条款

奥巴马的医改政策推出以后,美国各州都成立了保险交易所,为包括小企业主、自由职业者等群体提供医疗保险服务。过去不买保险的小业主、经济较困难但尚未达到医疗补助标准的人群开始进入医疗健康险购买群体的行列。《患者保护与平价医疗法案》这一影响巨大的医疗改革法案,为有志于服务个人健康保险市场的创业公司提供了发展良机,Oscar 就应运而生。经过深入调研之后,Oscar 将目标客户确定为那些在医改制度下必须购买医疗健康险的年轻一代,而这些客户大多是"科技新人类",特别希望通过先进的科技带来美好而又便捷的生活。

在美国,健康保险市场的总量高达 2.7 万亿美元,过去基本由联合健康集团、安森保险、安泰保险、哈门那公司和信诺保险等五大巨头主宰,主要服务于企业市场和中高收入人群,对中低收入群体没有相应的产品和服务,而且对前沿的互联网技术手段也缺乏足够的熟悉和应用。与传统的大型医保公司相比,Oscar 专注于特定的人群(个体家庭和个人,而不是大雇主和他们的员工),深耕"个人健康险"这个细分市场,同时大量地采用互联网手段跨越第三方保险经纪方直接向客户销售。此外,Oscar 的险种数量少、结构简单,加上先进的系统技术,可以更迅速地收集、处理账单和其他数据。在因奥巴马总统推行医改而兴起的个人健康险市场面前,Oscar 抓住了联合健康集团等巨头由于机构庞大、缺乏灵活度和软件算法迭代缓慢等弱点,通过保险技术的创新应用和服务的优化,成为领先的市场开拓者。

---

① Medicare 称为红蓝卡,是美国的老年保健医疗制度为 65 周岁以上的老年人提供的廉价医疗费减免制度。
② Medicaid 称为白卡,是医疗补助制度,是一个美国联邦与州政府合办的为穷人或残疾人提供医疗经济补助的计划。

5.7.2 发展路径

在美国，普通民众都有一个共同的感受，那就是与保险公司打交道是一个灾难性的过程。数年前的一个调查显示，7个美国人中间只有一个知道自己的医疗保险计划的组成部分，这就意味着很多人在签约一个保险计划的时候其实并不知道那对自己到底有什么价值。如果有客户想主动了解医疗保险，会发现这个过程比传说中的还匪夷所思，云里雾里的网站架构让人望而却步，极难理解的赔付方案、复杂烦琐的导航设置以及各种糟糕的使用体验，会让人觉得医疗保险更像是一个官僚机构下的健康迷宫。Oscar的发展目标就是通过技术（Technology）、设计（Design）和数据（Data）手段来实现医保的人性化，改变传统的医疗保险的弊端。

Oscar的基本发展路径是充分利用保险科技来提高医疗健康险客户的保险业务透明度、看病效率和客户体验，客户可以在他们的网站和App上直观清楚地了解医疗服务种类与保险报销范围，享受24小时免费电话问诊、免费基本诊断等各种服务。为此，Oscar应用互联网模式简化了商业保险的购买程序，将医疗保险由传统的单一的医疗支付行为升级为主动介入医疗护理的过程，通过一系列在线的客户咨询、问诊、用药等环节来敦促客户主动地对自己的健康状况进行管理，及早进行预防和治疗，以减少客户的痛苦，从而加强客户对于医疗保险的信赖与黏度，并搭建起一个全天候医疗服务的平台。Oscar希望病人将保险公司当作医疗护理的一个手段，而不只是在寻求支付费用时才想到它。为了拓展客户，Oscar还不定期地推出一系列的激励活动：比如通过免费的Misfit Flash应用来完成每天的健康追踪项目，就可以每天获得1美元，全年累计不超过240美元的奖励；又如，每个病人进入急诊室时，病人的家庭医生就会收到一个提醒，而当家庭医生在24小时内主动和病人取得联系后，就会马上收到Oscar支付的25美元，而这在诊疗费用之外的奖励用以鼓励医生为病人提供良好的服务。此外，Oscar还直接提供远程医疗、免费体检、免费流感疫苗和免费的仿制药。Oscar所提供的产品特点可以概括为"低成本快速响应+客户行为干预"，具体表现在以下两个方面：

（1）低成本快速响应：为客户提供7×24全天候线上响应，对保险公司以低成本的线上交互方式来代替高成本的线下或电话交互方式。

（2）客户行为干预：采用物质激励的手段鼓励客户佩戴手环、打疫苗，以提供相应的健康数据，对保险公司采用小额激励的手段鼓励其对客户进行健康干预，进而控制保费支出。

为了吸引消费者重新认识医疗保险，Oscar率先为会员提供免费无限量远程医疗服务，这种方式可以在较大程度上降低不必要的门诊和急诊访问，客户也很欢迎这种方式，因为他们不必考虑自付的部分。另外，Oscar在各个层面鼓励客户的参与，比如给予主动注射流感疫苗的客户一定的金钱奖励，让客户参与到预防项目中。Oscar认识到，如果不重塑保险公司和客户的信任关系，保险公司对于客户的一切干预行为都会以失败告终，很多传统的保险公司的尝试也证明了这一点。为此，Oscar动足了脑筋，图5-14是Oscar为了提升吸引力和亲和力而设计的卡通形象。

图 5-14　Oscar 的卡通形象

5.7.3　业务模式

与传统的保险公司不同，Oscar 把自己定位为一家健康管理公司，所以 Oscar 抛弃了保险领域一以贯之的"看病—付费—寄保单"的流程，而是通过保险科技的综合应用，引导客户应对复杂的医疗系统，为客户提供一整套的个人医疗解决方案。Oscar 的业务模式主要包括以下三个特点：

一是快速核保，客户仅需要提供年龄、收入等简单信息就可以获取价格，产品主要针对基础医疗和常见的小病，月保费根据年龄和家庭成员的数量在 150～1000 美元不等；

二是使用移动互联网工具促进会员互动并提供服务，比如 24 小时电话医生和远程就诊，以减少客户去医院的次数；

三是引入移动工具帮助会员管理健康，比如为会员免费提供可穿戴设备，进行锻炼辅助和健康跟踪，能够在规定的时间内完成锻炼计划的会员可以获得最高每月亚马逊账户 20 美元的奖励。图 5-15 为 Oscar 的业务模式。

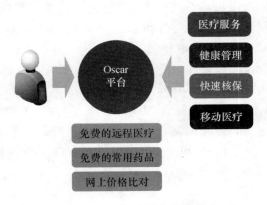

图 5-15　Oscar 的业务模式

如图 5-15 所示，Oscar 平台整合了医疗服务、健康管理、快速核保和移动服务等各项业务功能，通过免费的远程医疗、免费的常用药品和网上价格比对等有特色的服务，为客户提供非同一般的服务体验。在业务实际运营的过程中，Oscar 坚持了医疗健康险领域的一些深受客户欢迎的传统做法，如共同支付和自付免赔额等，但免费的远程医疗、免费的常用药品和网上价格比对等创新服务是传统的保险公司所无法提供的。Oscar 要向客户证明自己并非只是被动地充当"保险索赔处理器"的角色，而是值得信任的私人健康护航者，为客户带来全方位的健康保障。

在互联网与保险业务的结合方面，Oscar 在两个方面进行了创新：一是产品上的互联网化，通过互联网提交简单的信息即可核保，结合可穿戴设备，统计个人健康数据，实现差异化定价；二是服务上的互联网化，提供远程电子医疗服务、电话咨询医生，应用移动设备来协助管理健康，通过手机端 App 和客户互动，协助其理赔和取药。

一位来自纽约的自由职业者艾米在使用 Oscar 两年后深有感触，她给 Oscar 的评价是"简单，好用，服务透明"。她平时一旦遇到健康问题，就会第一时间通过 Oscar App 进行提问，医生一般都会在 5 分钟内进行响应，并给出具体的处置建议。相比之下，传统的保险公司会让她去诊所做很多种检测，而她自己根本不清楚哪些检测被保险覆盖或没被覆盖。于是每次去看病，艾米都要提心吊胆好几天。有鉴于此，她认为："医生应该与时俱进，连互联网都不常用的医生怎么能指望他了解最先进的医疗技术？"作为年轻人，她更能接受 Oscar 的医生提供的服务支持，并从中获得了实实在在的帮助。

5.7.4 投保流程

Oscar 主要服务年轻的个人保险市场，借助网站和 App 渠道，能让客户在 5 分钟之内即可成为服务会员，具体流程如下：

第一步，投保人在网上获取报价，并填写邮政编码、被保险人所在的地域范围、年龄和收入等基础数据。

第二步，投保人选择一个计划，Oscar 根据投保人的年龄、婚姻状况、子女的数量、年收入状况和投保人数进行人群细分，并提供相应的医保计划，每种医保计划要求按月缴纳医保费。Oscar 共有四类医保计划：简单、简单+、经典和市场，不同的医保计划对应着不同的服务内容，具体又可以细分为安全、黄铜、白银、黄金和铂金五个版本（如图 5-16 所示）。所有的医保计划使用的医生、药物和医疗保健是相同的，主要的区别是投保人刚开始得到的东西和计划的免赔额不同。

第三步，成为会员。在此过程中，医疗专家负责在线提供免费指导，帮助会员选择一个最适合自己的计划。对于会员，Oscar 开发了手机端 App，以方便会员进行使用和管理。另外，Oscar 还与可穿戴设备供应商 Misfit 合作，为会员免费提供可穿戴设备，进行锻炼辅助和健康跟踪，对于在规定时间内完成锻炼计划的会员给予现金奖励。

值得一提的是，对于每个计划，Oscar 都会提供相应的免费福利，包括：

(1) 24 小时电话医生；

(2) 240 美元的健身奖励；

(3) 体检和预防保健（疫苗注射、过敏检测等）；

(4) 可穿戴设备。

	简易	安全 328.28美元/月	黄铜 206.12美元/月	白银 323.98美元/月	黄金 626.46美元/月	铂金 828.91美元/月
Oscar	初级护理	前3次免费 然后全价	全价	10美元	10美元	10美元
	专业护理	全价	全价	50美元	50美元	50美元
	心理健康	全价	全价	50美元	50美元	50美元
	治疗服务	全价	全价	50美元	50美元	50美元
	紧急护理	全价	全价	100美元	100美元	100美元
现在特别注册		选择安全	选择黄铜	选择白银	选择黄金	选择铂金

图 5-16　Oscar 的医保计划和服务内容示例

5.7.5　经营状况

自诞生以来，Oscar 以自己独特的模式和创新的服务，获得了以大量年轻客户为主的群体的青睐，取得了会员数的持续增长，从 2014 年年底的 1.7 万人增长到 2015 年年底的 4 万人，随着其他地区业务的扩展，到 2016 年年初客户数量上升到了 14.5 万人，2017 年在 2016 年的基础上又有了较高增长。但与客户数量的增长相向而行的是，这家公司一直处于巨额亏损的境地：2014 年，Oscar 全年亏损 2750 万美元，亏损源自于公司开发新技术时的投资；2015 年，Oscar 亏损 1.2 亿美元，主要集中在医疗费用和运营成本的增加上；2016 年，亏损更是超过了 2 亿美元。造成亏损的原因主要有以下多个方面：

（1）潜在客户规模受限制：奥巴马的医疗改革法案激活的医保需求主要是消费水平较低、风险较高的中低收入群体，大中型企业、政府雇员、老人和贫困人群都有其他相应的保险覆盖。

（2）进入新市场的进度缓慢：美国各州的保险法律各不相同，医疗保险市场存在着极大的不确定性，进入新市场的困难较大，区域客户增速受限。

（3）线下就诊成本缺乏优势：覆盖客户的数量有限，与线下医疗机构谈判缺少筹码，客户线下就诊的成本超过了竞争对手。

（4）由于受较强的监管和约束，公司很难从各自独立的交易所提供的计划中获利。

（5）美国现任政府对平价医疗法表示怀疑，并正在通过立法和监管措施来削弱该法案。

面对挑战，Oscar 决定调整布局，将扩大市场作为一个重大抓手予以落实，准备增加在俄亥俄州和田纳西州拓展市场，并重返 2017 年年初退出的新泽西州市场。与此同时，Oscar 计划大力进军中小企业市场和建立品牌之后再提高保费的价格，以期能遏制亏损的状态，尽快能实现盈利。

5.7.6 案例评析

Oscar是顺应奥巴马的医疗改革法案而诞生的一家医疗健康保险领域的初创公司，希望通过医保业务需求和保险科技的有机结合，将医疗保险的计划进行大幅度简化，并能有效地优化客户体验，使得更多的客户（尤其是那些没有雇主的年轻人）能够随心所欲地去选择自己理想的保险计划。在此基础上，Oscar希望通过完善技术接口、开通远程医疗、提升医保透明度等举措为传统的医保市场带来一次前所未有的革新，以全面推动美国医疗健康保险发展的转型升级。

经过数年的探索，Oscar已经取得了多方面的成绩，同时也面临着不可低估的问题和困难，从中可以看出面向个人客户的医疗健康保险的发展虽然前景光明，但道路十分曲折，需要经历长期而艰辛的努力，相信Oscar一定会迎来阳光灿烂的未来。

5.8 德国Friendsurance保险经纪公司发展案例

总部位于德国首都柏林的Friendsurance保险经纪公司，秉持"为客户提供更便宜、更公平的保险"的发展理念，在全球范围内首创"社交保险平台"，开创了共享经济下P2P保险的独特模式，成为保险科技应用和模式创新的一个独特案例。

5.8.1 案例背景

Friendsurance保险经纪公司于2010年创立在德国的首都柏林，公司名是英文单词"Friend"（朋友）与"Insurance"（保险）的结合，创始人兼首席执行官为蒂姆·孔德，他在德国科布伦茨奥托贝森管理研究院获得了国家管理专业硕士，曾在波士顿咨询公司任职。他通过观察发现，虽然很多人拥有保险，但是他们从不或者很少使用，在出现零赔付或微赔付的情形下，客户缴纳的保费保险公司是分文不予返还的，最多只是在续保的时候享受一定的折扣。因此，对于那些长期不出险的客户而言存在着比较大的不公平，他们始终为高出险客户承担了理赔支出，是典型的"高安全者为高风险者埋单"模式。在蒂姆·孔德看来，传统的保险方式不但价格高昂而且缺乏透明度，很多人每年支付高额的保费却没有得到任何回报。在此背景下，Friendsurance保险经纪公司应运而生，提出了具有革命性的P2P保险的概念，引入分享经济的理念，为客户创造既经济实惠又高效便捷的保险新模式。

Friendsurance保险经纪公司认为，作为保险客户，他们都具有两种客观需求：一是希望得到保险公司的公平对待；二是希望以尽可能少的时间和精力去打理保险。基于此，Friendsurance保险经纪公司确立了以下价值观：

（1）客户导向：以客户为中心，以可靠的技术、可行的模式满足客户的需求。

（2）创新：始终探索最佳保险解决方案，为客户创造价值。

（3）公平：没有人需要承担超过合理范围的费用，并且每个人应当能从保险消费中受益。

（4）人性化的流程：使所有的流程尽可能简单、易懂、透明，体现以人为本。

在明确了发展思路之后，Friendsurance保险经纪公司带着"为更多的人提供更加公

平和更加经济实惠的保险"的梦想正式起航。从诞生至今,Friendsurance 保险经纪公司主要的发展历程如下:

(1) 2010 年,在德国的首都柏林正式成立。
(2) 2012 年,在伦敦设立分公司。
(3) 2013 年,在保险领域率先导入电子签名。
(4) 2014 年,实施保单无理赔奖金,以退费的方式发放;完成 A 轮融资,具体金额未公布。
(5) 2015 年,在一年内增加 7.5 万名新客户;荣获德国"最佳数字创新奖"。
(6) 2016 年,在 3 月完成了 B 轮融资,获得 1500 万美元,由李嘉诚旗下的维港投资集团有限公司领投;最佳客户连续 4 年获得退费奖励,总计超过 796 欧元;客户可以用 Friendsurance 保险经纪公司的新版 App 随时随地查询保单的内容和到期日;在澳大利亚设立分公司并开展业务。
(7) 2017 年,在前 6 年中有超过 80% 的客户获得退费,产险项目平均退费达到 30%。
(8) 2018 年,在前 6 年中获得退费的客户上升到 85%。

5.8.2 运营体系

经过多年的模式,Friendsurance 保险经纪公司已形成了较为完善的运营体系。

1. 业务系统架构

Friendsurance 保险经纪公司是一个充分融合保险科技、保险业务和保险服务对象的综合系统,图 5-17 为其业务系统架构。

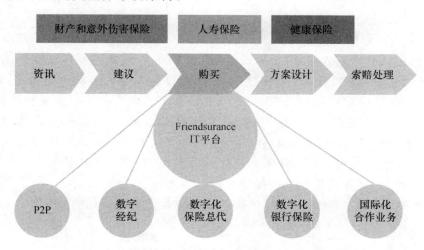

图 5-17　Friendsurance 保险经纪公司的业务系统架构

如图 5-17 所示,Friendsurance 保险经纪公司利用 IT 平台提供 P2P、数字经纪、数字化保险总代、数字化银行保险和国际化合作业务等支持,重点为财产和意外伤害保险、人寿保险以及健康保险提供资讯、建议、购买、方案设计和索赔处理等全方位的服务。

2. 商业模式

Friendsurance 保险经纪公司的商业模式可以概括为"群组投保+保费返还"(如图

5-18 所示）。

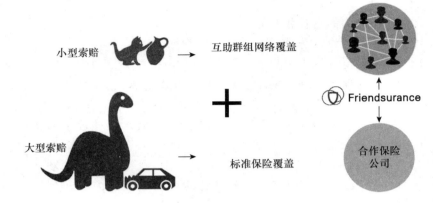

图 5-18 Friendsurance 保险经纪公司的商业模式

如图 5-18 所示，这一模式的运营流程如下：

（1）具有相同类型保险需求的投保人根据网上自动匹配或者通过 Facebook 和 Linkin 等社交软件向拥有类似保险需求的亲朋好友发出建立保险互助关系的邀请，请他们参与到保险互助网络中共同投保，每组的人数最少为 4 人、最多为 16 人。

（2）群组成员按相应的标准缴纳保费，其中 60% 交由保险公司用于支付相应的保单，40% 用于留存作为互保基金。

（3）如果有群组成员在一年内出险，则由留存的 40% 的互保基金先行赔付，不足额部分则由相应的保险公司进行赔付。

（4）如果一年到期后群组成员没有出险，或者出险赔付金额较小，互保基金还有剩余，则按比例返还给群组成员，群组成员最高可以获得总保费 40% 的全额返还。

具体举例说明，假如有 10 位车主共同出资投保车险，每人平均出资 500 欧元，Friendsurance 保险经纪公司共收到 5000 欧元的保费。其中，3000 欧元交给保险公司，2000 欧元作为"无理赔奖金"留存，只要一年内无理赔支出，小组成员即能拿回这笔奖金。如果发生理赔情况，金额小的从互保基金中支付，金额大的理赔则交由保险公司介入处理，以确保车主得到可靠的保障。在这一业务中，客户所购买的保险产品的绝对免赔额为 2000 欧元，在免赔额之上的损失将由保险公司负责赔付。

图 5-19 说明了正常的保险导入 Friendsurance 保险经纪公司的效果。

正常的保险	Friendsurance的概念	高达40%的现金返还
客户与其自身选择的保险服务商有独立的合同，价格、保障范围和往常一样	客户添加了Friendsurance的概念，现有合同也很容易实现	如果客户和他的团队没有索赔，可以获得高达40%的现金返还

图 5-19 正常的保险导入 Friendsurance 保险经纪公司的效果

3. 营利模式

作为平台服务提供方，Friendsurance 保险经纪公司提供的所有服务完全免费。客户先进入其官网或经由 App 加入会员，填写已经投保的保单，就能享受各项服务。客户只要向平台提供保险中介的授权，即可在线查看所有保单的内容和到期日，完全不用变更保险合同。如果需要出险理赔，客户也能随时随地在线申请。Friendsurance 保险经纪公司的盈利主要来源于保险公司的营收分成，各家合作保险公司都非常乐意与 Friendsurance 保险经纪公司开展合作，一方面可以获得大量的承保业务，另一方面也省去了大量的营销费用。

4. 合作模式

作为一家保险服务平台，Friendsurance 保险经纪公司将自己定位为成熟保险产品的经纪服务提供者，通过与各保险公司的深度合作，引入大量有吸引力的保险产品，为会员客户提供了品种齐全、形式多样的保险产品选择，构建了完善的保险销售平台，并为会员客户提供了保险比价功能，能让会员客户综合考虑保险公司的实力和保险产品的特点，并结合自身的需求，选择最适合自己的保险产品。

与此同时，Friendsurance 保险经纪公司作为拥有数十万特定保险客户的巨型"买家"，掌握了大量传统的保险产品无法覆盖的需求。因此，定制化的保险产品开发是 Friendsurance 保险经纪公司与保险公司开展合作的重要内容，数量众多的创新型保险产品受到了客户的充分认可。

5. 定价模式

在传统的条件下由于信息不对称，优质客户和高风险客户往往承担相同的保费，出险索赔的却往往是那些高风险客户，这是保险不公平的重要体现。为了改变这一局面，Friendsurance 保险经纪公司采用技术手段对每位客户的投保对象进行风险的动态监控。比如，针对车险，Friendsurance 保险经纪公司采用了 UBI（Usage Based Insurance，基于客户使用的保险）定价模型，通过车联网设备动态地收集驾驶员的驾驶数据，其中包括最基本风险定价因素"三急一长"（急加速、急减速、急转弯，行驶里程）的数据，再结合车辆驾驶人的相关情况来判断其出险率并核定保费，做到尽可能公平合理地差异化定价，有效地抑制了车险领域道德风险[①]的发生。在健康险领域，Friendsurance 保险经纪公司采用各种可穿戴设备用以监测血糖、血压、心率、血氧含量、体温、呼吸频率等人体健康指标，再结合个人的年龄、既往病史和运动状况等数据判断投保人的健康风险，从而给出不同的投保费率标准，在一定程度上消除了因信息不对称导致的风险和骗保等行为的出现。

在诸如家庭财产险、借贷信用保险等相关行为数据难以采集的险种上，Friendsurance 保险经纪公司创新出一套颇具特色的"互助互保"和"保费返还"的模式，利用社交熟人之间的相互监督有效防范了投保后道德风险的发生，让整个投保流程形成闭环，投

---

① 道德风险是保险领域中的一个术语，指投保人在得到保险保障之后改变惯常行为的一种倾向。道德风险分为事前道德风险和事后道德风险，前者是指保险可能会对被保险人的防止损失的动机产生一定的影响，如车主投保防盗险后对车辆被盗显得相对随意一些，因为他们知道可以获得赔偿；后者是指损失发生后保险可能会对被保险人的减少损失的动机产生一定的影响，比如车主投保自燃险后对车辆发生自燃进行施救显得相对消极，因为保险公司将会承担自燃损失。

保的客户能自觉地对自己的行为负责,以避免为自己和群组的其他人员带来困扰。

5.8.3 运营状况

Friendsurance 保险经纪公司于 2017 年提供的数据显示其在全世界已拥有超过 10 万人的客户,网站一年吸引了约 200 万人造访,App 一年被下载达 9 万次,成为德国最有人气的保险科技公司,不但给传统而又古老的保险业带来了新的活力,而且更为客户带来了非同一般的感受。

在总数超过 10 万人的客户中,各个年龄段的客户均有覆盖,说明这一服务平台不只是年轻人通过互联网购买和管理保险的渠道,而是已经惠及了众多的中年人和老年人群体。在全部的客户中,男性占比 66%,女性占比 34%,各年龄段占比如下:

(1) 18~30 岁,占比 38.64%;
(2) 31~40 岁,占比 19.86%;
(3) 41~50 岁,占比 20.18%;
(4) 50 岁以上,占比 21.32%。

一般情况下,大部分客户都选择购买了 2~3 款保险产品。购买了 3 款保险产品的客户,如果全年没有发生理赔事件,平均每个人可以获得 98.67 欧元的返还金奖励。在德国,这大约相当于 3 款保险产品总价的 30%。

作为"P2P 保险"这一全新概念的开创者,Friendsurance 保险经纪公司付出了艰苦的努力才让众多客户接受了这一独特的保险消费模式。与此同时,Friendsurance 保险经纪公司已经和德国的七十余家保险公司达成了合作协议,为保险客户带去了更优质的服务。保险客户满意度和忠诚度的提升也让这些传统的保险公司受益匪浅,因为返还奖励机制的存在,客户骗保的行为大幅度减少,传统的保险公司的理赔成本也得以降低,达到了多方共赢的效果。

经过多年的努力,Friendsurance 保险经纪公司已形成了一支年轻的国际化的团队,有来自二十多个国家的一百多名员工在德国柏林的总部共同协作,努力开拓更加美好的未来。

5.8.4 价值来源

Friendsurance 保险经纪公司为保险参与各方创造了可观的价值,其价值来源主要来自于以下四个方面:

一是降低了保险领域常见的反欺诈成本。Friendsurance 保险经纪公司是通过社交网络将具有共同保险需求的亲朋好友聚集成一个又一个的群组,由于群组之间要么相互认识,要么有着共同的利益诉求,存在着特定的情感因素,使得发生保险欺诈的可能性大大降低,从而减少了保险公司应对保险欺诈的各项开支。

二是降低了风险行为和赔付费用。客户在邀请其他的成员合伙时,会基于对被邀请者品行的了解和认识,倾向于选择风险行为更低的成员,降低了整体风险发生的概率,从而也有效地削减了整体赔付的费用。从实际赔付情况来看,Friendsurance 保险经纪公司的索赔率确实明显低于市场平均值。

三是降低了小额赔付的处理成本。Friendsurance 保险经纪公司通过建立"无理赔奖金"对客户的小额赔付进行覆盖，减少了保险公司处理这种小额赔付的运营开支成本。同时，对于客户来说也避免了过去发生小额赔付时需要跟保险公司打交道的复杂流程，显著提升了客户体验。

四是降低了销售成本。Friendsurance 保险经纪公司借助社交网络和亲情关系网进行销售，这种类似于病毒式营销的模式可以大幅度地降低保险产品的销售成本。

根据 Friendsurance 保险经纪公司的测算，在以上四个方面因素的影响下，相比于传统的保险产品，Friendsurance 保险经纪公司的模式可以降低高达 50% 的成本费用，这一成本的优势可以为客户带来实实在在的价值，也大大提升了客户的满意度、忠诚度和传播的意愿度。

5.8.5 创新分析

作为全球 P2P 保险的领先实践者，Friendsurance 保险经纪公司的创新主要体现在以下两个方面：

一是通过社交媒体和熟人关系构建共同的保险商业关系，减少了信息不对称的情况，加之情感因素的存在，有效地降低了保险欺诈发生的概率。而且，由于投保人之间彼此了解、相互信任，增加了风险聚集的精确性，从而降低了保费的风险溢价，同时也符合参与各方的共同利益。

二是通过保险科技的灵活应用降低了业务运营各方面的成本，能够以更高的效率、更小的代价来应对小额赔付这种长尾市场，既降低了传统的保险公司的管理成本，也提高了客户的客户体验，达到了各方多赢的效果。

经过多年的积累，Friendsurance 保险经纪公司已具备了传统的保险公司所不具备的竞争力和生命力，图 5-20 对 Friendsurance 保险经纪公司创新发展的一个概括总结。

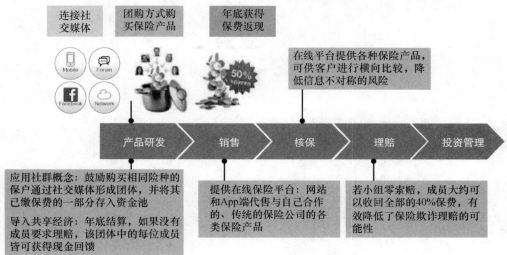

图 5-20　对 Friendsurance 保险经纪公司创新发展的一个概括总结

5.8.6 案例评析

Friendsurance保险经纪公司是保险科技与传统的保险业融合发展的一个创新案例，与传统的保险公司相比，它采用了P2P保险平台的方式让客户直接在平台上与有共同需求的熟人和特定关联人一起寻找适合自己的产品，并让他们以更公平、更便宜的价格享受更高标准的保险服务，解决了保险业长期以来难以解决的顽症——骗保和欺诈问题，在很大程度上革新了保险业传统的运营模式，创造出了既符合各方利益又能代表保险业未来发展方向的创新之路。

保险业是一个规模巨大、成长迅速、前景美好的重要产业，如何利用保险科技和创新模式为行业转型升级提供新的思路，是众多保险公司和社会各界都在思考的问题，Friendsurance保险经纪公司的创新探索，为我们提供了十分有益的借鉴。

5.9 本章小结

与同属金融业的银行业和证券业相比，保险业的信息技术的发展和应用长期处于滞后的状态。随着金融科技的不断成熟和应用的局部深化，保险科技正面临着前所未有的发展机遇，大有后来居上的态势。保险科技的核心是全面推进保险的数字化，特别是要将过去必须由人工进行业务运作的流程转变成数据化的流程。从全球保险科技的发展和应用来看，保险业也正在经历一次巨大的变革，保险科技在新一轮保险业的竞争中起着十分重要的作用。我国作为全球保险市场之一，对保险科技的开发和应用既十分必要又极为迫切，尽管当前已有不少的保险公司已经在积极探索，但总体还处在较低的水平，需要结合我国的现实国情，积极借鉴国际上的一些先进模式，大胆探索、创新实践，走出一条适合我国保险业大发展、大繁荣、大变革的新型道路。

第六章 智能投顾

伴随着云计算、物联网、移动互联网、大数据和区块链等新一代信息技术的快速发展,经历了六十多年发展历程的人工智能正迎来历史性的大爆发的机遇期,由此而引发的社会关注也可谓不绝于耳,甚至引发了诸多忧虑。全球著名的咨询公司麦肯锡发布报告称,到 2030 年,保守估计全球约 4 亿人会因人工智能而导致其工作发生变动,激进预估会有 8 亿人因为人工智能而失业。金融是与人工智能关系最为紧密的行业之一,既面临着十分严峻的挑战,同时又拥有极其难得的机遇,人工智能将为金融业创新业务、改善服务、提升效率、降低成本和管控风险等发挥突出的作用。面对新的形势,我们需要统筹谋划、积极部署,努力走出一条适合我国国情的金融人工智能发展道路。智能投顾和智能风控是金融业与人工智能有机结合的重要体现,本章从人工智能的基础理论分析入手来探讨与智能投顾相关的理论与典型案例。

6.1 人工智能概述

人工智能虽已经历了六十多年的发展,但迄今为止,无论是产业界还是学术界对人工智能都尚无统一的认知,需要我们对此做进一步的分析。

6.1.1 对"智能"的理解

在权威的《韦伯斯特词典》中对"智能"是这样表述的:智能是指学习和求解问题的能力,既表示解决新问题、理性行动与像人一样分析和思考,又是世界上人类、部分动物和特定设备共同具有的一种能力。换言之,智能是思考和理解能力而不是本能的做事能力,它是一种非常广泛的精神能力,包括推理、计划、解决问题、抽象思维、领悟复杂思想、快速学习及吸取经验等。人类作为高级智能生物,"智能"是普遍存在的,并通过不断地学习和实践,使"智能"水平不断地提升,以更好地适应个人和社会发展的需要。猴子、猩猩、鹦鹉甚至乌鸦等各种动物通过学习和长时间的训练,均能在一定程度上具备与人类类似的智能。"机器"虽天生不具有智能,但在人类"智能"的作用下,在实现硬件、软件和数据的充分融合后,能产生各种特殊的"智能",这正是人工智能的发展方向。

6.1.2 人工智能的定义

目前,人工智能(Artificial Intelligence,AI)有较多的定义,最为常见的是:人工智能是研究、开发用于模拟、延伸和扩展人的智能的理论、方法、技术及应用系统的一门新的技术科学。从本质上来看,人工智能就是通过"人工"开发出来的智能,使机器能具备过去只能依赖人才能完成的智能工作。人工智能发展的基本目标是使机器能够胜任一些通常需要人类智能才能完成的复杂工作,具体包括以下四个方面:

(1)让机器像人一样能思考:具体通过机器学习、自动推理、人工意识和知识表示等方式来实现。

(2) 让机器像人一样能听懂:通过语音识别理解语言的具体含义,并能与人进行对话等。

(3) 让机器像人一样能看懂:通过视觉①识别等手段看懂具体的对象,并能做出相应的判断。

(4) 让机器像人一样能行动:通过运动控制单元让机器能根据各种场景的需要自主运动。

总体来说,人工智能的一个发展目标是要使机器能够胜任一些通常需要人类智能才能完成的复杂工作,但究竟何为"复杂工作",在不同的时代、不同的人对这一概念的理解是各不相同的。比如,在计算器出现之前,算盘是"先进"的计算工具,而有了计算器之后,其计算的功能大大超越了算盘,但与计算机相比,计算器的"先进性"就显得相形见绌。与此同时,按照摩尔定律的法则,每18个月相同价值计算机的性能就提高一倍,这说明计算机能处理复杂工作的能力也得到了大幅度的提升。

人工智能是一个涉及面广泛的技术体系,除最为密切的计算机科学外,还涵盖了信息论、控制论、自动化、仿生学、数学、物理、生物学、心理学、机械工程、语言学、医学和哲学等多门学科,可以说包罗万象、交相融合。当前,人工智能学科的研究十分活跃,主要的研究内容包括知识表示、自动推理和搜索方法、机器学习和知识获取、知识处理系统、自然语言理解、计算机视觉、智能机器人、自动程序设计等各个方面。

6.1.3 人工智能与大数据的关系

人工智能与大数据的关系十分密切,如果用一句话来概括人工智能与大数据的关系,那么可以将两者比喻成婴儿和奶粉的关系——人工智能是婴儿,大数据是奶粉,婴儿想要健康成长就要吃好的奶粉,奶粉的营养直接关系到婴儿的成长。因此,我们可以说,大数据的数量、质量和时效性直接关系到人工智能的发展。

人工智能与大数据的结合使得世界进入新 ABC 时代:A 代表的是人工智能;B 代表的是大数据;C 代表的是云计算,即在云端用人工智能处理大数据。比如使用量十分广泛的"今日头条",所有的推送都是由人工智能完成的,机器人根据每个用户的喜好、浏览过什么样的文章等进行比较精准的推送,而且相关数据的处理并非集中在用户端,而主要是通过云计算平台实现的。

6.1.4 人工智能的发展动力

人工智能在过去的数年迎来了前所未有的发展时机,取得了突飞猛进的发展,主要有以下四个方面的动力源泉:

第一,数据的高速增长。

伴随着移动互联网等新一代信息技术的快速发展,人类社会数据的增长出现了类似摩尔定律的快速增长——每18个月数据总量增加一倍。目前,全人类近乎90%的数据

---

① 计算机视觉(Computer Vision,CV)是指用计算机来模拟人的视觉系统,实现人的视觉功能,以适应、理解外界环境和控制自身运动。

是最近几年才形成的,但这并不是说所有的数据都是新产生的,只不过之前我们并没有条件把各类数据记录下来,现在有了更多的技术手段能实现数据的生成。

第二,硬件的异军突起。

与串型架构的 CPU 不同,后来发展的 GPU(Graphics Processing Unit,图形处理器)有了突破性的发展,从原来静态的缓存发展到用动态的缓存,导致计算速度和存储能力有了本质的提升。例如,我国的一家名为"寒武纪"的公司的研究显示,GPU 能够提供平均 58.82 倍于 CPU 的速度,与过去不可同日而语。这两年又发展出了 TPU(Tensor Processing Unit,张量处理单元),使得计算机的处理能力再次得到了大的提升。所以,硬件技术的不断突破是人工智能取得快速发展的重要物质保障。

第三,云计算的助力。

云计算作为一种新的基于互联网的相关服务使用和交付模式,可以提供可用的、便捷的、按需的网络访问,大大降低了计算资源的运营成本和管理难度,可以让用户犹如使用水、电、气一样使用计算资源,而只需支付较低的费用。云计算为人工智能的粮食——数据资源的获取、存储和处理提供了革命性的支持,使人工智能成为有本之木。

第四,深度学习的推动。

深度学习的动机在于建立、模拟人脑进行分析学习的神经网络,它模仿人脑的机制来解释数据,例如图像、声音和文本。以图像识别为例,从最初的像素特征一点点上升到边缘,然后再把它抽象成眼睛、嘴、鼻子等器官,根据这些器官的特征区分出具体不同的动物或是不同的人。在目前广泛应用的人脸识别项目中,最底层的框架实际上就是这样一步一步进化而来的。

数据的高速增长、硬件的异军突起、云计算的助力和深度学习的推动,这四个方面力量的相互作用,形成了强大的合力,为人工智能的发展奠定了坚实的基础。从未来的趋势来看,以上这四个方面都处在快速发展的新阶段,预示着人工智能发展有着不可估量的前途。

6.1.5 人工智能在金融业中的应用

人工智能在数十年的发展历程中,不断地与行业应用产生融合,金融业是其重要的应用领域。从过去的应用实践,再结合未来的应用趋势,人工智能在金融业中的应用主要包括以下一些场景:

1. 在身份识别中的应用

身份既对应着金融资产的权益,又关系着金融活动的责任,因此身份识别是金融场景中最基本的应用需求。目前,国内外的金融机构在利用人工智能进行身份识别方面已出现了较多的实际案例,如英国的巴克莱银行、美国的富国银行运用人脸和语音的生物辨识来验证企业的客户,韩国的 BCCard 推出了声纹辨识线上刷卡服务,巴西的 Bradesco 银行将掌静脉辨识用于 ATM 机。可以说,基于人工智能的身份识别已成为各大金融机构竞相采纳的技术,以有效地提升身份识别的可靠性和便捷性,更好地满足客户的需求。

早在 2015 年 3 月 16 日,马云在德国汉诺威消费电子、信息及通信博览会 Cebit 的

CeBIT展开幕式上演示了蚂蚁金服的 Smile to Pay 扫脸技术,为嘉宾从淘宝上购买了1948年的汉诺威纪念邮票。这项基于人工智能的刷脸支付认证技术由蚂蚁金服与国内人脸识别领域处于领导地位的"face++"合作研发,在购物后的支付认证阶段用户直接通过扫脸取代了传统的密码,由此开启了国内"刷脸支付"的新征程。

2. 在征信管理中的应用

征信是金融业的根基,是开展各类金融业务的基本保障。在传统的征信体系中,金融机构主要是采集客户的证件号码和姓名等对客户进行征信管理,但是这个方式更适合在线下、低频的交易模式中使用,对于互联网时代大量、高频、小额的线上交易模式来说,传统的征信管理方法已经无法满足快速增长的业务需求。在人工智能背景下,征信管理的身份认证、数据采集和征信评价都将进入一个新的阶段。

3. 在风险控制中的应用

金融本质上是经营"风险"的业务,即如何控制包括欺诈风险和信用风险在内的金融风险。欺诈风险是指由欺诈者通过伪造身份信息、联系方式信息、设备信息、资产信息等方式实施欺诈引起的风险;信用风险是指借款人因各种原因未能及时、足额偿还债务或银行贷款而违约的可能性。利用人工智能进行风险控制主要体现在人工智能、云计算等技术相互融合,实现全场景的风险监控,促进金融业务流程由传统的流程向以改善客户体验、挖掘客户潜在价值的创新型模式进行转变。

4. 在投资中的应用

为金融客户提供投资顾问服务是金融业务的重要组成部分,人工智能在投资顾问中大有可为,它能结合现代投资组合理论和投资者的偏好为投资者提供建议,更好地服务投资理财的"小""散"客户,具有佣金低和信息透明等特点。换言之,人工智能在投资顾问中的应用实际上是把传统的私人银行的服务在线智能化,能在更大范围、更深层次上服务更多的普通百姓。

5. 在服务中的应用

利用人工智能改进金融服务,进一步提升服务的个性化、人性化和专业化水平,是各金融机构普遍努力的方向,目前已出现了多方面的应用。比如,银行采用服务机器人提供专业服务,一方面可以降低人工服务的成本,另一方面可以提高服务的针对性和时效性。又如,在线智能客服可以在很大程度上替代人工的服务,能在业务繁忙和非工作时间发挥独特的作用。

6.2 智能投顾

在金融体系中,投资顾问起到的作用是连接客户和金融产品,了解客户的风险偏好,并根据不同客户的风险偏好为其配置个性化的资产组合。人工智能技术应用于投资业务实现智能投顾后,神经网络、深度学习等算法可以显著提升金融业务的运作,同时还可以降低业务运行成本,提高客户的满意度,比如在资产配置领域,智能投顾可以通过模型计算出符合客户要求的最优投资组合,通过模型控制风险,量化投资策略,实现智能调仓。作为人工智能技术与金融投资业务有机融合的一种新的业务实现方式,智能投顾正成为金融机构和客户的共同选择,其应用的广度和深度也在不断地推进之中。

6.2.1 智能投顾的概念

智能投顾又称机器人投顾(Robot Advisor,RA),是指投资者根据自身的经济状况和风险承受能力,运用以经济行为学、技术经济学、投资效用论等多种经典理论为基础而形成的算法,力求实现投资收益和投资风险的最佳平衡的新型投资管理模式。智能投顾需要以大数据、人工智能等技术作为支撑,做到智能化、个性化和专业化三者的兼顾。

智能投顾的发展目标是投资者要运用准确而高效的算法和模型,经过多层次的投资将风险的可能性降到最低,并能获得较为可观的长期收益。基于智能投顾平台,投资者在得知自身风险的同时,能够决定最优资产配置点并做出最优的投资组合,在降低风险的同时不会降低预期收益率,这样不仅能够在同样的风险水平下获得更高的收益率,而且还能在同样的收益率水平上承受更低的风险。智能投顾的涉及面十分广泛,涵盖了保险销售、银行财富管理、证券投资、基金管理、基金的筛选、证券规避风险等金融产品。

需要说明的是,智能投顾和量化投资并不是一回事:智能投顾是被动型分散投资策略,人工智能起到匹配风险承受能力和资产的作用;而量化投资是高频套利的主动型投资策略,投资者利用计算机建立套利模型选择合适的时机进行买卖,智能投顾的资产配置中可以包含量化投资基金。

6.2.2 智能投顾的理论基础

智能投顾作为利用人工智能等技术手段实现投资目标的一种模式,绝非单纯依靠技术就能达成目标的,而是需要建立在相应的理论基础之上。相关的理论主要包括以下三个方面:

1. 现代投资组合理论

现代投资组合理论(Modern Portfolio Theory,MPT)由 1990 年诺贝尔经济学奖获得者马科维茨提出。该理论定义了资产配置的有效前沿(Efficient Frontier),即在确定风险水平下使收益最大化,或者在确定收益水平下使风险最小化的资产组合集。换言之,在投资者的风险承受范围内给出资产配置的最优解——对风险和收益进行平衡,而不是单纯地追求高收益。该理论指出,投资者的投资组合选择可以简化为平衡"期望回报"和"方差"两个因素,以方差衡量风险,可以通过分散化降低风险。在给定投资者的风险偏好和相关资产的收益与方差的条件下,最优投资组合就能产生唯一解。马科维茨从数学上证明了所有的资产配置的可能性组成了如图 6-1 所示的由不同的点组成的面积,最上面的曲线为"有效前沿线",有效前沿线上的每个点都是一个最优资产配置点。从纵轴来看,是在某一个确定风险上投资者能够取得的最佳回报的资产配置组合;从横轴来看,是在风险最少条件下投资者希望得到的回报资产配置组合。

现代投资组合理论同时还明确,当大类资产相关度较低尤其是存在负相关时可以通过调整投资配比来获得比较稳定的收益,从而分散非系统性风险。

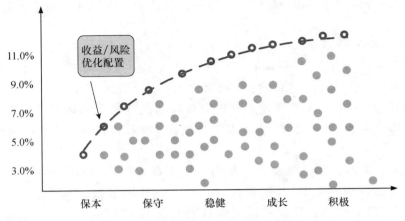

图 6-1 马科维茨的现代投资组合理论的原理

2. Black-Litterman 模型

鉴于现代投资组合理论构建的投资组合存在对输入的参数过于敏感和估计误差被放大等一些不足,也有一些智能投顾平台选择 Black-Litterman 模型代替现代投资组合理论来确定大类资产的投资组合。Black-Litterman 模型利用概率统计方法,将投资者对大类资产的投资欲望与市场均衡回报进行综合分析,从而对每类资产形成一个预期回报的判断。总体来看,一种资产的期望收益等于市场均衡收益和投资者主观期望收益的加权平均,这一模型兼顾了定性和定量的方法,结果更具有可信性。

3. 资本资产定价模型

资本资产定价模型(Capital Asset Pricing Model,CAPM)是由美国学者夏普等人于1964年在现代投资组合理论的基础上发展起来的,主要用来确定预期收益率与风险之间的关系,以及如何确定资产的均衡价格。该理论认为,组合分散化程度越高,组合的风险就会越低,同时人们在长期投资中只能获得和系统性风险相匹配的收益。智能投顾平台利用这一模型来确定每种资产的预期收益,同时该模型也为被动化投资提供了理论支持。

基于以上三种理论模型,目前世界上发展较好的智能投顾企业大多遵循了"被动式投资,分散化组合"的原则。被动式投资是指投资者主要依托平台提供的投资组合方案进行投资,而不是自身主动地去选择相应的投资组合;分散化组合是指投资者尽可能选择关联度较低的门类进行投资,例如在美国位居前列的智能投顾公司 Wealthfront 的投资标的的选择范围十分广泛,涵盖了美国股票、新兴市场股票等 11 个资产大类,是智能投顾领域资产门类涉及最多的服务商之一。

6.2.3 智能投顾与传统投顾的比较

智能投顾的快速崛起有两个重要的时代背景:一是金融科技的飞速进步使金融交易的成本近乎为零,原来以交易佣金为主要收入的商业模式无法继续,这对金融服务行业是一个革命性的冲击;二是人们开始更加关注自身的财务状况,需要更多地根据自己的情况做出投资决策,同时金融市场却变得越来越复杂,为此人们不得不寻求顾问服务。智能投顾与传统投顾的比较参见表 6-1。

表 6-1 智能投顾与传统投顾的比较

比较项目	投顾类型	
	智能投顾	传统投顾
投资起点	低,没有	高,一般要数十万元起步
参与人群	多,普通投资者均可参与	少,以高净值人群为主
服务流程	短时间即可完成投资	耗时冗长,流程复杂
方案变化	7×24 风险监控,可以灵活调整方案	调整过程复杂,耗时较长
透明程度	透明程度高	透明程度低
投资体验	简单、方便、快捷,体验好	复杂、烦琐、冗长,体验差

加拿大多伦多大学金融学教授丽莎·克莱默在对比了传统投顾之后,认为智能投顾代表了未来的发展趋势,理由如下:

(1) 人们对自我和世界存在认知偏见,总认为积极管理更有效,然而证据表明,有基金经理积极管理的基金大部分不如被动管理的表现好;

(2) 人类投资顾问有财务激励的驱动力,他们经常不是为了客户利益服务,而是选择对自己利益最大化的产品,除非投资者愿意付高额咨询费寻求一个独立的投资顾问,但这个代价十分高昂;

(3) 人类投资顾问一般要收取 1%～3% 的高额年费,机器人的顾问费为一般为 0.25%～0.5%,这相当于数万美元的人工理财费用;

(4) 当市场崩溃,个人顾问很难迅速地联系每个客户,但是智能投顾可以立即对所有的客户做出应对处理。

6.2.4 智能投顾的主要特点与主要优势

智能投顾的主要特点表现在以下三个方面:

(1) 个性化:能根据投资者自身的风险偏好提供个性化的投资策略,更好地满足个性化的投资需求。

(2) 分散化:不把鸡蛋放在一个篮子里,实现了投资风险的分散化,可以进一步控制风险,确保投资收益。

(3) 长期化:不关注短期内的收益涨跌,而是追求长期的稳健回报。

智能投顾的主要优势表现在以下三个方面:

(1) 低成本:充分发挥大数据、人工智能等技术的作用,大大降低了投资理财的服务费用,为投资者带来更高的回报。

(2) 高效率:通过人工智能等技术手段精确、快速地匹配投资需求,简化了流程,提升了效率。

(3) 多选择:能为投资者提供跨区域、跨行业和跨不同时间的投资标的选择,满足了投资者多样化的投资需求。

(4) 更理性:避免投资者情绪化的影响,由机器人严格执行事先设定好的策略。

6.2.5 智能投顾的主要模式

智能投顾从实际发展来看,目前已形成了机器向导模式、机器辅助模式和人机结合模式三种,每种都有相应的成功案例。

1. 机器向导模式

机器向导模式是指投资者利用人工智能技术对资产配置进行智能化管理的一种模式。投资者在选择这种模式之后,智能投顾平台会实时追踪客户的投资过程并根据相关参数进行动态的优化,以实现收益和风险的平衡,为投资者创造最大价值。目前,在美国这种模式的比例约占50%,为创业科技型公司的首选。

美国的Wealthfront是一家资产管理规模超过数十亿美元的智能投顾公司,它使用计算机算法和标准投资模型来管理投资者的资产组合,为投资者提供机器向导型智能投顾服务。采用了机器向导模式的Wealthfront公司在小额理财方面有着更大的优势,尤其为投资金额少于1万美元的客户提供了更多的选择,公司的主要目标受众是20~30多岁的高科技专业人才。在税收优化方面,Wealthfront公司开发出了一套引以为傲的机器导向的税收优化索引服务系统——Directindexing(直接索引)。这一系统可以从个股的变动中挖掘税收收益,从而更好地实现资本利得的有效抵扣,以达到节税的目的。同时,为了保障税收优化的效果,Wealthfront公司还设立了交易限制清单(Exclusionlist),详细记录被限制交易的证券,尽可能避免洗售等损害税收收益情况的发生。

2. 机器辅助模式

机器辅助模式是指投资者创造资产配置组合,而智能投顾则为创造组合和共享平台提供辅助工具的一种模式。目前,在美国这种模式的比例约占20%,有不少具有代表性的服务商。创办于2010年的美国Motif投资公司是一个全新创意的投资平台,曾在美国"50家年度最具影响力企业"评选中排名第四位。该公司打破了传统的股票交易规则,采用创建投资组合的方式提供多达150个官方投资组合和18万种透明公开交易内容供投资者学习,能让投资者利用该公司提供的工具自由选择中意的标的来进行投资,并能自由调整仓位,真正做到了低风险、高收益。不同于TD Ameritrade、Scottrade这些传统的股票交易商每交易一只股票就要收取7~10美元的佣金,投资者每购买该公司一个完整的投资组合只需要9.95美元,同时又不同于传统的交易所交易基金,该公司不收取任何年费和其他的费用,只是在投资者修改自己的投资组合时会被收取4.95~9.95美元的手续费。全球最大的资产管理公司贝莱德集团旗下的理财服务公司——未来顾问投资服务公司也采用了这种方法,投资者可以直接使用Future Advisor系统进入到自己的401K退休金账户。在对投资者账户进行综合分析之后,未来顾问投资服务公司会根据每个投资者的年龄和账户金额提供个性化的投资建议,并定期提醒自动再平衡,具体是否选择建议方案则由投资者自行决定。

3. 人机结合模式

人机结合模式是指在平台上既有人工智能方式为投资者提供投资服务,又有传统的投资顾问为投资者提供资产配置组合的一种模式。目前,在美国这种模式的比例约为30%,以传统的服务企业为主。以美国先锋集团为例,投资者使用个人顾问服务之前,会有专业的投资顾问与投资者进行先期沟通,在确定了诸如退休计划、财务管理或大学储蓄等明确目标之后,再把该方案的投资组合交由机器人处理。而对于投资超过50万美元的投资者,先锋集团还会为他们安排专属的财务顾问。资产管理总额超过50亿美元的个人资本公司采用的也是这种人机结合模式,该公司主要提供两个方面的服务:免费分析工具和基于收费的传统服务。免费分析工具意味着投资顾问平台使用自动化算法为投资者分析资产配置、现金流和投资成本,帮助投资者更全面地了解自己的财务状况,识别潜在的风险和不合理的投资成本,以建立起更加适合自己的投资组合;基于收费的传统服务则为注册用户中资产数额较大的投资者提供了传统的投资服务,通过组建专业的传统投资顾问服务团队,根据投资者的资产状况和风险偏好,结合相关的资产管理模式,为投资者提供高质量的投资咨询服务。

"人工"和"机器"这两个方面的服务各有侧重,只有充分发挥两者的优势,才能更好地满足客户的需要。

6.2.6 智能投顾的流程

根据美国金融业监管局于2016年3月发布的《数字投资顾问报告》(Digital Investment Advice Report),理想的智能投顾包括七个步骤,即客户分析、大类资产配置、投资组合选择、交易执行、投资组合再平衡、税收规划和投资组合分析(如图6-2所示)。

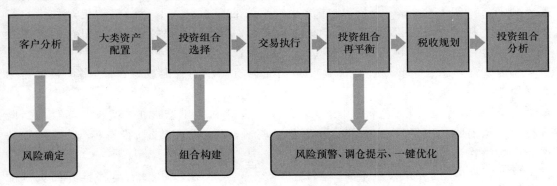

图 6-2 智能投顾的流程

如图6-2所示,智能投顾的流程说明如下:

(1) 客户分析:对客户的基本情况进行分析,掌握他们对风险的承受能力,明确客户的投资目标。

(2) 大类资产配置:以股票和债券作为主要投资标的,确定具体的投资比例,优化配置方案。

(3) 投资组合选择:结合现代投资组合的相关理论并通过机器学习确定与投资目标相对应的投资组合方案,综合考虑多方面因素为客户选择收益和风险相匹配的投资组合方案。

(4) 交易执行:在投资组合方案确定之后,按相应的规则执行交易方案。

(5) 投资组合再平衡:利用学习算法组成的风险监督模型调整、优化投资方案,实现风险预警、调仓提示和一键优化等功能,达到投资组合的再平衡。

（6）税收规划：根据可能的涉税事项进行税收方案选择，达到在合理、合法的前提下降低税负的目的。比如，建议投资者适时地卖出亏损的资产，以抵免一部分资本利得税，同时买入其他类似的资产，从而达到合理节税和增加客户净收益的目的。

（7）投资组合分析：结合项目执行情况对投资组合进行综合分析，得出相应的经验和启示，进一步理清思路，为后续投资项目提供参考。

6.2.7 智能投顾的发展展望

智能投顾在过去的数年中迎来了快速的发展，并代表着投资理财未来发展的方向。这是一个潜力十分巨大的市场，美国花旗银行的研究指出，智能投顾的市场总额达到 5 万亿美元，可以说正在孕育着一场深刻的金融发展革命。国际上一些大的金融机构已经闻风而动，美国的嘉信理财公司早在 2015 年 3 月就推出了智能投顾产品 Schwab Intelligent Portfolios；随后先锋集团开展智能投顾业务"个人顾问服务"；贝莱德集团在收购理财服务公司——未来顾问投资服务公司后，开始全面发力。一些国际著名的银行也不甘落后，凭借自身的实力和基础，大有后来居上的气势，比如英国四大银行（巴克莱银行、苏格兰皇家银行、劳埃德银行、桑坦德银行）都宣布了将引入智能投顾服务，加拿大的蒙特利尔银行也宣布启动智能投顾平台。

在我国，先后出现了一批以"智能投顾"为核心业务的新型平台，包括平安一账通、京东金融、宜信、积木盒子、人人贷等，并已开始相关的探索。大型金融机构更是凭借自身的独特优势和行业资源抢抓这一重要机会，如招商银行的摩羯智投、中信银行的信智投等。中信银行的信智投包括以下三个方面的亮点：

一是投资理念是"懂投资、更懂你"，致力于做有温度的智能投顾产品，最终目的是为客户创造美好生活；

二是"双脑智投"的特色，采用的是融合人类智慧和人工智能的"双脑引擎"模式，既有投研专家前瞻性市场分析和底层产品专业调研，又运用大数据、投资模型、智能算法来弥补人类在计算能力上的不足；

三是客户体验上的"大道至简"，从四千余支基金中寻找最优组合，将推荐的资产配置组合直接推送给客户，由客户决策、一键购买并享受后续服务。

信智投的推出是将"人工智能+人脑"的运营方式相结合，借助大数据分析、量化金融模型和专家智慧，能够更加精准地把握客户的需求，实现客户体验不断地趋于人性化、便捷化、精准化，让财富管理服务更具智慧、更懂客户、更有温度。

可以预见，智能投顾将伴随着人工智能技术与投资业务需求的深度融合得到快速发展，同时也必将给传统的投资顾问行业带来大的冲击，需要未雨绸缪、早做应对。

6.3 摩羯智能投顾发展案例

诞生于 2016 年年底的摩羯智投是招商银行推出的智能投顾服务品牌，开创了国内银行业智能投顾的先河，经过短短几年的发展，已成为资产规模达百亿级、在国内处于龙头地位的智能投顾服务商。

6.3.1 发展背景

在国内银行业处于领先地位的招商银行管理着我国最有价值的中高端个人客户的金融总资产达5.4万亿元,理财资产管理规模达2.3万亿元,金融资产托管规模达9.4万亿元,有着十分强劲的智能投顾的业务需求。摩羯智投正是站在这个强大的金融数据平台上的一款新型智能化产品,该产品运用机器学习算法,并融入招商银行十多年财富管理实践和基金研究经验,在此基础上构建起了以公募基金为基础的、全球资产配置的"智能基金组合配置服务",是契合国情的"人+机器"智能化投资模式,在客户进行投资期限和风险收益选择后,摩羯智投会根据客户自主选择的"目标-收益"要求构建基金组合,由客户进行决策,进行"一键购买"并享受后续服务。虽然摩羯智投大量运用了人工智能技术中的机器学习算法,但并非完全依赖机器,而是人与机器的智能融合方式,是智能投顾领域的革命性创举。

6.3.2 实现模式

摩羯智投并非一个单一的产品,而是一套资产配置的服务流程,它包含了目标风险确定、组合构建、一键购买、风险预警、调仓提示、一键优化和售后服务报告等,涉及基金投资的售前、售中、售后全流程服务环节。不仅如此,摩羯智投在向客户提供基金产品组合配置建议的同时,也增加了较为完善的售后服务。比如,摩羯智投会实时进行全球市场扫描,根据最新的市场状况,为客户提供最优组合比例的建议。如果客户所持组合偏离了最优状态,摩羯智投将为客户提供动态的基金组合调整方案,在客户认可后即可自主进行一键优化。

摩羯智投并不提供一个保证性的收益,也不是要和某个市场基准做比较,它做的是根据资金期限、回撤要求做财富管理。比如,一个客户的目标是赢得6%的收益,概率亏损不能承受超过5%,那就在这个区间里给客户构建组合,满足其理财规划的需求。

摩羯智投能够支持客户多样化的专属理财规划,客户可以根据资金的使用周期安排,设置不同的收益目标和风险要求。一个投资者可以拥有多个独立的专属组合,以此实现购车、买房、子女教育等丰富多彩的人生规划。不同于保本保收益的理财产品,也不以战胜某个市场指数为目的,摩羯智投以不偏离客户专属的"目标-风险"计划为己任,从而做到真正专业的财富管理。

6.3.3 投资组合

从大的范围来看,摩羯智投为客户提供投资期限和风险承受能力两个方面的选择,可以形成30个投资组合。投资期限有三个选项,即短期(0~1年)、中期(1~3年)和长期(3年以上);风险承受能力有10个选项,分别是1~10级,但对每个风险级别并未给出具体的判定标准。风险承受能力并不是通过调查问卷来衡量客户的风险水平,而是客户根据对自己的判断,选择一个大概的风险等级,这有可能导致客户对自己的风险承受能力的评估与实际产生偏差。

当投资者选定了一对组合后,智投系统会显示一个模拟的历史年化业绩和年化波动率,并且能较为直观地显示一组数据,如投资1万元、持有1年,按照模拟历史收益测算,会赚多少钱,以及在多大的概率下亏损不会大于多少钱。有了这组数据之后,投资者会相对容易地判断自己所能承受的最大风险。

在确定了投资期限和风险承受能力两个输入项后,投资者点击进入智投系统,页面会显示所提供的具体的资产组合方案,每种方案里面包含的资产大类包括固定收益类、股票类和另类投资产品。其中,固定收益类以债券、基金为主,股票类既包括投资国内也包括投资全球股票的基金,另类投资产品则是以量化对冲和黄金为主。同时,智能系统还会用净值图的方式直观地显示这个组合资产近3个月和近6个月或者到近1年收益率的情况,以及与业绩比较基准的关系;不仅如此,点击收益率图中的任何一个地方,还会显示某一天具体的净值情况,获取相关的产品信息。投资者进入方案查看详情后,还会看到组合内每只基金的净值和收益率变化情况,在单只基金的配置比例上,通常从5%~15%不等,配置的基金数量从10~25只不等,以实现风险的充分分散。

6.3.4 案例评析

招商银行的摩羯智投作为国内银行业智能投顾业务发展的领先探索者,在比较短的时间取得了比较大的进展,在较大程度上得到了市场的认可。但是,投资的复杂性是不言而喻的,正如世界投资大鳄索罗斯所言,投资涉及的大量人性等因素是无法量化的,只有通过"人工+人工智能"的不断融合才能逐步找到可行的解决方案和解决思路。任何一份资产组合方案的设计都需要综合考虑投资者的风险承受能力、理财目标、资金的流动性要求等多方面要求,而目前在摩羯智投里,对于风险承受能力的刻画是用1~10级来表述的,风险描述本身就容易出现偏差;对于理财目标的界定,仅有投资期限选项,没有诸如买房、买车、子女留学等具体指向,也没有如预期达到5%还是10%之类更具体的收益率目标,可以说,对投资者需求的"诊断"还是相对较为模糊的,开出的"药方"自然还不能完全"对症下药",但已经在正确的道路上开始行进,必将会取得更多更大的成功。

6.4 Betterment公司智能投顾发展案例

创办于2008年的Betterment公司堪称全球智能投顾领域的"鼻祖",在经历十多年的快速发展后,在客户数量、管理资产规模和回报收益等多个方面处于世界前列。

6.4.1 案例背景

在经历了一百余年的投资博弈后,美国大多数散户投资者认识到自己很难通过投资赚到钱,于是成熟的投资者开始把钱交给专业金融机构的投资顾问来管理,以期能得到更可靠的回报。而在美国,传统的投资顾问主要服务拥有200万美元资产以上的家庭。这部分家庭约有220万,约占美国家庭总数的2%,其拥有的资产总额约有16万亿美元,约占美国家庭拥有总资产的一半,但其中千万美元资产以上家庭拥有的资产总额只有5.2万亿美元。Betterment公司的创始人乔恩·斯坦认为,当今世界正往一个万物更普惠、更便宜的方向进行时,理财却相反,衍生出越来越复杂的金融商品。而人类的寿命越来越长,公众开始重视自己的退休生活,而且需要一些好的理财建议,但是一般公众多不擅长长期规划,要人们将未来 50 年的财富需求纳入考虑,然后决定当下要怎么规划自己的资产,这是非常困难的,而这正是 Betterment 公司创办的初衷。根据他们的调查,83% 的受访者认为,公众需要更多的理财建议,但是这样的建议非常昂贵,通常一个人每年要花上至少一万美元才能获得专业投资顾问的建议,换算下来,整个市场只有 0.2% 的人能够获得这种服务。这一巨大的市场需求无法得到满足,Betterment 公司应运而生,于 2008 年正式成立,希望能把投资顾问服务提供给更多的人。

6.4.2 发展方向

Betterment 公司为顺应投资者的需求而生,公司总部位于纽约,定位为全球投资顾问,为个人投资者提供服务,帮助他们在重大的时点做出重大的金融决策,以及更好地进行金融投资。在服务方向上,Betterment 公司着重于多元化大类资产的配置,但更着重于客户界面的设计和投资过程的自动化。Betterment 公司从 2010 年开始为客户提供智能投顾服务,2012 年下半年客户的数量开始快速增长,2015 年后则开始更大规模的发展,目前是美国最大的独立数字化投资顾问公司。Betterment 公司所确立的服务策略方向包括三个方面:一是增加金融顾问服务的易得性(Accessible);二是提供的服务要更具智能(Intelligent);三是要跟客户站在同一阵线(Aligned),替他们扩张财富。

乔恩·斯坦将美国的投资市场区分为资产有 1000 万美元以上的客户、200 万~1000 万美元的中等阶级,数量占绝大多数的是低于 200 万美元的人群。通常,理财专员会专注于服务前面两类的客户,并且把资产低于 200 万美元的客户剔除在名单之外,甚至公司本身的策略也是会鼓励他们这么做。

Betterment 公司提供智能投顾的最大目的就是为了服务这一群未被服务到的客户,该公司表示它们看重这些低于 200 万美元资产的人,愿意帮助他们管理资产,而且顺势带动高资产的人加入。Betterment 公司试图用更低廉的成本来拓展这个无人境地,走一条少有人愿意走的路。所以,Betterment 公司的智能投顾主要服务拥有 200 万美元资产以下的 1.16 亿家庭和部分拥有千万元资产以下的家庭,其目标市场约有 28 万亿美元,占总投资市场的 85%。

6.4.3 发展目标

Betterment 公司的调查发现,大部分美国人对投资其实没有多大的信心,心中总会疑惑这是个好的进场时间吗,是否该多拨一些资产到个人退休账户中呢? Betterment 公司利用人工智能等技术实现了自动化的数据分析,以此来优化客户的资产并增进客户对理财的信心,让客户更放心地把自己辛苦所赚的钱交给理财机器人去进行管理。

Betterment 公司服务的一个特点是以目标为导向给予客户投资建议,因为大多数客户并不关心自己投资了什么,而是关心自己的财务目标能否达成,以退休储蓄计划为例,客户在意的是自己退休后是否有足够的财务保障以维持现有的生活水平,而不是追求绝对的财务回报。因此,Betterment 公司为客户提供的价值主要体现在两个方面:一是根据客户的财务目标向其推荐投资组合,并持续监控目标的可达成性,及时提醒客户做出调整;二是根据各种影响因素的变化帮客户优化投资组合,为客户提供更高水平的保障。

6.4.4 发展理念

Betterment 公司经过较长期的探索,形成了自己独特的投资理念,主要包括以下五个方面:

(1) 投资需要长期打算,短期的起伏无法预测,但长期来说,市场是向上的,需要有耐心和信心;

(2) 投资者主动投资不如被动投资,跑赢指数的基金经理永远是少数人,从长期来看,基金经理并不比机器人或指数更可靠,投资者把个人的资金存放在多样化低成本指数基金的组合中,并有耐心坚持下去,就能获得相应的回报;

(3) 投资者要使自己更理性,在出现波动的情况下,通常在焦虑当中做出反应还不如不做反应,损失通过时间可以弥补回来;

(4) 财务规划应该与投资者个人的退休计划和其他计划结合起来,从而量化可以达到的个人目标;

(5) 不单单是投资金额,投资者所有的资产都需要进行整体规划,这样才能动用每分钱为自己赢得更多的收益。

6.4.5 服务内容

投资者通过 Betterment 平台进行投资,首先会被问到"投资目标是什么",然后平台会帮投资者做研究,基于投资者的投资目标而非收益最大化给出投资建议,并利用其现有技术来辅助投资,告诉投资者每个月投资多少、应该承受多少风险、该用什么样的投资账户,让每位投资者能轻松自如地进行投资金额和投资种类的选择。目前,Betterment 公司支持股票和债券形式的投资。Betterment 平台一般通过交易型开放式指数基金(Exchange Traded Funds,ETF)来进行配置。相比起一些大型机构的投资者来讲,Betterment 公司的目标是不断地优化投资组合的配置,因此可能会做一些资产负债的配比或对接。

由于投资策略是以投资导向型为基础的,因此 Betterment 公司推出了一个"整合账户"的功能,将投资者的银行账户、贷款情况等所有信息整合到一个账户中,帮助客户记录其他并非通过 Betterment 公司投资的资产,并以此提出具有针对性的投资方案建议。除投资者个人提供的信息外,平台还收集了他们的行为数据,例如登录平台的频率和时间等。除此以外,Betterment 公司还推出了一个"税收提醒"的功能,帮助客户进行更加理性的决策。这一功能在客户决定交易前预先提示客户如果做了这笔交易,未来可能需要缴纳的税款。统计显示,经过提醒,在 75% 的情况下客户会选择不进行交易。

Betterment 平台还有一个较为特别的功能,就是投资者可以查看和自己同龄或同收入的人在投资什么、怎样投资。此外,该平台还开发了一个针对雇主的 401K 退休计划,雇主可以把雇员的情况全部录入到这个系统当中,在这个系统下对雇员的投资计划进行管理。

在营销和推广方面,除直接面向个人客户外,Betterment 公司还推出了服务于投资顾问的版本,为投资顾问提供平台和工具,以便更好地管理客户的组合。同时,Betterment 公司也在与企业合作,帮助企业更好地管理员工的退休计划。美国财富管理直销市场约有 5 万亿美元的规模,此外通过投资顾问管理的资产规模约有 2.5 万亿美元,401K 退休计划的市场规模也在 5 万亿美元左右,这些都将是 Betterment 公司的目标市场。

6.4.6 营利模式

Betterment 公司的营利模式主要是通过收取托管资金的佣金来实现的,具体标准如下:

(1) 投资金额低于 1 万美元,可以选择支付 3 美元/月的服务费,或者每月自动存 100 美元,年费为 0.35%;

(2) 投资金额高于 1 万美元、低于 10 万美元,年费为 0.25%;

(3) 投资金额高于 10 万美元,年费为 0.15%。

6.4.7 投资过程

投资者在注册成为 Betterment 公司的客户之后,即可进行投资操作,具体分成以下四个步骤:

1. 按要求回答问题

首先,客户需要在 Betterment 平台上回答一些关于投资目标的问题,然后该平台会根据投资者的回答进行分析,给出相应的投资组合建议,并通过 Betterment 平台直接投资。客户的个人银行账户与 Betterment 网站捆绑之后,客户可以通过调整指针来调整股票组合和债券组合的比例(如图 6-3 所示)。

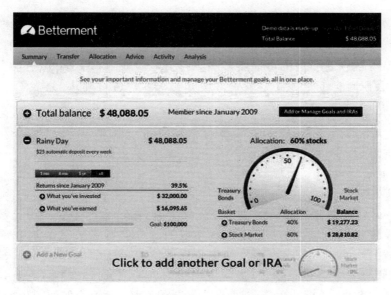

图 6-3　投资组合选择

2. 确认投资组合

在设定投资目标之后,Betterment 平台会根据当时的可选投资标的设计出最佳投资方案,供客户确认。图 6-4 为客户选择 90% 证券和 10% 债券的比例后,该平台给出的投资组合方案的实例。

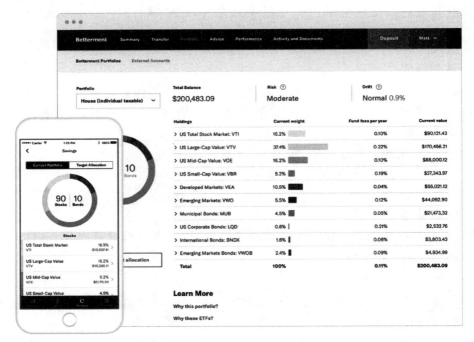

图 6-4 投资组合方案的实例

3. 投资方案动态优化

当客户确认投资方案之后，投资项目开始生效，客户不再需要做更多的操作。但是，在投资标的出现各种新的情况可能会影响到投资风险时，Betterment 平台会及时提醒客户予以关注，必要时会变更原先的投资方案并要求客户进行确认。

4. 投资兑现

投资到期后，Betterment 平台会根据投资结果进行结算，将投资本金和投资收益共同支付给投资者，投资项目结算终结。

6.4.8 案例评析

Betterment 公司是智能投顾领域的领先探索者，在过去的十多年中已经找到了一条适合自己的发展道路，成为全球智能投顾领域的领先实践者。从长远来看，Betterment 公司将围绕投资顾问业务，成为客户的中央财务管家，逐步向保险、贷款、应税投资、退休计划、现金管理等业务进行渗透，进入更广泛的市场领域。

在大多数人看来，投资决策是一件非常复杂的事情，但无论如何，这个行业随着人工智能的深度应用将会与自动驾驶一样出现自动化的趋势，而且智能投资和自动驾驶两者一脉相承，它们都是要将人或资金从 A 点转移到 B 点，都要保证整个过程的安全。并且，由于人本身行为的不可控性和不可预见性，要排除其中可能会出现的风险和问题，在这个环节当中，人工智能技术将扮演非常重要的角色。Betterment 公司正在打造一个围绕客户全方位覆盖投资顾问的服务，希望能为客户提供从收入到支出、欠款、负债等将各种关系涵盖在内的一体化顾问服务,这一过程复杂而漫长,但希望就在前方。

6.5　Wealthfront 公司智能投顾发展案例

在智能投顾领域耕耘十余载的美国 Wealthfront 公司,提供的主要产品和服务是自动化的投资组合理财咨询服务,包括为客户开设、管理账户及投资组合的评估,已发展成为具有国际影响的服务商。

6.5.1　发展背景

Wealthfront 公司的前身名为"Kaching",成立于 2008 年 12 月,会员在 Kaching 公司的网站上注册后即可获得 1000 万美元的虚拟货币,任何一位股票投资者都可以在上面开立自己的账户,选择投入真实的资金进行交易,或用虚拟货币进行投资。会员付给 Kaching 公司网站少数业绩优异的投资者一定比例的佣金,公司和投资者分享这些佣金,会员将其股票账户与投资者的投资组合相连,跟随投资者进行交易。2011 年 12 月,Kaching 公司更名为 Wealthfront 公司,转型为一家专业的在线财富管理公司,同时借助于计算机模型和技术,为经过调查问卷评估的客户提供量身定制的资产投资组合建议,包括股票配置、股票期权操作、债权配置、房地产资产配置等,主要客户为硅谷的 Facebook、Twitter、Skype 等公司的科技员工。其创始人为安迪·拉赫勒夫、丹卡·罗尔,拥有一支由业界和学界名人组成的管理团队、投资团队,如《漫步华尔街》一书的作者伯顿·马尔基担任了该公司的首席投资官。

Wealthfront 公司利用现代投资组合理论为客户推荐投资组合,通过分散的投资组合在降低风险的同时不会降低预期收益率,投资者能够在同样的风险水平上获得更高的收益率,或者在同样的收益率水平上承受更低的风险。公司的平台可供选择的资产种类多达 11 类,一方面有利于提高分散化程度,降低风险;另一方面具有不同资产的特性能为客户提供更多的资产组合选择,满足更多风险偏好类型客户的需求。

6.5.2　业务构成

Wealthfront 公司的业务构成包括两个部分:一是核心业务,即投资组合咨询管理服务;二是特色业务,包括税收筹划等各类增值服务(如图 6-5 所示)。

核心业务的流程主要包括:

(1) 基于当前投资环境识别一系列资产类别(即选择投资的资产类别);

(2) 根据资产组合理论来寻找有效边界并进行资产重构;

(3) 选择低成本的 ETF 来代表每个资产类别;

(4) 通过问卷调查来识别客户的风险水平并提供资产组合建议;

(5) 进行后续持续跟踪,监督并动态优化投资组合(再平衡)。

特色业务的主要内容如下:

(1) 税收损失收割(Tax-loss Harvesting):系统将当期亏损的证券卖出,用已经确认的损失来抵扣所获投资收益的应交税款,帮助投资者节省税款,从而使得投资者的税后收入最大化。

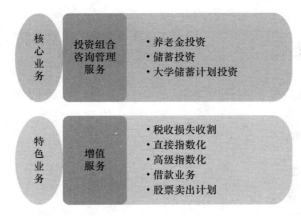

图 6-5 业务构成

（2）直接指数化（Direct Indexing）：系统利用 100~1000 只大盘股来对美股大、中盘指数 ETF 进行模拟，同时配置 1 只小盘股指数 ETF，以实现不同规模指数 ETF 的替代，在不明显提高交易成本的同时为客户实现更多潜在的节税收益。

（3）高级指数化（Advanced Indexing）：升级版的直接指数化，系统在选取股票时以市值作为选取标准，旨在通过多因子模型来提升投资组合的税后收益水平。

（4）借款业务（Portfolio Line of Credit）：客户以持有的投资组合作为抵押提供借款服务，避免当客户有资金需求时需要将投资组合套现情况的发生。

（5）股票卖出计划（Selling Company Plan）：系统将单只股票逐步以无佣金、低税的方式卖出，并且分散投资到多种类型的 ETF 中。

6.5.3 投资流程

投资者在 Wealthfront 公司的平台进行投资时首先需要填写调查问卷，平台根据调查问卷来了解客户的风险偏好，然后推荐为其量身定制的投资计划。整个流程包括以下六个环节：

1. 接受问卷调查

调查问卷除提交年龄、税前年收入等基本信息外，投资者还需要对以下问题进行选择：

（1）投资的主要原因：① 为了储蓄；② 为了退休金；③ 其他。

（2）目前的家庭状况：① 单收入家庭，没有被抚养人；② 单收入家庭，至少有一个被抚养人；③ 双收入家庭，无被抚养人；④ 双收入家庭，至少有一个被抚养人；⑤ 退休或财务独立。

（3）当决定投资时，最关心的是什么：① 收益最大化；② 损失最小化；③ 收益和风险兼顾。

（4）全球股市经常波动，如果在一个月在某个市场投资组合价值损失 10%，你将如何应对：① 清仓；② 出售一部分，继续持有全部投资，买入更多。

2. 系统推荐投资计划

投资组合包括两大类：有需要纳税的投资组合（适用个人账户、联合账户、信托账户)和退休金投资组合(适用传统 IRAs 账户、401K Rollovers 账户、Roth IRAs 账户、SEP IRAs 账户)。资产类别有 11 大类,即美国股、国外发达国家股票、新兴市场股票、股息成长性股票、美国国债、公司债券、新兴市场债券、地方债、通货膨胀保值债券、不动产和自然资源。投资组合的载体为 ETF,依据风险容忍度的不同,系统向投资者推荐的投资计划可能只包括部分类别的资产。图 6-6 为投资计划的实例。

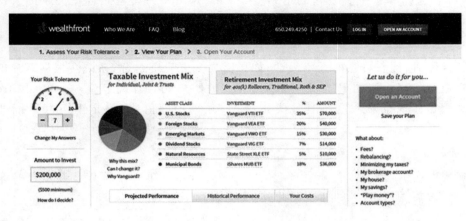

图 6-6 投资计划的实例

投资组合是根据客户特定的风险承受能力所决定的。例如,当客户的风险承受能力为 4 时,系统会自动地为客户配置出如下的投资组合:18% 美国股票、12% 国外发达国家股票、8% 新兴市场股票、15% 分红股票、6% 不动产、31% 公司债券和 10% 新兴市场债券。对于同一种类的 ETF,客户可以选择不同公司同一标的的 ETF。

为了进一步分散风险,系统对 11 类资产设定了最低和最高的配置比例(参见表 6-2)。

表 6-2 不同资产类别的配置比例

资产类别	最低配置	最高配置
美股	5%	35%
国外发达国家股票	5%	35%
新兴市场股票	5%	35%
股息成长性股票	5%	35%
美国国债	5%	35%
公司债券	5%	35%
新兴市场债券	5%	35%
地方债	5%	35%
通货膨胀保值债券	5%	35%
不动产	5%	35%
自然资源	5%	35%

3. 开户

系统首先要求客户选择所开账户的类型、是否选择避税的工具和方式,然后是填写基本信息、个人信息(如雇佣情况、每年净收入)、排除的股票清单、资金支付方式、检查核对 5 个小的步骤。客户开户以后,其资金转入名为"Apex Clearing"的证券经纪公司,由其负责资金第三方托管。

4. 交易

系统代客户向 Apex Clearing 证券经纪公司发送交易指令,买卖 ETF。在这个过程中,客户可以选择哪家基金公司的 ETF,和 Wealthfront 公司建立合作关系的公司有先锋集团、黑石集团、嘉信理财公司等。

5. 评估与检查

投资者评估、检查自己的投资组合,如果需要变更投资组合,系统会根据客户的需求更新投资组合。当投资的 ETF 有分红时,客户的账户就会有现金流入。Wealthfront 公司可以利用这些现金流入购买其他类别资产,并采用阈值法(设定上下限),而非时时调仓。

6. 佣金结算

系统获得佣金,自客户开户之日起的下一个月,每月第一个工作日收取账户余额扣除 1 万美元之后的 0.25% 的佣金。此外,交易 ETF 收取佣金 0.15%。

6.5.4 营利模式

区别于传统的理财主要针对高净值人群,Wealthfront 公司的主要客户为中等收入的年轻人,其盈利来源为向客户收取的咨询费,Wealthfront 公司具体的收费比例如下:

(1) 咨询费:低于 1 万美元,不收取咨询费,高于 1 万美元,超过部分每年收取 0.25% 的咨询费。

(2) 咨询费减免:邀请人每邀请一位客户,就可以获得 5000 美元投资额的咨询费减免。

(3) 转账费用补偿:系统对于客户原有的经纪公司向客户收取的转账费用予以补偿。

(4) 其他费用:主要是 ETF 持有费用,费率约为投资总额的 0.12%。

相比较而言,系统的收费不但低于传统理财机构的费用(平均约为 1%),而且也低于 Betterment 等智能投顾平台的费用。

6.5.5 技术应用

Wealthfront 公司的技术体系涵盖了云计算这一基础设施以及用于金融、客户行为等业务数据处理的大数据平台,在此基础上创立了一系列基于人工智能的资产配置、数据处理、交易优化等算法,以确保面向海量客户时提供服务的能力,从而打造出高效、优质的智能投顾产品。图 6-7 为 Wealthfront 公司的技术应用体系。

大数据、云计算和人工智能的深度融合是 Wealthfront 公司具有独特能力的根本原因,具体表现在以下五个方面:

(1) 基于可选的资产类别,通过一定的算法来筛选出投资标的;

(2) 根据客户在线填写调查问卷等形式提交的信息,自动识别其风险承受等级;

(3) 根据客户的风险偏好自动给出资产配置方案,并自动进行交易;

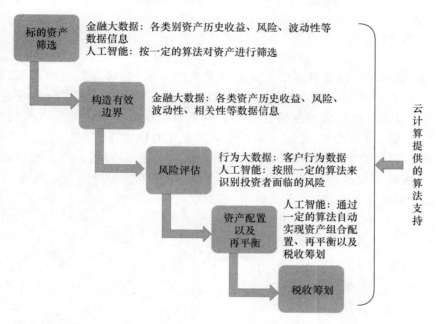

图 6-7　Wealthfront 公司的技术应用体系

（4）根据环境变化对资产组合进行动态调整，自动进行调仓，以保证投资组合最优；

（5）通过一定的算法来实现税收筹划服务和股票卖出服务等。

以全方位的技术做支撑，Wealthfront 公司形成了以下四个方面的竞争优势：

（1）采取被动投资理念，全智能化提供投顾服务，全程无需人工参与；

（2）可选投资标的品类丰富，基本涵盖了国内外主要的投资品类，能够有效地进行风险分散；

（3）税后筹划服务是公司的核心竞争力之一，特有服务构筑了公司的竞争壁垒；

（4）低费率、低门槛，精准定位中低净值客户。

6.5.6　案例评析

Wealthfront 公司的投资策略属于较为典型的被动型投资，是该公司首席投资官伯顿·马尔基教授的投资理念的具体实现。作为普林斯顿大学经济学教授，伯顿·马尔基教授是有效市场理论的推崇者。有效市场理论告诫我们，无论投资者的策略有多么明智，但从长期来看，也不可能获得超过一般水准的回报。因此，他主张只要普通投资者采取"购买并持有"的战略，投资指数基金，就可以获得安全、稳定的长期回报，并能轻而易举地击败大多数机构投资者。Wealthfront 公司就是利用有效理论，帮助客户"购买并持有" ETF，以期获得超过长期、稳定的收益。Wealthfront 公司应用大数据、人工智能、云计算等先进的技术和工具，结合高水平的投资团队的判断来确定有效的投资组合，为特定风险偏好客户提供最大化的净税后实际回报，受到了越来越多投资者的认可。

雄厚的技术实力和具有竞争力的模型方法，强大的投资顾问团队，美国成熟的电子资金转账市场所形成的丰富投资标的和严格规范的管理制度，这些都是 Wealthfront 公司取得不凡业绩的重要保证，同样也是我国智能投顾发展壮大的重要法宝。

6.6 本章小结

智能投顾业务在金融业中占据着越来越重要的地位,如何提高投顾效率、提升投顾精准度,同时降低投顾的成本,是各类开展智能投顾业务的金融机构普遍关心的问题。人工智能与投资顾问业务的深度融合正在给传统的投顾业务带来前所未有的机遇和冲击,如何抢抓机遇、应对挑战,这是金融机构必须应对的现实课题。

总体来说,当前智能投顾的发展还处在前期探索阶段,发展模式尚未成熟,发展经验尚待积累,发展成效也有待提升。无可否认,智能投顾代表着投顾行业的未来,无论是金融机构还是其从业人员,均应未雨绸缪、拥抱变革。

第七章 智能风控

毋庸置疑,金融科技将会给传统的金融业带来全面的变革,从而对金融市场、金融机构或金融服务的提供方式造成重大影响。但是,风险管理始终是金融业的命脉,金融业本身所面临的市场风险、信用风险、操作风险、流动性风险、行业风险、政策风险和合规风险等并非因金融科技的应用而改变。而且,在某种程度上,这些风险在新的技术环境下变得更具有隐蔽性、波动性和挑战性。因此,如何利用大数据、人工智能等金融科技手段来实现智能风控,进一步提升金融风控的能力和水平,推动风控模式的转变,已成为金融业所面临的新的机遇和挑战。

智能风控作为金融科技的实际应用,已成为金融业的共同选择,需要我们对相关的理论、技术与发展案例进行深入的研究和分析,力争能更好地实现跨越式发展。

7.1 金融风险的主要类型

从本质上来看,金融业是经营风险的行业,没有风险也意味着失去了金融业的根基。当然,金融业所存在的风险并不是一成不变的,当今金融风险表现出多元化、复杂化、关联化和系统化等多方面的特点,具体包括以下七种类型:

7.1.1 市场风险

市场风险是金融风险的基本风险,一般是指利率、汇率、股票价格和商品价格等受不确定因素的影响而导致的各类不利影响。市场风险一般分为利率风险、汇率风险、股票价格风险和商品价格风险等四种类型。其中,利率风险包括重新定价风险、收益率曲线风险、基准风险和期权性风险;汇率风险则包括外汇交易风险和外汇结构性风险。市场风险的影响因素有的直接作用于金融机构,有的通过竞争者、供应商或者消费者等途径间接地对金融机构产生影响。

在金融科技快速发展的今天,市场风险的涉及面和影响范围跟过去相比均有了极大的提升,同时也为大数据、人工智能等技术手段的应用提供了更为有利的条件。

7.1.2 信用风险

信用风险是银行等金融机构所面临的最直接也是最密切的金融风险,一般是指借款人因各种原因未能及时、足额偿还债务或银行贷款而违约的风险。当发生违约时,银行等债权人必将因为未能得到预期的收益而承担财务上的损失。

信用风险通常具有以下四个特征:

(1) 客观性:信用风险是客观存在的,并不以人的意志为转移。

(2) 传导性:一个或多个信用主体因经营困难或破产等导致信用链条中断,有可能使整个信用秩序变得混乱,有的甚至具有颠覆性,例如2008年蔓延全球的金融危机。

（3）可控性：信用风险可以通过有效的控制降到最低限度。

（4）周期性：信用扩张与收缩具有一定的交替性，与经济周期高度相关。

从借款人的角度来看，信用风险表现为还款能力风险和还款意愿风险两个方面，如果两者均处于高位，必将使信用风险雪上加霜。

7.1.3 操作风险

随着金融业务数字化和智能化的快速发展，各类操作风险已成为金融风险的重要表现形式。由美国、英国等发达工业国家的中央银行组成的巴塞尔银行监管委员会对"操作风险"的定义如下：由于内部程序、人员和系统的不完备或失效，或由于外部事件造成损失的风险。按照发生的频率和损失的大小，巴塞尔银行监管委员会将操作风险分为以下七类：

（1）内部欺诈：包括有机构内部人员参与的诈骗、盗用资产、违犯法律以及企业的规章制度的行为。

（2）外部欺诈：包括第三方的诈骗、盗用资产、违犯法律的行为。

（3）雇用合同以及工作状况带来的风险事件：包括由于不履行合同，或者不符合劳动健康、安全法规所引起的赔偿要求。

（4）客户、产品以及商业行为引起的风险事件：包括有意或无意造成的无法满足某一客户的特定需求，或者是由于产品的性质、设计问题造成的失误。

（5）有形资产的损失：包括由于灾难性事件或其他事件引起的有形资产的损坏或损失。

（6）经营中断和系统出错：包括软件或者硬件错误、通信问题以及设备老化。

（7）涉及执行、交割以及交易过程管理的风险事件：包括交易失败、与合作伙伴的合作失败、交易数据输入错误、不完备的法律文件、未经批准访问客户的账户，以及卖方纠纷等。

在我国，发生于2013年8月16日的光大证券股份有限公司（以下简称"光大证券"）"乌龙指"事件是很典型的由于操作风险酿成的恶果，当日11:05上证指数出现大幅拉升，大盘在一分钟内涨超5%，最高涨幅达5.62%，造成A股参与者的高度震惊。这一事件最后经证实问题出自系统的订单"重下"功能上，具体的错误是：11:02时，第三次180ETF套利下单，交易员发现有24个个股申报不成功，就想使用"重下"的新功能，于是程序员在旁边指导操作。由于这个功能之前从来没有实盘验证过，程序把买入24个成分股处理成买入24组180ETF成分股，结果生成巨量的订单直接发送至上交所，累计申报买入234亿元，实际成交72.7亿元，最终造成当日直接损失约为1.94亿元。当时，证监会对这一事件的最终处罚决定是没收光大证券非法所得8721万元，并处以5倍罚款，共计超过5亿元。另外，证监会还停止了光大证券从事证券自营业务（固定收益证券除外），使这一昔日的证券行业的明星企业一度陷入绝境。证监会的调查结论是：光大证券策略交易投资部门未纳入公司的风控系统，该交易系统自7月29日上线运行后到事发时运行仅15个交易日，其系统的订单"重下"功能从未被实盘测试过，当日该"重下"功能直接造成了错单事件。

7.1.4 流动性风险

流动性风险是指因市场成交量不足或缺乏愿意交易的对手,导致金融机构未能在合适的时间完成交易的风险。流动性风险广泛存在于证券、基金、外汇、债券等金融业务中,一旦陷入流动性极度不足、筹资困难和短期资产价值不足以应付短期负债的支付或未预料到的资金外流等情形,有可能给金融机构带来致命性的后果。

流动性风险包括资产流动性风险和负债流动性风险。资产流动性风险是指资产到期不能如期足额收回,进而无法满足到期负债的偿还和新的合理贷款及其他融资的需要,从而给金融机构带来损失的风险。负债流动性风险是指金融机构过去筹集的资金特别是存款资金,由于内外因素的变化而发生不规则波动,对其产生冲击并引发相关损失的风险。例如,对商业银行而言,筹资能力的变化可能会影响原有的筹资、融资安排,迫使商业银行被动调整资产负债,这种情况可能迫使其提前进入清算,使得账面上的潜在损失转化为实际损失,甚至有可能导致破产。

7.1.5 行业风险

行业风险是指由于一些不确定因素导致相关行业的生产、经营或投资偏离预期结果而造成可能损失的风险。反映行业风险的因素包括周期性风险、成长性风险、产业关联度风险、市场集中度风险、行业壁垒风险和宏观政策风险等。行业风险产生的原因主要包含以下四个方面:

(1) 受经济周期的影响:经济周期风险对于国民经济的各个行业都会造成影响,由于各个行业的特点不同,各个行业与经济周期的关联性不同,因此经济周期风险对各个行业的影响程度也有所不同。

(2) 受产业发展周期的影响:不同的产业都会有一定的发展周期,这一周期主要是由产业自身的特点决定的,它对行业的影响较为直接和显著。

(3) 受产业组织结构的影响:产业组织机构主要包括行业市场集中度和行业壁垒程度等。其中,行业市场集中度分为完全竞争、垄断竞争、寡头垄断和完全垄断四种不同的类型;行业壁垒是指一个行业进入壁垒的高低,壁垒越高说明该行业的自我保护就越强,该行业内部的竞争也就越弱。

(4) 受地区生产力布局的影响:生产力布局主要跟地理位置有关,比如是否靠近原料产地、是否接近市场等。

行业风险所产生的风险有时会十分巨大,尤其是在中美贸易战爆发之后,我国的一些重要行业受美国征收高额关税的冲击,行业风险大大提升。比如,芯片等高科技产业正面临着前所未有的危机。

7.1.6 政策风险

政策风险是指因国家宏观政策(如货币政策、财政政策、行业政策、地区发展政策等)发生变化,导致市场价格波动而产生的风险。政策风险主要包括反向性政策风险和突变性政策风险:前者是指市场在一定时期内,由于政策的导向与资产重组内在发展方向不一致而产生的风险;后者是指由于管理层政策口径发生突然变化而给资产重组造成的风险。

在我国，房地产调控政策是房地产金融的重要政策风险，尤其是各地突击性发布的"限购限贷"等政策使不少的金融机构措手不及，由此造成的相应的直接损失或间接损失十分可观。

7.1.7 合规风险

根据《巴塞尔新资本协议》的定义，合规风险是指银行因未能遵循法律、法规、监管要求、规则、自律性组织制定的有关准则、已经适用于银行自身业务活动的行为准则，而可能遭受法律制裁或监管处罚、重大财务损失或声誉损失的风险。从内涵上来看，合规风险主要是强调银行因为各种自身原因主导性地违反法律、法规和监管规则等而遭受的经济或声誉的损失。

合规风险是基于信用风险、市场风险和操作风险三大风险之上的更基本的风险，与三大风险的不同之处在于：合规风险在某种意义上是"明知故犯"的风险，为了特定的利益而违法违规；而三大风险主要是基于客户信用、市场变化和员工操作等不可控因素形成的，主观性比较低。合规风险与三大风险的联系也很紧密：合规风险是三大风险存在和表现的重要诱因，而三大风险的存在使得合规风险更趋复杂多变而难于规避，两者"合流"，会使金融机构的风险进一步累积。

除以上所列七项风险外，金融机构人事变动的风险、自然灾害和各类人为事件所引发的风险，都必须纳入风险考虑的范畴。

在金融科技的驱动下，金融业正进入一个以"普惠金融"为表现形式的新时代，与之相对应的金融风险控制也遭遇了新的挑战，主要表现在以下多个方面：

（1）借款者的信用难以量化，尤其对还款意愿与还款能力缺乏评价依据；

（2）反欺诈更为困难，不管是线上还是线下，不管是获得客户还是审批，各种欺诈手段花样繁多，让金融机构防不胜防；

（3）人为操作风险高，存在较大的主观性，具有较高的操作道德风险与运营管理风险；

（4）贷后预警盲点多，放款以后无法有效地监控客户，对客户的约束也会相对较弱；

（5）不良业务处理难度大，若发生客户逾期以及一些欺诈行为，将牵涉到大量的人力、物力投入，金融机构往往会变得很被动。

7.2 智能风控概述

风险控制作为金融业的首要任务，长期以来一直受到全行业的高度关注，相关的技术应用也领先于其他的行业。在金融科技快速发展的今天，智能风控无论是在技术还是在应用方面，抑或是业务的运作模式，均有了新的表现形式，需要对此有更进一步的认识。

7.2.1 智能风控的概念

顾名思义，智能风控是利用智能化的手段来实现对金融风险的控制，一般是指金融机构利用大数据、人工智能等技术，实现金融风险控制的数字化和智能化，以数据来驱动金融风险的管控与运营的优化。智能风控的基本实现方式是充分利用大数据平台的计算分析能力,借助人工智能机器学习或深度学习模型,使信贷风控、反欺诈、反洗钱、交易监控、保险理赔等业务场景全面实现数字化的运营和智能化的管控。

从本质上来看,智能风控改变了传统的以合规、满足监管检查为导向的风险管理模式,代之以用金融科技来降低风险管理成本、提升客户体验、提高数据驱动风控能效,代表着金融风险管控的未来发展方向。

从技术实现的角度来看,智能风控当前较为重要的技术包括生物特征识别、机器学习与模型训练、自然语言处理、大数据抓取与数据处理和基于大数据的客户画像等五大类型,相关的技术与具体业务需求的深度融合,形成了不同的应用模式和技术方案。

7.2.2 智能风控的主要应用

金融科技在金融风控领域的应用十分广泛,所表现的形式也各不相同,目前主要的应用形式有以下四种类型:

1. 智能获客

在传统条件下,金融机构获得客户的方式主要是依靠线下渠道或者部分线上广告,而智能风控的发展为金融机构更加精准和高效地获得客户提供了重要的支撑。目前,基于智能风控获客的渠道主要有两种:一是金融机构自身构建的智能风控体系,国内一些领先的商业银行和保险公司等已经有了不少实际的应用;二是第三方服务机构,比如金融科技领域的创业企业上海康耐特旗计智能科技集团股份有限公司成立了大数据金融科技实验室,向银行、保险和消费金融等机构输送智能获客、智能营销和智能风控等智能解决方案,提供"B2B2C"(即企业对企业再对个人)金融科技服务、大数据营销服务和行业信用报告服务等,形成了新的服务模式。

2. 智能反欺诈

反欺诈是风险控制的重中之重,也是智能风控的基本应用。早在2017年6月百度公司就推出了反欺诈系统——磐石反欺诈工作平台。在贷前环节,其反欺诈身份识别功能就包括了设备风控、活体识别和OCR文字识别三个部分,通过这三层筛选能有效地防控伪冒申请、虚假资料;在贷中环节,通过风险名单、多头防控、关联黑产,配合地理位置核验、信用分、用户授权认证等功能,能有效拦截金融欺诈的产生;在贷后环节,能根据借贷人的业务数据变动识别相应的风险,并根据动态变化进行风险评估。

3. 智能客户授信

客户授信包括风险定额和定价管理,传统金融机构的借贷额度管理主要是参考客户每月应还债务与其收入之比,即负债比,智能风控能将客户群体分组,通过结合多维风险模型和负债比、收入模型等,做出最优化的技术决策;在定价管理方面,智能风控可以在利率定价上进行优化决策,保证能将最优的价格与最优的额度、最合理的期限进行匹配,再给到最合适的客户群体,做到了定价管理的专业化和个性化。

4. 智能贷后管理

贷后管理是整个智能风控闭环中非常重要的一步,过去一些大型的银行和消费金融机构都依靠人海战术进行贷后管理,尤其是在催收环节,主要手段是靠打电话、发短信,带来了如成本过高、效率过低等诸多问题。而依托人工智能等技术的智能风控手段则使得这一环节的效率大大提升,成本也将得到显著降低。比如,用智能语音识别、语音合成、语义理解和交互话术共同形成高度智能化、精准化的智能催收产品,集中解决传统的人工模式下合规、合法、效率等问题。尤其是对那些长期"失联"的客户,也能通过大数据关联的手段去触达,减少了过去大量烦琐的通信联络和身份核实等工作。

7.2.3 智能风控与传统风控的比较

智能风控作为金融科技在风险控制领域的应用,与传统风控相比主要有以下三个方面的不同:

1. 风控的依据不同

传统的金融机构往往采用传统评分卡模型和规则引擎等"强特征"进行风险评分,得出风险评估的结论;而智能风控一般根据履约记录、社交行为、行为偏好、身份信息和设备安全等多方面行为"弱特征"进行客户风险评估。两种模式所采取的风险评估的依据不同,前者更侧重主观的判断,而后者则更强调客观的分析。

2. 风控的流程不同

传统风控已形成相对程序化的流程:第一,通过面签审核客户的身份,确认其提交材料的真实性;第二,对客户的资产(如房产、车辆等)进行评估,决定授信额度;第三,在信用贷款方面,可能会要求增加其他的步骤,比如调查贷款的用途、确认交易意愿等。这种风控模式时间跨度长、环节多、效率低、成本高。智能风控则侧重于大数据、人工智能等技术的应用,强调数据之间的相关关系,改变了传统的"串行式"的作业程序,更多的是依据数据进行分析和决策,流程得到大幅简化,效率也得到了显著提升。

3. 服务对象的范围不同

在传统条件下,金融风控的对象限于金融机构的人力和物力,一般采取"抓大放小"的策略,主要针对经济实力较强、业务规模比较大的高端客户,因为对金额较小的业务,传统风控复杂的审核程序导致的高成本使得银行等金融机构无利可图,从而使这部分庞大的市场被放弃。智能风控恰恰利用数据化的技术手段有效地解决了长期以来难以解决的问题,使得一些过去无法被金融机构垂青的业务可以得到有效地开发,使金融服务走向普惠化和大众化。目前,在信用贷、消费贷等需求个性化、规模化的小额贷款场景下,智能风控具有十分明显的优势,但在房产贷款、固定资产抵押、供应链金融等方面,传统风控依然有着自身的天然优势,这两种风控模式仍将在较长时间内共同存在。

7.2.4 智能风控的实施步骤

智能风控以数据为核心,整个风控过程以数据的采集和使用为基本过程,具体包括以下三个步骤:

1. 数据采集

数据是智能风控的基础,风控数据的主要来源为客户注册时提交的数据、使用过中产生的数据、交易时产生数据、第三方(如政府、征信机构等)的数据。数据的形式既包括大量的结构化数据,也包括各种类型的非结构化数据。数据采集是智能风控的基础。

2. 建立模型

利用数据建立相应的风险控制模型是智能风控的核心环节。模型的主要功能是实现反欺诈和信用评定两个方面,反欺诈是要确保智能风控平台的安全,信用评定则直接影响智能风控平台的经营。模型的建立是一项复杂而又艰巨的任务,需要整合业务、技术和管理等各方面的力量共同开展公关,以确保相应的模型能更好地体现风险控制的实际需求。

3. 优化和迭代

模型生成后需要通过大量数据的验证,在这一过程中,基于数据的优化和迭代十分重要,人工智能的机器学习可以发挥极大的作用,使得模型能得到不断的纠偏,能更好地发挥模型的作用,从而达到智能风控的目的。

7.2.5 智能风控的发展阶段

智能风控的实现绝不是一蹴而就的,必须经历一个从"纯人工"到"半人工"再到"智能化"的发展阶段,必须循序渐进、逐步推进。

1. 纯人工阶段

在纯人工阶段,金融机构需要通过与客户互动建立起相应的模型,以进一步分析客户的行为习惯、投资偏好、资产组合状况、家庭收入、经济背景等数据,根据反馈结果和以往的人工经验进行修改和完善,以确立相应的模型。

2. 半人工阶段

半人工阶段为人工智能的快速训练阶段,在这种半人工的方式下,金融机构通过获取客户的消费和支付数据、信用账户的还款记录,接入其他的共有数据库来获取客户的相关征信数据,自动构建对客户的反馈模型和评分结果,然后由操作员对模型的反馈结果进行审核和对比,由此得出相应的结果仅用于辅助和参考。

3. 智能化阶段

在智能化阶段,智能风控系统可以实现智能化征信管理和自动审核,借助信用账户、投资账户、家庭收入等多维度数据,从信息中提取相关数据进行交叉验证后建立客户的多维画像,这样就能有效地杜绝虚假交易、营销欺诈等行为的发生,同时还可以判断客户的还款意愿和还款能力,通过反馈数据补充信用评分,甚至发出警报以提前采取措施来减少损失。到这一阶段,智能风控系统能起到传统的风控系统起不到的作用,风控的能力和水平将得到大幅度的提升。

7.3 大数据风控

大数据在金融风险控制中有着十分重要的应用,目前已有越来越多的金融机构凭借自身特有的数据资源优势,利用大数据技术为提升风险控制的能力和水平做出探索。大数据在风险控制中的应用有多种形式,比较成熟的有风险评估、风险定价和反欺诈等。

7.3.1 基于大数据的信贷风险评估

信贷风险是银行业业务运作的重中之重,在传统的条件下,银行对企业客户的信贷风险评估多是基于历史的信贷数据和交易记录等静态数据。这种方式的局限性在于金融机构只能以"老眼光"去预测新问题,既不够科学也不够准确,因为企业违约的重要因素既可能是由于自身原因造成的,也可能是由于外部不可控的因素造成的。大数据的应用可以更全面地评价企业的信贷风险,借助更为丰富的数据来源,能为企业提供更为客观、公正的风险评价。大数据被应用于信贷风险评估时,数据来源既有来自银行内部的各种客户数据,也需要大量的外部数据,包括中国人民银行的征信数据、企业公共评价信息、商务经营数据、收支消费数据、社会关联数据等。

中国银行开发应用的"艾达"大数据智能风控平台是面向全行的前台、中台、后台的业务人员,用户对象包括客户经理、风险经理、审计经理和管理层等,通过对结构化、非结构化数据的整合,运用大数据技术重塑业务流程与风险管理模式,将大数据应用作为提升风险管理能力的关键工具和重要途径,取得了理想的效果,风险控制的效率得到了大幅提升,人力和物力投入也明显地下降。

7.3.2 基于大数据的风险定价

如何对风险可能造成的损失进行科学合理的定价一直是保险业务经营中的一个难题,传统的条件下对保费的定义是基于对一个群体的风险判断,对于高风险的群体收取较高的费用,对于低风险的群体则降低费用。但是,如何更为精准地评估风险,需要大数据等手段来实现。

基于大数据的风险定价一般包括数据收集、数据建模、客户画像和风险定价等四个过程,图 7-1 为风险定价的流程。

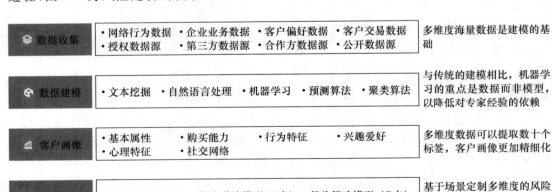

图 7-1 风险定价的流程

基于大数据的风险定价在实际业务中有较多的应用,以国内潜力巨大的车险为例,目前国内车险的定价更多考虑与车险相关的风险,比如车型、车龄、配置、车辆是否有出险等,但基于驾驶者的风险评估还基本属于空白,因为很多保险公司无法获得相应的数据。当前已有一些开拓性比较强的保险公司通过技术手段获得了与驾驶者相关的业务数据,并根据相应的数据做出评价。比如,通过智能监控装置收集驾驶者的行车数据,包括出车频率、行车速度、急刹车次数和急加速频率等;通过社交媒体收集驾驶者的行为数据,包括在网上吵架频率、性格情况等;通过医疗系统收集驾驶者的健康数据。相应的数据可以为保险公司进行风险定价提供强有力的依据,这对提升保险业的风险控制能力很有帮助。

对风险进行量化,并根据量化值进行定价已经有了一些实际的例子。例如,蚂蚁金服旗下的保险数据科技实验室宣布向国内保险行业开放首个"车险分"平台,这个平台基于大数据、人工智能等技术得出的分值用以确定保户的保费。"车险分"平台通过对保户的职业特性、身份特质、信用历史、消费习惯、驾驶习惯和稳定水平等六个维度海量数据的分析以及人工智能的算法应用,提升了保险定价的公平性和效率。"车险分"平台的数值区间设定为300～700,原则上信用分越高,保户的保费就越低,通过投保用户授权查询后,直观的数据在企业端能够让保险公司的营销、核保、精准定价更加简单、高效;在用户端可以促进保户获得定价公平的保险服务。

7.3.3 基于大数据的反欺诈

如何识别欺诈行为并进行有力的反击是各个金融机构所面临的共同任务,尤其是在支付手段十分丰富、支付方式极为便捷的今天,客户已经可以做到随时、随地进行转账操作,可能的欺诈行为时有发生。大数据可以利用客户账户的基本信息、交易历史、位置历史、历史行为模式、正在发生的交易活动等,进行实时的交易反欺诈分析,识别可能发生的欺诈行为,并进行有效的抵制。腾讯云"天御"大数据反欺诈平台是腾讯在云端输出反欺诈技术能力的服务平台,包含有反薅羊毛、反骗贷、反洗钱、反骗保(保险)、移动银行 App 保护、防盗刷等众多应用程序接口,无须改动金融机构自身的 IT 系统即可运行。这一系统的数据来源包括支付画像、群组画像、社交画像、设备画像和行为画像等多个类别,主要应用于银行、证券、保险、P2P 等行业客户,能较为准确地识别恶意客户及其行为,解决客户在支付、借贷、理财、风险控制等业务环节遇到的欺诈威胁,以便最大限度地降低各种损失。

百度金融作为科技金融领域的后起之秀,凭借自身独特的数据资源优势,建立起了面向行业的科技产品服务体系。这一体系通过数据和技术来甄别信贷领域的潜在风险,在反欺诈领域得到了全面的应用,已形成了相对成熟的模式。图 7-2 为百度金融科技产品服务体系。

如 7-2 所示,百度金融科技产品服务体系在反欺诈方面已形成了以技术和数据为驱动,以信用分、用户授权认证和活体识别等为手段的判断依据,在贷前、贷中和贷后全过程全方位识别虚假资料、伪冒申请和信用风险,从而为银行机构和非银行类机构提供专业的解决方案。

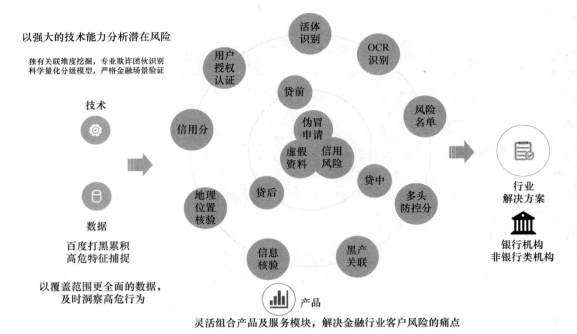

图 7-2　百度金融科技产品服务体系

7.4　人工智能风控

人工智能作为智能风控的支撑性技术,起着十分重要的作用,目前相关的应用正在不断地拓展之中,较为成熟的应用有以下一些类型:

7.4.1　身份识别

身份识别是防范风险的重要一环,人工智能技术采用人脸识别、声纹识别、虹膜识别等多种技术手段,能对客户的身份进行有效识别,对可能发生的欺诈行为能进行及时的预警,有效地防范了风险的发生。

7.4.2　机器学习识别风险

人工智能可以利用机器学习的手段有效地应对普惠金融环境下单数多、单笔金额小、全天候交易等业务需求,风控系统能根据交易行为数据、人脸识别、机器指纹验证和外部征信数据等,运用人工智能算法和机器学习的手段,对客户的还款能力、还款意愿和稳定性等做出评估,并自动完成即时预警、拦截和分析部署等功能,可以显著地减少欺诈和不法交易等现象的发生。

7.4.3　异常情况预警

对于一些异常的交易,在传统的条件下依靠人工的手段很难发现,而利用人工智能技术则较容易实现。例如,在某一个特定的行政区,正常情况下每天的授信数量为 1 万笔,如果有一天突然增加到2万笔,以往在传统的条件下依靠人工很难检测出异常,但人工智能分析系统能结合历史数据,发出异常警报,提交风控人员去进行重点检测,这样就很容易发现问题,并对症下药。

7.5 宜人贷信用风控实践案例

宜信公司创建于2006年5月,总部位于北京,在上海、广州、深圳、南京和重庆等一百多个城市建立了服务据点,提供包括信用咨询、评估、信贷方案制订、协议管理等服务。宜人贷是宜信公司于2012年推出的P2P网贷平台,为高端人群提供高效、便捷和个性化的信用借款咨询服务。2015年12月,宜人贷在美国纽约证券交易所成功上市,成为国内金融科技第一股。

7.5.1 主要特色

宜人贷不同于一般的P2P网贷平台,它的特色体现在以下四个方面:

(1)数据来源广泛:宜人贷的数据来源于征信、账单、电商、运营商、保单、公积金、行为等多种数据源。

(2)技术差异性:宜人贷的客户利用手机App来完成快速审核,实现了快速放款。

(3)客户专门性:聚焦于白领工薪,年龄一般为22~55岁,拥有征信报告或信用卡账单等优质客户群体。

(4)产品差异性:提供1万~20万元的借款额度,期限一般为12~36个月,月费率一般为0.78%~1.89%大额、长期的产品。

7.5.2 风控模式

宜人贷的风控模式经历了较长时间的探索。早在2013年,宜人贷就推出了全球首个在手机上实现从申请、审批、资金到账、还款全流程移动端借款应用;在客户体验方面,宜人贷运用大数据风控技术,为借款人提供在线信用评估,首次将个人无抵押信用借款的批核时间压缩至几分钟;在出借端,宜人贷旗下的"宜人财富"凭借较为精准的客户定位、风险控制、产品设计,为部分富裕人群提供安全、便捷的在线财富管理服务。

7.5.3 智能风控系统

宜人贷的智能风控系统包括信用风控系统和反欺诈系统两个部分。

1. 信用风控系统

宜人贷的信用风控系统运用多维且来源丰富的数据,通过风控模型、信用规则和欺诈拦截,进行快速决策,在确定等级和额度后进行放款,其信用风控系统的架构如图7-3所示。

2. 反欺诈系统

宜人贷的坏账曾一度居高不下,其中有40%~50%来自欺诈。为此,宜人贷利用大数据技术建立反欺诈模型,且通过判定树进行分析,建立黑名单,发现高风险客户群,并对疑似欺诈客户进行人工调查,其反欺诈系统的架构如图 7-4 所示。

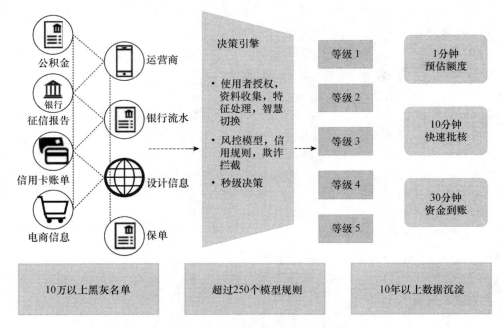

图 7-3 宜人贷信用风控系统的架构

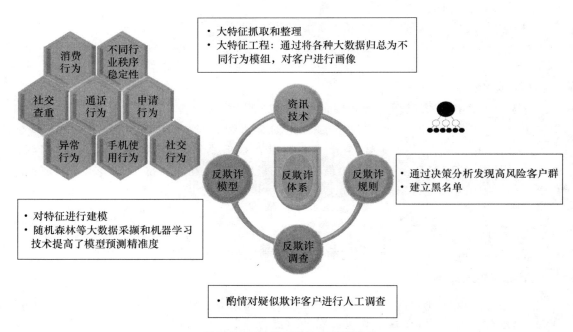

图 7-4 宜人贷反欺诈系统的架构

为了进一步提升风险控制的有效性,宜人贷面向借款人推出了新的风险评级的"宜人分",风险等级划分为五档(如图 7-5 所示)。宜人贷的目标客户为"宜人分"640 分以上的优质借款人,在其实际客户中 700 分以上的比率已超过 70%,起到了良好的风险防范的作用。

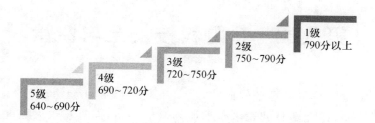

图 7-5 "宜人分"的等级

"宜人分"具有以下三个方面的特点：

（1）多维性：数据源维度非常广泛，包括客户授权的征信、电商、信用卡、运营商等数据，以及第三方数据和宜信超过 10 年的风险数据。

（2）智能性："宜人分"以科学的算法对多维数据实现深度洞察，得以建立更加严谨且更具有灵活性的信用模型，能够智能判断数据源的质量，自动切换数据调取类别。

（3）标尺性："宜人分"聚合了宜人贷过往经过充分金融周期验证的多套信用模型，通过统一的评分制度对不同渠道、不同产品的风险表现做出标准化的判断。

7.5.4 案例评析

作为国内金融科技应用的重要实践者，宜人贷经过多年的探索已形成了多方面的竞争实力：

一是具有较强的金融产品设计的能力；

二是形成了较高的风险控制的能力；

三是具备了精准获得客户和持续服务的能力；

四是巩固了利用互联网开展多方面合作的能力。

在智能风控方面，宜人贷利用手机 App 使借款人在任何地方、任何时间，只需在手机端进行不到一分钟的操作就可以静待授信反馈，从填写信息到出批贷结果整个过程不到 10 分钟，资金最快 30 分钟就能到账，大大改善了客户的使用体验，在一定程度上颠覆了传统银行借贷的业务模式，取得了理想的应用成效。该平台还创新性地推出了"宜人分"，明显提升了风险控制的有效性，能更加合理地进行风险定价，并能进行额度更加精准的匹配，实现更为公正的授信，对促进金融业务的改革和创新大有裨益。

7.6 本章小结

风险控制是金融业发展的命脉，关系到金融业的生死存亡。传统的金融风控体系在很大程度上依赖人工系统和经验积累，已经无法适应新形势下风控发展的需要。当前，智能风控以大数据和人工智能技术与风控业务的结合为重点，正在形成相应的应用模式和发展体系。

金融体系的风控需求错综复杂，没有现成的技术和方案可以直接套用，需要结合自身的发展需求，选择合适的技术并进行探索，逐步走出一条适合自己的风控之路。

第八章 金融科技安全与监管

众所周知,金融既是国民经济的血脉,也是现代经济和社会活动的"总枢纽"。金融科技的快速发展不仅给金融行业带来了前所未有的冲击,而且在很大程度上已对全球经济和社会的发展产生了不可逆转的影响。安全不仅是金融的命脉,而且更是金融科技发展的基石。在新的发展环境下,金融科技对安全提出了更加复杂和严峻的挑战,我们必须对此有新的认识和思考,同时还要探寻更加切实有效的应对措施。面对金融科技的全面崛起,如何在开展科学合理的监管的同时又能引领金融科技更好更快的发展,是世界各国共同面临的难题。在我国,针对金融科技的监管已经做出了不少的探索,但总体上还处于初步发展阶段,需要一步一个脚印在发展中不断地进行总结和完善,逐步走出一条适合我国国情的金融科技发展之路。

8.1 金融科技安全概述[①]

金融业作为高度数字化的一个特殊行业,技术的应用长期以来广受关注。与之相对应的安全威胁也与日俱增,尤其是在金融科技全面融合的背景下,金融业所面临的安全挑战也变得日趋严峻。金融科技的安全需要通过相应的产品和服务得以保证,现以京东金融为例,分析其所采用的安全产品和服务[②]。

8.1.1 金融科技的安全架构

金融科技的安全是一个复杂的系统工程,通过京东金融等企业的实践已形成了如图8-1所示的安全架构。

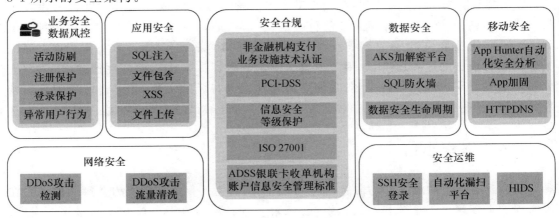

图8-1 金融科技的安全架构

---

① 本部分内容主要以京东金融为例进行讨论,参考其公开资料编写而成。
② 部分资料来源于京东金融安全负责人刘明浩于"2017携程信息安全沙龙"所做的题为《金融科技安全架构演进》的演讲。

如图 8-1 所示，金融科技的安全框架包括以下各个功能模块：

（1）业务安全数据风控：重点解决"羊毛党"[①]活动被刷、撞库扫号、垃圾账号注册等业务安全问题，同时对客户登录进行保护，防止异常客户行为的发生。

（2）应用安全：主要防范 SQL 数据库语言注入、文件包含、XSS（Cross Site Scripting，跨站脚本攻击）和文件非法上传等行为的发生。

（3）安全合规：符合等级保护、央行非金融机构检测、PCI-DSS[②]、信息安全等级保护、ISO 27001[③]和 ADSS 银联卡收单机构账户信息安全管理标准等安全监管合规要求。

（4）数据安全：解决 AKS[④]加解密平台、SQL 防火墙和数据安全生命周期等数据安全问题，确保数据（尤其是隐私等敏感数据）的安全。

（5）移动安全：解决各类移动终端 App 漏洞检测、App 加固等安全需求，对 App Hunter（应用猎人）实行自动化安全分析，利用 HTTPDNS 为移动客户端提供 HTTP 协议和域名解析的流量调度，解析各类异常并解决流量调度不准等问题。

（6）网络安全：开展 DDoS[⑤]攻击检测和流量清洗，确保网络安全。

（7）安全运维：提供 SSH[⑥]安全登录、自动化漏扫平台支持，建立 HIDS（Host-based Intrusion Detection System，即基于主机型入侵检测系统），对系统全部或部分动态行为以及整个计算机系统状态进行监测。

以上各个方面的安全需求既相互独立又互为整体，只有形成共同的安全合力才能真正建立起安全的铜墙铁壁，任何一个方面的安全疏漏均有可能使整个安全根基得以动摇。

8.1.2 业务安全

业务安全的产品和服务主要是业务安全数据风控，是基于大数据的计算能力，通过风险决策引擎，解决业务账号、活动、交易等关键业务环节存在的欺诈威胁。

1. 业务安全数据风控框架

对于京东金融而言，业务安全数据风控框架是一个高度集成的体系（如图 8-2 所示）。

---

① "羊毛党"系网络流行词，是指那些专门选择互联网公司的营销活动，以低成本甚至零成本换取高额奖励的人。
② PCI-DSS 的英文全称是 Payment Card Industry Data Security Standard，即支付卡行业数据安全标准，是由 PCI 安全标准委员会的创始成员（包括 Visa、Mastercard、American Express、Discover Financial Services、JCB 等）制定，旨在国际范围内采用一致的数据安全措施。
③ ISO 27001 认证是由英国标准协会于 1995 年 2 月提出，并于 1995 年 5 月修订而成的，1999 年英国标准协会重新修改了该标准。该标准分为两个部分：一是 BS7799-1，即信息安全管理实施规则；二是 BS7799-2，即信息安全管理体系规范。
④ AKS 的英文全称是 Azure Kubernetes Service，是由微软公司发布的一种基于开源 Kubernetes 系统的托管容器编排而成的，可以在 Microsoft Azure 上使用。
⑤ DDoS（Distributed Denial of Service，分布式拒绝服务）攻击是指将多个计算机联合起来作为攻击平台，对一个或多个目标发动全面攻击，从而大力度提升拒绝服务攻击的威力。目前，这类攻击已成为金融领域十分常见的安全威胁，对金融业务稳定可持续的运营构成了重大的威胁。
⑥ SSH 的英文全称是 Secure Shell，即安全外壳，是一种加密的网络传输协议，可以在不安全的网络中为网络服务提供安全的传输环境。

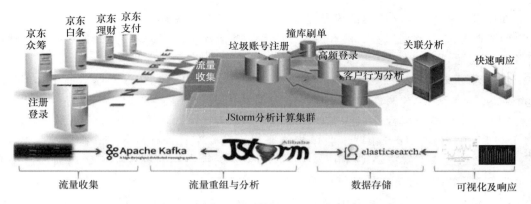

图 8-2 京东金融业务安全数据风控框架

2. 业务安全数据风控的主要功能模块

业务安全数据风控的主要功能模块由流量收集模块、流量分析模块、数据存储模块和快速响应模块四个部分组成（如图 8-3 所示）。

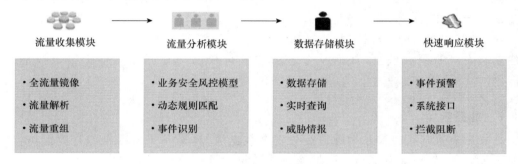

图 8-3 业务安全数据风控的主要功能模块

3. 业务安全数据风控的规则引擎

如图 8-4 所示，业务安全数据风控的规则引擎所包括的内容如下：

风险控制		指标描述		阈值设定			是否能收集到数据	数据收集方法			备注
风险领域	编号	描述	类型	容忍区	预警区	干预区		数据来源	所需收集数据	预警及干预措施方法	
异常登录	R06	同一IP地址或同一IP地址段有大量用户频繁登录	预测型	<5个	≥5个，且≤10个	>10个	是	系统平台	同一IP地址或同一IP地址段有大量用户频繁登录	若阈值达到干预区数据将IP地址或IP地址段发送风控进行拦截	

图 8-4 业务安全数据风控的规则引擎

（1）指标描述，即根据业务场景分析可能带来的业务安全风险；

（2）阈值设定，即根据风险容忍度设置监控预警阈值；

(3) 数据收集方法,即根据风险指标设计数据收集方法及干预措施。

4. 业务安全数据风控的风险行为监控

业务安全数据风控的风险行为监控如图 8-5 所示。

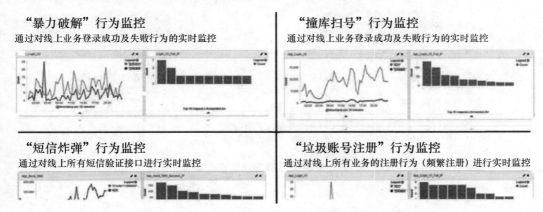

图 8-5 业务安全数据风控的风险行为监控

如图 8-5 所示,业务安全数据风控的风险行为监控包括以下四个方面:

(1)"暴力破解"行为监控:通过对线上业务登录成功及失败行为的实时监控,发现各种可能的"暴力破解"行为。

(2)"撞库扫号"行为监控:通过对线上业务登录成功及失败行为的实时监控,及时预警"撞库扫号"行为。

(3)"短信炸弹"行为监控:通过对线上所有短信验证接口进行实时监控,对短信验证进行全方位的防护。

(4)"垃圾账号注册"行为监控:通过对线上所有业务的注册行为(频繁注册)进行实时监控,杜绝不法注册行为的发生。

5. 业务安全数据风控应用场景

业务安全数据风控应用场景(如图 8-6 所示)包括注册场景、登录场景,以及登录、交易和转账场景,覆盖客户注册、客户登录、账户操作、发起转账、身份认证和执行操作等全过程。

8.1.3 应用安全

应用安全主要是通过 WAF(Web Application Firewall,网络应用防火墙)来实现的,主要是根据对 HTTP 访问请求数据进行特征匹配,从而检测识别出相应的攻击类型(如图 8-7 所示)。

WAF 是向客户提供的网站安全防护产品,通过防御常见 OWASP 攻击、提供热补丁漏洞修复以及定制网站业务的防护规则,从而成功地保障网站 Web 应用的安全性与可用性。其主要功能说明如下:

(1)Web 常见攻击防护:提供 SQL 注入、XSS 跨站、Webshell 上传、后门隔离保护、命令注入、非法 HTTP 协议请求、常见 Web 服务器漏洞攻击、核心文件非授权访问、路径穿越、扫描防护等安全防护。

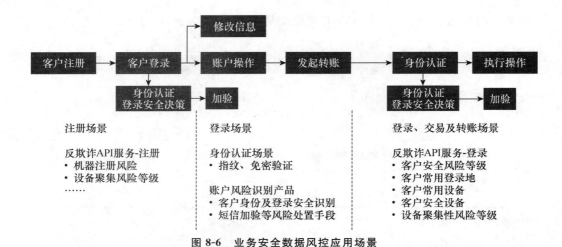

图 8-6 业务安全数据风控应用场景

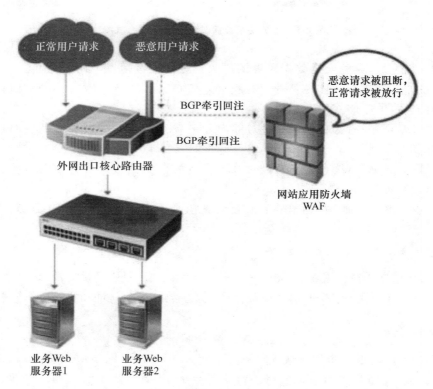

图 8-7 应用安全[①]

（2）缓解 CC[②] 攻击：通过人机识别、重新定向跳转验证的方式对攻击进行有效识别。

---

① 在图中，BGP 的英文全称是 Border Gateway Protocol，是指边界网关协议，即用来连接 Internet 上独立系统的路由选择协议。

② CC（Challenge Collapsar）攻击，即挑战黑洞，是 DDoS（分布式拒绝服务）的一种，是一种常见的网站攻击方法。攻击者通过服务器或者"肉鸡"向受害主机不停地访问，造成服务器资源耗尽，一直到宕机崩溃。

（3）精准访问控制：提供配置控制台界面，支持 IP、URL、Referer、User-Agent 等 HTTP 常见字段的条件组合，提供精准访问控制策略，覆盖可以支持盗链防护、网站后台保护等防护场景。

8.1.4 网络安全

网络安全主要用于 DDoS 攻击检测和清洗回注（如图 8-8 所示）。

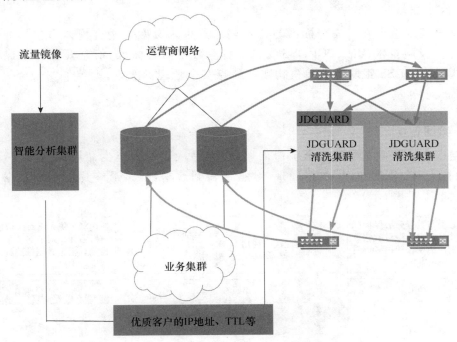

图 8-8　网络安全①

如图 8-8 所示，网络安全 DDoS 攻击检测和清洗回注包括以下四个方面的特点：

（1）云端清洗集群，并可以通过集群扩展相应的能力。

（2）有效检测并清洗 SYN Flood、ACK Flood、UDP Flood 和 CC 攻击等各类常见的 DDoS 攻击。

（3）部署灵活，流量智能牵引，攻击响应精准迅速。

（4）支持 TCP、UDP、HTTP、HTTPS 等各类协议，适用于金融、游戏、电商、直播等各种业务场景。

DDoS 攻击检测和清洗回注实现的功能如下：

（1）畸形报文过滤：网络安全系统对报文的合法性进行检验，对畸形报文进行拦截，防止其穿透到后端系统。

（2）自定义黑白名单：网络安全系统可以接入安全模块获得黑名单，同时将信任客户、合作伙伴等加入白名单。

---

① 在图中，TTL 的英文全称是 Time To Live，即存活时间。其作用是限制 IP 数据包在计算机网络中存在的时间。

（3）特征分析判断：网络安全系统对流量进行特征分析，动态维护可信任访问源集合。

（4）虚假源认证：网络安全系统对流量进行源认证，有效过滤 SYN Flood、Ack Flood、ICMP Flood 等虚假流量源。

（5）智能限速：网络安全系统对单个 IP 进行智能限速，有效防止突发异常流量。

8.1.5 安全合规

安全合规的重点在于安全标准与合规遵从。京东金融安全合规体系包括非金融机构支付业务设施技术认证、PCI DSS 支付卡行业数据安全标准、信息安全等级保护、ISO 27001 认证和 ADSS 银联卡收单机构账户信息安全管理标准等，涵盖了安全合规的各个主要方面。

8.1.6 数据安全

数据安全主要侧重数据安全生命周期管理，是从数据安全生命周期的角度，从数据产生、数据存储、数据使用、数据展现、数据传输到数据销毁，最终建立闭环数据安全管理机制（如图 8-9 所示）。

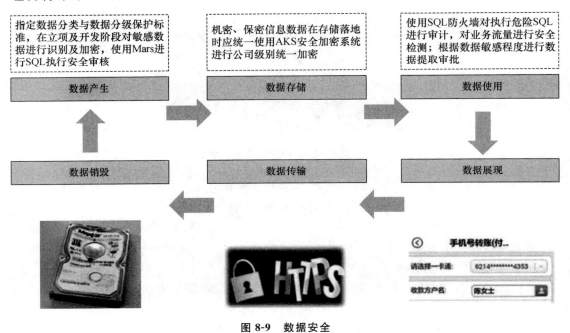

图 8-9　数据安全

8.1.7 移动安全

移动安全包括 App Hunter 自动化安全分析与域名解析 HTTPDNS 两个部分。

1. App Hunter 自动化安全分析

App Hunter 自动化安全分析主要是指 App Hunter 的自动化安全分析平台提供全方位的移动 App 自动漏洞检测服务，发现 App 客户端存在的安全问题，并帮助 App 研发人员快

速了解安全漏洞、定位问题,并能修复漏洞。漏洞检测的主要内容包括以下二十项:

(1) WebView 远程代码执行漏洞;

(2) 不安全的随机数使用;

(3) 文件全局读写漏洞;

(4) 数据库全局读写漏洞;

(5) SharePreferences 全局读写漏洞;

(6) allowBackup 标志位置不当漏洞;

(7) debuggable 标志位配置不当漏洞;

(8) WebView 明文存储密码漏洞;

(9) WebView 忽略 SSL 证书错误漏洞;

(10) WebView 系统隐藏接口漏洞;

(11) Content Provider 目录遍历漏洞;

(12) 自定义权限保护级别配置不当漏洞;

(13) WebView File 域同源策略绕过漏洞;

(14) Internet 隐式调用劫持漏洞;

(15) AES/DES 弱加密缺陷;

(16) 不安全的 Hash 算法漏洞;

(17) HTTPS 关闭 Host 验证漏洞;

(18) HTTPS 主机名弱校验;

(19) HTTPS 证书弱校验;

(20) ZIP 文件目录遍历漏洞。

除此之外,还包括以下四项风险检测:

(1) Activity 组件暴露风险;

(2) Broadcast Receiver 组件暴露风险;

(3) Service 组件暴露风险;

(4) Content Provider 组件暴露风险。

2. 域名解析 HTTPDNS

域名解析 HTTPDNS 使用 HTTP 协议承载 DNS 服务,代替传统的基于 UDP 协议的 DNS,这种方式能绕开运营商本地化的 DNS,有效防止域名劫持,提高域名解析效率,实现智能解析、精准调度,同时还能使域名修改实时生效,支持 HTTP/HTTPS。域名解析的流程如图 8-10 所示。

如图 8-10 所示,域名解析的流程包括以下三个步骤:

(1) 利用 HTTPDNS-Server 解析请求,生成 HTTPDNS 响应;

(2) 利用 HTTPDNS-Web 下发指令,呈现服务信息;

(3) 利用 HTTPDNS-DB 存储所有相关的数据。

8.1.8 安全运维

安全运维包括 HIDS 服务器安全和生产/办公/测试网安全两个部分,两者相互作用,共同支撑运维安全。

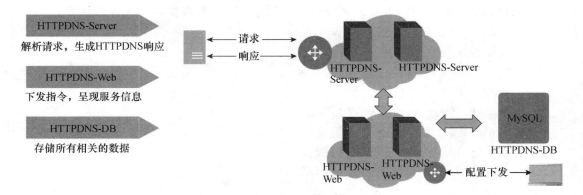

图 8-10 域名解析的流程

1. HIDS 服务器安全

HIDS 服务器安全由轻量级 Agent 和云端组成,通过 Agent 和云端大数据的联动,实现对文件变更监控、内网端口扫描、登录行为监控、Tomcat 命令执行、Webshell 创建进程进行监控、命令执行监控等功能(如图 8-11 所示)。

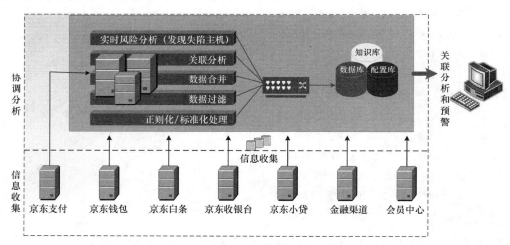

图 8-11 京东金融 HIDS 服务器安全构成

如图 8-11 所示,HIDS 服务器安全的主用功能说明如下:

(1)文件变更监控:通过 Linux 内核接口,实现对文件系统的增、删、查进行监控,对重要文件的修改进行记录。

(2)命令执行记录:通过 Linux 内核接口,记录所有系统命令执行,筛选提供服务的进程(Tomcat 等)调用的系统命令。

(3)端口扫描识别:通过统计 1 分钟内同一 IP 对主机连接端口数,超过上限 50 判断为端口扫描。

(4)服务爆破识别:服务爆破干扰信息较多,部分应用连接次数较多是导致服务爆破产生的主要原因。

2. 生产/办公/测试网安全

生产/办公/测试网安全是通过自动化漏洞扫描和 SSH 安全登录系统来实现的,其中自动化漏洞扫描平台实现全网 7×24 小时存活主机、高危端口、系统漏洞、Web 漏洞扫描。SSH 安全登录系统通过公/私钥提供免密登录功能,解决了密码泄露等问题,并通过跳板机对线上批量操作进行集中管理并实行监控,解决了集中安全审计问题。图 8-12 为 SSH 安全登录系统的登录流程。

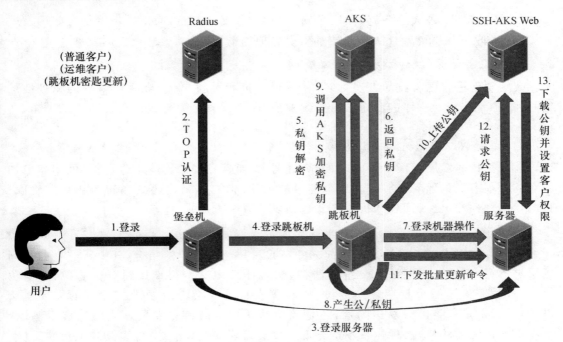

图 8-12　SSH 安全登录系统的登录流程[①]

8.2　金融科技监管概述

在金融科技快速发展的背景下,传统的金融监管面临着理论的重构和技术的创新,以科技应对科技已成为对金融科技实施监管的重要趋势,与之相适应的"监管科技"(Regulatory Technology,RegTech)已成为金融科技监管的主要手段。

8.2.1　监管科技的概念与原则

所谓监管科技,是指利用金融科技的手段来服务于监管和合规。这一概念与金融科技一脉相承,都是将相关技术与具体业务进行对接,以实现相应的目标。

金融科技作为金融业创新和发展的重要方向,已成为未来发展的基本趋势。针对金

---

① 在图中,Radius 的英文全称是 Remote Authentication Dial In User Service,即远程用户拨入验证服务,通常用于网络访问或移动 IP 服务,适用于局域网及漫游服务。

融科技的监管,必须坚持以下三个方面的原则:

1. 投资者利益优先原则

保护投资者的合法权益既是金融科技创新的首要原则,也是传统的金融和金融科技创新都必须共同坚持的标准,如果脱离了投资者的合法权益,一切的金融科技创新都将会误入歧途。

2. 保护金融科技创新者的积极性、主动性和创造性

金融科技创新是大势所趋,国家必须鼓励发展、支持创新,为创新者提供良好的发展环境,在坚持保持投资者合法权益的基础上保护创新,促进其更好更快的发展。

3. 促进金融业的稳定和可持续发展

鼓励和促进金融科技的发展,必须在保护投资者利益、保护金融创新者的积极性的同时,维护整个金融秩序的稳定和可持续发展,防范出现金融动荡或可能带来的冲击。

8.2.2 金融科技监管所面临的挑战

金融科技的发展不仅涉及面广、影响范围大,而且发展的速度十分迅猛,因此如何加强对其开展有效的监管受到了全球范围内的关注,但总体来说还处在较为初级的阶段。目前,金融科技监管所面临的挑战主要包括以下五个方面:

1. 法律、法规滞后

金融科技属于近年来快速发展起来的新兴科技与金融业的结合,其中所产生的新问题层出不穷,而这些新问题在传统的法律、法规体系中基本很难找到对应的条款,而法律、法规的完善是一个长期复杂的过程,在很大程度上会滞后于现实发展的需要。所以,当前无论是像美国等发达国家,还是像中国这样金融科技发展迅速的发展中国家,都面临着传统的法律、法规体系不适合现实发展需要的瓶颈问题,需要切实去解决。

2. 监管对象认定困难

在传统的条件下,金融活动被监管主体不是法人就是自然人,相对较为明确,不存在"无的放矢"的现象。在人工智能、区块链等新一代信息技术广泛应用的前提下,金融参与者的身份会变得越来越模糊,监管部门面对的监管对象既不是自然人也不是法人,既有可能是人工智能机器人,也有可能是类似于比特币这样无特定运营主体的一个体系,这时责、权、利的边界会变得较为模糊,给执法和监管带来了很大的现实困难。

3. 风险的"升级"

传统的市场风险、流动性风险和操作风险会随着金融科技的发展而导致业务模式和运作模式的改变,即产生"变异",因此传统的风险评估、衡量和控制手段需要进行优化和调整,有的甚至需要推倒重来。与此同时,在传统风险的基础上新的风险也应运而生,包括网络攻击、网站及数据库入侵、交易信息和客户数据的泄露和窃取等,都会构成现实的挑战。

4. 防范系统性风险的困难

金融科技是一个十分复杂而又庞大的体系,可谓"牵一发而动全身",当出现一些局部的意外或技术性故障时就可能引起系统性的风险。比如,光大证券的"乌龙指"事件,

虽然起因只是交易员的个体行为,但影响却是全局性的。这种或由于意外,或由于失误所引起的"蝴蝶效应"必将会呈现越来越多发的趋势,如何加强防范和应对同样是一个难题。

5. 针对"伪金融"整治的困难

在过去的数年中,一些不法分子打着"互联网金融""区块链金融""人工智能金融"等旗号以高科技、高收益等为诱饵来迷惑投资者,实则为了达到非法敛财的目的。对这些"伪创新"的金融科技应用项目,目前还缺乏科学有效的监控和整治手段,在一定程度上扰乱了金融科技的发展环境,必须对此予以严厉打击。

8.2.3 金融稳定理事会对金融科技发展的分析框架

金融科技在全球范围的发展可谓一日千里,无论是国际组织还是各国政府机构对此都给予了高度的重视,尤其在监管方面都在开展各种形式的探索。有全球"金融联合国"之称的金融稳定理事会于2016年针对金融科技的发展发布了《金融科技的全景描述与分析框架报告》。该报告认为,虽然当前全球金融科技尚处于起步阶段,对其实施全面评估仍存在数据不足、技术进步过快等实际障碍,但从维护金融稳定的角度着眼仍然是有章可循的。为此,该理事会推出了对金融科技发展的分析框架,供各国对金融科技进行监管提供参考。这一框架包括以下三个方面:

1. 创新价值分析

对各类金融科技产品及其机构的创新内容和机构特征充分分析,认清哪些是真正市场需要的金融服务创新,哪些只是借创新之名牟取暴利、扰乱秩序。

2. 驱动因素分析

对于确实有利于降低成本、优化风险管理、填补金融服务空白、满足市场需求的创新项目应给予大力支持,而对于那些规避监管或进行监管套利的,甚至涉嫌非法集资的"伪创新"或犯罪行为,必须予以严厉打击。

3. 从微观层面和宏观层面评估金融科技对金融稳定的影响

微观层面应重点评估金融科技对传统的金融机构的商业模式的影响,对金融市场中各个参与主体行为方式和风险状况的相互影响,以及可能给金融体系带来的脆弱性等;宏观层面应重点评估金融科技活动是否会对金融体系的复杂性、透明度、流动性、杠杆率、信用风险和交易对手风险方面造成实质性影响以及其外部性效应大小等。

金融稳定理事会在总结世界各国发展经验的基础上,不断地探索新的发展,为全球范围内更好地发展金融科技提供相应的指导。

8.2.4 美国对金融科技的监管

美国是全球金融科技发展的领先国家,在金融科技监管方面也在做相应的探索,相关的经验和做法对同处于探索阶段的中国具有很好的指导意义。

1. 对金融科技进行监管所面临的挑战

美国是联邦制国家,各州具有独立的立法权,相对具有较大的监管自由度,但由于金融活动本身的跨地域性,这样的监管体制并不利于全局发展。为了更好地引导全国范围内金融科技的发展,美国财政部下辖的货币监理署在2016年4月针对金融科技提出了以下八条的监管指导意见:

(1) 支持金融科技领域负责任的创新;

(2) 在监管机构内培养愿意接纳负责任的创新的内部文化;

(3) 充分发挥专业机构的经验和专长;

(4) 鼓励那些能提供公平获取金融服务并能公平地对待客户的负责任的创新;

(5) 通过有效的风险管理,进一步强化安全稳妥的操作流程;

(6) 鼓励大中小银行将负责任的创新放入战略规划中;

(7) 推动促进持续的监管机构与市场机构的正式对话和深度合作;

(8) 与其他监管机构的全面合作。

以上这八个方面的指导意见表明了美国政府对发展金融科技的基本立场,既大力鼓励创新,又强调承担责任和防范风险,同时还要求开展多层次、多角度、多机构之间的合作,更好地为金融科技的发展保驾护航。

2. 美国对投资顾问业务的监管

美国于1940年颁布的《投资顾问法》规定,相应的投资顾问业务由美国证券交易委员会进行监管,该委员会下设对投资管理机构进行监管的投资管理部,负责投资顾问资格的认定,其范围涵盖了狭义的投资顾问和证券资产管理。新修订的《投资顾问法》规定,网络和智能投顾等业务必须在美国证券交易委员会注册,并接受其监管。同时,该法对投资顾问业务明确了以下五个方面的要求,包括:

(1) 对客户的诚信义务(Fiduciary Duties to Clients);

(2) 重要的禁止行为和要求;

(3) 合同要求;

(4) 记录要求;

(5) 监管要求。

为了更好地适应新的形势发展的需要,2015年5月8日美国证券交易委员会和美国金融业监管局共同就投资者在使用智能投顾中如何保障自身权益以及智能投顾可能存在的种种局限甚至安全问题发布了联合声明,对智能投顾在产品运作、客户服务和监管等诸多层面提出了更高的要求。

3. 美国对征信体系的监管

美国的征信业有较为悠久的历史,形成了较为完善的监管体系。目前,征信业执法机构分为两类,一类是银行系统的执法机构,另一类是非银行系统的执法机构。前者主要有美国货币监理署、美联储、联邦存款保险公司等,后者主要有美国联邦贸易委员会、美国消费者金融保护局、美国司法部、美国国家信用联盟管理办公室等。

行业自律是征信业健康快速发展的重要保障,基本形成了关于数据采集、信用报告制作和信息使用等行业自律组织,各类自律组织通过制定行业规章和行业标准、促进会员间交流、开展专业教育和培训、举办从业资格考试等方式对征信行业进行规范和监管。其具体的做法包括以下两个方面:

一是保护消费者。

美国涉及消费者个人隐私的法律有《隐私权法》《公平信用报告法》《格雷姆-里奇-比利雷法案》等。其中,《公平信用报告法》规定,消费者报告机构在履行职责时应尊重消费者的隐私权,并规定了禁止采集的信息。

二是确保业务的准确性。

《公平信用报告法》明确规定,"消费者报告机构不论何时准备消费者调查报告,必须遵守合理的程序以最大限度地保证报告所涉之人信息的准确性"。在监管方式上,美国联邦贸易委员会通过征信执法检查、受理消费者投诉等方式对信用报告的准确性进行监管。

8.2.5 英国对金融科技的监管

英国是互联网金融P2P模式的发源地,在P2P监管方面形成了独特的体系。

1. 宏观监管

英国金融行为监管局成立于2013年,代替了原先的英国金融服务管理局,以加强对P2P的管理。P2P平台必须先向金融行为监管局申请获批《消费者信贷许可证》方可开展相关的金融服务业务。英国金融行为监管局于2014年出台了《关于互联网众筹及通过其他媒介发行不易变现证券的监管方法》,这是全球第一部针对P2P行业进行监管的法律、法规。

2. 微观监管

早在2011年,英国P2P行业的领军企业Zopa、Funding Circle和RateSetter自发成立了P2P互联网金融协会,并向英国政府提出对P2P行业实行运行监管机制,并制定了相关的行业法律、法规。协会规定了成员企业在最低运营资本金、高级管理人员和平台IT系统等方面的基本要求,为行业的持续稳健发展起到了规范和促进作用。

3. 监管框架的亮点

总体来说,英国的金融监管框架共有以下四个方面的亮点:

(1) 最低资本要求:英国金融行为监管局要求P2P平台以借贷资产总规模为依据,必须达到一定的资金数额,以确保其能承受一定的金融冲击。

(2) 续投贷款安排服务:为了保护放贷人的合理权益,P2P平台必须有后备计划,设立风险准备基金,以便在发生破产或者停止运作时继续对已存续的款项提供合理服务,未到期的借贷项目仍有效并可以得到有序的管理,直至借贷双方的资金结清为止。

(3) 提供客户取消投资的权限:允许投资人在一定的条件和时间范围内取消投资。

(4) 持续报告要求:P2P平台定期向英国金融行为监管局报告相关的审慎数据、财政状况、客户资金情况、客户投诉情况、上一季度贷款情况等信息。

8.3 金融科技"监管沙盒"

金融科技的快速发展给监管带来了各种挑战,利用"监管沙盒"(Regulatory Sandbox)进行有效的监管已成为不少国家共同的选择,相关的理论研究和实践探索正在不断地推进之中。

8.3.1 对"监管沙盒"的理解

沙盒（Sandbox）原本是一个计算机术语，是指在开发软件的过程中建立的一个与外界隔绝的测试环境，用以进行软件功能的测试。通过建立沙盒，可以为一些来源不可信、具备破坏力或无法判定程序意图的程序提供试验环境。同时，沙盒中进行的测试多是在真实的数据环境中进行的，兼顾了测试的准确性与安全性。

所谓"监管沙盒"，是一种新的监管模式，是指允许在可控的测试环境中对金融科技创新企业的新产品或新服务进行真实或模拟测试。该模式在限定的范围内，简化了市场准入标准和流程，豁免了部分法规的适用，在确保消费者权益的前提下，允许新业务的快速落地运营，并可以根据其在沙盒内的测试情况准予推广。这一模式出现的时间并不长，主要是结合金融科技的发展应运而生。简单来说，该模式就是允许经营新兴金融业务的金融科技创新企业向监管机构提出申请，在一定的时间范围获得监管机构的豁免以开展营业，但是其经营规模会受到限制，经营过程中的数据信息也需及时提交至监管机构备案审查。

8.3.2 评估标准

"监管沙盒"的实施一般要求金融科技创新企业具备以下相关条件：
（1）具备创新的产品或服务，能够解决当前金融业的瓶颈或能够支持金融业务的发展；
（2）产品或服务显著异于传统的金融业务；
（3）能够为消费者和社会创造价值；
（4）金融科技创新企业具备明确的发展目标和发展规划；
（5）金融科技创新企业具备社会责任感，具有强烈的合规性和自律性。

8.3.3 设立"监管沙盒"的目的

通过"监管沙盒"，可以使那些在现有的监管体系内无法合规运作或具有很高成本的金融科技创新企业能够在监管机构的控制下实现小范围内的真实环境测试。同时，监管机构通过沙盒测试可以更清晰地看待监管规定与金融创新的辩证关系，及时发现那些不利于创新并且会损害消费者长远利益的监管规定，从而在第一时间做出调整。

8.4 英国金融科技"监管沙盒"应用与发展案例

英国金融行为监管局是世界上较早应用"监管沙盒"的机构之一，经过数年的探索已取得了良好的成效。

8.4.1 应用背景

自2013年起，英国金融服务管理局的监管职责被英国金融行为监管局和审慎监管局所取代。其中，英国金融行为监管局是金融服务管理局法律实体的延续，既负责银行、证券、保险公司等金融机构的行为监管，也负责不受审慎监管局监管的金融服务公司的行为监管和审慎监管。图8-13为英国金融科技监管机构的组成。

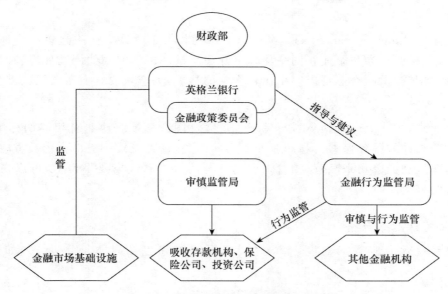

图 8-13　英国金融科技监管机构的组成

2014年8月，英国财政部提出了金融科技振兴策略；同年10月，英国金融行为监管局设立了创新项目，并增设创新中心，为金融科技创新企业提供与监管机构对接、帮助其取得有限授权等服务。在创新中心设立一年后，由于取得的效果良好，英国金融行为监管局开始研究"监管沙盒"的可行性，并于2015年设立了"监管沙盒"制度。2017年，英国财政部提出"监管创新计划"，提出了监管如何适应并鼓励变革性的业务模式，并利用"监管沙盒"等新手段来减少业务的监管负担。英国"监管沙盒"的具体做法如下：

首先，英国金融行为监管局对拟参与"监管沙盒"的金融科技创新企业进行筛选，筛选的条件包括金融科技创新企业的规模、产品是否具有创新性，创新的产品或服务能否促进消费者福利提升等，只有经过严格筛选的金融科技创新企业才能进入具体的实施；

其次，英国金融行为监管局根据拟参与"监管沙盒"金融科技创新企业测试的创新产品或创新服务选取合适的消费者，并要求其设定消费者保护计划，包括适当的赔偿等；

最后，在筛选条件合格的前提下，英国金融行为监管局允许参与实验的金融科技创新企业向客户推出创新产品或创新服务，测试期一般为3～6个月，将根据测试的结果进行监管政策的制定或完善，以进一步防范金融风险。

8.4.2　所采用的沙盒的类型

英国金融行为监管局所采用的沙盒的类型主要包括以下三种类型：

1. 监管沙盒

监管沙盒是指金融服务企业将软件运行在模拟控制系统下，其中运行的数据只会记录在沙盒里面，而不会记录到真实系统中。由于每个金融科技创新企业所提供的服务不同，沙盒如何设置、如何测试是一事一议的，即监管单位和金融科技创新企业需要讨论设计测试标准和测试程序。但是，进入"监管沙盒"的金融科技创新企业可以免受一些监管责任，在这样的环境下，金融科技创新企业可以做实验，进行业务的运作。

2. 产业沙盒

产业沙盒（Industry Sandbox）是某一行业内的相关企业聚集在一起建立一种虚拟的测试环境，这样能让参与企业在同一环境下开展测试。由于使用的测试环境和测试方法相同，所以参与测试的企业可以得出比较客观的结果，为产业内全面布局提供支持。

3. 保护伞沙盒

保护伞沙盒（Umbrella Sandbox）和产业沙盒相似，与产业沙盒有相同的标准，为整个产业做前瞻性的服务探索。与产业沙盒不同的是，这种模式一般由一个被金融监管单位授权的非盈利的公司来经营，相对来说其参与的范围和规模要小得多，可以在一定的程度上控制风险。

8.4.3 监管沙盒的流程

英国金融行为监管局对"监管沙盒"应用的流程包括以下七个步骤（如图 8-14 所示）。

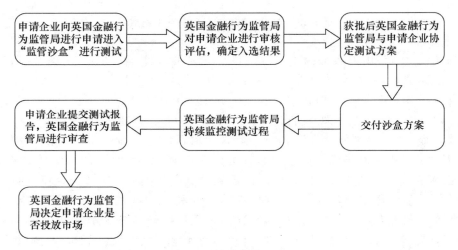

图 8-14 "监管沙盒"应用的流程

如图 8-14 所示，各步骤说明如下：

（1）企业申请使用沙盒：申请企业需向英国金融行为监管局提交参加测试的申请，说明新的解决方案以及它是如何达标的。

（2）英国金融行为监管局审核评估：该局对申请企业的申请进行审查，如果达到合格标准就接受申请。

（3）申请企业与英国金融行为监管局合作，并商定一个测试方法：双方合作确定最佳沙盒方案、测量结果、报告要求和保障措施。

（4）交付沙盒方案：沙盒方案正式交付监管部门，得到认可后进入测试环节。

（5）测试和监控：申请企业在英国金融行为监管局的指导下开展测试，并对测试过程进行全方位的监控，完成整个测试过程。

（6）报告审查：申请企业提交关于测试结果的最终报告，并由英国金融行为监管局进行审查。

（7）决定是否提供新解决方案：英国金融行为监管局在审查报告并提出结论性意见之后，申请企业决定是否提供"监管沙盒"之外的新解决方案。

8.4.4　对客户利益的保护

英国金融行为监管局认为，"监管沙盒"能为金融科技创新企业带来的好处应该体现为给消费者带来更好的结果，比如产品或服务范围的扩大、成本的降低以及金融服务获得途径的改善。然而，当在现实生活场景中测试创新的金融产品或金融服务时，存在潜在的客户损失，这种风险需要谨慎管理。为此，英国金融行为监管局采取以下方法来保护参与沙盒测试的客户：

（1）在测试过程中，进行沙盒测试的金融科技创新企业只能针对已经知情且同意被纳入测试的客户测试自己的新解决方案，客户应被告知潜在的风险和可得到的补偿；

（2）英国金融行为监管局同意在个案的基础上将披露、保护和赔偿适用于测试活动；

（3）客户与同其他与金融科技创新企业接触的客户享有相同的权利，例如向金融科技创新企业投诉，然后向金融监察员服务机构投诉，且如果金融科技创新企业失败，客户则可以享受金融服务补偿计划；

（4）进行沙盒测试的金融科技创新企业需要赔偿客户的任何损失，并且必须证明自己具有这样做的资本。

8.4.5　对行业的建议

英国金融行为监管局提出了可以由行业通过集体行动（例如互联网金融服务企业、软件开发商、技术企业、加速器等）提供的解决方案，以帮助解决创新者在市场中采用新产品或新服务时所面临的挑战。为此，该局提出了虚拟沙盒和沙盒保护伞的建设方案。

1. 虚拟沙盒

虚拟沙盒是一个使金融科技创新企业能够在不进入真正市场的情况下测试其解决方案的环境，比如基于云的解决方案，而且在行业之间协作配置，然后金融科技创新企业可以为其产品或服务定制解决方案，通过虚拟沙盒使用公共数据集或其他金融科技创新企业提供的数据运行测试，然后邀请金融科技创新企业甚至消费者尝试他们的新解决方案。在这种环境下，没有消费者损害的风险、市场完整性风险或测试过程中的金融稳定性风险。

所有的金融科技创新企业都可以使用虚拟沙盒，无论它们是否被授权。这对于不能构建自己沙盒的小型初创企业来说可能是最有用的。这种环境还可以使多个金融科技创新企业和其他感兴趣的各方（例如学术界）之间进行合作，以更快速和更可靠的方式开发出创新的解决方案。

2. 沙盒保护伞

依据行业规则，非营利性的企业可以以沙盒保护伞的方式成立，未经批准的金融创新者可以作为被沙盒保护伞企业委派的代理人，在沙盒保护伞的庇护下提供相应的服务。与其他被授权的机构相同,沙盒保护伞企业需要先通过批准的方式得到授权,然后正式得到金融行为监管机构的监管,在此基础上沙盒保护伞企业对其委派的代理人进行监管。

由于并非所有的被监管的组织都像合格代理人企业那样具有完备的内部组织制度,因此达不到要求的金融创新者无法使用沙盒保护伞的模式。英国金融行为监管局相信沙盒保护伞的模式将会被相关产业引入,由产业引领的保护伞更切合产业发展实际,也会更容易得到评估,通过不断地发现问题和改进问题以促进全面创新。

8.4.6 案例评析

"监管沙盒"作为适应金融科技发展需要的一种监管模式在英国的实际运作中发挥出了良好的作用,在鼓励创新的同时有效地防范了金融风险。总体来说。申请沙盒测试的金融科技创新企业,要么是无法合规运作,要么是运营成本很高无法维持运营,英国金融行为监管局根据相关规定对不完全符合许可条件的申请者提供"有条件的许可",让其在沙盒空间内进行相关产品和运作模式的测试。金融科技创新企业申请获批进入"监管沙盒"后,可以在特定的条件和时间内在真实环境中测试创新性产品、服务和业务模式的运行效果,在这一过程中英国金融行为监管局全程对测试过程进行监督,并对是否合规进行辅导,同时对结果进行审核和评估,以此判定金融科技创新企业能否将相关业务投放市场,这在很大程度上解决了在法律、法规滞后,技术体系不够完善的条件下推动金融科技创新的现实障碍。

从实际运行来看,这种模式在一定程度上取得了多方共赢的效果:对于金融科技创新企业来说,获得了容错、试错的安全空间,降低了合规和时间的成本,缩短了新业务开发和投放市场的成本;对于监管机构来说,通过沙盒测试,提早介入了解金融科技模式,对及时发现和调整不适监管,真正落实适度监管、包容监管和柔性监管起到了积极作用;对于参与测试的客户而言,英国金融行为监管局在测试过程中,在消费者保护方面采取了多项措施,有效地保护了金融消费者的权益,较好地避免了有可能损害消费者的风险。

8.5 本章小结

安全是金融业运作的"生命线",没有充分的安全保障就不可能有金融业的健康发展,更没有可预期的未来。金融科技所面临的安全挑战是十分广泛而复杂的,涵盖的产品及服务包括业务安全、应用安全、网络安全、安全合规、数据安全、移动安全和安全运维等,每一方面都将随着技术的变化和业务的需要形成新的发展模式,只有不断地完善产品和服务才能更好地满足新形势下安全发展的需要。从全球范围来看,如何对金融科技进行有效监管是一个普遍性的难题,有一些国家已经开展了相应的探索和实践,其中"监管沙盒"是行之有效的一种做法,我国目前在这方面还面临着不少现实挑战,需要学习和借鉴国际上的先进经验,尽快建立起适合我国发展需要的金融科技监管体系。

综合案例篇

第九章	光大银行金融科技综合案例	/195
第十章	众安在线保险科技综合案例	/206
第十一章	京东金融科技综合案例	/222
第十二章	中国平安金融科技综合案例	/238
第十三章	蚂蚁金服金融科技综合案例	/258

第九章　光大银行金融科技综合案例

中国光大银行（以下简称"光大银行"）是综合实力位居前列的全国性股份制商业银行，在业务快速增长的过程中，大力推进金融科技的深度应用，促进金融业务全方位的转型升级，取得了良好的成效，走出了一条既符合自身业务实际又代表着银行业发展演进方向的创新道路，成为国内银行业金融科技发展和应用的佼佼者。

9.1　案例背景

光大银行成立于1992年8月，经国务院批复并经中国人民银行批准设立，总部设在北京。2010年8月，光大银行在上海证券交易所挂牌上市，2013年12月在香港联合交易所挂牌上市。光大银行不仅已形成了全国性的经营网络，同时在国际上也有了一定的布局，总体实力在英国《银行家》杂志排名中位居全球前50名。光大银行不断地改革创新、锐意进取，通过加快产品、渠道和服务模式的创新，在资产管理、投行业务、电子银行和信用卡业务等方面培育了较强的市场竞争优势，基本形成了各业务主线均衡发展、风险管理逐步完善、创新能力日益增强的经营格局。

长期以来，伴随着我国经济和金融业的快速发展进程，光大银行的品牌形象和市场价值不断地提升，在为广大客户和社会公众提供优质金融服务的同时，实现了良好的经营业绩，已成为一家运作规范、颇具影响力的上市银行。在国内银行业都在积极尝试金融科技的同时，光大银行凭借多年在信息科技工作方面的基础积累，加强对主流金融科技的研发和应用，依托科技创新实验室机制，在云计算、大数据、区块链等领域先行先试，取得了良好的应用成效。

9.2　发展部署

为了全面部署金融科技在银行业务全方位的应用和发展，光大银行做出了全方位的部署，具体包括以下四个方面：

9.2.1　深化科技创新机制

2011年年底，光大银行正式成立科技创新实验室。经过多年的探索实践，科技创新实验室形成了从创意到市场闭环运转的创新实体。通过科技创新实验室的平台，光大银行积极开展生物识别、人工智能和区块链等新技术的探索应用。科技创新实验室自成立以来成功孵化了数十个项目并在全行进行推广，经济效益显著。为了适应金融科技对高效率开发的要求，光大银行在稳步推进CMMI4①科技研发管理模式的基础上，积极进行

---
① CMMI的英文全称是Capability Maturity Model Integration，即能力成熟度模型集成，5级最高，4级次之。

双模式 IT 管理研究与实践，并在移动银行、直销银行开展敏捷试点，既满足了业务系统安全稳定的要求，又满足了快速研发投产的需要。

9.2.2 搭建底层技术平台

金融科技对 IT 基础设施与服务模式的健壮性和灵活性提出了更高的要求。光大银行自 2013 年启动了全行私有云平台的规划与建设，经过 3 年的持续努力，构建了光大银行基于全行资源池化的私有云平台，通过总行、分行两级资源池的云化部署，实现了全行资源池的统一管理、统一监控、集中运营和弹性调度，节省了 IT 基础设施成本，提高了 IT 精细化管理水平，为光大银行业务的连续性及可用性奠定了基础，同时也提高了金融服务的便利性。

9.2.3 自主建设大数据平台

在金融科技时代，大数据的作用日益凸显，光大银行积极推进大数据领域的相关系统建设，2013 年基于 Hadoop 技术建设了光大银行历史数据查询系统，为银行业首创。2016 年，光大银行自主设计建设的大数据应用开发平台投产上线，充分整合了行内、行外的各种数据，挖掘数据资产，发挥数据价值，为后续大数据技术的深入应用奠定了平台基础。光大银行还先后研发了财政客户资金流向分析、零售客户资产流失分析、对公客户"风险共同体"分析、客户经理合规行为分析等数据产品。

9.2.4 密切跟进区块链技术

光大银行密切跟进新兴技术的发展，尤其是在探究以区块链为代表的新技术特点、发展历程、趋势和应用场景的过程中，保持与国内外技术联盟、典型技术代表和金融同业的沟通交流，积极开展区块链技术的应用孵化实验。前期，光大银行已分别对区块链技术在理财代销产品验真、慈善捐款、合同管理、资金托管、供应链金融、文件传输等应用前景展开了研究实践。其中，光大银行基于区块链技术的"母亲水窖"公益慈善项目已经率先在科技创新实验室孵化成功。

9.3 基于大数据的历史交易数据在线查询系统的建设

经过十余年的快速发展，光大银行已经基本形成了客户历史交易数据查询体系，其核心业务系统通常只能提供短则几个月、多则一年左右的客户历史交易数据明细，单次查询时间段跨度最长为一年左右，这个时间范畴以前的客户历史交易数据多以光盘库、磁带库的形式存放，查询效率低且成本高。在传统行业面临金融科技挑战的今天，银行对客户需求响应的时效性非常关键，是面向客户转型的重要基础。为此，光大银行利用大数据技术建设和运营了历史数据在线查询系统，取得了良好的应用效果。

9.3.1 项目意义

一般来说，跨越几年乃至更长时间的客户历史交易数据不完整，可能以结构化、半结构化和非结构化形式存储在不同的介质上，使用传统的 IT 技术存在很多的瓶颈和限制,客户要求查询历史交易明细数据的时间跨度较长(如 5~10 年)或账户较多时工作量过大、服务相应时间过长,加之数据格式不统一,客户体验很不理想。

基于大数据平台的历史数据在线查询系统是在广泛借鉴开源技术和互联网金融服务企业成熟案例的基础上,结合大数据处理的成功经验而研发的。该系统能很好地解决传统行业客户历史交易数据查询所遇到的问题,较之传统的基于关系型数据库的解决方案,其成本更低、稳定性更好、处理效率显著提高,能有效地解决海量数据处理的性能瓶颈问题,同时也具备分布式系统所特有的良好可扩展性。

9.3.2 系统功能

历史交易数据在线查询系统具有以下三个方面的功能:
(1) 全量数据存储:实现离线数据全量汇总入库,提供统一的格式进行存储。
(2) 统一格式查询:形成统一的报文查询接口,支持多种格式报文查询。
(3) 模型化数据分析:针对特定业务场景,提炼分析模型,分析全量数据,输出分析结果。

9.3.3 逻辑结构

历史数据在线查询系统的逻辑结构如图 9-1 所示。

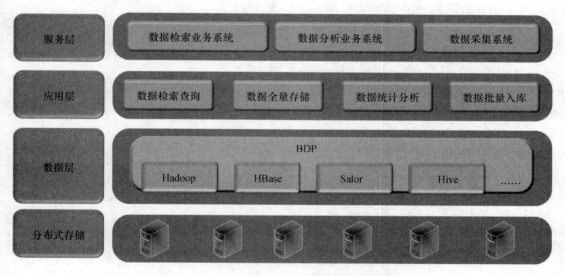

图 9-1 历史数据在线查询系统的逻辑结构

如图 9-1 所示,历史数据在线查询系统包括分布式存储、数据层、应用层和服务层组成。其中,提供应用系统的应用层包括数据检索查询、数据全量存储、数据统计分析和数据批量入库等功能;服务层主要面向储户和银行业务人员提供数据检索业务、数据分析业务和数据采集等应用服务。

9.3.4 业务价值

历史数据在线查询系统创造的业务价值主要包括以下五个方面:

（1）海量数据存储：数据范围是客户所有核心业务系统中所有历史交易数据的全在线存储。

（2）长时间段查询：单次查询不再有不能跨年的限制。

（3）统一客户体验：对所有核心业务系统中的客户数据进行统一的存储和管理，并统一数据格式，让客户获得统一标准的体验。

（4）多种查询方式：可以根据需要进行单笔查询或批量查询，查询结果可以生成定制化结果。

（5）低延时的响应：针对百亿条记录、数千个并发条件下，实现平均几十毫秒的查询响应速度。

9.4 大数据风险监控系统

随着线上电子交易及线下POS交易的快速增长，商业银行在为客户提供便捷服务的同时，如何有力地保障客户的资金安全成为一个新的挑战。光大银行通过利用大数据技术，以历史交易数据信息为基础，通过信息挖掘和规则建立，在线上及线下交易预警方面进行了积极的探索，为保证客户的资金安全提供了坚实保障。

9.4.1 电子交易风险监控平台

光大银行建设的电子交易风险监控平台是在真实交易发生前对客户利用电子渠道交易进行实时的监测、分析，并依据得出的风险评估结果，给出合理的处置建议，结合渠道与客服系统，达成对高风险交易的实时干预。

电子交易风险监控平台是一个跨渠道、整合的数据分析平台，诸如网上银行、手机银行、电子支付等渠道系统均可接入该平台，使得客户在不同渠道的历史交易数据在系统内得到汇总，打破了各个系统之间的信息孤岛问题，为全面、准确地进行风险评估和分析提供了有力的支撑。依据客户交易的风险评估结果，电子交易风险监控平台将选择最适合的后续措施，包括对客户进行二次认证、对客户进行外呼核实及直接放行等，在保证风险得到有效控制的前提下，保持了良好的客户体验。

9.4.2 POS交易风险监控平台

POS收单市场是银行卡受理市场的重要组成部分，光大银行的POS收单业务近年来快速发展，在快速发展的同时要严格防范欺诈、伪卡、套现等风险：在业务层面，要深化商户管理，加强商户准入资质审查；在系统层面，要建设POS交易风险监控平台，利用实时和事后两种模式来监控交易，加强风险控制。POS交易风险监控平台由预警规则定制、风险预警和预警处理三个部分组成。

1. 预警规则定制

POS交易风险监控平台提供可配置化、实时生效的预警规则定制供业务人员使用。预警规则定制包括实时预警规则定制和事后预警规则定制两种情形：实时预警规则定制包括大额交易、密码异常等；事后预警规则定制包括贷记卡交易占比、同卡频繁交易、非正常营业交易等。

2. 风险预警

依据预警规则，POS 交易风险监控平台对 POS 交易数据精准地进行量化分析并形成实时和事后预警信息流数据供业务人员使用。当前，光大银行日均 POS 交易流水为 50 万笔，通过 POS 交易风险监控平台进行量化分析后实时和事后预警日均数量分别在 5000 笔和 3000 笔。

3. 预警处理

依据实时和事后预警信息流数据，业务人员一方面通过系统进行延迟清算、商户冻结等操作以便及时控制预警交易，另一方面通过对商户现场进行访查，完成预警，以有效地防范风险。

9.4.3 内控合规风险管理

光大银行将大数据分析挖掘技术运用于风险监控领域，在内控合规、反欺诈和信用风险防范等方面均做出了卓有成效的研究，具体表现在以下两个方面：

1. 大数据在风险监控中的应用

理财"飞单"是近年来各家银行重点防范的反欺诈工作，光大银行利用社交网络大数据计算把多重关系叠加形成一个网络图谱，用以发现疑似客户经理"私售"的行为主要的做法：一类是"客户经理"和"客户"的管户关系；另一类是"客户"资金转出到"对手方"的资金关系能够直观地展现出隐性"飞单"交易的情况。与此同时，大数据风险监控系统还借助评价生物多样性的集中度的辛普森指数，以发现可疑的"飞单"对象。

2. 大数据在信用风险防范中的应用

大数据分析技术可以防范企业对外担保过于集中或一系列企业担保形成环路的风险。担保手段是银行在信贷授信中常用的风险缓释方法，但是客户担保关系复杂，往往也会造成客户信用风险的传递，光大银行通过大数据分析技术如果发现企业之间形成了隐形的担保圈后，其中一家企业发生不良，就会形成连锁反应。大数据社交网络分析图算法和社交网络可视化，可以对客户之间多层次的担保圈、担保链进行直观的分析展现，帮助银行在贷后管理进行及时的风险预警。

9.4.4 滤镜项目

光大银行的大数据实验室基于风险管理领域的预警分析研究，成功地孵化出数据产品——滤镜。该产品利用大数据技术对企业客户进行过滤，形成高信用违约倾向的企业名单，向总行和分行风险管理决策者提供更加科学、精准的决策支持；同时滤镜项目依托首个移动数据应用平台——光速观察，提升风险决策的时效性。

滤镜项目的产品运用社交网络、路径算法、文本分析等大数据分析挖掘技术，在线运行特殊交易对手、风险共同体、复杂循环担保圈三类大数据模型信号。其中，复杂循环担保圈模型信号用于发现担保网络中的隐蔽性风险模式，有效地防范群体性违约风险，在三类模型信号中的表现最佳。

在实际应用中，滤镜项目体现出预警精准、动态追踪、信息全面等特点，不仅可以针对潜在风险企业实现动态预警管理，向使用者提示新增风险、恶化情况和相关违约信息,而且信息来源较传统的风险信号更为全面。因为,一方面基于社交网络分析技术实现风险预警与管理可以从"单点"扩展到"网络";另一方面引入有价值外部数据与行内信息进行有效的整合,从而构建了全面的企业信用风险分析数据源。

9.5 信用卡风险一体化系统

银行信用卡中心的数据外延大,与个人的结合点多,单笔消费信贷金额小,总体消费信贷金额高,对风险控制与管理的要求也较高。因此,信用卡风险管理对信用卡业务具有重要的意义,促进信用卡中心业务增长,努力建设数据驱动的新一代信用卡业务体系成为目前国内银行业的理想选择。但系统建设所面临的挑战十分复杂,表现为风险业务分析数据来源多样化,数据源多,非结构化数据的清洗和转化的规则繁多,以及硬件载体、开发平台和系统环境等各不相同。

9.5.1 建设需求

当前,光大银行的信用卡风险管理涉及贷前、贷中、贷后等各业务环节,已建设完成信用卡审批、催收、调额等系统,这些系统独立运作,而且各业务系统与"V+核心系统"进行不间断的数据交互。但由于缺乏统一的数据管控平台,无法实现风险数据统一存储管控,同时还因为缺乏集中调度管理各风险模块的机制,各个风险管理子系统独立运行,不利于实现对业务风险全面、整体的把控。此外,因为风险业务分析数据来源多样化,所以针对不同的业务场景很多数据都是重复的,数据未被重复利用造成了很大程度的资源浪费。

光大银行信用卡中心决定基于现有各个风险管理子系统的功能,通过风险事件实现各个子系统业务处理流程的调度,搭建客户全生命周期内的风险一体化系统。该系统能够最大限度地拓展各个子系统的风险管控功能,并基于事件和信息在各个子系统中的流转实现系统之间的风险事件交叉反馈评价及检测机制,从而形成整个客户全生命周期内的信息统一管理、事件信息联动,为银行信用卡风险政策的制定与落地提供统一的平台支撑。

9.5.2 数据支持

信用卡风险一体化系统的数据支持包括五个方面:一是采集多源数据,整合光大银行信用卡中心各业务系统所涉及的数据资产;二是建立统一的数据存储规范,实现多源数据融合存储;三是为上层业务系统提供统一的数据出口,对外提供数据查询服务;四是做到一次写入多次利用,提高数据利用率;五是多源数据融合存储,多源数据横向对比,提高数据质量。数据分类(类型)主要有:

(1) 申请信息;
(2) 中国人民银行的信息(包括信用卡明细、贷款信息、担保信息、养老信息等);
(3) 第三方数据(百分点数据、国税数据、公积金、学历、公安等信息);
(4) 调额信息;
(5) 贷中数据;

(6) 催收数据；

(7) 账单数据等。

9.5.3 基础架构

信用卡风险一体化系统的基础架构如图 9-2 所示，整个系统包括数据层、基础平台层、接口层、应用层和平台管理层。其中，数据层包括行业数据和第三方数据；基础平台层包括统一数据采集和 Hadoop 分布式文件存储系统（Hadoop Distributed File System，HDFS）；接口层包括数据采集接口、数据存储接口、流数据接口和模糊查询接口；应用层包括风险数据查询服务、客户信息真实性判断和事件管理模块；平台管理层则包括自动部署、配置管理、组件管理、统一资源调度、系统监控管理、监控告警管理、用户管理和权限管理等。

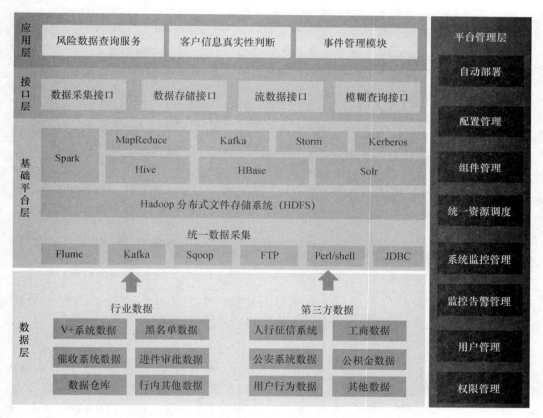

图 9-2 信用卡风险一体化系统的基础架构

9.5.4 建设成效

信用卡风险管理一体化系统致力于解决光大银行内部数据的分析和已有数据孤岛问题，成功整合了信用卡中心各业务所涉及的数据资产，建立了统一的数据资源池及其存储规范，实现了多源数据的融合存储和横向比对，有效地提升了数据质量，为上层业务提供了更好的数据支撑。

信用卡风险管理一体化系统的建设和运营,实现了面向风险业务的实时数据反馈,最大限度地提升了工作效率,降低了数以百万计的运营费用和人力成本投入,同时为信用卡审批提供了交叉验证,能有效地识别欺诈虚假信息,对防范欺诈业务风险、降低欺诈损失具有十分明显的成效。

9.6 理财业务转型

如何利用自身掌握的数据资源,促进理财业务的转型,是光大银行金融科技应用的重要着力点,通过数年的探索,取得了较为明显的成效。

9.6.1 数据源

理财业务转型的数据源主要包括以下各种类型:
(1) 个人特征数据:包括年龄、性别、职业、收入、工作区域、社会关系等。
(2) 资产数据:包括个人定期存款、活期存款、信用贷款、抵押贷款等。
(3) 其他数据:包括个人互联网行为数据、个人位置信息数据、商户数据(商户的客户对象、商品种类等)。

9.6.2 实现路径

光大银行利用大数据挖掘技术、文本数据分析等技术,将客户数据、产品数据、地理空间等数据进行关联分析,通过事件驱动满足客户的潜在需求,在此基础上,有针对性地进行产品推荐、精准营销广告投放等活动,进而推动自身所需业务的转型。

9.6.3 应用效果

大数据在促进光大银行理财业务转型发展方面取得了以下成效:

1. 产品定位分析

光大银行在海量分析、实时数据处理等大数据技术的基础上,对金融业产品的开发和推广进行精准定位,并对创新金融业务提供相应的服务与支持。

2. 精准营销

光大银行整合了金融业内部和外部的数据,建立起多维度、多层次的分析洞察报表,可以提供市场、销售、客户、舆情等多角度的宏观洞察,以辅助战略决策,同时也为企业的运营、产品、市场、销售、服务等一线业务人员提供数据洞察,支持其日常的业务行动。

3. 个性化推荐

光大银行通过客户管理形成了细分客户,用大数据技术智能化分析这些细分客户的需求,如客户的理财偏好、年龄等,并针对他们的需求实施精准化、有针对性的产品和服务推荐。

4. 优化体验

光大银行通过对市场和渠道的分析优化,光大银行为产品或者服务找到合适的渠道,以优化推广策略,提高客户体验的满意度。

9.7 人工智能应用

光大银行以"综合化、特色化、轻型化、智能化"为转型发展方向,结合自身实际,积极开展人工智能技术的探索和研究,取得了多方面的成效。

9.7.1 应用实践

光大银行在人工智能应用方面重点推进智能客服、生物识别、智能风控、智能营销和智能运营等方面的应用,具体应用实践如下:

1. 智能客服应用

光大银行的智能客服通过语音识别和自然语言理解技术的应用以及与现有 IVR (Interactive Voice Response,互动式语音应答)系统的集成,实现了客服系统"自助+智能+人工"三层的服务模式,全天候提供服务,在提升客户体验的同时也大大降低了光大银行的运营成本。智能文字应用于光大银行的网站、网银、微信、百度知道等互联网渠道,为客户提供基于文字的智能客服服务。智能文字机器人回答的准确率高,大部分的文字客服可以由智能文字机器人来完成,只有极少数的请求由人工来处理。智能语音项目通过语音识别和自然语言理解技术的应用以及与现有 IVR 系统的集成,并通过语音服务机器人来完成客服系统的语音导航、语音交互、语音咨询等功能,为客户提供高水平的智能语音客服。

2. 生物识别应用

光大银行于 2013 年 4 月引入指纹识别技术,构建了指纹识别系统,在银行柜员登录系统时使用指纹来代替密码输入,在提高操作效率的同时也有效地控制了操作风险。2016 年 3 月,光大银行在原有的指纹识别系统的基础上进行功能扩展,引入了人脸识别技术,构建了统一的生物识别平台,为各业务系统提供生物认证接口和服务。

3. 智能风控应用

智能风控主要通过机器学习和深度学习算法在风险控制模型的应用,充分利用交易属性之外的特征,结合复杂网络或路径分析技术,从多视角深入分析风险因素,以此来构建更精准、更强大的风控模型。光大银行先后推出了滤镜、信用卡智能进件审批、智能反洗钱、电子渠道智能反欺诈模型等多个项目,以此强化业务风险管理。智能反洗钱项目应用后,反洗钱模型筛选的准确度有效提升,在上报中国人民银行的重点可疑案例中,大部分案例来自该模型的输出结果,极大地提高了报送效率。电子渠道智能反欺诈模型项目通过综合聚类和孤立森林算法来搭建无监督识别模型,同时利用疑似欺诈样本实现了模型规则化应用,取得了理想的效果。

4. 智能营销应用

智能营销是通过大数据分析技术和机器学习,根据客户的基础属性、风险偏好、业务需求及业务倾向等信息对客户群体进行细分,挖掘客户的潜在需求,进行客户行为预测,从而开展具有针对性的营销活动,实现业务营销从传统的大众营销向智能营销的转换。通常,智能营销由客户画像、客户行为预测和营销自动化组成。在客户画像方面,光大银行完成了电子银行客户画像和行为分析系统的建设,在传统客户标签的基础上,引入客户在电子渠道的行为采集技术,通过客户实时行为的捕获和分析,支持面向客户的一对一实时营销推荐,提高了营销的成功率。在客户行为预测方面,光大银行利用数据挖掘建模技术来预测客户个体的行为变换,提高了产品和客户营销的精准度。

5. 智能运营应用

银行网点智能运营的核心是运用大数据分析挖掘方法对服务进行精准量化,以此为基础在效率、成本、合规等方面取得进一步的改善,从而实现了网点的资源配置优化、运营成本压缩和服务体验提升。光大银行针对智能网点运营已完成了网点现金吞吐量预测模型的研发,后续将推动该模型的落地和优化。

9.7.2 推进措施

为了大力推进人工智能技术在业务中的全方位应用,光大银行出台了以下四个方面的推进措施:

1. 依托科技创新实验室机制,开展联合创新

光大银行充分发挥科技创新实验室机制的优势,"走出去"积极开展与相关的科研院所及厂商的合作,打破行内资源的限制,充分利用"外脑",将行业最新成果积极转化成科技创意。

2. 协同业务部门推动人工智能在业务场景的落地

光大银行积极开展人工智能技术的探索和研究,协同业务部门推广已有人工智能成果落地,加大推广力度和推广范围,进一步扩展人工智能应用场景,包括智能营销、智能风控、智能投顾、智能机器人、生物识别等场景应用,实现了业务智能化,提升了整体服务水平和竞争力。

3. 加强人工智能人才队伍的培养和建设

为了加快核心人才队伍的建设,光大银行一方面积极挖潜内部资源,培养兼顾技术和业务的人工智能应用专家,另一方面加强外部合作,如与科研院校、金融科技企业等进行合作,借助整个行业在人工智能领域的研究力量,共享专家资源,共享行业成果。

4. 持续加强人工智能基础性应用系统的建设

人工智能需要通过海量的数据来支撑,尤其需要特定领域的专业数据,在此基础上开展基于算法的大量训练,因此离不开应用系统的基础性支撑。光大银行进一步加强大数据、云服务基础性应用系统建设的投入,为人工智能的持续发展提供了良好的基础。

9.8 对金融科技发展的思考

光大银行在金融科技实践的过程中,从更深的层次进行了思考,注重处理好服务与技术、创新与风险、发展与协同的平衡。

9.8.1 服务与技术的平衡

金融科技的发展归根结底是为了促进金融服务的发展,目的是在技术的支撑下进一

步提高服务质量和服务效能。因此,技术应用是手段,为大众提供更加便捷、安全、高效的金融服务是根本。银行业在探索新技术的同时,要紧密结合特定的应用场景,综合考虑金融服务的可靠性、稳定性、可得性等综合因素,努力提升服务效率。

9.8.2 创新与风险的平衡

金融科技的应用本身存在着一定的风险,互联网技术带来的信息泄露、黑客攻击、网络欺诈事件层出不穷。对于银行业来说,守住安全防线是第一要务,在创新应用的过程中要合理评估风险,做好风险防控,以确保客户和银行机构的安全。

9.8.3 发展与协同的平衡

金融科技的发展催生了更多特色化的互联网金融服务企业,服务的专业化和行业的垂直化发展特征更加明显,银行业要以开放包容的心态,加强合作、实现共赢,通过渠道协同、信息共享,促进整个行业的进步。

9.9 案例评析

面对金融科技的滚滚潮流,光大银行争当弄潮儿,成为银行业中的佼佼者。光大银行秉承"科技运营安全,科技服务高效,科技创新领先"的战略愿景,积极优化科技创新和治理机制,积极探索研发管理模式,科学利用金融科技手段,发挥科技创新的驱动作用,支撑银行业务向综合化、特色化、轻型化和智能化战略转型,取得了多方面的成效。

金融科技给传统的银行业带来了一场深刻的变革,促进金融服务从"关注整体"向"关注个体"转型,经营方式从"以产品为中心"向"以客户体验为中心"转型,运营管理从"粗放式管理"向"精细化管理"转变。光大银行金融科技的发展和应用已迈出了重要的步伐,当然未来的路还很长,需要面对各种问题和困难,但使命光荣、前途远大。

9.10 本章小结

光大银行是我国金融领域的佼佼者,经过二十多年艰苦卓绝的探索,成为在国际上具有一定的影响、在国内具有示范地位的股份制商业银行。在金融科技大潮席卷而来的冲击面前,光大银行积极拥抱变革,主动成为金融科技的弄潮儿,让金融科技成为其提升竞争力、适应新形势的战略选择,最终走出了一条适合自身发展的金融科技发展之路。

光大银行在金融科技发展方面有较为严密的发展部署,在大数据和人工智能技术应用等方面积累了丰富的经验,并形成了相应的发展模式。光大银行的实践表明,如何利用金融科技实现跨越式发展,已经成为传统金融机构的战略性选择,只要措施得力、方法得当、推进有序,就一定能取得预期的成效。

第十章 众安在线保险科技综合案例

诞生于2013年11月的众安在线是全球首家互联网保险公司,凭借领先的保险科技应用和超高速增长的业务发展,在短短四年内就在香港成功上市,成为第一家在香港上市的金融科技公司。众安在线基于生活消费、消费金融、健康、汽车及航旅等生态系统,以大数据、云计算、物联网、区块链和人工智能等保险科技为驱动,开发生态系统导向的风险解决方案,实现从销售、定价、风控到理赔、全流程的在线,成为我国保险科技应用的引领者,为我国保险行业的转型升级探索出了一条行之有效的发展道路。

10.1 案例背景

众安在线有着非同一般的天生优势,加上顺应市场发展的形势,可以说赢得了十分难得的天时、地利、人和的发展机遇,取得了超常规的发展。

10.1.1 公司概况

2013年9月29日,众安在线获得保监会同意开业的批复,正式于2013年11月成立,是国内首家拿到保险执照的互联网产险公司。该公司由蚂蚁金服等9名股东发起设立,总部位于上海。作为以技术创新带动金融发展的保险科技公司,众安在线不设任何分支机构,完全通过互联网进行在线承保和理赔服务。在成立之初,众安在线就确立了"致力于做有温度的保险"的愿景,并为之展开了卓有成效的努力。

10.1.2 股东背景

2013年成立之时,众安在线的注册资本金为10亿元人民币,由9名股东创立,分别为蚂蚁金服[①]、腾讯计算机系统、中国平安、优孚控股有限公司、深圳市加德信投资有限公司、深圳日讯网络科技股份有限公司、北京携程国际旅行社有限公司、上海远强投资有限公司和深圳市日讯互联网有限公司,各家占股比例参见表10-1。

表10-1 众安在线2013年设立时股东持股比例

投资股东	占比
蚂蚁金服	19.90%
腾讯计算机系统	15.00%
中国平安	15.00%
优孚控股有限公司	15.00%
深圳市加德信投资有限公司	14.00%
深圳日讯网络科技股份有限公司	8.10%

---

① 蚂蚁金服的前称为"浙江阿里巴巴电子商务有限公司"。

续表

投资股东	占比
北京携程国际旅行社有限公司	5.00%
上海远强投资有限公司	5.00%
深圳市日讯互联网有限公司	3.00%

2015年6月,众安在线获得了近60亿元的A轮融资,新增摩根士丹利、中金、鼎晖投资、赛富基金、凯斯博5家财务投资机构。至2017年9月正式在香港主板上市时,众安在线的股东持股比例参见表10-2。

表10-2 至2017年9月正式在香港主板上市时众安在线的股东持股比例

投资股东	占比
蚂蚁金服	16.04%
腾讯计算机系统	12.09%
中国平安	12.09%
深圳市加德信投资有限公司	11.28%
优孚控股有限公司	7.25%
深圳日讯网络科技股份有限公司	6.53%
青岛惠丽君贸易有限公司	4.03%
上海远强投资有限公司	2.03%

从表10-2我们可以看出,众安在线上市后,与成立时相仿,蚂蚁金服、腾讯计算机系统和中国平安依旧持有其绝对优势的股权。

10.1.3 经营状况

众安在线于2013年11月开始正式运营后,就凭借强大的股东背景与创新的互联网基因快速发展。2014年4月,众安在线的自营技术平台"无界山"上线,保单处理速度最高可达10000张/秒,获得上海市金融创新奖。2013年11月,众安在线在"双十一"购物节一周内售出的保单总数达创纪录的1亿份。2015年,在国际会计与咨询机构毕马威与国际知名金融科技投资公司H2 Ventures联合发布的《全球金融科技100强》名单中,初出茅庐的众安在线摘得桂冠。

2016年,众安在线发布"保贝计划",推出医疗保险产品"尊享e生",在"双十一"的保单数达2亿份,截至2016年12月31日,已累计服务超过4.92亿客户,累计销售超过72亿份保单,总资产达93.32亿元,相比2015年年末增长15.65%;保费总收入为34.1亿元,净利润为937.2万元,均遥遥领先其他的保险科技公司。自2013年11月成立起至2016年12月31日以保单、保单持有人及受保险人计,众安在线在我国的保险公司中排名第一。

2017年9月,众安在线于港交所主板上市,代码为"06060.HK"。2017年11月15日,H2 Ventures与毕马威再次联合发布《2017年全球金融科技公司百强》报告,众安在线夺得全球第二位,连续3年跻身前五强。2018年全年,众安在线的保费收入约为人民币112.6亿元,实现89%的同比涨幅,跃居全国财险市场第12位,成为我国首家保费过百亿元的互联网财险公司。

10.1.4 金融科技布局

2016年11月2日,众安在线设立全资子公司——众安信息技术服务有限公司(以下简称"众安科技"),其经营范围包括信息技术服务、以承接服务外包方式从事管理或技术咨询服务及市场信息咨询等;发展愿景为推动整个保险生态的信息化升级,领跑区块链、人工智能等新技术、新方法的研发、应用,成为众安在线内部及外部合作伙伴创新、创业的孵化器。为了实现这一发展愿景,众安科技启动实施了"1234"计划:

(1)"1",输出一个区块链云平台;

(2)"2",立足金融和健康两个命题;

(3)"3",信任、连接和加速为三大使命;

(4)"4",坚持在人工智能、区块链、云计算和大数据四个领域进行长期探索。

为了推动计划的实施,众安科技与复旦大学计算机科学技术学院设立了"区块链与信息安全联合实验室"。这是国内首个高校与企业联合组建的专一区块链实验室,专注于区块链相关技术的底层理论研究,增强了众安科技的区块链技术实力。与此同时,众安科技作为组织者,还与二十余个商业伙伴共同发起成立了"上海区块链企业发展促进联盟",旨在探索区块链技术在商业应用上的发展,推动科技普惠与创新孵化。

技术输出是众安科技的发展方向,目前已确定了三个阶段的发展规划(如图10-1所示)。

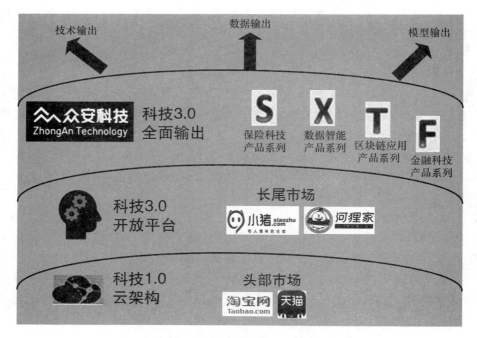

图10-1 众安科技技术输出发展规划

如图10-1所示,众安科技的技术输出计划包括以下三个阶段:

1. 科技 1.0 阶段：云架构

在科技 1.0 阶段，众安科技主要面向淘宝、天猫等股东渠道的头部市场搭建云架构基础设施，提供专业的云服务支持。

2. 科技 2.0 阶段：开放平台

在科技 2.0 阶段，众安科技针对传统的金融机构难以触及的长尾市场发力，向数量占绝对多数的市场用户提供开放经营平台，同时为小猪短租、河狸家等合作伙伴提供定制化的服务。

3. 科技 3.0 阶段：全面输出

在科技 3.0 阶段，形成 S（保险科技产品）、X（数据智能产品）、T（区块链应用产品）和 F（金融科技产品）四大系列产品，为客户提供技术输出、数据输出和模型输出。

10.2 定位和产品

从自身的实际出发，结合市场的需要，众安在线明确了对客户的价值定位以及与之相适应的保险险种。

10.2.1 对客户的价值定位

众安在线设计并提供保险产品和解决方案，以满足与客户的日常生活相关的需求。相应的产品嵌入至不同生态系统合作伙伴（包括生活消费、消费金融、健康、汽车和航旅）的在线平台，并根据动态定价提供不同水平保费的保险产品，使其能够积累较大的客户群并解决许多传统的保险公司无法满足的需求。众安在线对客户的价值定位如下：

1. 个性化产品供应

在专有技术和大数据分析的推动下，众安在线观察不同生态系统中的市场趋势并做出反应，设计有不同期限和保障范围的创新和个性化的保险产品。

2. 定制化动态定价

云计算和数据分析能力使众安在线能够对客户进行剖析，并就许多的保险产品实现动态及定制化的定价。例如，退货运费险嵌入至各种电子商务生态系统合作伙伴的平台，众安在线的客户在网上购物时可以获得实时保费明细，并不需要采取任何额外的行动或等待漫长的审批程序，以确保客户获得便利的购物体验。

3. 自动化服务

众安在线实施自动化索赔程序及欺诈检测技术，使实时索赔结算成为可能。例如，众安在线将航班延误险嵌入至领先互联网旅游代理商和我国主要航空公司的平台，购买该产品的客户在航班延误超过保险产品规定的一定时限情况下，将自动获得赔偿至自己的微信支付账户。又如，自动化客户服务系统能够利用人工智能技术自动检查手机屏幕的状况是否符合手机碎屏险的承保要求等。

10.2.2 主要险种

结合自身的定位,众安在线利用自身的优势,创新性地开发了一系列险种,获得了良好的市场反响。众安在线的主要险种如下:

1. 退货运费险

受益于股东蚂蚁金服的优势,众安在线在淘宝和天猫推出了退货运费险。众安在线通过多种因素来厘定保费,如交易量和启运点与收货点之间的距离,并承诺理赔和资金转入客户的支付宝账户通常不超过72小时。

2. 任性退

任性退是众安在线为客户提供全程退货服务的一种保险。任性退每月的保费为9.9元,购买此保险后,客户有权在与众安在线合作的电商平台上享有免费附赠的最多3公斤的退货运费服务。

3. 商家保证金保险

众安在线在淘宝推出了商家保证金保险,淘宝的卖家只需每年支付低至30元的保费而无须支付最高20万元的保证金。

4. 保贝计划

基于众安在线的数据风控、反欺诈和量化定价技术等手段服务资产方,结合交易结构及资产管理等手段最终实现消费金融资产在各细分领域的标准化,使得消费金融资产达到简单、透明、标准、可比的要求,直接对接到机构资金,覆盖农业、汽车、教育、家装、旅游、医疗美容等多个场景。

5. 马上花

众安在线根据多维风险管理模型建立了中央消费金融系统,并通过为每位消费者建立画像分析,提供各种场景下使用的长期信贷额度授信。马上花的主要目标客户包括信用卡频繁使用者、女性客户、年轻一代、频繁旅行者和其他消费金融服务需求者。

6. 保骉车险

保骉车险是由众安在线和中国平安联合推出的国内首个互联网车险品牌,以O2O合作共保模式推出。其主要特色包括:在定价方面,根据客户的驾驶习惯等多维度因子实现差异化定价;在核保方面,参考中国平安多年积累的赔付数据,并应用风险识别模型对车主的历史赔付情况进行全面分析;在服务方面,依托中国平安的线下理赔服务体系,提供全方位优质的服务。

7. 尊享e生

尊享e生是一款面向主体为30~60岁人群的健康险,最大特点是保费低、保额高。尊享e生的保费约为每年450元,客户可以就普通医疗费获得每年100万~300万元的保险金额,另可就患恶性肿瘤的相关开支获得100万~300万元的保险金额。

8. 步步保

步步保是众安在线基于从金融生态圈合作伙伴(小米手环、微信等)处获得的客户运动量数据而推出的一款健康险,主要特点为个性化、定制化,计划的实施以及条款取决于客户每天的实际步数。

9. 健康团险

众安在线面向公司及机构客户推出了定制团体健康险,以大大降低客户的员工福利人力成本。对于索赔金额低于3000元的情况,客户可以在线上向理赔平台提交证明材料并在3个工作日内获得报销。

10. 航空意外险和航班延误险

众安在线与携程合作,嵌入携程网站的购买选项可以让客户在几秒钟内收到一份航旅保险方案,而携程可以根据保险供货商的收费建议及服务能力向客户分配航空意外险和航班延误险。

11. 手机意外险及手机碎屏险

手机意外险是众安在线与小米公司合作为手机屏幕及其他损毁提供的保险,当投保手机发生意外时,众安在线承保其维修服务;手机碎屏险用以承保新机及存量手机的屏幕发生的损毁,在一年内获提供一次免费维修或换新服务。

12. 其他产品

在生活消费生态中提供其他创新产品及增值解决方案,如极有家家装保障险(在极有家家居家装平台上面向商户提供的综合保险产品,包括承保退货险、货物保险和产品质量保证保险)和无人机第三者责任险(承保由无人机造成的财物损失或人身伤亡的第三者责任险)等。

10.3 生态合作与演进

经过一定时间的探索,众安在线已逐步找到适合自身发展的合作模式,并明确了生态体系发展演进的方向。

10.3.1 合作模式

和传统保险公司的模式不同,众安在线的一大特色是基于生态系统合作伙伴的线上场景,以此来设计和提供保险产品及解决方案。众安在线将产品嵌入生态系统合作伙伴的平台,使得客户可以在消费场景中享受简单流畅、体验良好的保险消费体验。在这一过程中,众安在线又和生态系统合作伙伴平台进行深度的技术和数据共享,使合作伙伴能够构建线上保险消费者群体的数据库,加深对客户行为的深入了解,进而在未来能够开发出更多的创新产品和解决方案,提供更具有弹性的定价、优化的自动处理索赔体验、更有效的反欺诈和风险管理。这种优势互补、相互促进的模式,正是众安在线构建自身长期核心竞争力的途径之一。

10.3.2 生态系统演进

在众安在线进入的各个生态系统中,首先会与各个生态系统中处于领先地位的平台合作伙伴合作,再逐步扩大为领先生态系统合作伙伴定制的产品种类。在与领先生态系统合作伙伴建立成熟的关系后,众安在线结合经验将合作扩展至其他生态系统的合作伙伴。此外,众安在线通过保险代理人出售若干保险产品,同时还在自有平台出售若干保险产品,并通过自身的平台来增加客户。众安在线已开发了覆盖多个平台的保险产品和解决方案,并通过自有渠道(如App、网站、微信公众号和QQ公众号)分销相关产品,以便与客户之间进行交叉销售,使客户的终身价值最大化。图10-2为众安在线的生态系统演进。

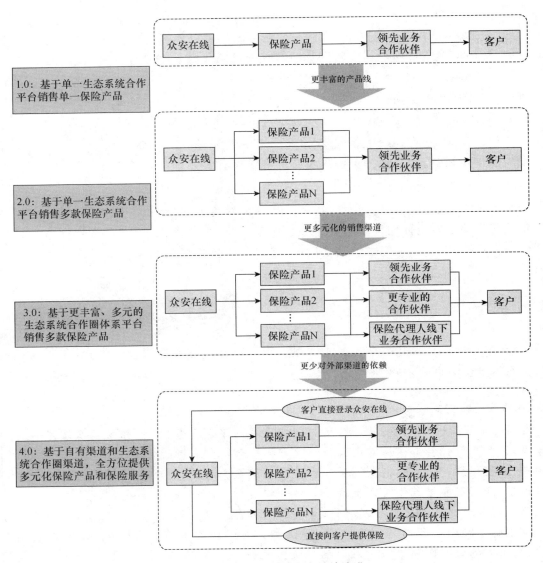

图 10-2　众安在线的生态系统演进

如图10-2所示,众安在线的生态圈战略可以分为以下四步:

第一步(1.0),基于单一生态系统合作平台销售单一保险产品;

第二步(2.0),基于单一生态系统合作平台销售多款保险产品;

第三步（3.0），基于更丰富、多元的生态系统合作圈体系平台销售多款保险产品；

第四步（4.0），基于自有渠道和生态系统合作圈渠道，全方位提供多元化的保险产品和保险服务。

10.4 技术体系

作为一家纯线上运营、依靠保险科技支撑的新型保险企业，众安在线高度重视技术的研发和投入，已形成了国内领先的保险科技运营体系。众安在线进一步开发了开放平台，以便与越来越多的生态系统合作伙伴相互连通，同时在营销、承保、定价以至于索赔处理及理赔等各个环节应用大数据分析和人工智能。除此之外，众安在线开发的技术解决方案业务为生态系统合作伙伴和金融业的其他参与者提供数据、技术及模型解决方案。

10.4.1 无界山系统

众安在线开发了一套名为"无界山"的安全、有效及具有成本效益的云核心系统，以经营相应的保险业务。无界山系统采用云计算技术，可以自行处理大量复杂的数据，并能大幅降低成本和提升经营效率。这一系统通过不同的云服务器提供商同时在不同的位置备份数据，并使用专有的安全系统分析及预测恶意攻击技术，相应的反应时间已缩短至5秒钟内，使得对任何挑战或攻击的反应能力明显增强。

无界山系统能够有效地执行自动操作及维护，每周最多可以承受500次产品发布而不中断服务器，且处理速度最高可达每秒钟1.3万份保险产品。该系统可以在10毫秒内生成反应，在5秒钟内提供反馈。在2016年的双11购物节，无界山系统在一周内处理了2亿份保单。

10.4.2 开放平台

众安在线的开放平台能够通过不同的技术和机制将自己的保险产品嵌入各种生态系统，包括标准API、嵌入式页面组件及嵌入到操作系统中的软件开发工具包。通过开放平台，众安在线能够以有效的方式与生态系统合作伙伴合作。除为保险相关业务提供服务外，开放平台还为生态系统合作伙伴提供了与数据相关的风险管理服务，帮助更多的客户在其生活各个方面都享受到全面的保险保障。例如，小猪（我国短期公寓共享网站）使用众安在线的开放平台，为其平台上的房东和租户提供全面的房东保险及入住意外保险。

10.4.3 大数据分析

在保险价值链的整个环节，保险公司面临着依据金融、精算、索赔、风险、消费者、生产者及其他类型数据分析作出决策。通过在各种生态系统中的业务，众安在线已经积累了大量来自不断增长的客户群的大数据，并形成了独特的数据处理和应用能力，具体表现在以下五个方面：

第一，基于以生态系统为导向的创新以及基于场景的保险产品设计，众安在线利用

客户日常生活的行为及消费模式来分享数据,提供个性化的方案;

第二,在承保过程中获取的所必需的个人及交易数据,在业务过程中合理使用,并加强客户隐私的保护;

第三,对所收集的匿名的、公开的客户数据以及从第三方获取的数据,应用自身开发的机器学习引擎及分析模型,能够高效精准地进行分析,以形成更为优化的服务方案;

第四,在客户端,众安在线利用有关行为预测、客户分析和定向营销等数据来优化客户体验,并能够根据客户的行为模式在消费场景中推荐保险,准确消除客户的痛点以提高其整体体验;

第五,数据分析应用于产品设计过程,包括产品迭代、动态定价、实时欺诈检测、理赔及客户服务,不断地提升数据洞察及分析能力。

10.4.4 人工智能

先进的人工智能技术的应用为保险企业带来了巨大价值,众安在线在身份验证、图像识别、模型迭代和客户服务等多个领域应用人工智能,以提升风险管理、经营效率和客户满意度。例如,利用机器学习及自然语言处理技术以发展自动化客户服务聊天框,从而大幅改善了客户体验,并降低了营运开支。与此同时,众安在线充分整合了人工智能力以支持风险管理。例如,众安在线能够实现实时风险控制及动态承保系统自动化,以达到更精确的定价,特别是解决面对的风险。又如,众安在线采用图像挖掘的客户画像为客户提供相应的预测建议;开发的实时风险管理系统可以获得对客户的全面了解,并在产品设计、承保、监控和理赔等产品生命周期内进行反欺诈及防范违约风险。

10.4.5 区块链

众安在线独立开发了自己的区块链系统,即 Ann-Chain 和 Ann-Router。Ann-Chain 是一种基于区块链通信协议实现,旨在作为开发区块链应用程序和解决方案的基础;Ann-Router 是区块链网络组件,旨在链接同构和异构的区块链。同时,众安在线已经应用区块链技术并开发了 Ti-Capsule,这是同类安全数据的存储系统,存储于其中的文件较为安全且无法修改,即使其中一个数据中心遭受攻击,数据仍然安全。客户身份、资产证明、健康信息和电子合同等敏感数据均可安全地存储在 Ti-Capsule 中,这一区块链应用系统对保险企业而言具有十分重要的价值。

10.5 生态系统

众安在线自成立以来,不断地寻找适合自己的发展道路,逐步形成了生活消费生态、消费金融生态、健康生态、汽车生态和航旅生态五大生态圈,提供产品及解决方案,采用"B2B2C"模式,通过互联网渠道销售与场景匹配的保险产品,取得了快速的发展。

10.5.1 生活消费生态

生活消费生态是指众安在线能够识别客户与电子商务和电子产品相关的消费场景

中的保障需求，并据此提供相应的解决方案。在网购已成为一种普遍社会现象的今天，如何化解相应的风险是一个切实存在的现实需求。网购存在多种固有风险，可能导致消费者、商家和平台运营商的损失。例如，消费者所购买的产品可能在付运时损坏、遗失或失窃，商家可能需要就退货支付付运成本，同时亦可能有与付款及消费者信息有关的安全问题，当中不仅消费者受损，而且还会影响商家和平台营运商的声誉。众安在线从化解消费者在网上购物、消费电子数码产品时形成的风险出发设计保险产品，弥补了消费者（遭受产品损坏、退货运费等）、商家（面临退货运费、产品遗失、信誉受损等）以及平台运营商（遭受信誉受贬）的损失，典型的与电子商务有关的创新型保险产品有退货运费险、保证金保险、商家履约险和账户安全险等。

众安在线以退货运费险起家，进入生活消费生态的时间早，占据了市场并处于领先地位。目前，众安在线的这项业务已经比较稳定，合作伙伴包括淘宝、聚划算、极有家、支付宝、天猫、蘑菇街、大疆无人机等，向这些合作伙伴出售退货运费险、商家保证金保险及手机碎屏险等。

10.5.2 消费金融生态

根据著名咨询公司奥纬咨询的报告，消费金融生态是指生活消费贷款，不包括房贷和车贷，具体包括信用卡贷款、电子商务信用产品和互联网消费贷款产品等。保险公司主要通过提供信用保证保险和与消费者信用数据及贷款技术有关的服务参与消费金融市场。随着我国居民收入的不断上升，个人财富的积累为消费金融的发展提供了广阔的空间，预计到2021年市场规模可达13.7万亿元。但是，目前消费金融市场上存在着诸多痛点：一是资产方缺少低成本且稳定的资金来源；二是在风险控制方面，资产方缺少数据沉淀和模型验证；三是一般金融机构既缺乏对征信白户及复杂场景的金融服务与风险管理能力，也缺乏对小额高频实时交易的运营与系统支持能力；四是一般金融机构承受着不良率考核和资产配置的转型压力。针对这些痛点，相应的保险需求规模在2016年已达到60亿元，2021年将增至500亿元，复合增长率为52.8%。

众安在线在消费金融中的核心能力包括信用保证保险增信、资产量化定价、自主开发的系统架构、标准化的交易结构和实时风险管理系统等。目前，众安在线向具备消费者金融能力的生态系统合作伙伴（如招财宝和小赢理财）及不具备消费者金融能力的生态系统合作伙伴（如蘑菇街和中国电信）提供信用保证保险及解决方案，推出了保贝计划、马上花、花豹等产品，均取得了良好的市场认可，不仅已获准接入中国人民银行征信中心，而且还具有先进的大数据分析和人工智能技术，能有效地识别潜在的欺诈和高信用风险。

10.5.3 健康生态

快速的人口老龄化和可支配收入的增加使医疗保健成为当今我国最迫切的社会需求之一，根据奥纬咨询公司的报告，我国的医疗保健支出预计到2021年将达到7.8万亿元，复合年增长率为12.1%；保险科技在该生态的占比将由2016年的7%上升至2021年的22%，相应的健康保险科技市场规模在2021年预计将达到1980亿元，复合年增长率达到45.9%。健康生态系统是指消费者在健康、医疗方面的消费支出，保险公司针对客户产生医疗开支的风险,提供保险产品和解决方案,同时提供增值服务,以提高个人的健康意识。

众安在线针对客户产生医疗开支的风险,提供了相应的保险产品和解决方案,并运用较多的互联网技术,同时还提供增值服务,以提高个人的健康意识,以激励客户管理自己的健康状况。目前,众安在线已经与医院、研究机构、医疗设备制造商(如奥姆龙)、互联网医疗平台(如微医)、互联网医疗论坛、医药公司和分销商建立起了全面的伙伴关系,推出了步步保、糖小贝、尊享e生、儿童综合保障等产品,也为公司及机构客户利用云基平台设计团体保险和雇员医疗保健计划,虽起步稍晚,但发展最快,并由于健康险较高的利润率而将其作为主要的扩张方向,未来预计将在大数据等技术的支撑下进一步丰富、创新健康险的品种,实现保费迅速增长。

10.5.4 汽车生态

我国既是世界上最大的汽车市场,也是全球车险市场规模最大的国家之一。根据奥纬咨询公司的报告,我国的车险市场2021年将达到11 710亿元,但由于监管较严,目前车险市场基本由传统的保险公司所把控,保险科技公司较少涉足。汽车生态是指众安在线就车辆损坏、人身伤亡和车辆失窃等涉车风险提供保险产品,拓展车险市场。众安在线已与中国平安合作推出了保骉车险,并逐步与滴滴出行、途虎养车等平台合作,以创新涉车保险产品。

在汽车生态圈,众安在线提出了"围绕两个生态+依靠三个核心+等待一个风口"的发展思路:两个生态是指在车主生态中致力于将销售提前,在数据生态中利用充足的数据搭建自己的定价模型;三个核心包括保险科技、轻资产优势和销售平台;一个风口是等着保险业市场改革进一步深化。众安在线计划将承保范围延伸至完整的汽车产业价值链,包括就二手车、汽车消费金融、意外险和延长保修期等而设计的产品。另外,众安在线将主打技术牌,联合网下理赔提供方开发具有动态及个性化定价,并具有风险控制功能的大数据平台,更好地满足保险业务个性化和专业化的需要。

10.5.5 航旅生态

随着旅游、飞机出行越来越普遍,保险公司开始针对因旅行产生的各类风险(如旅行意外、航班延误和航班取消)提供保障。航旅生态是指众安在线针对因旅行产生的各类风险提供保障。自2015年起,众安在线与携程合作提供航班延误险,受到了旅客的欢迎。众安在线自此扩展至与其他主要互联网旅游代理、航空公司和线下旅游代理合作,取得了明显的成效。

众安在线在航旅生态领域相对总体规模还不大,但已具备了良好的基础,增长势头良好。目前,众安在线已推出的产品有航空意外险、航班延误险,及其他旅行保险,如旅程取消险、退票险、火车事故险、酒店取消保险、旅行目的地天气险。此外,众安在线的数据分析使它能够提升客户体验,根据航班资料、客户、天气情况等实现动态定价,加强风险监控。未来,随着航旅市场规模和航旅保险科技需求的同步增长,众安在线必将在航旅生态领域有更大的作为。

10.6 技术输出

作为众安在线的全资子公司,众安科技专注于前沿金融技术的研究与开发,除为支持自身的研发努力外,主要为业务伙伴及其他从业者提供技术解决方案。目前,众安科技已形成了T区块链应用产品系列、X数据智能产品系列、S保险科技产品系列和F金融科技产品系列四大产品系列及行业解决方案,以满足不同客户的需求。

10.6.1 T系列区块链产品

T系列区块链产品是Anlink,即基于区块链、人工智能及其他技术的专有互联网安全平台。Anlink可置于私有或公共云端,提供一系列安全服务,如身份验证、数字资产流通、结算、数据存储和版权保护。Anlink已经正式在市场实现了商业化,潜在合作伙伴包括主要证券及保险交易所、保险公司、银行及其他行业的领先公司。

1. Ti-Capsule

Ti-Capsule用于存储电子医疗记录或隐私数据等重要或敏感数据。存储于Ti-Capsule的所有文件均可防篡改,且于任何情况下均不会中断。

2. Ti-Sun

Ti-Sun为生态系统内的任何客户提供独立及安全的数字身份。数字身份包括属于相应客户的所有数字化属性和资产,有助于提供相关服务,如了解客户的身份和反洗钱等。

3. Ti-GlassHouse

Ti-GlassHouse是Anlink生态系统的金融基础设施,能将链下资产(如积分或保单)数字化至区块链,所有链上的数字资产均可实时进行交易,并自动支持监督。

4. Ti-Packet

Ti-Packet是一个以区块链为基础的互联网电子签名系统。这个系统可以让订约方通过经认证的电子签名以及区块链的授权订立协议,确保协议不可修订,以保障订约方的权益。

10.6.2 X系列数据智能产品

X系列数据智能产品包括由人工智能技术支持的各种数据服务,通过与客户(主要为互联网金融平台)的API连接提供数据服务而向客户提供定制解决方案,以符合其独特的需要。以下为该系列产品的部分例子:

1. X-模型

X-模型有助于客户进行数据分析及帮助客户开发定制化风险管理模型。

2. X-决策

X-决策有助于客户做出交易决策,如根据X-数据及X-模型提供的数据分析决定是否批准贷款申请。

3. X-Man

X-Man 有助于客户分析自身的客户数据以建立客户档案。

4. 智能客户服务

客户服务聊天机器人项目通过对客户问题的分析,使用自然语言处理技术提供相关及有用的回复。自尊享 e 生的客户服务计划推出之后,客户服务聊天机器人每周处理超过 4 万起的服务问题,大大降低了客服人工成本。

5. 脸部识别

脸部识别服务有助于客户实现远程身份验证,以提高互联网金融交易的安全性。

10.6.3　S 系列保险科技产品

S 系列保险科技产品包括为保险和金融服务业设计的基于云端的应用程序,旨在加快传统的保险及金融服务的数字化。众安科技主要开发了三类供保险和金融服务业使用的 S 系列保险科技产品:

1. 电子商务平台

S 系列保险科技产品可以让传统的保险公司与保险代理迅速地建立互联网销售渠道,包括官方网站、移动应用程序、电子商务平台、微信平台及其他。该电子商务平台还能够与相关互联网生态系统相连或相结合。

2. 保险核心系统

S 系列保险科技产品为保险供货商开发云技术核心系统,满足其业务运营的需要。

3. 金融核心系统

S 系列保险科技产品为非保险类的金融服务供货商开发云技术核心系统,满足其业务运营的需要。

10.6.4　F 系列金融科技产品

F 系列金融科技产品主要包括以资产撮合为驱动的 F-资金资产平台、以资产交易为核心的 F-信贷云平台,以及同时提供获客管理、营销管理和贷后管理等智能化运营工具,打造信贷业务全流程解决方案,支撑合作伙伴全方位开展金融业务,提升合作伙伴的精细化运营水平,助力金融业务信息化、可视化和规范化。

1. F-资金资产平台

F-资金资产平台是一个可信、透明、智能的资产资金对接平台,链接了场景方、资金方和增信方,提供一整套资金资产对接解决方案。F-资金资产平台的主要特性如下:

(1) 数据安全透明:底层以区块链技术为基础,按区块链规则开展数据的管理,所有的资产数据不可篡改,安全可靠,真实透明。

(2) 智能撮合引擎:基于大数据、深度学习等技术,实现场景方和资金方的智能匹配。

(3) 极佳的扩展性:所有的功能都做到模块化,可以定制所需的功能模块,扩展性极佳。

（4）产品模式多样：已接入多种资金方，形成了多种产品模式，支持合作方快速接入。

作为一个资金资产的管理平台，F-资金资产平台相应的功能点所具有的功能如下：

（1）机构认证入驻：与众多的资产方、资金方、增信方合作，模式成熟，接入快速。

（2）智能交易撮合引擎：按照每个机构的特征，匹配最优资产方、资金方、增信方。

（3）数据保险箱：基于区块链技术，数据上链，不可篡改，安全可靠。

（4）智能合约：使用智能合约完成实时清算、结算功能，提高了多方业务运营的效率。

相应的场景应用包括资产增信、交易智能撮合、资产管理等，用户涵盖电商、旅游、医疗、美容等场景方，它们往往拥有大量的客户，能够快速地接入资金平台，并获得最优的资金。

2．F-信贷云平台

F-信贷云平台是集信贷业务管理、交易管理、系统管理为一体的综合业务系统，助力合作伙伴有效地提升信贷系统的建设能力，降低运营成本，提升交易效率，实现信贷业务的规范化管理、信息化及共享化。F-信贷云平台的主要特性如下：

（1）一站式：涵盖贷前、贷中、贷后的全流程服务，客户实现"拎包入住"。

（2）模块化：服务标准化、组件化，结合企业的内部功能实现模块化管理，确保灵活性和针对性。

（3）快速部署：提供成熟的系统解决方案和灵活的服务组件，实现系统快速上线，节省了开发成本。

（4）流程自定义：可以根据不同的进件渠道及产品等维度自定义对应的审批流程，实现了业务快速、高效流转和信贷业务的集中管理，降低了业务的信用风险和操作风险。

作为一个支撑信贷业务运作的云平台，相应的功能点所具有的功能如下：

（1）产品配置：提供灵活的产品管理、参数配置、要素定义功能。

（2）收单进件：支持各类信贷产品的进件和借款信息录入，以及对各项数据的规范化处理。

（3）贷款业务审核：覆盖贷前、贷中、贷后全流程作业系统，结合各类风控数据及反欺诈结果自动判断借款客户的资质，提供审核通过、拒绝及回退等功能。

（4）账务处理：提供不同维度的会计科目设置，集成至企业内部财务系统，简化记账流程。

相应的场景应用包括各类金融机构、消费金融场景以及各类渠道（银行、消费金融机构、小贷公司、租赁公司、信托公司等）。

3．F-运营工具

F-运营工具为合作伙伴提供运营赋能，通过大数据风控、贷后管理、智能营销管理等，助力合作伙伴提升经营分析能力、账务管控能力、内部管理能力，同时采用监管科技来降低合规成本，以实现信贷业务信息化、可视化、规范化。F-运营工具的主要特性如下：

（1）智能营销：支持多种获客场景，帮助营销人员及时掌握产品信息、客户情况。

（2）360°信息监控：通过报表、指标预警等实现对交易信息的全程监管，实现底层资产穿透，满足监管合规要求。

（3）数据可视化：利用大屏幕实现数据精美、简洁和直观的展示。

（4）多场景支持：无缝对接前端资产方的各种复杂需求，支持多种方式的对接。

作为一套专门的运营工具，F-运营工具相应的功能点所具有的功能如下：

（1）展业工具：提供在线操作展业全流程，涵盖Web、App、H5、SDK等多种渠道入口，以满足不同的业务需求，缩短材料收集、审批的时间，提高贷款效率，增强客户体验。

（2）营销管理工具：既提供不同渠道、不同时间段的运营性报表，如转化率、留存率数据；也提供经营性报表，如日报等数据。

（3）支付管理：可以对接多种场景，快速接入支付功能，同时享有高效能、安全可靠的底层设施，无须再集成烦琐的支付接口。

（4）电子合同：基于电子签名技术确认签约主体的真实身份，为客户提供安全有保障的在线签约服务，实现业务线上化。

（5）逾期催收管理：提供逾期报表分析、催收规则配置、单据分配功能和辅助催收工具，形成灵活、高效、立体化的贷后监控系统和预警体系。

场景应用包括各类金融机构、消费金融场景以及各类渠道（银行、消费金融机构、小贷公司、租赁公司、信托公司等）。

10.7 案例评析

拥有独特股东优势和丰富生态资源的众安在线，在短短数年之内迅速崛起，发展成为全球领先的保险科技公司，为保险行业转型升级提供了强大的动力，进而也充分展现了保险科技的巨大力量。总结起来，众安在线在以下五个方面值得我们学习和借鉴：

第一，众安在线将自己定位为一家保险科技公司而非拥有先进技术的保险公司，在很大程度上避开了保险市场的正面竞争，实现了错位发展，并以此强化自身的技术优势，赢得了更大的发展。

第二，以数据为核心资源，强化独特的竞争力。作为国内四家持有互联网保险牌照的公司之一，众安科技在总部上海之外没有设立分支机构，用"数据多跑路"替代了传统保险业务经营的"人海战术"，将海量的客户数据、充分的场景数据以及全方位的关联数据融为一体，形成独特的数据生产力，成为行业的引领者。

第三，激活前瞻的保险科技为保险行业赋能。众安在线通过设立全资子公司众安科技来强化自身的技术能力，确定大数据、云计算、物联网、区块链和人工智能五大技术为重点发展方向，为消除传统保险业的各种痛点提供可行的解决方案，既拓宽了企业的发展空间，又有力地提升了营利能力。

第四，以业务创新和技术创新寻求发展的突破口。从诞生伊始，众安在线不走寻常路，而是从创新保险产品的开发入手，找出市场的空白点，采取有效的技术手段主动出击，取得了良好的效果。无论是退货运费险、商家保证金保险，还是T、X、S、F系列的金融科技产品，都是创新的成果，成为保险业创新的领先实践者。

第五，以开放融合实现与合作伙伴的共赢。众安在线将自己定位为开放的平台，但不是一般意义上的开放，而是将自身所拥有的独特资源与客户的业务场景实现有机融合，使双方共同受益，真正实现"1+1＞2"的效应，共同促进行业的进步繁荣、企业的共同成长。

以致力于做"有温度的保险"为使命的众安在线经过卓有成效的探索，已具备了为行业赋能的条件和基础，正在新的发展起点带动行业转型升级，为促进我国保险业更好更快的发展做出更深层次的努力。

10.8　本章小结

众安在线应互联网而生，是我国互联网保险的创新实践者，在多年的探索中已逐渐建立起自己的发展模式，金融科技为其快速发展发挥了无可替代的作用。众安科技的金融科技应用与其致力于打造生活消费、消费金融、健康、汽车及航旅等生态系统密切相关，将大数据、人工智能和区块链等现代信息技术全方位、多角度、深层次地应用到业务场景之中，使这些技术成为提升保险服务效率、改善保险服务、降低保险运营成本的利器，凸显出金融科技的独特魅力。

总体而言，我国保险业金融科技的应用还处在初级阶段，存在的问题和困难还很多，换一个角度来看，我国作为世界最具发展前景的保险大国，金融科技的应用有着极为广阔的发展前景，需要科学谋划、稳步推进。

第十一章 京东金融科技综合案例

脱胎于京东集团的京东金融将自己定位为金融科技公司,坚持以数据、客户和连接为三大关键点,遵循金融的本质,将风险管理和风险定价能力建设放在第一位,以数据为基础,以技术为手段,为金融行业服务,致力提升金融服务的效率、降低金融服务的成本、提高金融机构的收入,经过短短几年的快速发展,在强手如林的金融科技服务领域脱颖而出,成为国内领先的金融科技企业,走出了一条既切合自身发展同时又富有特色的成长壮大之路。

11.1 案例背景

京东金融依靠京东集团强大的电商业务背景,依托京东集团的数据、技术和场景优势,紧紧抓住我国金融业转型升级的重要机遇期,经过卓有成效的探索,取得了快速的发展。

11.1.1 公司概况

京东金融原为京东集团内部的一个创业项目,后考虑到由于京东集团有外资背景不利于获得国内的金融牌照,于是从2013年10月开始正式独立运营。京东金融通过领先的大数据应用,叠加机器学习、人工智能、区块链等新兴科技,建立起了独有的大数据体系、技术体系、风控体系、支付体系、投研体系、投顾体系等一整套金融底层基础设施。公司通过将技术、产品、客户、资金端、资产端开放给银行、证券、保险等各类金融机构及其他非金融机构,提供菜单式、嵌入式服务,为其赋能,形成了特有的"金融+互联网"的全新模式。京东金融员工的总数超过4000人,其中从事数据、研发和技术的人员超过2000人。京东金融已建立起了九大业务板块——供应链金融、消费金融、众筹、财富管理、支付、保险、证券、农村金融和金融科技,实现了公司金融和消费者金融的双重布局,确立了金融科技的战略定位。从大的范围来看,京东金融的产品生态包括面向企业(2B)、面向个人(2C)和面向金融机构(2F)三大类(如图11-1所示)。

11.1.2 发展优势

京东金融在多年的发展探索中,逐步形成了属于自身的发展优势,主要包括以下三个方面:

1. 场景优势

京东集团作为国内领先的电商平台,具有极其丰富的电商应用场景。除京东集团内部的应用场景外,在农村电商市场和面向创业者方面均有扎实的基础。京东集团在农村市场已有广泛的覆盖面,建立了较为完备的农村金融服务体系;在服务创业者方面,京东集团通过京东众筹服务建立起数十万个创业池,形成了丰富的创业金融服务的应用场景。

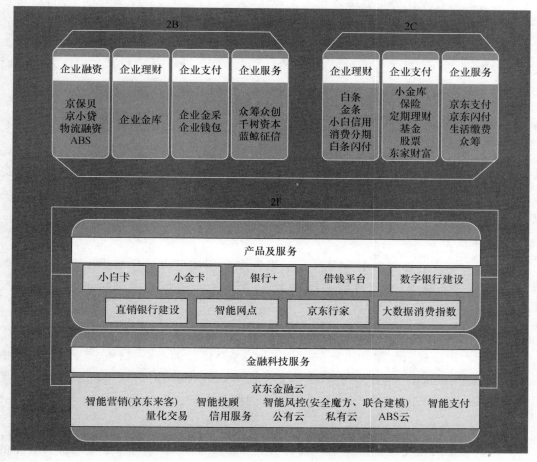

图 11-1　京东金融的产品生态①

2. 数据优势

京东金融具有无与伦比的在线交易数据资源优势,不管是京东商城还是京东金融,目前已累计起 3.6 亿的个人客户、800 万的企业客户,海量客户所贡献的海量数据是京东集团最为宝贵的经营资源。数据类型包括文本、图像、语音和视频,各种形式相互交叉、彼此融合。与此同时,京东金融对客户的画像超过 3000 万个标签,在平台里系统每天传输的数据量超过 100 亿条,以确保数据的鲜活和真实。

---

① 在图中,ABS 的英文全称是 Asset Backed Securitization,即资产支持证券化。ABS 是指发起人将其流动性不足但具有未来现金流收入的贷款或其他信贷资产打包成流动性强的证券,并用信用增强的措施,通过证券发行的方式出售给资本市场上的投资人。

企业金采是京东金融旗下品牌——京东企业金融为企业采购提供的一种白条支付服务平台。用户可以先采购后付款,采购越多信用就越好,信用支付最长免息 21 天,最长分期 90 天。

3. 技术优势

京东金融的技术优势主要体现在人工智能、大数据、云等方面全方位的应用,如京东消费金融风控体系很早就开始进入到人工智能机器学习的阶段,后来又引入深度学习的技术,通过技术处理每天大量新增的数据,建立起越来越多的客户画像标签和越来越丰富的风控模型;又如,基于大数据的智能营销能对客户的全生命周期在不同阶段的获客成本和利润贡献进行分析,以此来做出更为精准的营销决策。

11.1.3 能力输出

在过去的几年中,京东金融已经历了两个阶段。第一个阶段是用技术为京东集团提供金融服务,这方面取得了满意的效果。当前已进入到第二个阶段,京东金融用技术提供能力输出,为传统的金融机构赋能。经过多年的积累,目前京东金融输出的能力具体包括以下三个方面:

1. 技术能力

技术能力输出建立在京东金融自身数据开发和应用能力的优势之上,叠加机器学习、人工智能等新技术,建立大数据风控体系,帮助银行业提升底层的能力,夯实发展基础。

2. 产品能力

产品能力输出通过场景和供给侧的创新,以客户体验为中心设计产品,有针对性地解决客户的痛点,帮助金融机构突破核心业务能力,如产品能力的输出可以为银行拓展信贷业务场景,同时扩大财富管理资产和客户规模等。

3. 资源整合能力

资源整合能力输出是把范围更广阔的金融资源整合起来,并将存量盘活。其具体的做法是促进线上线下连接,实现客户、产品和场景的深度融合。京东金融将最具优势的客户运营和客户洞察能力与银行的线下网点优势相结合,实现线上线下双向互为入口、互为服务。

11.2 运营模式

与IBM、惠普、甲骨文等以销售软硬件产品和服务的金融机构的模式不同,京东金融独辟蹊径,走出了一条不同的发展道路,形成了自身特有的模式。

11.2.1 模式解析

京东金融结合自身的资源优势,形成了独特的"B2B2C"模式。在这一模式中,第一个"B"是指京东金融,第二个"B"是指金融机构,第三个"C"则为客户,包括个人和企业。从本质上来看,"B2B2C"模式是先以科技解决金融的问题,再把金融的业务还给金融机构,实现了"金融回归金融,科技回归科技"。

依托"B2B2C"模式,京东金融不仅能为金融机构提供数字化的服务,降低成本、提高效率,而且能够使金融机构在更好地运营存量业务、挖掘更深的客户价值的基础上,获得大量的增量业务和收入,实现模式的转型和战略的升级。京东金融带着场景和客户,带着对金融的深度理解能力来服务金融机构,既顺应了时代的变化趋势,也会为金融机构充分赋能,实现了多方共赢。

11.2.2 模式特征

京东金融的运营模式可以概括为"价值分享的企业服务"。基于这一模式,京东金融和金融机构是一种利益共同体的关系,能够为金融机构带去业务增长和营收提升,在和金融机构共同创造增量业务的过程中,实现与金融机构的价值分享。

11.2.3 价值分享

基于"B2B2C"的独特运营模式,京东金融提供了多方面的价值分享。例如,京东金融在为金融机构提供增量客户和增量业务方面,把基于自身多年在电商零售以及金融场景下所积累的海量客户,包括以85后、90后、95后甚至00后为代表的年轻人、"创新驱动"的中小微企业、"三农"客户等统统开放给金融机构,这些客户群恰恰是金融机构特别需要补充的,尤其是95后、00后伴随着互联网长大,有着更强的消费潜力和成长潜力,他们既是金融机构未来业绩的重要支撑,也是金融机构十分渴求希望获得的客户资源。又如,在风控方面,京东金融这些年通过自营业务场景积累起来的海量、多维、动态的数据,通过不断迭代的模型与算法所形成的十分强大的风控能力和风控经验,包括信用风险评估、反欺诈、反洗钱等,输出给金融机构,让金融机构在现阶段缺乏线上数据积累的情况下,可以迅速地发展线上金融业务,在提高增量收入的同时,实现业务模式的完善和迭代。京东金融已构建出3万个风控变量、五百多个风控模型、超过5000个风险策略以及对3亿客户进行了信用风险评估,这些数据资源对金融机构而言,无疑可以起到如虎添翼的作用。

11.3 供应链金融

作为我国电商领域的巨擘,京东金融在供应链领域具有得天独厚的优势。从某种意义上可以说,供应链金融是京东金融的期价业务,一直占据着十分重要的地位。经过数年的实践,目前京东金融的供应链金融业务已经形成了"京保贝""京小贷""动产融资"和"企业金库"等一系列既各具特色又互为整体的供应链金融产品。

11.3.1 京保贝

京东供应链金融的第一款产品——京保贝于2013年10月正式推出。该产品是具有互联网特点的供应链保理融资业务,包括应收账款池融资、订单池融资、单笔融资、销售融资等多个模块,实现了即时放款、按日计息、随借随还,单笔融资从万元到上亿元不等,满足了不同规模企业的融资需要。京保贝的服务优势包括三个方面:一是门槛低,融资成本低;二是效率高,3分钟即可审批放款;三是客户体验好,按天计息,随借随还。京保贝利用结算节点转化率、退货率、库存和商品等数据来量化单笔应收账款的风险,利用池融资模式实现对客户的统一额度管理,已先后服务数千家京东商城的供应商,客户在京东商城的贸易量因获得京保贝的支持平均增长超过200%。

京保贝推出后取得了较好的市场反响,现迭代到2.0版本,已不再是单一的融资产品,而是适用多种供应链模式、将链条上各种融资需求运用的金融工具整合为新一代的供应链金融解决方案。京保贝2.0不仅可以用于京东金融自己的客户,而且还能够实现对外部核心企业的对接,帮助外部企业建立属于自己的供应链金融能力,这标志着京东供应链金融实现了系统能力的对外输出。

11.3.2 京小贷

京小贷于2014年10月上线,主要为电商平台卖家提供小额信贷服务。它基于高质量且真实的交易数据实现了授信与风险控制,具有全程线上操作、三步申请、一秒到账、个性化利率、多种还款方式等优势。

京小贷主要服务于京东开放平台商家和其他小微企业客户,极大地改善了小微商家长期面临的融资难、融资成本高的处境。京小贷的日息约为0.033%,约合月息1%,相比于其他融资渠道而言,对小微商家更富有吸引力,因此在比较短的时间内为数万个小微商家提供了可靠的资金支持。

11.3.3 动产融资

动产融资于2015年9月上线,主要为大量中小微企业,尤其是为消费品的经销商提供新型动产质押类融资产品,它依赖京东集团积累的上亿商品的历史销售数据和外部数据,对商品进行价格评估和预测,并通过系统和模型进行自动化的风险管理,使得大量的企业用消费品质押融资成为可能。

动产融资利用动态调整的技术,在不影响客户在途销售的前提下大大提高了质押货物的流动性和变现能力,对提升经销商,尤其是B2C和B2B电商企业的经营能力有着十分重要的意义。

11.3.4 企业金库

企业金库于2016年5月正式推出,主要依托京东供应链金融所建立起来的企业金融服务优势,为企业客户提供理财服务。企业金库活期最低1元起投、定期最低1万元起投,最高7天周期。在同等起投门槛或者理财期限下,其收益与灵活度都高于大部分理财产品。客户发起赎回后,最快可实现T+1[①]回款。

京东金融在供应链金融方面进行了多方面的创新,所推出的产品覆盖了很多传统融资触达不到的群体,凭借利率和服务优势为客户盘活了供应链,给客户以最佳体验,受到了社会各界的好评。

---

① "T+1"是一种资产权益交易制度,"T"指交易登记日,"T+1"指登记日的次日。

11.4 京东白条

京东白条是京东金融的明星产品,是业内首款互联网消费金融产品,可以让客户享受到"先消费、后付款,实时审批、随心分期"的消费体验,让一些暂时无法全额付款消费的客户提升支付能力,享受到更多的金融支付便利。

11.4.1 发展过程

京东白条于 2013 年 11 月正式立项,12 月就开始内测,在 2014 年的情人节上线推出。当时一经推出,京东白条就受到了广大客户尤其是无法办理信用卡的年轻人的普遍欢迎,开启了一个消费金融的新时代。近年来,京东白条的发展过程如下:

(1) 2014 年 5 月,京东金融针对京东白条用户的量化评分卡落地,搭建了"小白信用分个人征信评估体系"。

(2) 2015 年 4 月,京东白条走出京东,布局京东体系外更多的消费场景,包括旅游、租房、装修、教育、购车等,都可以使用京东白条进行分期付款。同时,京东金融还推出了业内首款积分资产管理产品——京东钢镚,以及服务于项目采购、账期管理的企业定制化消费金融产品——京东金采。

(3) 2015 年 8 月,京东金融和中信银行合作推出了业内首款"互联网+"信用卡——小白卡,上线 100 天内申请人数就超过了 100 万,创下传统信用卡发放记录。

(4) 2015 年 10 月,"京东白条应收账款债权资产支持专项计划"于深交所挂牌。

(5) 2016 年 3 月,京东白条品牌升级,启动独立域名 baitiao.com,并推出现金借贷产品——京东金条,依托京东白条的大数据模型和信用评估体系,同时作为京东白条在产品和场景中的延伸,给有现金需求的京东白条用户更丰富的消费金融产品体验。

(6) 2016 年 9 月,京东金融与银联合作的"白条闪付"上线,并进行线下"扩张",年内近 2000 万台银联 POS 机、800 万家商户接受京东白条进行消费。

(7) 2017 年,京东白条从京东体系内走出去,渗透到更多的商城外部场景,并相继与中信银行、民生银行、华夏银行、上海银行、北京农商银行等多家银行合作推出 11 种联名卡产品。

(8) 2018 年 11 月 20 日,"京东金融"品牌升级为"京东数科"。京东数科包括京东金融、京东城市、京东农牧、京东钼媒、京东少东家等子品牌,其中京东金融作为核心业务之一,涵盖个人金融、企业金融、金融科技等业务,京东白条继续在京东金融的体系下运作。

(9) 截止到 2018 年 12 月末,京东白条应收账款余额为 344.49 亿元,不良率为 0.48%,逾期率为 1.56%,总体经营状况良好。

11.4.2 运作模式

京东商城的客户都有激活用于商城消费的京东白条的资格,申请较为简单,客户在填写姓名、身份证号码、银行卡信息、联系地址、手机号等申请材料后即可激活申请,后台风控系统会根据消费记录、购物习惯、信用状况、收货地址稳定程度、退货信息和购物评价等数据,结合其他多种因素去"识别"客户,然后迅速地给出京东白条是否可以激活的评定结果。整个识别过程都是通过风控大数据模型进行的,无须人工干预,每个成功激活的客户将获得相应的信用额度。申请成功的客户可以享受最长 30 天的免息期、最长 24 期的分期付款。作为京东金融的"爆款",京东白条的运作模式如图 11-2 所示。

如图 11-2 所示,消费者在京东商城或自如(京东的合作伙伴、链家旗下的自如租房平台)消费,由京东白条先行垫付资金,到期后按约偿还。京东白条的垫付资金由来自京东金融的自有资金、ABS 以及其他(如供应商的货款),通过基于小白信用分的征信业务向白条风控系统和金融机构提供征信数据。与此同时,ABS 通过底层系统向金融机构提供相关的数据。底层系统包括四大数据模型体系(风险控制模型、量化运营模型、用户洞察模型和数据征信模型)以及四大风控系统("天网系统"实施拦截风险订单、"天盾系统"实时防范欺诈安全、"天机系统"实时分析信用数据、"天策系统"实时部署风险决策),为京东白条的控制提供了强有力的保障。

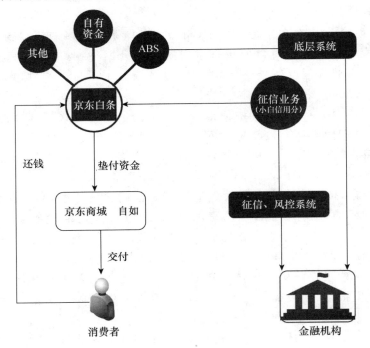

图 11-2 京东白条的运作模式

11.4.3 收费标准

在收费方面,京东白条采用的是账单制收费模式,分别收取分期服务费、日服务费和违约金。

1. 分期服务费

如果客户不分期付款,那么京东白条可以 30 天后延期付款,不会产生费率,分期服务可以选择分 3 期、6 期、12 期、24 期。分期服务费的收费标准为每月 0.5%～1.2%,计算公式如下:

$$每期的分期服务费 = 消费本金 \times 分期服务费率$$

例如,小明购买了一部价格较高的手机,账单出来后,小明看到自己本月的账单是 1000 元。由于刚交完房租,手头有点紧,于是他选择分 3 期还款,每期付 333.30 元,以分期费率 0.7% 为例,他每期的分期服务费 = 1000×0.7% = 7(元),从下期开始,小明这笔分期每期需还 340.30(即 333.30+7)元。

2. 日服务费

京东白条账单的日服务费的费率为每日 0.05% 起,如果用户在还款日前仅还清了最低还款额,却未全部还清,系统会按日收取服务费,计算公式如下:

$$日服务费 = (本期待还总金额 - 用户实际还款额) \times 日服务费率 \times 违约天数$$

例如,小明本月应还款额为 1000 元,最低还款额为 100 元,日服务费率为 0.05%,还款日为 4 号,截至 6 号小明只还款了最低还款额 100 元,此时小明的日服务费 = (1000-100)×0.05%×2 = 0.90(元)。

3. 违约金

京东白条账单的违约金费率为每日 0.07%,如果用户未在还款日前还清最低还款额,系统会按日收取用户的违约金,计算公式如下:

$$总违约金 = 应付未付总金额 \times 违约金费率 \times 违约天数$$

例如,小明本月应还款额为 1000 元,最低还款额为 100 元,违约金费率为 0.07%,还款日为 4 号,到了 6 号小明才发现自己忘了还款,此时小明的违约金 = 1000×0.07%×2 = 1.40(元)。

11.4.4 实施效果

京东白条自推出之后,短短几年的时间就取得了市场的认可。在电商消费中,利用京东白条分期购物的用户数量已超过 2 亿人,新一代白条购物族正在形成。从数据统计来看,85 后用户占比近 70%,他们更愿意尝试旅游、教育、装修等消费信贷分期;从收入来看,月收入 5000 元以上的用户占比超 50%,这意味着京东白条已经成为中等收入群体的日常支付工具和消费生活方式。

在 2016 年京东"6·18"周年庆典促销中,80% 的白条订单进行了分期,白条用户平均客单价是其他用户的两倍。整个 6 月份,京东白条的交易额同比增长 600%,消费金融用户同比增加 700%,月均订单提升 52%,月均消费金额增长 97%。从数据可以看出,京东白条起到了极大的促进消费、迸发金融科技活力的作用。

11.5 数字农贷

为了更好地解决长期制约农村金融发展的信用问题,京东金融建立了一整套基于大数据和人工智能的服务农村信贷的名为"数字农贷"的技术体系。所谓数字农贷,是指以农业生产过程的数据化模型和农民的历史生产数据为基础,对农民未来的生产结果和收入做出预测,再以预测的结果为农民授信。

11.5.1 主要特点

数字农贷具有以下三个方面的特点:

(1) 可以基于农业生产过程的数据化模型和农民的历史生产数据为农民授信，免抵押、免担保；

(2) 通过农业生产过程数据化模型精准地把资金定时、定量地投入到生产过程中，可以使给农民的每一分钱贷款都不会产生闲置费用；

(3) 京东金融系统为农民做风险管理，辅助其实现生产管理的信息化、自动化。

11.5.2 实施效果

数字农贷的出发点是以数字化技术来解决广大农村地区信用缺失的难题，打破传统以资产抵押产生信用的思路，对提高资金的使用效率、降低农民的融资成本具有显著的成效。以肉鸡饲养为例，一只鸡从入栏到出栏的周期大约需要 60 天，在养殖过程中，农民需要负担的饲料款大概为 12 元/只。但在最初的几天，一只小鸡只需要几毛钱就够了。如果按照传统的贷款方法，农民从养殖最初期就贷到 12 元钱，大部分贷款资金都没有用在养殖中，农民白白地为闲置资金支付利息。而在数字农贷的模式下，肉鸡 60 天的饲养周期被细化为 10 个阶段，数字农贷根据每个阶段所需要的资金量为农民精确地投放贷款，以此保证所有的贷款全都用于生产之中。粗略估算，按照传统的投放方式，一只鸡从入栏到出栏，农民需要承担的利息是 0.17 元，而使用数字农贷，农民只需要支付 0.06 元的利息，两者对比，数字农贷可以为农民节约 65% 的利息成本。以一个鸡棚 1 万只鸡、一年养殖 6 个批次计算，农民利用数字农贷一年就可以增加近 6600 元的利润，这基本能满足养鸡农民一家三口一年的生活开支，自然受到了养殖户的高度认可。

数字农贷自推出以来未出现过坏账，为了更好地促进业务的发展，京东金融共筹建超过 2000 家农村金融小站，覆盖 17 个省、500 个区县、2000 多个乡镇，服务乡村用户超过 1500 万人，实现了企业理财、保险、京东白条、京东金条、众筹、京东支付等产品在农村渠道的下沉。以数字农贷为引领，目前京东金融已经在全国 1700 个县、30 万个行政村开展各类金融业务，成为覆盖我国农村范围最广、服务农民数量最多的金融科技企业。

11.5.3 未来计划

为了进一步激活农村经济，数字农贷将借助人工智能技术继续升级，新的技术不仅能够将现阶段的农村金融推向更加智能化的阶段，甚至能将整个农业推向"傻瓜农业"时代。其主要的思路是将物联网系统融入进来，实现农业生产过程数据化模型与养殖管理系统、棚舍环控系统的互联互通，并配以人工智能算法，相当于为每个棚舍配备了一位养殖专家，24 小时不停地对养殖进行自动化监管。在这种监管下，系统除自动投放饲料和水、自动清洗粪便外，还能主动监测识别鸡的进食量和排便量等生理状况，通过鸡叫声音的不同来判断疫病，鸡生病了还会有疫病专家在线看病开药……

金融科技的应用，不仅可以提高养殖水平，而且还可以为金融服务积累全过程的生产数据；既能为现代农业增添新的元素和活力，也将改变未来农村普惠金融的根本面貌。

11.6 创新项目

京东金融通过自行开发以及与金融机构合作开发等多种方式推出了多个创新项目，

在金融科技应用方面取得了领先的成果。

11.6.1　众筹

众创众筹于 2014 年 7 月 1 日正式上线,被释义为"新场景解决方案",旨在激活新消费形态,倡导新文化主张,传递新生活态度。在新消费升级时代下,京东众筹不仅仅是一个筹资平台,更是一个孵化平台,一方面扶持创新创业企业,另一方面丰富京东用户的产品体验,满足用户的消费升级需求。

京东金融的众筹已成为国内最大的互联网众筹平台,提供智能科技产品众筹、生活美食众筹、娱乐旅游众筹、创意文化众筹和公益众筹等全方位的服务支持,能让参与者先人一步体验到最新、最有趣、最具创意的产品。京东金融要求参与众筹的产品需要具有创新性、趋势性以及较高的性价比,不得在其他的平台有售,或曾参与过众筹,并且众筹价格需在未来市场发行价上有一定的折扣优惠。

11.6.2　工银小白

工银小白是京东金融与中国工商银行合作开发的项目,于 2017 年 11 月正式上线。这一产品是业内首创的场景融入式数字银行,它不同于传统的电子银行或直销银行,而是以数字化的方式,能像卡片一样植入到任何一个互联网场景之中,包括购物、社交、文娱、生活缴费和出行等。

与传统的银行客户端不同,工银小白没有独立的 App,而更接近于 H5,其各项功能可以解构重新组合,以适应微信朋友圈、直播、娱乐等各类 App 和网站。例如,在旅游网站,工银小白将会搭载线上申请存款证明功能;在教育类网站,工银小白则会展示留学金融等业务。此外,它也并非互联网销售平台。此前,用户通过第三方支付账户购买银行产品,而在工银小白上则是先开通中国工商银行的二类账户,然后通过这个账户再购买该行的产品。

目前,工银小白包括购买货币基金、线上存款证明办理、财智管家智能记账和众筹四项服务,其他的还有黄金珠宝和财商评测,尤其是线上存款证明办理等用户只要在线上进行申请,经核准后京东物流就可以将中国工商银行开具的存款证明配送到家,非常方便。

工银小白专注服务于年轻的用户对象,是中国工商银行与京东金融在客户、账户、数据、信息和资金等方面深度整合的成果。双方运用大数据、人工智能等前沿科技,在传统的银行业态之外搭建了一个"享用碎片生活时间,满足重点金融需求"的零售金融新场景,使客户充分享受"随心随手""一触即发""安全高效"的智慧零售金融新体验。

11.6.3　无人贵金属店

无人贵金属店同样是由京东金融和中国工商银行联合推出的,它采用多屏互动、体感交互等多种技术,让客户可以在线下网点更直观地了解产品的信息,同时又可以很方便地直接转到互联网上进行购买,让交易在场景中完成,而客户所购买的商品将由京东物流直接配送到家,真正实现了线上线下的交互服务。

当刷脸绑定工银小白的客户进入这样的实体店时,入口处的人脸识别装置可以在第一时间识别出客户的身份。当客户鉴赏具体的贵金属饰品时,展台上方所安置的高清大屏显示器已经同步显示出该饰品的信息,包括名称、重量和材质等。客户可以自行查看自己感兴趣的信息,对着屏幕随手一挥就可以实现"隔空翻页",新的介绍信息随之出现。选定饰品之后,客户可以拿起手机摇一摇进行线上付款,然后让京东物流配送到家;也可以携带产品走出商店,人脸识别系统就能自动地完成结账扣款等功能。

无人贵金属店还配备了客流分析预测、客户情绪分析等后台功能,通过超声波热力监测、图像融合、WiFi探针、客户洞察等技术,不仅可以预测网点的客流量,告诉客户相近门店的客源有多少,而且还能通过对客户的相貌、身材、穿戴的多层次识别来判断客户的年纪、爱好、审美,甚至情绪,进一步进行智能匹配并推荐产品。

11.6.4 京东钱包

京东钱包(原网银钱包)是获政府主管部门批准的第三方支付平台,致力于为客户提供安全、快捷、便利的全新互联网支付服务。这一产品以丰富的支付解决方案、企业增值服务以及超强的风控能力、资金托管能力、综合账户服务能力为商家和个人客户搭建一个优质、快捷的服务桥梁,深度渗透支付、消费、生活、理财、账户等多种场景,持续将客户体验、场景拓展、消费升级和业务创新做到更高水平。京东钱包提供的服务功能包括在线充值、在线支付、交易管理、提现等,并与包括四大国有银行、银联在内的数十家金融机构以及 VISA、Master 等五大国际发卡组织建立了长期的战略合作关系,已成为业内领先的能为客户提供全方位的资产管理、基础生活、消费支付和金融理财服务的平台级产品。

11.6.5 京东支付

京东支付原为"网银+",是京东金融于 2014 年 7 月针对移动互联网市场推出的兼容 PC、无线端主流环境的跨平台、安全便捷的支付产品,具有支付快捷、体验好、维度广、安全和简化标准接入五大特点。这一产品的优势体现在四个方面:一是可以实现"京东系"用户共享、交易互联、跨平台无缝融合;二是支持银行卡、京东白条、京东钱包余额等多种支付方式,满足多元化用户选择;三是支持 SDK、H5、PC 等多种产品形态;四是能满足覆盖旅游、地产、餐饮、通信、游戏、电商、金融等各大行业京东支付合作商户的需要,为他们带来极致便捷的支付体验。

对于商户而言,京东支付提供了更为简化的标准化接入,确保每家商户的付款都是同样的便捷。大大提升了商户的订单成功率。商户仅需将京东支付嵌入到自己的应用中,无须跳出应用,即可让用户通过京东支付的支付窗口完成全部支付过程。在风险控制方面,京东支付提供了金融级风险防范,为商户的资金提供多重安全保障。

11.6.6 京东东家

京东东家原为京东私募股权众筹平台,于 2015 年 3 月 31 日正式上线,是一个致力于为创业者提供融资机会,让投资人获得优质项目的互联网金融平台。目前,京东东家推出了私募股权融资服务,依托京东金融多元化的互联网业务体系,致力于解决创新创业企业融资难、个人投资难的社会难题。

京东东家涵盖了创投板块和消费板块两种类型：

（1）创投板块以创业企业的股权为标的物，风险高、流动性差、回报高，投资退出渠道主要通过并购或最终上市。因此，京东东家采取"领投＋跟投"的模式，以便更加有效地保护中小投资者。

（2）消费板块以企业的收益权为标的物，收益不高，但风险也相对较小，退出渠道主要是通过分红完成的。因此，京东东家采取"无领投"模式，投资门槛更低，收益更加稳定。

11.6.7 众创生态圈

依托京东产品众筹和京东东家所能提供的基础服务，京东金融开创性地推出了众创生态圈，将其打造成为一站式创业创新服务平台，并向所有的创业者开放。京东众创生态圈已经覆盖了以下四大体系：

（1）京东资源：包含京东商城、京东到家以及京东金融体系内的各个资源，涵盖了渠道、物流、仓储、信息、支付等。

（2）投资：指的是京东创投，通过现金或者其他资源投资，助力企业渡过成长的瓶颈期。

（3）服务对接：涵盖了京东金融线上众创平台以及线下的赴筹者联盟，能够为创新创业企业对接营销、品牌、运营、设计、法律、财务、咨询等，助力企业全面加速成长。

（4）培训体系：指的是京东众创学院，其导师阵容庞大、社群建设体系完备、教学内容丰富。

11.6.8 财富管理

京东金融财富管理面向个人和企业客户提供全方位的理财管理规划，以客户为中心，依托京东生态体系内以及对外连接十几年来所积累的交易数据、信用体系和财富管理团队的专业经验，通过独有的金融科技能力，为客户提供智能型、策略型财富管理工具，全面满足客户在新时代、新场景下的新需求。

京东金融财富管理平台通过对外连接与内部开发，能够根据不同的需求配备不同的期限收益，创新性地对客户的资产、收益、流动性进行管理，满足客户在不同阶段、不同场景下的理财需求，帮助客户达到控制风险、实现财富保值增值的目的。

11.6.9 京东金融保险

为了保障客户的权益，满足广大客户差异化的需求，京东金融保险凭借生根于京东生态体系的天然优势，设计并上线了多个创新产品，包括延保险、碎屏换新险、30·180保障险、商品拒收险和白条七天忘记还款险等，保障了客户的权益，为客户提供了更好的风险管理服务。

京东金融保险依托京东集团的整体科技实力，根据大数据的精准性、动态性以及在此基础上构建的风险管理体系，结合传统保险企业优势的精算资源，为新型的保险产品做更有效、更精准的定价，与保险公司合作开发出费率更低、回报更高、更贴合客户当前需求的保险产品。这些产品简单、有趣，能够为客户创造更有品质的生活。

11.6.10 京东金融证券

京东金融的证券业务旨在为证券行业提供大数据应用和技术开发平台,满足证券行业的共性需求。京东金融依靠强大的数据能力和技术能力,推出了两款最新的产品服务证券行业:一是京东金融大数据消费指数;二是京东金融量化策略开发平台。这两款服务于证券行业的产品的推出,体现了京东金融在金融科技定位下挖掘数据价值、输出金融科技的实力。

11.6.11 京东金融云

在全球范围内,云服务模式以IaaS、PaaS(平台即服务)和SaaS(软件即服务)三大类型为主。而对于金融行业而言,上述三种服务仅能满足企业成本压缩、业务流程改善、管理效率提升等运营层面的需求,不能带来核心业务价值的提升。京东金融云特别针对金融行业的特点推出了独有的FaaS((Finance Technology-as-a-Service,金融科技即服务)的概念,以满足金融机构以及其他企业在金融业务上提升核心价值的需求。京东金融云FaaS服务具有以下两个特点:

(1) FaaS服务层的所有模块都是从京东金融自身的金融科技业务中解耦出来的,例如智能营销、智能风控、智能客服、智能投顾、智能支付、智能交易、智慧农业和资产证券化等,因此更加贴近金融业务的核心,贴近场景和客户,符合金融机构业务迭代、模式升级的真切需求。

(2) 京东金融将核心金融科技能力进行标准化、模块化、积木式、嵌入式的输出,服务于金融机构的场景拓展、获客、客户运营、反欺诈、风险定价、资产交易等核心价值创造环节,不仅能为客户降低成本、提高效率、改善客户体验,而且还能够随需组合,与客户自身的优势进行补充和融合,共同创造新的商业价值和社会价值。

京东保险云是京东金融云的组成部分,它是基于京东金融整体科技能力与生态资源的整合,专注于为保险企业提供将底层技术应用于现有保险业务的整体解决方案。在这套技术服务平台之上,京东金融能够为保险机构提供四个方面的强大支持:一是为保险机构的产品精算提供数据分析支持;二是能将京东现有的保险风控模型基层系统开放出来,针对保险企业在各场景中的业务快速地完成风控模型的部署;三是能够通过京东云辅助理赔系统,快速地实现保险理赔流程的对接;四是能够建立集成财险、寿险、车险等多类产品的营销模型。

11.6.12 京东超脑

京东超脑专注于深度学习和计算机视觉的原创技术研究,拥有高水平的研究团队,致力于用人工智能助力金融领域的发展,践行金融科技战略,提升金融机构的效率和科技能力。京东超脑的重点研发领域如下:

1. 智慧金融

东超脑提供的人脸识别身份鉴权、活体检测等产品能够帮助金融企业提升风险控制能力,能更快速地放款,以提升客户体验、降低运营成本。

2. 智慧超市

智慧超市利用人工智能和物联网等技术,能够帮助超市更好地进行数据分析,实现购物导航、客流分析、刷脸支付,从而提升客户的购物体验,提高运营效率。

3. 智能监控

智能监控通过人脸识别技术与门禁、闸机、访客签到和舆情系统相结合,实现了对各个智能场所的智能监控,以提高管理水平、提升安全保障能力。

4. 智慧大厦

智慧大厦利用京东超脑的技术对大厦内的不同人员进行个性化管理,员工可以多场景使用刷脸来完成打卡、开门禁、会议室确认、餐厅就餐和消费支付;外部访客可以实现刷脸的智能授权;贵宾客户可以实现刷脸的智能识别和通过;可疑人员将会被及时地进行智能预警。

11.7 大数据风控

京东金融作为一家快速成长起来的金融科技服务公司,建立起了以大数据为基础的风控体系,并在此基础上构建起了 500 多个风控模型、基于 5000 多个风险策略和 60 万个以上的风控变量,积累了超过 5000 万人次的黑灰风险名单,实现对 3 亿以上京东用户信用风险的评估。京东金融的大数据风控体系包括以下五个组成部分:

11.7.1 人工智能模型体系

京东金融围绕金融业务的特点,在实战中构建了完整的金融人工智能模型体系,将人工智能算法创新地应用到金融领域,以解决互联网数据维度多、稀疏、非结构化等突出挑战,将互联网碎片化、离散化的海量数据转换成了可靠的征信数据,让普惠金融更加触手可及。人工智能模型体系包括以下三个方面:

(1) 特征工程:利用 AutoEncoder、LSTM、RNN 等新技术,建立从获取、评估到筛选、监控的一整套完整的流程方案。

(2) 算法架构:以画像模型与业务模型为主,结合半监督或无监督模型来应对复杂的金融场景。

(3) 计算平台:通过 Spark、TensorFlow、Theano 等算法框架的不同优势匹配不同的业务,同时结合自身的经验,不断地升级优化框架。

11.7.2 风险洞察

对风险的洞察具体表现在四个方面:一是以机器学习、知识图谱等人工智能算法为核心的人工智能模型体系,可以深度挖掘、提炼互联网的大数据价值,提升对单点用户的了解深度;二是通过知识图谱技术构建以点到面的网络关系,全面和深入了解用户;三是对用户形成全方位的风险洞察,贯穿于实时授信、风险定价、欺诈识别、风险预警、催收管理等全流程风险环节;四是对用户行为节点的异常性和账户的总体安全进行评估判断,实现风险实时识别和关联可视化分析。

11.7.3 智能反欺诈

智能反欺诈具体包括三个方面:一是应用生物探针和设备指纹等技术,在保证用户的体验流畅的前提下,通过设备、网络环境等间接非隐私数据挖掘建模,构建设备、账户和人之间的全景关系;二是以非监督学习算法为突破口,实现对用户行为模式的精准识别,实时识别欺诈行为及团伙作案的风险;三是在用户安全行为中减少验证干扰,提供体验更好的验证服务。

11.7.4 生物识别

京东金融自主研发的生物识别技术,在用户无感知的状态下,结合用户的设备环境、传感器、行为序列等数据,利用机器学习与循环神经网络等深度学习算法,对用户的专属行为进行刻画,辅助用户进行识别。与此同时,京东金融将安全验证策略与灵活交互相互结合,有效地区分机器人与正常用户,平衡安全与用户体验。

11.7.5 反洗钱

京东金融按照中央银行对金融行业、非金融行业和支付行业的反洗钱要求进行设计,抓取可疑洗钱交易,按照反洗钱的要求格式化上报洗钱报告,满足银行业、证券业、保险业和第三方支付行业的反洗钱要求。

11.8 案例评析

京东金融是根植于京东集团巨大生态体系之中快速成长起来的一棵大树,短短几年时间就已枝繁叶茂、挺拔耸立。毋庸置疑,金融科技是这棵参天大树的树根。京东金融基于对金融科技内涵的认识,将自己的金融科技能力从自身的业务中解耦出来,然后与金融业解耦出来的业务模块相融合,以促进双方发生神奇的"化学反应"。以数据为基础,以技术为驱动,以数字化的形态服务于用户,能像积木一样自由组合,像卡片一样自由分发,像插件一样自由嵌入与连接——这既是京东金融助力金融行业数字化转型的目标,也是金融科技为传统的金融行业赋能的努力方向。京东金融在比较短的时间内异军突起,有以下四个方面的启示值得我们参考:

第一,坚定信念,砥砺前行。

传承京东集团的强大基因,京东金融从成立之初就确立了"成为一家世界级的伟大的科技公司"的愿景,以创造长期的行业价值和社会价值为核心价值观,并为之开展了艰苦而又卓有成效的探索,逐步找到一条通往理想彼岸的光明道路。

第二,扬己之长,补人之短。

背靠京东集团这个强大的后盾,京东金融积累起了无与伦比的场景优势、技术优势和大数据优势,并将这些独特的优势输出给金融行业的合作伙伴,以补足合作伙伴的短板,为合作伙伴创造实实在在的价值。

第三,找准痛点,精准施治。

京东金融以数据和技术为基础,选择传统的金融业无暇顾及的目标集体——中小微企业、"三农"企业以及无法获得银行信用卡垂青的年轻人等为服务对象,切实有效地帮助他们解决资金周转等方面的困难,并为他们提供各种可能的支持,真正实现了双赢、多赢和共赢。

第四,创新驱动,跨越发展。

金融科技绝不是简单地将先进的技术应用到传统的业务流程中去,而是要紧紧围绕用户的需求进行大胆创新,以创新为根本的驱动力,实现跨越式发展。京东金融既无疑既是这方面的领先实践者,也是最大的受益者,无论是面向中小微企业的供应链金融,还是面向年轻消费者的京东白条,抑或是面向农民创业的数字农贷,它们都是创新的成果。金融科技为金融业的创新发展提供了无限的可能,京东金融正在成为出色的引领者。

作为世界人口最多的国家和全球第二大经济体,我国是当之无愧的金融大国,金融科技必将是我国实现从金融大国向金融强国迈进的"重磅武器",我们期待京东金融和更多国内的有志企业在这一领域有更大的作为。

11.9 本章小结

无可非议,电子商务和金融有一个共同点,即数据在两者的业务运营中起着至关重要的作用,利用金融科技可以使数据得到更高效的流动和更大程度的利用。京东金融依托国内领先的电商服务企业京东集团,在比较短的时间内从无到有、从弱到强,走出了一条依靠金融科技快速成长发展的道路,成为我国金融科技创新发展的样板。京东金融的成长之路,牢牢地坚持数据、用户和连接三大基本点,利用金融科技为金融服务赋能,使金融服务如虎添翼,取得了非同寻常的成效。

作为我国金融科技的领先开拓者,京东金融在更名为"京东数科"后进行了全方位的业务优化和范围拓展,相信在金融科技领域必将会赢得更快、更好的发展,为我国金融科技走向世界、引领全球担当更为重要的角色。

第十二章　中国平安金融科技综合案例

拥有金融业全牌照的中国平安是我国领先的金融服务企业。该公司本着"服务国家,服务实体,服务民生"的经营理念,依托技术、人才、资金、场景和数据等方面的独特优势,借助众多全球领先的金融科技创新及应用,大力促进金融科技与证券、保险、银行、理财、征信和医疗服务等业务领域的深度融合,走出了一条富有特色和成效的金融科技赋能之路。目前,中国平安正逐渐实现由"平安"向"平台"的转变,确立了未来10年"金融+科技"的战略新蓝图为两大聚焦(金融科技+医疗技术)、五大技术(生物识别+人工智能+大数据+云计算+区块链),构建平台双轮驱动战略,一方面不断地提升传统金融业务的核心竞争力,另一方面向其他的金融机构、医疗机构输出科技、提升效率,获得轻资产和轻资本的收入来源。金融科技既是助力中国平安成长壮大的强大驱动力,也是引领中国平安未来成为世界领先的互联网金融服务企业的重要法宝。

12.1 案例背景

中国平安于1988年诞生于深圳蛇口,是我国第一家股份制保险企业,至今已经发展成为集金融保险、银行、投资等金融业务为一体的整合、紧密、多元的综合金融服务集团,是行业领军企业。

12.1.1 公司愿景

经过三十多年的超常规发展,中国平安已成为我国最大的混合所有制综合金融服务集团,致力于成为国际领先的个人金融生活服务提供商。图12-1为中国平安的业务架构。

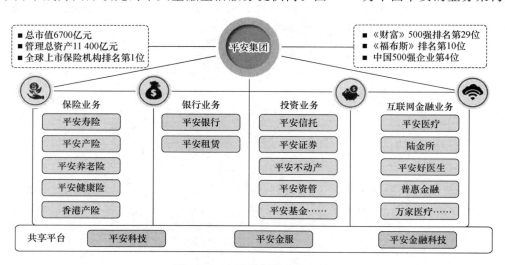

图 12-1　中国平安的业务架构

中国平安的发展战略可以概括为"一个定位,两个聚焦,四个生态服务":"一个定位"是指国际领先的个人金融生活服务提供商;"两个聚焦"是指大金融资产和大医疗健康;四个生态服务包括金融服务、医疗健康、汽车服务和房产金融服务。

12.1.2 科技布局

为了充分发挥金融科技在企业业务快速发展中的支撑和引领作用,中国平安于2008年在集团原有的信息管理部的基础上正式成立了子公司——平安科技。这个公司是为中国平安提供IT支持的子公司,主要为集团提供IT规划、开发和运营等服务,是中国平安向IT专业化领域迈进,向"科技金融"模式探索的开始。为了支持中国平安从平安1.0、平安2.0到平安3.0不断升级的战略目标和数字化转型的需求,平安科技公司持续对云计算、大数据、人工智能、区块链等基础技术研究进行投入,从而打造出了一个强大的、开放式互联网金融服务平台,有力地支持了中国平安各项业务的开展。平安科技公司的愿景是成为世界领先的金融科技公司,输出模块化金融服务,具体包括"战略赋能+技术输出+服务输出",通过向金融机构输出模块化的服务,产生轻资本的收入。

目前,平安科技公司已拥有超过4000名的IT技术人员和IT管理人员,它既不是互联网金融公司,也不是纯粹以为金融公司提供技术服务为目标的公司,而是介于两者之间,既具备了科技性,也具备了创新性。如今,以"科技引领金融"为发展理念的平安科技公司正在以五大核心技术(生物识别、人工智能、大数据、云计算和区块链)为基础,深度聚焦金融科技和医疗科技两大领域,不断地提升传统金融业务的竞争力,搭建生态圈与平台,并对外输出创新科技,正在向成为世界领先的金融科技公司的道路上快速迈进。

图12-2为平安科技公司支持集团业务运营的科技产品体系。

图 12-2 平安科技公司支持集团业务运营的科技产品体系①

---

① 在图中,VTM 的英文全称是 Virtual Teller Machine,即虚拟柜员机。

12.1.3 发展优势

中国平安在推进金融科技发展和应用方面具有以下三个方面的独特优势：

（1）基因：中国平安具有创新的基因，并具有强大的执行能力和富有凝聚力的企业文化。

（2）能力：中国平安在数据收集和数据质量上具有很大的优势，既有条件分析这些数据，也有很多的应用场景供这些数据使用。

（3）资源：中国平安把每年营业收入的1%投入到科技中，拥有线上线下融合的渠道，并拥有大量金融行业的专家。

12.2 技术体系

经过多年的积累，中国平安已在生物识别、人工智能、大数据、云计算和区块链等五大领域形成了较为完整的金融科技体系，形成了有力的保障能力。

12.2.1 生物识别

作为服务海量用户的互联网金融服务企业，如何高效、准确地识别用户是一项十分重要而又极为艰巨的任务，中国平安充分发挥生物识别技术的作用，形成了由平安脸谱、平安声纹、平安微表情和平安用户大数据组成的生物识别技术群（如图12-3所示）。

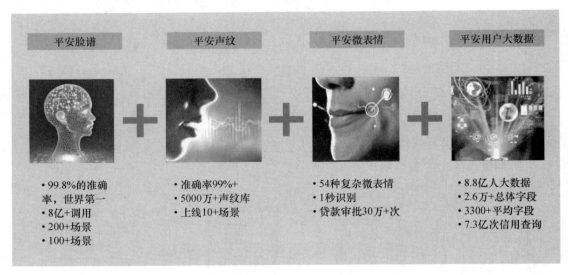

图12-3 生物识别技术群

中国平安所开发的人脸识别技术精准度达99.8%，位居LFW[①]测评世界第一；平安声纹识别文本的准确率超过99%，可以在10秒钟之内完成声音的准确识别；平安微

---

① LFW（Labeled Faces in the Wild，户外脸部检测数据库）由美国马萨诸塞大学于2007年建立，用于评测非约束条件下的人脸识别算法性能，是人脸识别领域使用最广泛的评测集合。

表情被运用在贷款的过程中进行智能辨识,以确保贷款陈述的真实;平安用户大数据为生物识别提供了基本的匹配依据,大大提升了生物识别的针对性和准确率。

中国平安所开发的生物识别技术主要的应用领域举例如下:

(1) 金融场景:基于人脸识别的小额贷款已办理超过 3000 万例,假冒身份办理的发生率从 29% 下降到 0;采用微表情面审的大额贷款效率提升 10%,差错率降低 5%。

(2) 医疗场景:体检核验身份超过 5 万人,全国 14 个城市的社保系统均采用了该技术。

(3) 生活/服务场景:深圳 2018 年研究生考试报名采用,全国部分城市的房管系统实际应用了这一技术。

(4) 安防场景:机场安检超 1.4 亿次,社区调用 3800 万次。

12.2.2 人工智能

平安人工智能大脑涵盖了智能认知、智能预测、智能风控和智能服务等各个环节(如图 12-4 所示)。

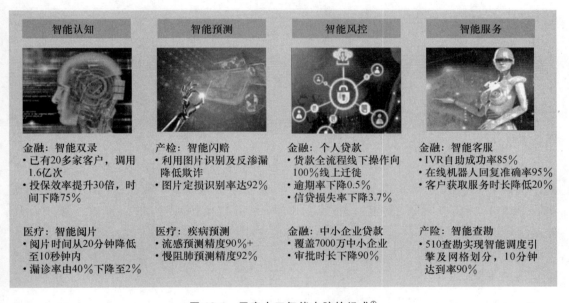

图 12-4 平安人工智能大脑的组成[1]

人工智能在中国平安的业务中有十分广泛的应用,而且成效十分显著。比如,医疗领域的阅片诊断,传统的阅片时间需要 20 分钟,而智能阅片下降到 10 秒钟内,漏诊率也由过去的 40% 下降到 2%。又如,采用智能风控后,中小企业贷款的审批时长下降 90%。

12.2.3 大数据

作为一家业务覆盖面极为广泛的互联网金融服务企业,中国平安本身就是大数据的

---

[1] 在图中,510 查勘是指中国平安的查勘员在客户出险后,必须在 5~10 分钟内到现场进行查勘。

富集地,其大数据主要来自于自身在平安场景产生出来的数据,真实性比较强。图 12-5 为中国平安大数据的构成。

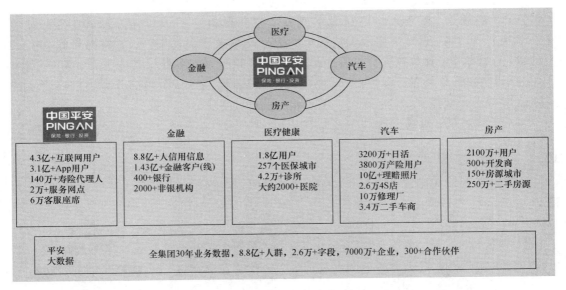

图 12-5　中国平安大数据的构成

中国平安的大数据涵盖了金融、医疗、汽车和房产四大领域,汇集了集团三十多年经营所积累的业务数据、8.8 亿以上的用户数据、2.6 万个以上的字段、7000 万家以上的企业和 300 家以上合作伙伴的数据,是中国平安金融科技应用最为重要的战略资源。中国平安的大数据系统通过线上线下渠道的充分融合,多场景、多频次与客户互动后形成 360°客户画像,智能生成产品、服务、渠道和接触时机,进而推送至客户及代理人。

12.2.4　平安云

中国平安于 2013 年启动了"平安云"项目的建设,最初的目的只是为了承载整个集团的自身业务,所以当时的建设目标仅仅是合规、安全、稳定,符合当时"一行三会"的标准。后来在满足自身业务需求的基础上开始进行拓展,服务外部企业,经过几年的探索,目前云计算已成为中国平安承载内部业务、推广外部业务的支柱,内部 80% 的系统已经迁移到私有云,成本下降了 30%~40%;外部云计算为金融甚至各行各业提供服务,对外部客户的服务最早只提供私有云服务,随着客户量的爆发增长,目前也开始提供公有云服务。平安云向各行业输出 IaaS 和 PaaS 标准化的解决方案,提供全方位的专业服务和支持。平安云 90% 以上的功能模块都是自主研发的,拥有 80 项专利,实现完全的自主可控,在实际部署中曾创下了 15 分钟部署一家银行,一天内完成应用、安装、调试上线的记录,受到了客户的好评。图 12-6 为全方位覆盖金融业务场景,提供多层次一站式解决方案与增值服务的平安金融云产品体系架构。

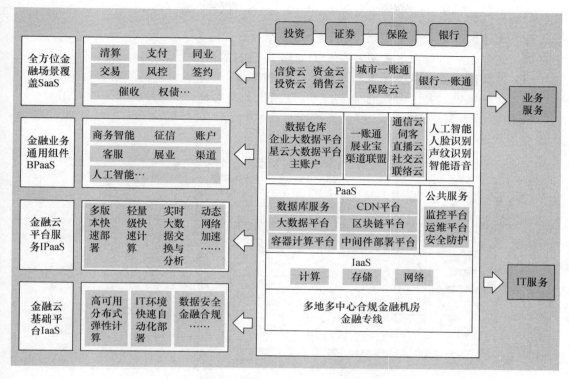

图 12-6 平安金融云产品体系架构

考虑到一些中小型的金融机构没有能力建设私有云,完全使用公有云又不具备条件,因为涉及原有系统的改造。针对这一需求,平安云提供了非常灵活的解决方案,私有云、公有云、混合云都可以实现,尤其是通过混合云的模式,将核心系统建设在私有云中、互联网相关业务建设在公有云中,这样就能帮助金融机构快速地打开市场。

平安云正式推出的时间并不长,但发展势头良好,很多的金融机构之所以选择平安云,一方面是为了满足降低成本、提高效率的需求,另一方面也是为了寻求业务合作,希望通过接入平安云而融入中国平安的生态体系之中。按照规划,平安云将为更广泛的外部行业客户提供金融级别的云服务(如图12-7所示)。

12.2.5 区块链技术

当越来越多的人都在讨论区块链将如何颠覆传统的金融业时,中国平安早已开始对区块链技术进行布局,具体的做法是利用底层技术的特性来确保金融和医疗更加透明和快速,将金融交易、电子处方、房屋登记等高度敏感数据保存在区块链上,这样做简单快捷,数据不可篡改、更加安全。目前,中国平安推出了基于区块链技术的"壹账链"服务,是唯一一家将区块链技术应用于金融及医疗等实际场景的企业,可以满足四千多家机构对区块链的业务需求。

中国平安"壹账链"创新性地提出了BaaS(Blockchain-as-a-Service,区块链即服务),将区块链平台定义为一种服务,供各类业务伙伴按需调用。"壹账链"具有以下五个方面的优势:

(1) 高性能：超过开源版本性能50%～100%，全方位满足应用需求。
(2) 高速度：交易速度达到10万笔/秒以上。
(3) 高安全：拥有先进的隐私保护方案和完整的数据安全架构。
(4) 高灵活性：有多种配置和多种节点可供选择，具有实用化的架构设计。
(5) 高可靠性：采用领先的加密技术，适用我国的标准，速度远超其他的应用。

图12-8为中国平安"壹账链"在资产交易、融资贷款、医疗健康和房产交易等领域的具体应用状况。

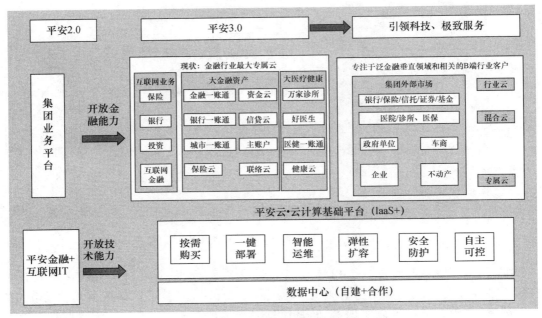

图12-7　平安云未来规划

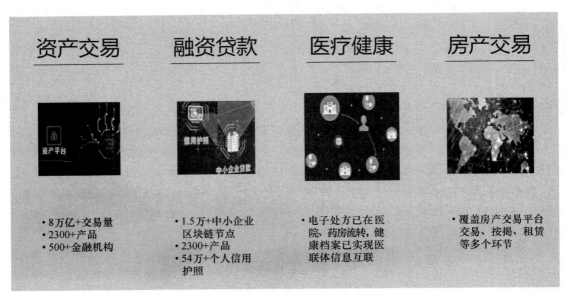

图12-8　中国平安"壹账链"的应用状况

随着应用规模的不断扩大和技术的不断成熟,中国平安"壹账链"的优势将不断地显现,成为金融领域区块链应用的引领者。

12.3 业务生态圈

中国平安的业务发展重点聚焦在金融服务生态圈、医疗健康生态圈、汽车服务生态圈和房产金融服务生态圈,对外输出社会化服务,并进行价值变现。据预测,我国这四大生态圈预计在2022年将达到550万亿元的市场规模。

12.3.1 金融服务生态圈

中国平安利用领先的金融科技优势打造金融服务生态圈,服务各类机构、企业以及个人总资产达30万亿元规模的生态圈,通过"开放平台+开放市场"完成资产与资金的链接。中国平安旗下的陆金所已成为全球领先的互联网资产管理平台,管理贷款额度达2692亿元,管理客户资产达4762亿元,机构交易量达41 670亿元;金融壹账通已与400家合作银行、20家保险公司和2000家非银机构建立了合作,C端调用量为8亿次,F端交易量为8万亿元。图12-9为中国平安的金融服务生态圈的组成。

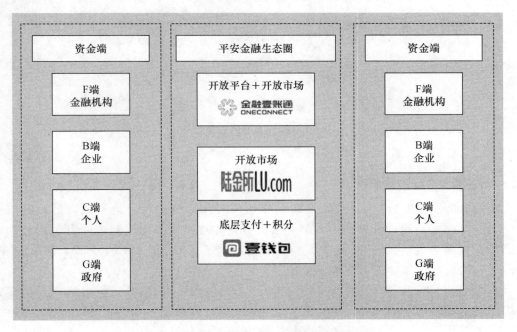

图12-9 中国平安的金融服务生态圈的组成

在中国平安的金融服务生态圈中,主要的服务平台包括壹钱包、陆金所和金融壹账通等:壹钱包支持底层支付和积分的兑换,在国内市场名列第二位;陆金所依托领先的科技创新和丰富的金融行业经验,帮大众融资、帮中产阶层理财、帮政府管财(如图12-10所示);金融壹账通是全球最大的金融科技云平台,既可以帮助金融机构提升效率,也可以帮助中小银行以更低的成本、更高的效率获得更多的潜在用户。

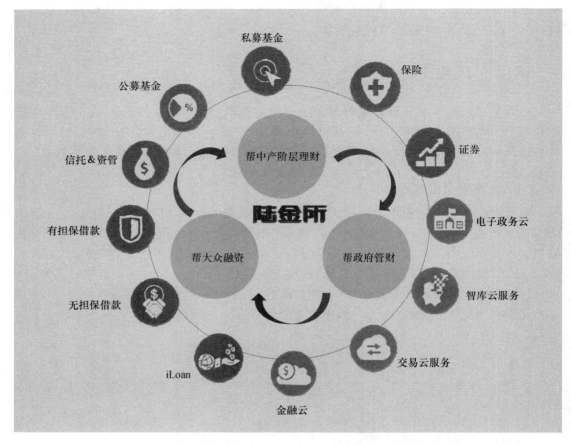

图 12-10 陆金所的业务组成

12.3.2 医疗健康生态圈

根据中国平安的分析，我国受人口老龄化加剧和二孩政策落地等因素的影响，健康医疗市场尚处于高速增长期，2020 年健康服务业的规模预估将达到 7.4 万亿元。为此，中国平安构建起由病人、服务提供方和支付端共同组成的医疗健康生态圈。图 12-11 为中国平安的医疗健康生态圈的组成。

如图 12-11 所示，中国平安的医疗健康生态圈集成病人、服务提供方和支付端三方，形成了一个闭环的医疗生态体系，为病人、医疗机构和政府相关部门创造出独特价值。在这一生态体系中，"平安好医生"目前是国内最大的移动互联网医疗平台（如图 12-12 所示），该平台依托大数据和动态学习驱动人工智能技术的自我进化，提供全方位的专业服务。目前，"平安好医生"拥有的注册用户总数是 1.8 亿人，日均询问是 40 万次。"平安好医生"已经开始在线下布局"互联网+医院"，针对过去多年所积累的针对不同的症状不同的医生所积累的诊疗数据，逐渐建立和完善智能问诊服务体系，成效正在不断地显现。

第十二章　中国平安金融科技综合案例

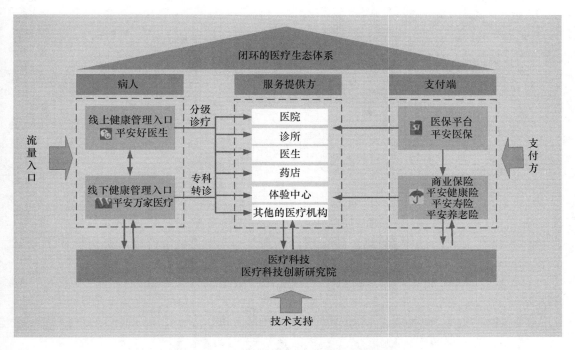

图 12-11　中国平安的医疗健康生态圈的组成

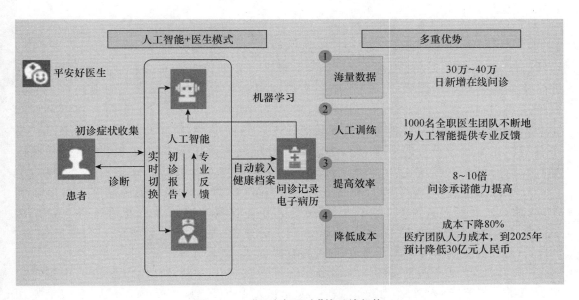

图 12-12　"平安好医生"的系统架构

除"平安好医生"外，医疗健康生态圈中成立于 2013 年的"平安医保"正在形成自身独特的优势，是科技驱动医疗管理创新的重要探索。图 12-13 为"平安医保"的系统架构。

"平安医保"的竞争力主要体现在以下四个方面：

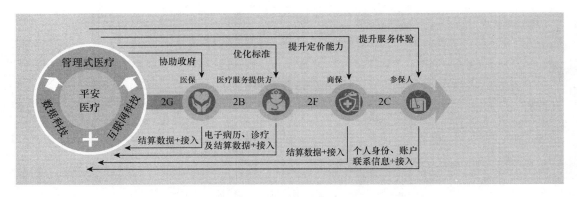

图 12-13 "平安医保"的系统架构

（1）政府关系：全国地级城市覆盖率已达到 75%，相关城市的政府机构予以了充分的支持；

（2）数据资源：覆盖全国 8 亿以上人口的医疗数据，超过总人口的一半，并且这一数据仍在不断地上升；

（3）医院网络：两千多家医院接入 HIS（Hospital Information System，医院信息系统），覆盖全国大多数大中城市，范围在不断地扩大；

（4）用户规模：作为试点上线的深圳市城市 App 登记及参保人口已逐渐覆盖，其他城市正在陆续推进中。

12.3.3 汽车服务生态圈

汽车在我国是一个规模巨大的产业，中国平安长期以来在车险行业稳扎稳打，具有非常坚实的基础。中国平安的汽车服务生态圈覆盖了大量与汽车相关的金融客户和互联网用户，包括汽车之家 2000 万以上日独立访问用户、3000 万以上车险客户以及好车主 2000 万与汽车绑定的用户，同时涵盖了汽车经销商平台、新车二网平台、二手车交易平台和汽车零配件平台四个平台。这四个平台广泛覆盖了 B 端服务提供商，包括我国绝大多数的整车厂和 4S 店，以及领先二手车商户的汽车修理厂。在这一生态圈中，中国平安通过汽车之家、平安产险和平安好车主 App 覆盖了 C 端相关金融客户及互联网用户；通过汽车经销商平台、新车二网平台、二手车交易平台以及汽车零部件平台广泛覆盖了 B 端服务提供商，形成了一个覆盖面十分广泛、联系高度紧密的一个独特体系。图 12-14 为中国平安的汽车服务生态圈的组成。

"汽车之家"是中国平安的汽车服务生态圈中的骨干力量，自 2016 年 6 月中国平安投资该平台以来，盈利水平、市值均有了大幅度增长。目前，该平台提供以下四个方面的业务支持：

（1）汽车经销商：采用帮卖车、车服务和用户维护三大服务模式，全面赋能经销商，满足经销商的营销需求。

（2）新车电商：突破地域、交易风险高、获客成本高等痛点，建立新车销售新模式，聚焦低线市场，打造销售闭环，赋能综合经销商。

（3）二手车交易：以"连接用户，赋能商家，协同共赢"为理念，为二手车商户提供开放式交易平台,全面渗透经销商价值链,帮助其更好地经营。

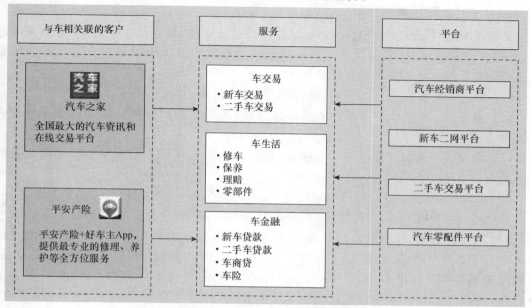

图 12-14　中国平安的汽车服务生态圈的组成

（4）汽车零配件：突破品质、渠道、物流等核心难点,打造开放式配件交易与服务平台,并向 C 端进行延伸,打造以 F2B（Factory to Business,工厂对商家）和 B2B 为核心的配件交易与服务平台。

图 12-15 为汽车零配件系统的架构。

图 12-15　汽车零配件系统的架构①

---

① 在图中,SKU 的英文全称是 Stock Keeping Unit,即库存量单位。

12.3.4 房产金融服务生态圈

房地产是我国最大的产业,作为国民经济的重要支柱,每年产生接近 20 万亿元的产值,并衍生出开发服务、营销服务和金融服务三大市场机会。中国平安在房地产领域耕耘多年,形成了以下三个方面的云服务优势:

(1) 地产云:实现从设计到营销的端到端项目管理系统。

(2) 服务云:帮助消费者找到真实的房源,通过大数据和云科技提供精准获房获客和管理工具。

(3) 政府云:和房产管理部门对接,提供线上作业系统和市场数据实时跟踪监管和趋势预测。

图 12-16 为中国平安的房产金融服务生态圈的组成。

成立于 2014 年"平安好房"是房产金融服务生态圈中"主角",它以科技和金融为核心,通过三大云平台,全面赋能行业参与者,大力提升行业的效率与体验,是业内唯一的服务全房生态的业务模式,覆盖了新房、二手房、资方和金融,全面提升了资金、交易、服务和监管的效率。目前有 50 万经纪人参与"平安好房"的业务,与超过 300 家开发商展开合作,在业界具有极大的影响力。图 12-17 为"平安好房"的运营模式。

"平安好房"利用服务云为消费者和中小中介及独立经纪人提供了强有力的赋能工具,成为国内房产市场中既富有特色,又具有较高应用价值的重要平台。

需要改善的痛点		平安的产品与服务	实现效果
开发商	土地获取难 成本控制差 项目管理弱 去化效率低	地产云 基于BIM技术,建立从设计到营销的端到端项目管理系统	成本下降10%以上 项目周期缩减5%以上 实现全流程闭合式管理
房行	成本控制差 项目管理弱 去化效率低		
中小中介	获房获客难 交易效率低 管理水平低	服务云 结合人工智能、大数据与云计算提供精准获房获客和管理工具	人均成交效率提升至1.5套/月,为行业平均近10倍
独立经纪人			
消费者	信息使用难 交易体验差 资金支持少	政府云 基于人工智能、大数据与云计算提供线上作业系统和市场数据实时跟踪监管和趋势预测	实现全行业统一入口 实现端到端全线上作业 实现全过程数据可监控
政府	监管信息缺 作业流程繁 服务水平低		

图 12-16 中国平安的房产金融服务生态圈的组成[①]

---

① 在图中,BIM 的英文全称是 Building Information Modeling,即建筑信息模型。

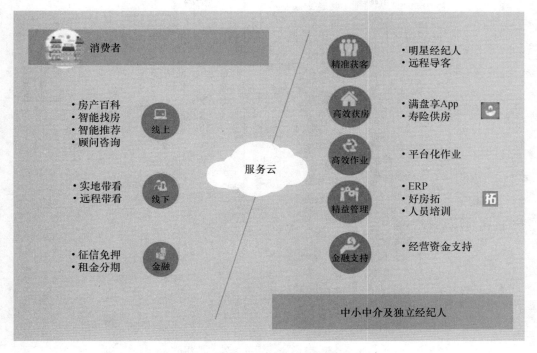

图 12-17 "平安好房"的运营模式

12.4 智能闪赔

众所周知,车险一旦出险,现场勘查、定损和理赔等程序十分复杂、效率也极为低下,长期以来一直是保险业务的痛点。中国平安创新地开发出"智能闪赔"项目,为车险的业务运营带来了革命性的变革。

12.4.1 解决方案

"智能闪赔"项目利用深度学习神经网络技术,以及强大的大数据挖掘逻辑规则,通过车损图片,在风险可控的前提下,自动计算损失项目、损失程度和损失价。目前,智能闪赔系统能够精准识别95%以上的整车损伤,并且通过建立的循环图片数据学习模型,将生产的数据经过筛选后源源不断地提供给机器学习,持续提升准确率,将车险定损时长由原来的2.5天跃升为秒级,车险定损速度提升4000倍,创造了行业的奇迹。图12-18为"智能闪赔"解决方案的组成。

12.4.2 技术组成

"智能闪赔"项目是利用人工智能进行快速便捷地进行定损与风控的一项创新型成果,包括以下四大技术:

(1)高精度图片识别:覆盖了所有的乘用车型、全部外观件、23种损失程度,智能识别精度高达90%以上。

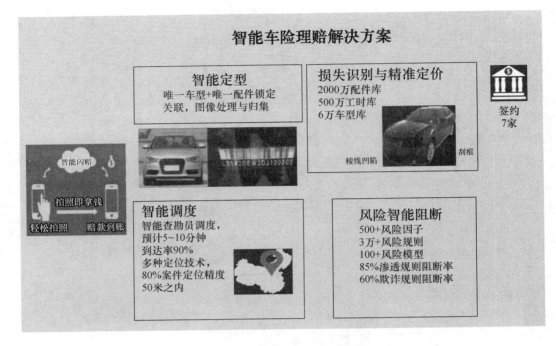

图 12-18 "智能闪赔"解决方案的组成

（2）一键秒级定损：以海量、真实的理赔图片数据作为训练样本，运用深度学习神经网络的智能算法对车辆外观的损失进行自动判定，只需一键上传照片，秒级完成维修方案定价。

（3）自动精准定价：通过主机厂发布、九大采集地采集和生产数据自动回写三种方式，构建覆盖全国、精准到县市的工时配件价格体系，实现了定损价格的真实准确。

（4）智能风险拦截：构建从承保到理赔全量风险因子库，应用逻辑回归、随机森林等多元算法，开发了三万多种数字化理赔风险控制规则，覆盖全流程主要的风险点，实现对风险的事中智能锁死、智能拦截与事后智能筛查，有效降低了理赔成本。

"智能闪赔"项目的推出，在很大程度上解放了一线理赔人员的生产力，同时对整个车险行业产生了极为深远的影响，相信随着技术的不断成熟，将会产生更加显著的应用价值。

12.5 Gamma 智能贷款

贷款是银行业的基本业务，如何有效地掌握贷款人的真实信息、化解贷款的风险、提高贷款作业的效率，是银行业普遍面临的实际问题。中国平安开发出了 Gamma 智能贷款系统，走在了同行业的前面。

12.5.1 系统组成

Gamma 智能贷款系统整合了数十项人工智能与大数据领域的前沿科技，同时基于万亿级贷款业务的实例检验,实现了贷款模式在渠道管理、进件配置、反欺诈、面审核身、风险评估等方面的高度智能化。Gamma 智能贷款系统共有七大核心产品,分别为智能渠道管理系统、智能进件配置平台、反欺诈平台、智能微表情面审辅助系统、定制评分卡、智能风控引擎以及终端产品——Gamma 智能贷款一体机。这些核心产品全面覆盖了贷款业务的贷前、贷中与贷后的全流程,服务范围涵盖了小额现金贷、白领贷、消费分期、汽车金融、信用卡分期、小微企业主贷等业内主流信贷业务。在整套解决方案中,智能微表情面审辅助系统和 Gamma 智能贷款一体机实现了以下的重大突破:

智能微表情面审辅助系统引入微表情识别技术,可以通过远程视频实时抓取客户微小的表情变化,进行智能判断并提示欺诈风险,解决了传统贷款业务中长期难以解决的业务痛点。目前,Gamma 智能贷款系统拥有全球最大的微情绪数据库,覆盖十万量级 54 种微情绪视频,微表情欺诈识别准确率达到 80%。图 12-19 为智能微表情面审辅助系统的流程。

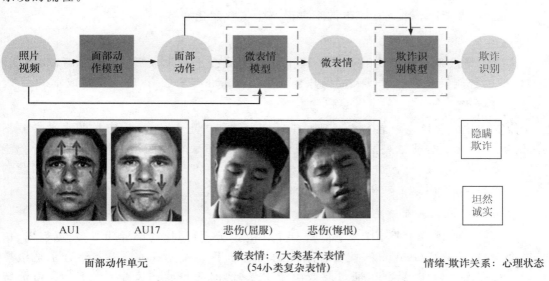

图 12-19 智能微表情面审辅助系统的流程

Gamma 智能贷款一体机融合了微表情识别、生物识别、智能双录、大数据风控、电子签章和区块链等技术。其中,智能双录技术通过人脸识别、声纹识别、指纹识别和证件联网核查技术四合一,大大简化了现有贷款模式下复杂低效的客户身份认证流程。Gamma 智能贷款一体机解放了大量申请、验证、核身等人力工作,整个贷款流程全面采用无纸化放贷操作,可以高效地完成对借款人从面审签约到线上电子合同签署的全流程。

12.5.2 主要创新

Gamma 智能贷款系统主要包括以下六个方面的创新:

(1) 人脸识别:基于"人脸识别+活体检测"技术,让每个人的面部与身份相匹配,以 99.8% 的超高识别精度和最低的波动幅度来满足业务需求。

(2) 微表情:实时监控和分析客户的微表情,根据异常表情来识别欺诈风险,以规避人工核实过程的疏忽和纰漏。

（3）反欺诈：综合中国人民银行个人征信报告数据以及银行卡、手机等第三方个人数据进行比对，精准监控借款人的位置信息、设备编号、附近环境等相关要素，让不良贷款无缝可钻。

（4）知识图谱：基于知识图谱技术构建全面问题库，根据实施问答场景智能推送问题建议，有针对性地对借款人进行识别鉴定。

（5）语音识别：利用语音识别技术自动转录借款人的回答，通过文本蕴含技术及多源信息交叉校验方式来判断回答的正确性。

（6）智能风控：整合多源风控大数据，灵活配置风控模型，快速确定规则和评分卡，实现实时审批。

12.5.3 智能化变革

Gamma 智能贷款系统在以下四个方面产生了智能化变革：

1. 获客模式

传统的贷款主要依靠线下客户经理主动营销或线上被动获客，其成本高、效率低。而 Gamma 智能贷款系统可以大幅提升金融机构批量获客的能力，降低渠道成本。

2. 审核模式

传统贷款的面核主要靠客户经理对纸质资料进行人工审核，导致审核的水平参差不齐，因此风险大。智能微表情面审辅助系统可以通过抓取客户的微表情，实时进行智能判断并提示风险。此外，通过整合覆盖 10 个行业的 1000 个问题库，大幅提升了问题的随机性和质量，让面审更加科学高效，有效降低了风险。

3. 审批模式

传统贷款的风控主要是依靠客户经理个人的经验进行判断，审批环节多、流程慢、信息维度少、风险高。Gamma 智能贷款系统的反欺诈平台和智能风控引擎整合了亿级欺诈风险数据库和欺诈规则集，通过高效决策引擎，实时防控欺诈风险。此外，Gamma 智能贷款系统还可以为银行提供定制评分卡服务，通过引入一百多家主流第三方数据源，有效破解了中小银行自有业务数据单一、难以支持多场景建模的难题。

4. 系统开发模式

很多中小银行的科技系统能力弱，系统调整周期长，难以适应市场的快速变化。Gamma 智能贷款系统的智能进件配置平台可以提供一站式灵活配置的贷款进件服务，最快 1 个小时即可完成贷款流程配置优化。

12.5.4 应用成效

从实践来看，Gamma 智能贷款系统的应用可以使贷款申请流程简化 60% 以上，极大地提升了业务效率，例如小额贷款的时效由过去的几个小时甚至几天大幅缩短至 3～5 分钟。效率的提升直接既节省了大量的人力、物力，也带来了更好的客户体验。同时，这一系统的引入也提高了贷款决策的一致性，提升了欺诈风险的识别能力，不仅可以直接帮助金融机构降低贷款运营成本，更将因风控能力的提高而显著增强市场拓展能力。

12.6 金融科技在保险中的应用

作为以保险业务起家的超级金融集团，中国平安在保险领域所应用的金融科技自然争为人先，在一定程度上起到了领头羊的作用。

12.6.1 远程培训

面向保险业代理人的中国平安的培训云平台利用全国优质的培训资源开展在线培训，并通过对代理人行为的动态监控、动态的发展路线和大数据分析，精准地推送适合学员需要的培训课程，提高了培训的针对性。这种模式既较大程度地保证了培训效果，也有效地减少了培训的支出，达到了一举两得的效果。

12.6.2 智慧客户服务

为了更好地满足客户服务的需要，中国平安开发出了智慧客户服务系统，用以智能识别客户及其需求，精准地定位风险等级，并支持99%的业务在线完成。以寿险为例，中国平安有1.1亿份有效保单，处理6000万客户的服务需求，这个服务量是巨大的，中国平安通过人工智能及时捕捉客户的身份，利用后台风控模型，远程处理各种需求，可以做到只有1%的需求是到现场处理的，理赔的现场结案率可以达到50%。平安车险日均处理3万件汽车理赔案件，每件案件均要求查勘员在5～10分钟到达现场，这无论对保险公司还是对查勘员个人来说都是极其严峻的挑战。智慧客户服务系统通过历史大数据的分析可以确定什么地方、哪个时间事故多发，然后据此实现网格化管理，进行动态的人员调整对查勘员进行智能调度，以确保更高的效率和更好的服务。图12-20为"智慧客户服务系统"的作业过程。

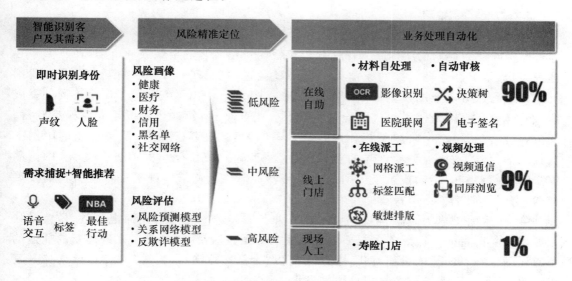

图12-20 "智慧客户服务系统"的作业过程

12.6.3 风险管控

在中国平安建立的驾驶风险因子体系中,主因子包括行为、基础信息、LBS[①] 和车况,再根据主因子不断地拆分和细化从因子、次因子和分因子,因子总数达超过 180 个,并通过历史理赔数据和事故调查问卷不断地进行动态优化,形成了业界领先的驾驶风险评测体系。图 12-21 为驾驶风险因子体系的组成。

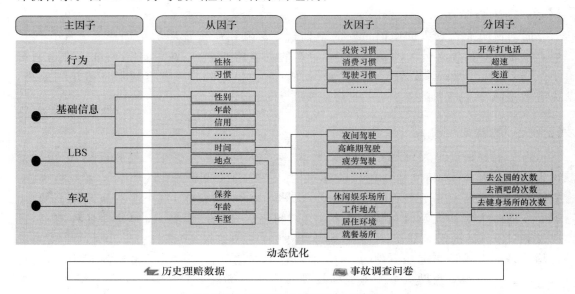

图 12-21　驾驶风险因子体系的组成

12.7　案例评析

以保险业务起家的中国平安深深扎根于我国快速崛起的金融服务市场,在三十多年的发展历程中,在金融科技的赋能下一路高歌猛进,创造了一个又一个奇迹,成为我国互联网金融服务企业的领军企业。在过去的三十多年,中国平安经历了三个不同的发展阶段:第一个阶段是探索现代保险、完善机制、搭建平台;第二个阶段是专注保险经营,探索综合金融;第三个阶段是深化综合金融,推动科技创新。如今,风华正茂的中国平安提出的愿景是"成为世界领先的金融科技公司,输出模块化金融服务",为此,中国平安步步为营、稳扎稳打,成就了中国金融业的霸主地位。总结中国平安金融科技的发展经验,有以下四个方面值得我们学习和借鉴:

第一,致力于成为金融科技应用的领军者。用先进的金融科技拥抱金融,做金融科技领域的领跑者——这既是中国平安过去成功的重要法宝,也是其未来迈向新的征途的不二法门。在新的智能科技时代,中国平安以"金融＋科技"作为双轮驱动,持续提升发展内驱力,推动企业的业务更好更快的发展。

---

① LBS 的英文全称是 Location Based Service,即基于位置的服务。

第二，构建适应自身发展需求的业务生态圈。中国平安结合自身业务需求和发展优势，将发展重点聚焦在金融服务生态圈、医疗健康生态圈、汽车服务生态圈和房产金融服务生态圈，在这些领域内精耕细作，不断地强化自身的根基，为其长远发展奠定了坚实的基础。

第三，将金融科技优势转化为产品优势。多年来，中国平安先后培养了超过2万名的科技人员，在金融和医疗两大领域，中国平安申请超过3000项的专利，尤其是在生物识别、人工智能、大数据、云计算和区块链领域更是不惜重金投入，形成了一系列具有竞争力的解决方案和技术产品。中国平安在为行业提供技术成果输出的同时，也为自身创造了将技术转化为更大市场价值的机会，实现了多赢的结局。

第四，利用自身条件服务地方的经济社会发展。中国平安依循"服务国家，服务实体，服务民生"的经营理念，依托自身在技术、人才、资金、场景和数据等方面的种种优势，与诸多地方政府在政务、财政、教育、房产和环保等领域开展深度合作，在取得良好经济效益的同时也获得了广泛的社会认同。

当然，中国平安之所以在金融科技领域一骑绝尘，与其掌舵人马明哲的高度重视是分不开的，除要求集团每年在金融科技领域至少投入1%的营收之外，他还亲力亲为，带领全体员工朝"全球领先的金融科技公司"的发展目标迈进。相信走在国内金融科技发展最前沿的中国平安，在新的征程中一定会百尺竿头更进一步！

12.8 本章小结

中国平安扎根于我国不断成长壮大的金融市场，伴随着我国改革开放的步伐得以迅速崛起，创造出了我国金融业发展的奇迹。金融科技是中国平安取得成功的重要法宝，其所取得的成效充分证明了金融科技对传统的金融业转型升级所起的独特作用和巨大价值。

在金融科技领域已建立起领先优势的中国平安，正聚焦金融科技和医疗技术两大重点，将充分利用云平台、人工智能、大数据、区块链和生物识别等技术为金融业务赋能，以形成新的金融科技生态，为成为世界级的金融科技企业奠定了坚实的基础。当然，在前进的道路上，中国平安仍面临着各种困难与挑战，需要在实践中不断地探索，在探索中不断地找到更合适自身发展的道路。

第十三章 蚂蚁金服金融科技综合案例

阿里巴巴作为全球领先的互联网企业,金融是其关键支撑业务之一。自从 2004 年支付宝问世以来,阿里巴巴一直致力于利用金融科技推进金融业的变革,成为世界互联网金融的领跑者。承载阿里巴巴各类金融业务的蚂蚁金服是一家以"为世界带来更多平等的机会"为使命的科技企业,成立于 2014 年 10 月,致力于通过科技创新能力,搭建一个开放、共享的信用体系和金融服务平台,为全球消费者和小微企业提供安全、便捷的普惠金融服务。短短几年的时间,蚂蚁金服已发展成为一个横跨支付、基金、保险、银行、征信、理财、股权众筹和金融 IT 系统的互联网金融集团,跃升为全球估值最高的非上市公司之一。

数据是金融的血液,大数据技术的应用是现代金融业最重要的标志。蚂蚁金服作为大数据应用的创新实践者,依托阿里巴巴得天独厚的大数据资源,结合大数据技术的全方位、深层次、多角度的应用,打造出了引领金融业未来发展方向的创新模式,为业界树立了典范。除大数据外,蚂蚁金服还在人工智能、区块链、物联网和云计算等新一代信息技术的应用方面一马当先,取得了一个又一个的突破,成为全球金融科技应用的领跑者。

13.1 案例背景

蚂蚁金服由阿里巴巴的金融业快速发展而来,而阿里巴巴的金融业务起源于其自身的电子商务需求,由于交易双方产生的大量支付需求和担保需求使支付宝应运而生。以支付宝为起点,阿里巴巴的金融业务从无到有、从小到大,不断地拓展疆域,从最基础的技术和数据业务发展到支付业务、小额贷款、消费金融业务以及征信管理等,逐步成长为以支付为基础的全能型金控平台。

13.1.1 发展历程

从 2004 年至今,蚂蚁金服的发展轨迹概括如下:

(1) 2004 年支付宝诞生。经过十余年的快速发展,支付宝已成为全球规模最大的第三方支付工具之一,已经实现了全面的第三方支付功能,同时打通了渠道,保证了流量和数据的积累,为蚂蚁金服的成长和壮大奠定了坚实的基础。

(2) 2013 年,阿里巴巴向中国人民银行提交筹建浙江网商银行的申请,并于 2014 年获批筹建。

(3) 2013 年年底,阿里巴巴与腾讯计算机系统、中国平安等共同发起成立了众安在线,开创了我国网络保险公司建设的先河。

(4) 2014 年年底,蚂蚁金服集团成立,成为阿里巴巴金融业务的一体化运营平台。

(5) 2015 年年初,依托阿里巴巴大数据的"芝麻信用"业务正式上线,成为衡量个人信贷能力、提高风控管控水平的核心业务。

(6) 2015年,浙江网商银行开始运营,蚂蚁金服因此具备从事资产业务的资格,并开始涉足消费金融的蓝海。

(7) 2015年年中,蚂蚁金服推出众筹平台——蚂蚁达客,并发起成立了P2P融资平台——网金社,弥补了阿里巴巴金融业务版图中P2P网贷和众筹的空白。在此基础上,蚂蚁金服又推出了蚂蚁聚宝,将基金、保险和股票融为一体,进一步扩大了互联网金融的业务覆盖面。

(8) 2016年4月,蚂蚁金服完成B轮融资,估值达600亿美元,成为全球估值最高的非上市公司之一。

(9) 2017年2月21日,蚂蚁金服向韩国移动社交巨头Kakao Corp旗下的移动支付平台Kakao Pay注资2亿美元。

(10) 2017年11月,蚂蚁金服旗下的公司API(Hong Kong)Investment Limited持股12.8%的趣店集团在美国上市,蚂蚁金服是该公司的第五大股东。

(11) 2018年5月18日,蚂蚁金服旗下的消费信贷产品花呗宣布向银行等金融机构开放。

(12) 2018年6月8日,蚂蚁金融服务集团对外宣布新一轮融资,融资总金额为140亿美元。

(13) 2018年11月,在蚂蚁金服ATEC科技大会上,蚂蚁金服正式推出技术风险防控平台TRaaS。该平台是把蚂蚁金服整个分布式架构和相应的技术风险能力组合在一起的免疫系统,它将高可用和资金安全能力与AIOps(Artificial Intelligence for IT Operations,IT运维操作的人工智能)相结合,使系统能实现故障自愈,具有免疫能力。

(14) 2019年2月14日,蚂蚁金服宣布已完成英国跨境支付公司万里汇所有权的变更,正式携手支付宝,成为蚂蚁金服集团的全资子公司。

(15) 2019年2月25日,蚂蚁区块链科技(上海)有限公司在黄浦区揭牌成立。

经过数年的快速发展,蚂蚁金服已从单纯的支付服务提供商成长为基于金融科技的全链条业务提供商,在国内外处于领先地位。

13.1.2 集团文化

蚂蚁金服致力于"为世界带来微小而美好的改变",其所秉持的六个价值观对于如何经营业务、招揽人才、考核员工以及决定员工的报酬扮演着十分重要的角色:

(1) 客户第一:客户是衣食父母。
(2) 团队合作:共享共担,平凡人平常心做非凡事。
(3) 拥抱变化:迎接变化,勇于创新。
(4) 诚信:诚实正直,言行坦荡。
(5) 激情:乐观向上,永不言弃。
(6) 敬业:专业执着,精益求精。

13.1.3 蚂蚁家族

蚂蚁家族由以下五个业务板块组成:

1. 支付宝

支付宝是蚂蚁金服运营的全球领先的支付和生活方式平台，2004年刚成立时仅提供第三方担保交易服务，解决了我国电子商务早期时买家和卖家之间的信任问题。现在的支付宝已经从一个支付工具成长为家喻户晓的一站式生活服务平台。除线上支付外，支付宝已经将其支付技术能力分享给全球数量众多的线下传统商业和公共服务机构。支付宝的跨境支付、海外扫码付等多项服务已经覆盖全球超过50个国家和地区。目前，支付宝支持约三十种货币用于支付结算。

2. 蚂蚁财富

蚂蚁财富是蚂蚁金服旗下的移动理财平台，用户登录蚂蚁财富App或支付宝App中的"蚂蚁财富"，就能实现余额宝、定期理财、存金宝、基金等各类理财投资，同时还可以获得财经资讯、市场行情、社区交流等服务。

3. 网商银行

蚂蚁金服入股并主导成立了国内首批民营银行之一的浙江网商银行。该行是经当时的我国银监会批准于2015年6月25日正式开业的股份制商业银行，实行纯互联网运营，以"服务小微企业、支持实体经济、践行普惠金融"为使命，希望做互联网银行的探索者和普惠金融的实践者，为小微企业、个人创业者提供高效、便捷的金融服务。

4. 芝麻信用

芝麻信用是蚂蚁金服生态体系的重要组成部分。它利用云计算、机器学习等领先科技客观地呈现个人和企业的商业信用状况，目前已在租赁、购物、商旅出行、本地生活等众多商业场景中通过信用科技赋能，让商户为更多的用户提供更好更便利的服务。

5. 蚂蚁金融云

蚂蚁金融云是蚂蚁金服基于多年积累的金融级互联网技术，为金融机构提供行业云计算服务的平台。蚂蚁金融云整合了蚂蚁技术经多年"双十一"大促锤炼的大规模交易处理能力，并且面向未来将逐步开放大规模实时决策能力和大规模数据集成与洞察分析能力，持续为合作伙伴提供金融级的基础技术服务。

13.2 生态体系

蚂蚁金服由支付宝不断地拓展而来，经历了从支付到资本、从低级到高级的发展演进道路，形成了自身特有的生态体系。

13.2.1 生态体系的构成

蚂蚁金服依靠阿里巴巴的流量端和业务的入口，形成了覆盖范围广、业务关联性强、服务种类多的金融生态体系。图13-1为蚂蚁金服的生态构成。

如图13-1所示，蚂蚁金服的生态构成包括电子支付、理财、基金、保险、银行、征信、股权众筹、P2P和金融服务等，每类业务都有相应的运作平台作为载体。

图 13-1 蚂蚁金服的生态构成

13.2.2 业务生态圈

蚂蚁金服以第三方支付为依托，以大数据、信用评级与征信为手段，创造众多的生活场景与消费场景，构建互联网理财、网贷、众筹、互联网银行、互联网证券、互联网保险等各种经营业态，将个人借款者、企业借款者纳入资产端管理，将银行、保险、基金等传统金融机构以及小贷公司、保理公司、融资租赁公司、典当行等类金融机构与投资端的个人投资者、机构投资者纳入整个业务生态体系，图 13-2 为蚂蚁金服金融业务生态圈。

13.2.3 运营平台

蚂蚁金服的主要优势体现在数据流、资金流和云平台的高度融合，数据流不断地流入蚂蚁金服，通过专业的分析和预测，数据又重新输出至其母公司、子公司，从而实现数据的开放式交流和相互渗透，反哺基础业务。云平台的开放能够极大地减轻蚂蚁金服自身的业务压力，促进传统业务和新兴业务的交相融合，打造成全产业链、全生态系、全业务类型的综合型金融服务平台。图 13-3 为蚂蚁金服运营平台的架构。

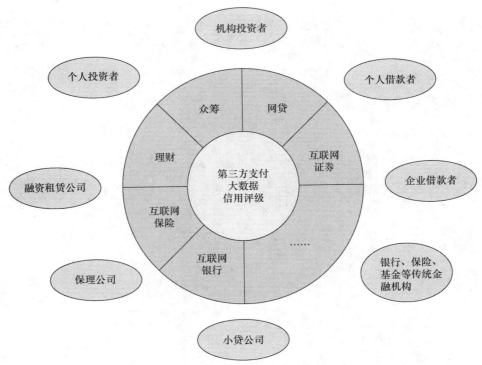

图 13-2 蚂蚁金服金融业务生态圈

图 13-3 蚂蚁金服运营平台的架构

13.3 技术体系

作为一项涉及面十分广泛的综合性金融服务平台，蚂蚁金服形成了以大数据技术为支撑、其他相关技术互为补充的一个技术体系。

13.3.1 大数据技术的应用

大数据是蚂蚁金服业务运营的关键性资源，在各类业务运营中起着决定性作用。依托阿里系所积累的巨量数据，蚂蚁金服开展有针对性的数据分析，并依照相关的模型，综合判断风险，形成了网络贷款的"310"模式，即"3分钟申请、1秒钟到账、0人工干预"的服务标准，达到了传统线下贷款业务难以企及的新高度。在业务推出的前五年中，共为四百多万个小微企业提供了累计超过7000亿元的贷款，为这些不被传统金融机构所认可的有贷款需求企业提供了高效和便捷的贷款融资通道，有力地推动了大量小微企业的成长壮大。

除网贷业务外，芝麻信用同样是大数据综合应用的产物。芝麻信用分是蚂蚁金服对与用户相关的海量数据进行综合处理和评估而得到的结果，主要包括用户的信用历史、行为偏好、履约能力、身份特质和人脉关系等五个维度，依据阿里巴巴的电商交易数据和蚂蚁金服的互联网金融数据，并与公安网等公共机构以及合作伙伴建立数据合作，数据类型涵盖了信用卡还款、网购、转账、理财、水电煤缴费、租房信息、住址搬迁历史、社交关系以及支付宝、余额宝的数据等。与中国人民银行负责的公民征信系统相比，芝麻信用分的来源大大超越了银行系统的范畴，覆盖面更为广泛，数据的时效性和针对性也更有保证。芝麻信用分作为国内领先的第三方个人征信评价体系，不仅可以用于对还款能力和还款意愿的评估，而且同时还广泛应用于需要证实个人信用的各个场合，比如共享单车是否免交押金以及出国是否免签等领域。从未来的发展趋势来看，芝麻信用分有着更广泛的应用领域，将会融入到经济社会发展的方方面面。

13.3.2 云计算技术的应用

阿里云既是支撑阿里巴巴业务运营的重要基础设施，也是阿里巴巴的大数据真正发挥作用和价值的基本运营平台。阿里云集成了大数据、中间件、安全和监控、计算和网络以及数据库与存储等基础功能，提供包括游戏、音/视频、物联网、O2O、医疗、电商、政务和金融等专项计算服务，图13-4为阿里云平台的系统架构。

蚂蚁金融云是阿里云的重要分支，是蚂蚁金服旗下面向金融机构的云计算服务，它集成了阿里云的众多基础能力，并针对金融行业的需求进行定制研发。作为一个开放的云平台，蚂蚁金融云助力金融创新、服务金融机构的IT架构实现升级，以构建更加稳健安全、低成本、敏捷创新的金融级应用，为各类金融机构更好地服务自身的客户提供了高标准的云计算基础设施和基本服务。经过多年的快速发展，蚂蚁金融云已经具备以下特点：

(1) 高可用容灾，达到99.99%的可用性；
(2) 资金安全管理，支持每日超百亿元资金的资金变动；

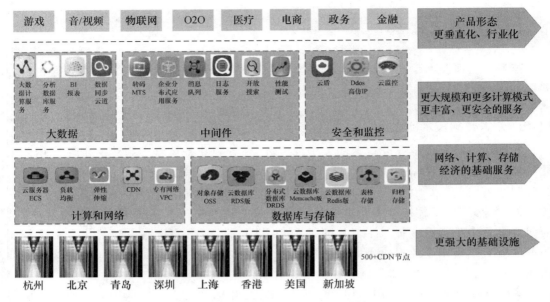

图 13-4 阿里云平台的系统架构

(3) 高并发交易,达到 8.59 万笔/秒的峰值处理能力;

(4) 实时安全控制,具备毫秒级风险防御能力;

(5) 低成本交易,实现每笔交易低至几分钱。

蚂蚁金融云平台与大数据的有机融合,为蚂蚁金服提供了强大的运营支撑,为海量业务的数据处理创造了条件。

13.3.3 人工智能技术

人工智能在金融服务领域有着越来越广泛的应用,与大数据、云计算技术结合在一起,形成了"在云平台上用人工智能处理大数据"的现代金融业务处理模式。面对海量的用户,蚂蚁金服用传统的人工服务显然是很难奏效的,利用人工智能实现"智能客服"是蚂蚁金服的必然选择。蚂蚁金服通过大数据挖掘和语义分析技术来实现问题的自动判断和自动预测,在与用户交流的过程中,"我的客服"智能服务系统通过语义分析等方式获得关键信息再给予匹配。经过数年的探索之后,蚂蚁金服的"我的客服"智能服务系统已经积累了近千个经验专家知识调动库、模型库。原来,从发现和识别问题到快速调度客户服务解决问题需要 50 分钟,现在不到 1 分钟就能做到策略智能调度响应。在最近几年的"双十一"活动中,蚂蚁金服绝大多数的远程客户服务已经由智能机器人来完成,同时实现了 100% 的自动语音识别。此外,蚂蚁金服还拥有智能自动质检能力与智能赔付能力。针对服务质量过去需要通过人工去调研,抽样的覆盖率一般只占 2% 左右,目前智能服务具备了高品质的服务以及情感判断能力,也就是说智能机器人可以实时地实现客服人员的智能自动质检。另一个是智能赔付能力,在保险业务上,"我的客服"已经具备了专业的审核能力,平均在 24 个小时之内就能够完成赔付,其中 1/3 以上的理赔可以在 1 个小时之内直接完成,而且有一半以上复杂的赔付可以在 6 个小时内完成,效率得到了大大的提升。

生物识别技术长期以来一直是身份识别人工智能技术中的一个重要分支,人脸识别技术是生物识别中一种相对较为成熟的技术。蚂蚁金服以领先的人脸比对算法为基础,成功研发了交互式人脸活体检测技术和图像脱敏技术,并设计了满足高并发和高可靠性的系统安全架构,在此基础上开发了人脸验证核身产品,这一技术已经成功地实现产品化并在网商银行和支付宝身份认证等场景中得到应用。这其中的几项核心算法分别是活体检测算法、图像脱敏算法以及人脸比对算法,目前蚂蚁金服运用的人脸识别技术在国际公开 LFW(Labeled Faces in the Wild,户外脸部检测数据库)上的准确率已接近100%。

人脸识别技术的运用为用户带来了极大的便利,以银行开户为例,目前传统的银行都要求储户到银行实体营业厅现场开户。而隶属于蚂蚁金服的浙江网商银行已经实现了通过人脸识别技术开展远程(非现场)申请开通账户,既节省了储户的时间,也为短时间内扩大客户规模提供了良好的条件。随着业务的快速发展,人脸识别技术在蚂蚁金服中的应用也将越来越普及,成效也会越来越显著。

13.3.4 风控技术应用

对于金融业而言,无论是线上业务还是线下业务,风险控制是其业务运营的命脉。支付宝自创立以来一直将风险控制放在首位,逐步实现了风险控制的智能化、常规化和一体化。在蚂蚁金服中,风险控制分成三个阶段:事前阶段,对账户的风险进行分级,不同的账户对应不同的风险等级,进行有针对性的控制;事中阶段,对新上线的产品进行风险评审以及监控策略方案评审,根据评审结果进行特定控制;事后阶段,利用原来的历史交易数据进行个性化的验证,提高账户的安全性。

蚂蚁金服拥有两千多台服务器专门用于风险的监测、分析和处置,具有平均0.1秒实时风险识别与管控能力,支付宝的资损率在十万分之一以下,即便用户不幸发生损失,支付宝也已经建立了包括快捷支付保障、余额支付保障、手机支付保障在内的一整套会员保障体系。

为了进一步防范风险,蚂蚁金服不仅与公安机关、检察院、法院进行合作,协同打击线下金融领域的犯罪,而且还积极与银行、其他第三方支付平台、软硬件厂商、支付宝的商户和用户、高校及科研机构等展开广泛的合作,共同筑起应对金融风险的铜墙铁壁。

13.4 运维体系

运维体系是确保蚂蚁金服高效、顺畅、安全运营的基本保障,是蚂蚁金服支撑其他关联业务的必要条件。蚂蚁金服的运维体系由运维架构、运维平台和组织机制三个方面共同组成,三者相互关联,形成了一个彼此作用的完整整体。

13.4.1 运维体系概述

蚂蚁金服的运维体系的总体框架如图13-5所示。

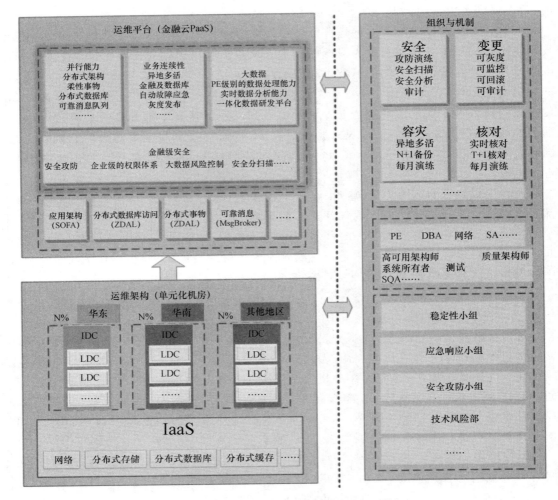

图 13-5 蚂蚁金服的运维体系的框架[①]

如图 13-5 所示,各部分的组成和作用如下:

1. 运维架构

运维架构作为架构的基础作用于 IaaS 层,目的在于通过一定的架构设计使得基础设施能够达到高扩展性和具备快速容灾的能力。

2. 运维平台

作为蚂蚁金服的重点设施,实现高效、安全、智能的系统运维能力,以提高运维效率并保障系统的稳定。蚂蚁金服基于运维平台化、数据化的设计理念,形成了金融安全风险控制能力、金融级业务连续性自动化保障能力等,并整体上形成了蚂蚁金融云 PaaS 解决方案。

[①] 在图中,PE 的英文全称是 Product Engineer,即产品工程师;DBA 的英文全称是 Database Administrator,即数据库设计与管理人员;SA 的英文全称是 System Analyst,即系统分析师;SQA 的英文全称是 Software Quality Assurance,即软件质量保证;IDC 的英文全称是 Internet Data Center,即互联网数据中心。

3. 组织与机制

作为运维体系的重要组成,组织与机制用以保障在运维过程中能够充分发挥运维架构和运维平台的强大合成能力,以达到系统持续可用的最佳状态。

13.4.2 运维架构解析

随着蚂蚁金服业务的快速发展,传统以 LDC(Logical Data Center,逻辑数据中心,又称单元化机房)为基础运维单元的"两地三中心"运维架构开始遭遇挑战,为此,蚂蚁金服将传统的运维架构上升为"异地多活"的运维架构,以 LDC 为基础运维单元,以满足快速发展的互联网金融业务对基础设施扩展和容灾的高时效性、金融级安全性要求。以单元化机房为基础运维单元的"异地多活"运维架构是为了适应新的业务需求而提出的,是指基于单元化机房的扩展能力,在不同地域的 IDC 中部署单元化机房单元,并且每个单元化机房单元都是"活"的,是真正承接线上真实业务流量的,在发生故障时可以进行单元化机房单元之间的快速切换。这比传统的"两地三中心"架构有更好的业务连续性保障。在"异地多活架构"下,一个单元化机房对应的灾备单元化机房是一个"活"的单元化机房,日常就在承接真实业务流量,其稳定性和业务的正确性是一直被确保的。

"异地多活"运维架构的核心思想是:按数据水平拆分的思路向上提升到接入层、终端层,从接入层开始,把原来部署在一个 IDC 中的系统集群,进一步分成多个更细粒度的部署单元。该部署单元具有以下三个特性:

(1) 每个单元对外是封闭的,在一个单元内的系统调用链路和各类存储访问是局部化在本单元内的;

(2) 每个单元的实时数据是独立不共享的,会员或配置类信息等对延时性要求不高的数据全局共享;

(3) 单元间的通信统一管控,尽量以异步化消息进行通信,同步调用则通过单元间代理方案来实现。

这一架构有效地解决了以下四个关键来问题:

(1) 由于尽量减少了跨单元交互和使用异步化,使得异地部署成为可能,整个系统的水平可伸缩性大大提高,不再依赖同城 IDC;

(2) 可以实现"N+1"的异地灾备策略,大大缩减了灾备成本,同时确保灾备设施真实可用;

(3) 整个系统已无单点存在,大大提升了整体的高可用性,同城部署和异地部署的多个单元可用作互备的容灾设施,通过运维管控平台进行快速切换,能实现 100% 的持续可用率;

(4) 这一架构下业务级别的流量入口和出口形成了统一的可管控、可路由的控制点,整体系统的可管控能力得到很大的提升,线上压测、流量管控、灰度发布等以前难以实现的运维管控模式均可以十分轻松地实现。

图 13-6 为蚂蚁金服的"异地多活架构"。

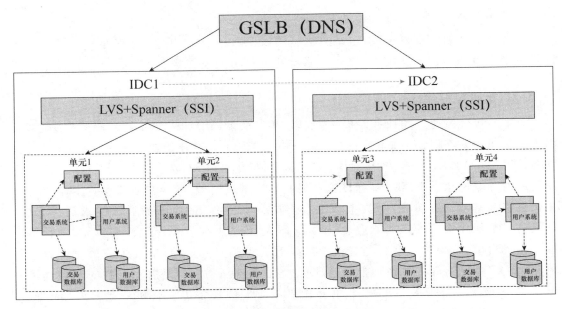

图 13-6 蚂蚁金服的"异地多活架构"

13.4.3 运维平台解析

"双十一"是蚂蚁金服的考验环节,2015年"双十一"的支付峰值为8.59万笔/秒交易,2016年则上升到12万笔/秒交易,2017年为25.6万笔/秒,2018年达到49.1万笔/秒。为了支持这样的业务规模,需要管控的运维设备规模和程序代码变更频次的规模必然是十分巨大的,按照传统的方式很难高效、高质量地管理规模如此庞大的复杂系统,可行的办法是建设更高效、更安全、更智能的运维平台。

(1)高效:通过运维工作的平台化来提高运维效率,如系统监控平台、变更管控平台、动态资源管控平台、调度中心、注册中心等。

(2)安全:基于自动业务验证平台和大数据运算规则,保障系统运行的稳定性与正确性,如数据核对中心、依赖管控平台、容量检测管控平台等。

(3)智能:基于大数据的分析和规则计算,进行智能化的运维管控,如自动故障分析处理系统、容量自动探测扩容系统等。

基于这一运维平台,在自动化容量管理的场景下,蚂蚁金服可以通过自动化的全链路压测、自动化的容量模型计算、自动化链路收集、自动化的扩容来实现日常的系统容量管理;在自动故障处理的场景下,当故障发生时,监控系统通过对系统指标的监控,判定出受影响的业务和相关系统链路,并通过大数据计算找到故障产生的原因,结合相应的应急预案,直接提示应急方案,直至最后联动到应急平台,自动执行应急处置方案。

13.4.4 组织机制解析

在组织机制保障方面,蚂蚁金服构建了三道信息科技风险管理防线,图13-7为蚂蚁金服组织机制的组成。

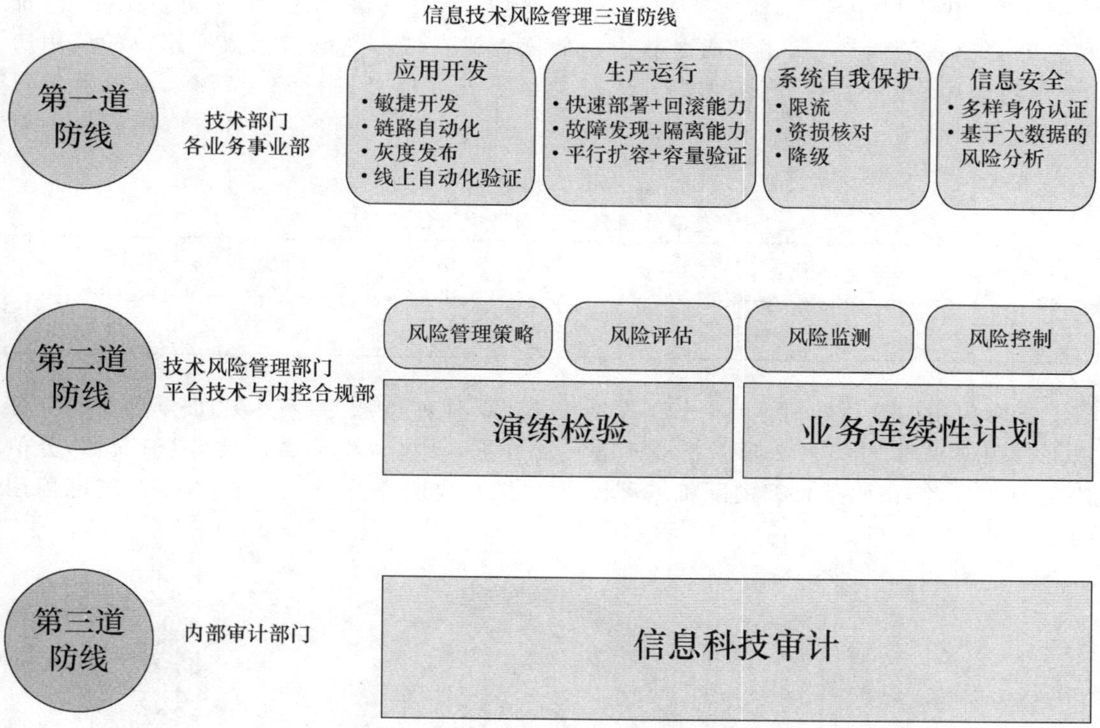

图 13-7　蚂蚁金服组织机制的组成

为了更好地保障组织机制发挥作用，蚂蚁金服根据互联网金融的人员组成、组织特征构建了多层次的组织机制保障体系，以保障整体架构规划实施、制度规范能够很好地在一线团队落地，保障从规划到执行的高质量落地，并且一线团队的实际问题可以反馈到上层架构组织和管理层，反作用于运维架构和运维平台的持续优化发展，进一步推进系统架构和运维水平向更高级别演进发展。

13.5　芝麻信用

随着经济社会的快速发展，征信管理的地位和作用也在不断地提升，而传统的征信管理模式由于受到数据来源等方面的局限，作为一个有着近 14 亿人口的大国，个人信用报告的覆盖人群只有 3.7 亿人，这也就意味着大部分中国人没有任何核心的金融履约行为记录，这显然已经无法真正适应社会对征信管理的需求。蚂蚁金服以阿里系的大数据资源为依托，构筑起了独特的芝麻信用征信管理体系，以数据全面性、广泛性、持久性和动态特征的显著优势，打造出个人征信服务的管理平台。

13.5.1　芝麻信用的原理

蚂蚁金服独创的芝麻信用是在传统的信用评估之上再增加网络金融平台所掌握的大数据信息，通过机器学习技术给出每个用户的信用评价。它是以大数据与机器学习的方法,分析与评估用户的信用,并给出一个信用总分数,以"芝麻分"来呈现。芝麻分越高,代表信用评价越高,而芝麻分在与银行业务及租车、订房等交易比对后,证实芝麻分越高的用户,其还车或缴款逾期的比例就越低。芝麻信用依据用户的信用历史、履约能力、身份特质、行为偏好与人脉关系等五大项目进行综合判断,由机器学习系统自动评判用户的信用,分值在350—950分,表13-1为得分区间与信用程度的对应关系。

表13-1 芝麻信用得分区间与信用程度对应关系

得分区间	350～550 分	550～600 分	600～650 分	650～700 分	700～950 分
信用程度	较差	一般	良好	优秀	极好

芝麻信用的分值随时浮动,分值高者可以获得种种特殊的待遇,比如分数在 700 分以上的用户只需上传护照、照片和受理表三份数据,就可以申请新加坡签证;又如,分值达到 700 分者,在北京首都国际机场可以享受 VIP 快速安检通道。图 13-8 为芝麻信用的分值来源与分布。

图 13-8 芝麻信用的分值来源与分布

用于芝麻信用评价的数据来源较为广泛,主要包括以下四个方面:

(1) 电子商务交易数据:主要来自淘宝和天猫,从中可以获取用户的身份特质、资金转移状况以及兴趣偏好等。

(2) 互联网金融数据:主要来自支付宝、余额宝等蚂蚁金服自身的平台,主要评价用户的信用历史、履约能力等。

(3) 合作伙伴数据:主要通过与阿里巴巴具有合作关系的各类合作伙伴提供的数据,包括公安网、O2O 平台开展数据交换分享的合作以及为芝麻信用供给平台独家收集的用户网贷数据等。

(4) 用户自身提交的数据:用户根据需要提供或为提升自身信用而主动提交的各类数据。

13.5.2 芝麻信用的评价指标

作为大数据征信的实际应用,芝麻信用围绕信用历史、履约能力、身份特质、行为偏好与人脉关系五个一级指标的若干二级指标进行评分(如图 13-9 所示)。

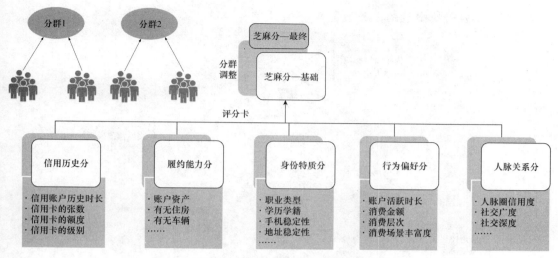

图 13-9 芝麻信用评价指标组成

13.5.3 芝麻信用的应用场景

芝麻信用自问世以来取得了社会广泛的认可，并在生活和金融等领域有着实际的应用。

1. 在生活中的应用场景

芝麻信用在生活中主要用以解决商户与人、人与人之间的信任问题，分 B2C 以及 C2C（Customer to Customer，消费者对消费者）两者情形：前者包括租车、订酒店、旅行、出国签证等；后者则包括婚恋、租房、交友等。

2. 在金融业中的应用场景

芝麻信用在金融领域中的应用主要是通过芝麻信用分的评价加强对风险的监控，为反欺诈、信用卡发放以及消费信贷和教育信贷发放等业务提供重要的依据。

13.6 蚂蚁微贷[①]

为小微企业、个体经营户以及个人创业者等发放小额贷款，长期以来一直未能得到有效的解决方案，因为金额小再加上程序复杂，传统的银行对这类业务的重视程度较低。蚂蚁金服充分利用大数据技术构筑了面向特定人群的蚂蚁微贷项目，受到了小额贷款用户的欢迎，取得了良好的运营成效。

13.6.1 业务流程

蚂蚁微贷是国内第一个真正意义上的完全基于数据算法的业务，整个流程全部基于数据化和机器学习完成，能在几分钟之内根据业务需求产生分析模型，自动判断用户的贷款要求是否合理。基于大数据的信贷模式是蚂蚁微贷的主要优势，在这个模式下用户申请即时处理、符合条件即时获批，不良贷款比率明显低于传统的银行，有效解决了小微企业贷款中的周期长、授信难和程序复杂的难题。

---

① 蚂蚁微贷于 2019 年 7 月更名为"网商贷"，其运作原理基本保持不变，在此不对网商贷作单独说明。

图 13-10 为蚂蚁微贷的业务流程。

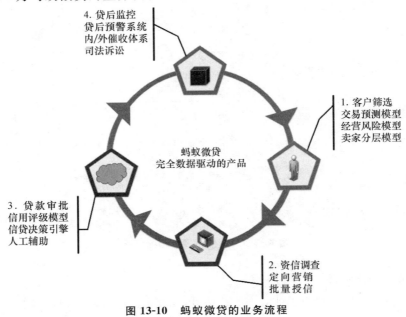

图 13-10　蚂蚁微贷的业务流程

蚂蚁微贷业务推出之后短短数年时间,已经为 18 万家农村的小微企业以及 5000 万个人用户发放了贷款,为无数个得不到传统银行贷款支持的"长尾"客户解决了融资的困难。

13.6.2　风险控制

风险控制是贷款业务的重中之重,蚂蚁微贷采用了 RAIN 三维风险控制模型(如图 13-11 所示)。

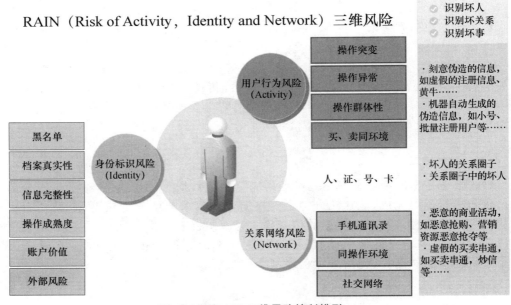

图 13-11　RAIN 三维风险控制模型

RAIN 三维风险控制模型包括用户行为风险（Activity）、身份标识风险（Identity）和关系网络风险（Network）三种类型，用于识别坏人、识别坏关系和识别坏事，使贷款的风险降低到最低限度。

13.7 浙江网商银行

浙江网商银行是我国首批试点的民营银行之一，由浙江蚂蚁小微金融服务集团、上海复星工业技术发展有限公司、万向三农集团有限公司、宁波市金润资产经营有限公司共同发起设立，于 2015 年 6 月 25 日正式开业。浙江网商银行将普惠金融作为自身的使命，希望利用互联网的技术、数据和渠道创新来帮助解决小微企业融资难融资贵、农村金融服务匮乏等问题，从而促进实体经济的发展。

13.7.1 业务框架与经营模式

浙江网商银行是我国第一家将核心系统架构在金融云上的银行，基于金融云计算平台的网商银行，拥有处理高并发金融交易、海量大数据和弹性扩容的能力，可以利用互联网和大数据的优势，为更多的小微企业提供金融服务。浙江网商银行的定位为网商首选的金融服务商、互联网银行的探索者和普惠金融的实践者，为小微企业、大众消费者、农村经营者与农户、中小金融机构提供服务。图 13-12 为浙江网商银行的业务框架。

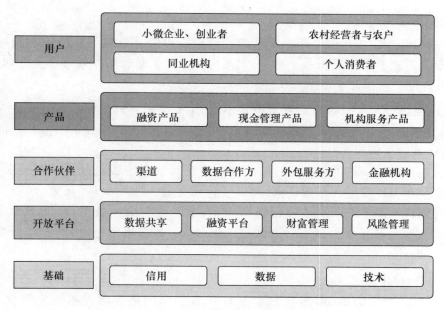

图 13-12　浙江网商银行的业务框架

浙江网商银行的经营模式是基于云计算的 IT 系统支撑，打造大数据驱动的风险管控能力，实现轻资产、交易型的金融服务平台（如图 13-13 所示）。

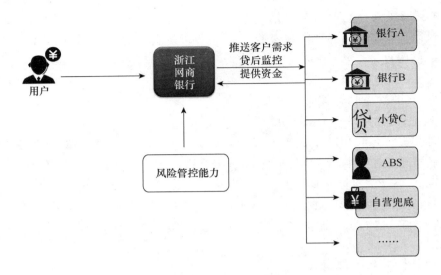

图 13-13　浙江网商银行的经营模式

如图 13-13 所示,浙江网商银行旨在打造具有极高风险管控能力的金融服务平台,为提供资金供给的银行 A、银行 B、小贷 C、ABS 机构以及自营兜底业务的参与者提供一体化的运营支持,并由浙江网商银行推送客户需求和贷后监控,为资金需求用户和资金供给方搭建起交易服务的通道。

13.7.2　核心能力

浙江网商银行作为顺应互联网经济快速崛起新形势下发展起来的一种新的银行模式,其核心能力主要表现在技术平台、场景与流量以及大数据与风控等三个方面。

1. 业界领先的技术平台

浙江网商银行与传统银行的发展模式不同,主要面向互联网用户以及通过在线方式提供服务的合作伙伴,因此其技术平台具有自身的独特优势。图 13-14 为浙江网商银行技术平台体系的架构。

如图 13-14 所示,浙江网商银行提供移动互联网、PC 互联网以及开放平台接入,具有自主、安全和弹性的业务运营特点,提供了包括存款、支付、生活、保障、融资、理财、现金管理、投资以及同业等十分丰富的应用场景,承担着金融业务平台(SaaS)、金融数据平台(DaaS)、金融技术平台(PaaS)和基础设施(IaaS)等多重角色,构筑起高标准的新型互联网银行的技术平台。

2. 独特的场景与流量优势

作为阿里系的核心成员,浙江网商银行在场景和流量方面占据着先天优势(如图 13-15 所示)。

如图 13-15 所示,浙江网商银行以阿里巴巴"千县万村"计划为依托,以支付宝、支付宝钱包、余额宝和招财宝等金融支付平台为流量支撑,以淘宝、天猫、聚划算、阿里巴巴以及 AliExpress(全球速卖通)平台为应用场景,具有得天独厚的场景与流量优势。

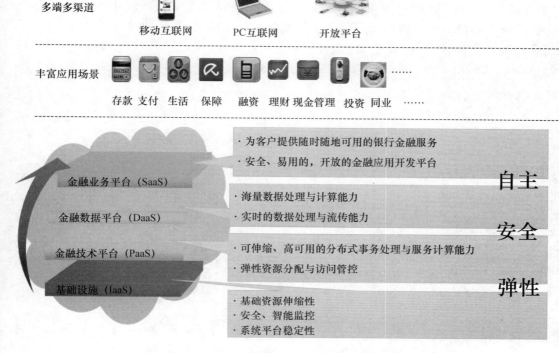

图 13-14　浙江网商银行技术平台体系的架构

图 13-15　浙江网商银行场景与流量优势图

3. 超凡的大数据与风控能力

占据场景与流量优势的浙江网商银行在大数据应用和风险管控方面有着天然的有利条件，尤其是从原始数据获取的角度来看，浙江网商银行汇集了淘宝/天猫、支付宝、B2B、政府机构、垂直电商和各类金融机构的数据，中间层数据则包括主题数据、地址库、商品库以及中间层等，应用数据集市包括所有基于中间层数据的衍生指标，基础数据模型依据信用评分、客户标签和客户画像进行构建,业务数据策略涵盖了身份识别、需求分析以及数据增值服务等各类具体的业务,数据决策引擎是基于 ODPS(Open Data Processing Service,开放数据处理服务)的通用云数据决策系统,业务平台包括营销平台、客户服务平台、银行同业平台、支付平台、融资平台、理财平台以及保险平台等,图 13-16 为浙江网商银行大数据与风控能力的架构。

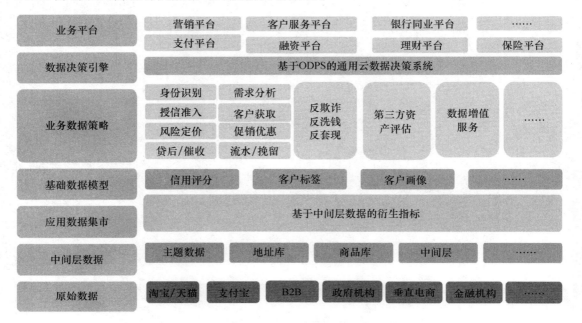

图 13-16　浙江网商银行大数据与风控能力的架构

如图 13-16 所示,浙江网商银行以原始数据、中间层数据、应用数据集市为基础,构筑基础数据模型,并根据业务数据策略的不同构建数据决策引擎,为各类业务平台提供大数据应用和风险监控从而实现全方位的保障。

13.8　大数据保险

保险业是对数据依赖程度非常高的行业之一,如何推动保险和大数据的"联姻",是诸多保险公司正在深入探索的课题,蚂蚁金服依托阿里巴巴庞大的业务体系和海量的业务数据,形成了具有特色的大数据保险发展新模式。

13.8.1　发展思路

蚂蚁金服在发展大数据保险方面以传统的保险业较为忽视的需求众多但保额较小的长尾客户为重点,以互联网为手段,将这个庞大的客户群体汇集起来,形成新的保险服务模式。图 13-17 是蚂蚁金服发展大数据保险的发展思路。

13.8.2　运费险

当消费者在网上购物遭遇退换货等情形时,谁来支付运费是一个买卖双方都很关注的现实问题,蚂蚁金服创新性地退出了运费险,买方或卖方只要缴纳小额的保险费用就可以在办理退货时获得保险公司的赔付。这项服务目前针对加入消费者保障服务并交纳保证金的商家和天猫的卖家(机票、酒店、直充卖家除外),退货退款成功后,保险公司会直接将理赔金额划拨至买家的支付宝账户,以补偿用户垫付的运费。蚂蚁金服的运费险采用机器学习算法计算费率,以其合理的收费标准和高效的赔付流程受到买卖双方的欢迎,并实现了盈利和高速的增长。图 13-18 为运费险的解析。

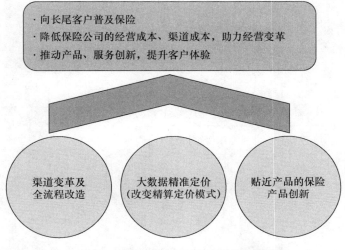

图 13-17 蚂蚁金服大数据保险的发展思路

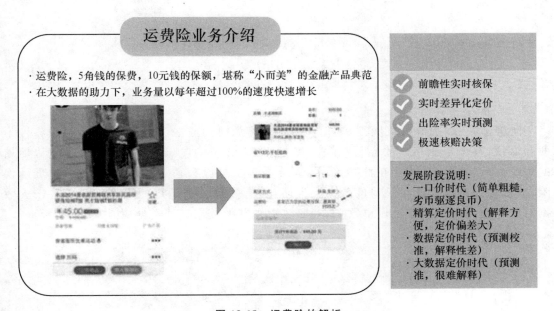

图 13-18 运费险的解析

13.8.3 车险

长期以来,由于无法全面获得驾驶员和车辆方面的个性化业务数据,我国的车险业务基本都是采用一刀切的方法,近年来在交强险等险种有了一些相对较为灵活的费率,但个性化服务能力还远远不够。蚂蚁金服借助自身所掌握的涉车大数据,与保险公司一起制定具有差异化的车险费率。

首家与蚂蚁金服合作的保险公司为永安保险公司。该公司于 2015 年 1 月 21 日正式上线微车险,入口为淘宝保险 PC 端、支付宝钱包-永安保险服务窗,项目运营后在比较短的时间内取得了较为理想的运营成效。图 13-19 为蚂蚁金服的车险差异化定价业务解析。

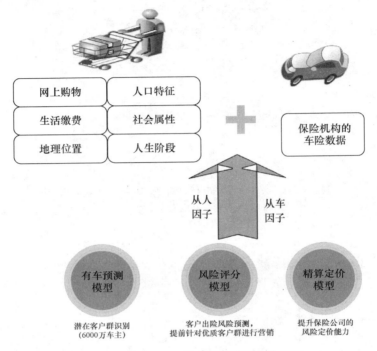

图 13-19　蚂蚁金服的车险差异化定价解析

13.8.4　航班延误险

航班延误、取消等状况频发,不但耗费了旅客的时间成本,而且会给旅客带来各种不便和麻烦,甚至造成高额的经济损失。但是,由于传统的航班延误理赔十分麻烦,烦琐的手续让旅客望而止步。在此情况下,蚂蚁金服与保险公司合作共同推出了航班延误险,使旅客办理航班延误险时的手续大为简化,有效解决了用户的痛点问题。基于大数据的航班延误险主要涉及保单数据、理赔数据和其他数据三种类型(如图 13-20 所示)。

图 13-20　航班延误险的关联数据

航班延误险基于相关数据分析,既可以对机场资源进行优化、更改飞机起飞和降落的时间段,还可以通过客户的保单数、飞机延误的原因、时长等问题的综合分析,以开展相关的自助理赔服务。对购买这一保险的旅客而言,航班延误险可以结合大数据系统的分析和推导结论,及时分辨当天出现的航班变动情况等,为他们提供更好的航班选择和时间安排,同时在出险时可以弥补一定程度上的经济损失。

13.9 大数据车辆定损

我国每年约有4500万件私家车保险索赔案,其中60%为纯外观损伤,约2700万件。目前,业内约有10万人从事查勘定损工作,每单处理成本为150元,车辆定损被认为是既低效又高成本的业务,是车险中的重大痛点。蚂蚁金服应用大数据等相关技术开发出"定损宝"车辆定损应用系统,为解决棘手的车辆定损问题提供了颠覆式的解决方案。

13.9.1 定损原理

车主在正常投保的情况下如果发生交通事故,首先必须先打电话给保险公司,然后保险公司派查勘员到现场进行查勘并拍照,随后保险公司的定损员会根据照片来评估损伤情况如何、是否需要赔偿,以及赔偿多少等。在传统的理赔流程中,保险公司收到事故照片后需要核赔和核价,往往最快需要半个小时后才能确定理赔金额。针对行业痛点,蚂蚁金服联合行业专家和算法工程师进行联合攻关,共同研发出可以自动为车辆定损的应用系统——定损宝。定损宝基于深度学习图像识别技术研发,用人工智能充当定损员的眼睛和大脑,通过大数据算法来识别事故照片,并与保险公司连接,在几秒钟之内就能给出准确的定损结果,包括受损部件、维修方案以及维修价格,实现了简单高效的自动定损,官方称准确率达到98%以上。定损宝的定损原理可以用图13-21来说明。

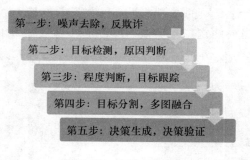

图13-21 定损宝的原理

如图13-21所示,定损宝是在基于"全链路深度学习"的基础上分成五步实现的,实际操作简单便捷:事故现场,查勘员打开手机支付宝App就可以进入定损宝的界面,按照指令拍照并上传后,定损宝会通过部署在云端的算法识别事故照片,与保险公司连接后,在几秒钟之内就能给出准确的定损结果,包括受损部件、维修方案及维修价格。据估算,保险公司应用定损宝之后能够节省50%的定损成本,每年可以节约定损开支20亿元。

13.9.2 定损实现

定损宝通过人工智能和大数据的应用,实现了传统定损工作的全面变革。定损宝在实际的定损过程中是通过以下三个步骤来实现定损的目的的。

1. 识别图片

开发人员首先要让机器认识不同的车型以及分辨车上不同部位的名称,通过提供大量的有标记图片供其学习,使机器能认出图片中哪里是前机盖、左前大灯、保险杠、格栅等。在此基础上,开发人员对千万数量级的车险定损历史图片进行结构化规整、数据整理、数据清洗以及必要的标注,使机器能通过图片识别车损的基本情况。图 13-22 为机器识别图片。

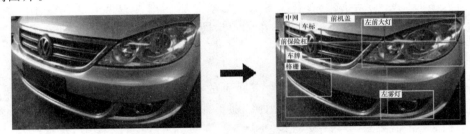

图 13-22 机器识别图片

2. 受损程度判定

损伤程度的判定是整个定损的核心环节。在真实环境中,照片拍摄的车体损伤非常容易受到反光、阴影、污渍、车体流线型的干扰以及拍摄角度的影响,从而造成误判,即使是人眼通过照片来观察也很难区分。定损宝的技术团队在分析了多个会对损伤判定造成干扰的因素之后,针对不同的车型、颜色和光照条件进行模型迭代学习,融合多个模型的经验,制订出了当前的定损宝解决方案。该方案能够输出针对各种程度的刮擦、变形、部件的开裂和脱落等损伤的定损结论。图 13-23 为反光与去反光照片的对比。

图 13-23 反光与去反光照片的对比

3. 确定维修方案及定价

当受损程度判定完成后,保险公司需要提供相应的维修方案,这时候定损宝需要匹配保险行业在车辆维修过程中的一些规则。比如，轻度的剐蹭对应的维修方案为喷漆，中度的剐蹭对应的维修方案为钣金，重度损伤对应的维修方案为更换。在确定规则的基础上保险公司进行相应的定价。维修方案制订出来后，定损宝结合承保时的车型，整体传输到配件的数据库读取它们的OE码（每种车型的每个零部件都有不同的编号以示区别分类），然后再传输到保险公司，保险公司形成相应的价格，从而形成一整套解决方案（如图13-24所示）。

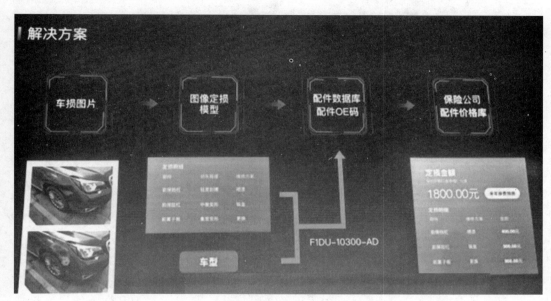

图13-24　维修方案及定价的确定

13.9.3　定损实例

在各种保险理赔中，虽然车型多、配件多，但车辆定损是一个相对标准化、流程化的部分，这就给大数据和人工智能很大的发挥空间。在蚂蚁金服的现场演示中，工作人员随机抽取了12件案例进行人工和机器定损的对比，结果定损宝用时六秒多钟就全部定损完毕；而专业的6名定损员一共花了快7分钟才全部定损完毕。最后的结果是在这12个案例中，定损宝和专业定损员各正确11次，正确率相当。图13-25为定损宝与专业定损员的时间对照。

在实际测试中，定损宝的准确率已达到98%以上，相当于行业里具有10年以上经验的定损专家，而且能够同时处理万级的案件量，不受时间和空间的限制，是传统的人工定损所无法企及的。

13.9.4　淘金100指数

"中证淘金大数据100"指数，以下简称"淘金100指数"，英文名称为CSI Bosera Jutao Big Data Strategy 100 Index，英文简称为CSI Jutao 100，是全球首只电商大数据指数，由蚂蚁金服联合博时基金、上海恒生聚源数据服务有限公司等合作编制，由中证指数有限公司发布，是大数据用于评价证券指数的重要实践。

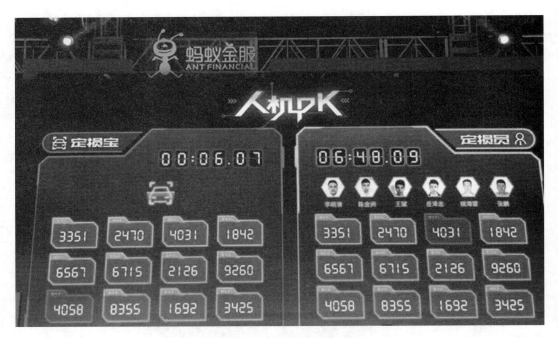

图 13-25 定损宝与专业定损员的时间对照

13.9.5 指数的形成

作为蚂蚁金服与博时基金、上海恒生聚源和中证指数有限公司合作的产物,淘金 100 指数博采众长、优势互补,具有很强的特色。图 13-26 为淘金 100 指数的形成机理。

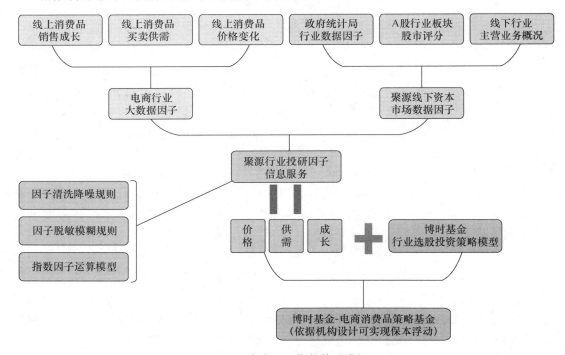

图 13-26 淘金 100 指数的形成机理

如图 13-26 所示,淘金 100 指数依据"电商行业大数据因子"和"聚源线下资本市场数据因子"形成"聚源行业投研因子信息服务",在此基础上采用相应的模型和规则形成相应的指数结果。

13.9.6 指数样本选取

淘金 100 指数以阿里系的淘宝的数据为依据进行样本的选取和计算。

1. 样本空间

在中证全指股票池的基础上,指数系统自动选取与淘宝数据对应的中证三级行业内的所有股票,再综合考虑流动性确定选股池。

2. 选样方法

对于样本空间的股票,按其综合财务因子、综合市场因子和淘宝大数据因子计算的综合评分降序排列,选取排名在前 100 名的股票作为淘金 100 指数的成分股。单个股票的综合评分计算如下:

(1)综合财务因子:选取估值类因子,包括市盈率、市净率、市销率和资产市值比等,成长类因子(包括主营业务收入增长率、净利润增长率、EPS[①] 增长率和总资产增长率等)。采用因子分析模型,计算得到每期个股的综合财务因子得分。

(2)市场驱动因子:选取短期收益率、长期收益率、相对波动、交易量变化和自由流通市值等,根据量化模型计算得到市场驱动因子得分。

(3)淘宝大数据因子:根据淘宝的交易数据,综合考察行业的景气程度,包括成长、价格、供需情况,得到行业景气程度排名。根据行业景气程度排名,对行业内的股票给予相应的得分,记为淘宝大数据因子得分。

3. 综合评分

对综合财务因子得分、市场驱动因子得分和淘宝大数据因子得分,采用多元回归等算法计算个股的预期收益,选取数值最大的 100 只股票作为成分股。

13.9.7 指数计算

淘金 100 指数以电商商品类目相关中证三级行业内的所有股票为样本空间,从中根据综合财务因子、市场驱动因子、聚源电商大数据因子选取综合评分最高的 100 名作为样本股,并采用等权重计算。

计算公式为:

$$报告期指数 = 1000 \times 报告期成分股的调整市值 / 除数$$

其中,调整市值 $= \sum ($股价 $\times$ 调整股本数 $\times$ 等权重因子$)$,调整股本数的计算方法与沪深 300 指数相同,设置等权重因子以使每个样本股权重相等。

13.9.8 特点和独特的优势

淘金 100 指数具有自己鲜明的特点和独特的优势,具体表现在以下三个方面:

---

① EPS 的英文全称是 Earnings Per Share,即普通每股税后利润,也称每股收益。

1. 高效有效

淘金 100 指数的数据来源于支付宝的实际交易，包含了行业的价格、销量、人气等景气程度数据，数据真实、可靠。

2. 先知先行

行业线上交易的真实数据每日汇总，领先于公司财报，确保了指数在投资时点上领先市场。

3. 强强联合

淘金 100 指数是由三强企业联合共同打造的互联网大数据产品，蚂蚁金服为淘金 100 指数提供原始数据；由上交所和深交所共同出资成立的中证指数有限公司为淘金 100 编制指数；国内首批成立的五家基金管理公司之一的博时基金负责跟踪淘金 100 指数，出任指数基金管理人。

13.10 案例评析

蚂蚁金服自 2014 年 10 月成立以来，经过数年的快速发展，已经发展成为一个横跨支付、基金、保险、银行、征信、理财、股权众筹和金融 IT 系统的互联网金融集团，代表着金融业未来发展的趋势和方向。金融科技是蚂蚁金服快速发展和壮大的重要法宝，其在金融科技开发和应用方面所积累的经验为其他互联网金融服务企业的发展与应用提供了十分宝贵的经验和借鉴。

第一，开发和利用各类数据资源的价值是众多的互联网金融服务企业所面临的紧迫任务。阿里巴巴提出了"一切数据都要业务化"的战略部署，明确要把各种可利用的数据开发出更高的商业价值，是发挥大数据资源作用的应有之义。

第二，金融科技的开发和利用必须与各类应用场景和业务需求深度融合。蚂蚁金服在金融科技的开发和利用方面始终围绕着金融核心业务展开，以"金融科技助力金融发展"作为基本出发点，形成了特色鲜明、成效显著、技术先进的金融科技发展体系，成为金融业发展的新翘楚。

第三，致力于培育金融科技发展的生态体系。金融科技的发展不能走各自为战的老路，必须以金融业务为根基，以金融科技为支撑，构建各类金融业务相互依存、互为补充、共生共荣的生态体系，共同打造出姹紫嫣红、争奇斗艳的金融科技生态乐园。

第四，金融科技必须为普惠金融服务提供支撑。金融科技的快速进步为搭建一个开放、共享的信用体系和金融服务平台创造了前所未有的条件，面向全球的消费者和小微企业提供安全、便捷的普惠金融服务，不仅仅是蚂蚁金服的追求，而且也给其他企业带来了机会，关键是怎样去更好地把握。

金融科技的发展绝非一日之功，也不可能一劳永逸，蚂蚁金服通过自身的努力已经迈出了坚实的步伐，但在前进的道路上仍然充满着各种不可预知的挑战，需要在未来的发展中不断去勇敢地面对。

13.11　本章小结

蚂蚁金服是我国金融科技的领先探索者,经过多年卓有成效的实践,已当之无愧地成为行业的翘楚。蚂蚁金服的实践表明,金融科技的发展并没有现成的模式,需要通过大胆的创新和一步一个脚印的实践,只有在发展中不断地发现问题、纠正偏差,才能逐步取得一点一滴的成功。

在我国,金融科技的发展充满着众多的机会和可能,蚂蚁金服的崛起与其作为阿里体系的重要板块有直接关系,更重要的还是以用户需求为导向的持续创新。在多年的实践中,蚂蚁金服创造性地将云计算、物联网、移动互联网、大数据、智能技术和区块链等新一代信息技术创造性与金融业务进行深度融合,造就了金融科技生态,使金融科技绽放出极其强大的生命力,为我国金融科技走向世界树立了典范。

附录

金融科技（FinTech）发展规划
（2019—2021年）（节选）
中国人民银行

前　言

　　金融是现代经济的核心，是实体经济的血脉。持牌金融机构在依法合规前提下发展金融科技，有利于提升金融服务质量和效率，优化金融发展方式，筑牢金融安全防线，进一步增强金融核心竞争力。为全面贯彻党中央、国务院决策部署，促进我国金融科技健康可持续发展，根据《中共中央办公厅　国务院办公厅关于加强金融服务民营企业的若干意见》、《国务院关于促进云计算创新发展培育信息产业新业态的意见》（国发〔2015〕5号）、《促进大数据发展行动纲要》（国发〔2015〕50号文印发）、《新一代人工智能发展规划》（国发〔2017〕35号文印发）、《国务院办公厅关于全面推进金融业综合统计工作的意见》（国办发〔2018〕18号）、《"十三五"现代金融体系规划》（银发〔2018〕114号文印发）、《关于进一步深化小微企业金融服务的意见》（银发〔2018〕162号文）等文件，特编制本规划，明确2019年至2021年我国金融科技发展的指导思想、基本原则、发展目标、重点任务和保障措施。

第一章　发展形势

第一节　重要意义

　　金融科技是技术驱动的金融创新[①]，旨在运用现代科技成果改造或创新金融产品、经营模式、业务流程等，推动金融发展提质增效。在新一轮科技革命和产业变革的背景下，金融科技蓬勃发展，人工智能、大数据、云计算、物联网等信息技术与金融业务深度融合，为金融发展提供源源不断的创新活力。坚持创新驱动发展，加快金融科技战略部署与安全应用，已成为深化金融供给侧结构性改革、增强金融服务实体经济能力、打好防范化解金融风险攻坚战的内在需要和重要选择。

　　金融科技成为推动金融转型升级的新引擎。金融科技的核心是利用现代科技成果优化或创新金融产品、经营模式和业务流程。借助机器学习、数据挖掘、智能合约等技术，金融科技能简化供需双方交易环节，降低资金融通边际成本，开辟触达客户全新途径，推动金融机构在盈利模式、业务形态、资产负债、信贷关系、渠道拓展等方面持续优化，不断增强核心竞争力，为金融业转型升级持续赋能。

[①] 该定义由金融稳定理事会（FSB）于2016年提出，目前已成为全球共识。

金融科技成为金融服务实体经济的新途径。 发展金融科技能够快速捕捉数字经济时代市场需求变化，有效增加和完善金融产品供给，助力供给侧结构性改革。运用先进科技手段对企业经营运行数据进行建模分析，实时监测资金流、信息流和物流，为资源合理配置提供科学依据，引导资金从高污染、高能耗的产能过剩产业流向高科技、高附加值的新兴产业，推动实体经济健康可持续发展。

金融科技成为促进普惠金融发展的新机遇。 通过金融科技不断缩小数字鸿沟，解决普惠金融发展面临的成本较高、收益不足、效率和安全难以兼顾等问题，助力金融机构降低服务门槛和成本，将金融服务融入民生应用场景。运用金融科技手段实现滴灌式精准扶持，缓解小微企业融资难融资贵、金融支农力度需要加大等问题，为打赢精准脱贫攻坚战、实施乡村振兴战略和区域协调发展战略提供金融支持。

金融科技成为防范化解金融风险的新利器。 运用大数据、人工智能等技术建立金融风控模型，有效甄别高风险交易，智能感知异常交易，实现风险早识别、早预警、早处置，提升金融风险技防能力。运用数字化监管协议、智能风控平台等监管科技手段，推动金融监管模式由事后监管向事前、事中监管转变，有效解决信息不对称问题，消除信息壁垒，缓解监管时滞，提升金融监管效率。

第二节　发展基础

我国信息技术在金融领域应用起步于 20 世纪 80 年代，先后经历了金融业务电子化阶段、金融渠道网络化阶段，目前正迎来金融科技发展浪潮，信息技术逐步由支撑业务向引领业务方向发展，金融与科技深度融合已成为新趋势。近年来，我国先后出台《促进大数据发展行动纲要》《新一代人工智能发展规划》等政策文件，陆续发布云计算、声纹识别等新技术金融应用规范，为金融科技发展创造了良好政策环境。经过多年持续积累，金融科技产业发展取得长足进步，部分领域关键核心技术的研发应用实现重要突破，重点细分领域市场规模成倍增长，用户渗透率快速提升。金融机构利用人工智能、大数据、云计算、物联网等科技手段创新金融产品、改变经营方式、优化业务流程，金融数据价值更加凸显，金融产品服务向着智能化、精细化、多元化、场景化方向大步迈进，金融科技已成为践行普惠金融、发展数字经济的新动力。

虽然我国在金融科技方面已具备一定基础，但也要清醒地看到，金融科技的快速发展促使金融业务边界逐渐模糊，金融风险传导突破时空限制，给货币政策、金融市场、金融稳定、金融监管等方面带来新挑战。我国金融科技发展不平衡不充分的问题依然存在，顶层设计和统筹规划有所缺乏，各类市场主体在科技能力、创新动力、人才队伍、体制机制等方面相对失衡；产业基础比较薄弱，尚未形成具有国际影响力的生态体系，缺乏系统的超前研发布局；适应金融科技发展的基础设施、政策法规、标准体系等亟待健全。

第二章　总体要求

第一节　指导思想

以习近平新时代中国特色社会主义思想为指导，全面贯彻党的十九大精神，按照全国金融工作会议要求,坚持新发展理念,坚持稳中求进工作总基调,遵循金融发展规律,深化金融供给侧结构性改革,平衡好安全与发展的关系,协同好金融与科技的关系,兼顾好继承与创新的关系,协调好包容与审慎的关系,统筹好监管与服务的关系,趋利避害,充分发挥科技赋能作用,增强金融服务实体经济能力,坚决守住不发生系统性金融风险底线,为服务实体经济、防控金融风险、深化金融改革提供支撑,推动我国金融业高质量发展。

第二节 基本原则

——守正创新。正确把握金融科技的核心和本质,忠实履行金融的天职和使命,以服务实体经济为宗旨,在遵照法律法规和监管政策前提下,借助现代科技手段提升金融服务效能和管理水平,将科技应用能力内化为金融竞争力,确保金融科技应用不偏离正确方向,使创新成果更具生命力。

——安全可控。牢固树立安全发展理念,把安全作为金融科技创新不可逾越的红线,以创新促发展,以安全保发展,借助现代科技成果提升金融风险防控和金融监管效能,完善金融安全防线和风险应急处置机制,提高金融体系抵御风险能力,守住不发生系统性金融风险的底线。

——普惠民生。立足广大人民群众美好生活需要,聚焦优化金融服务模式和丰富金融产品供给,充分发挥科技成果在拓展服务渠道、扩大服务覆盖面等方面的作用,推动金融服务"无处不在、无微不至",为市场主体和人民群众提供更便捷、更普惠、更优质的金融产品与服务。

——开放共赢。以促进金融开放为基调,深化金融科技对外合作,加强跨地区、跨部门、跨层级数据资源融合应用,推动金融与民生服务系统互联互通,将金融服务无缝融入实体经济各领域,打破服务门槛和壁垒,拓宽生态边界,形成特色鲜明、布局合理、包容开放、互利共赢的发展格局。

第三节 发展目标

到2021年,建立健全我国金融科技发展的"四梁八柱",进一步增强金融业科技应用能力,实现金融与科技深度融合、协调发展,明显增强人民群众对数字化、网络化、智能化金融产品和服务的满意度,使我国金融科技发展居于国际领先水平。

——金融科技应用先进可控。金融与行业数据规范融合应用水平大幅提升,金融创新活力不断激发,安全、可控、先进、高效的金融科技应用体系全面建成。

——金融服务能力稳步增强。金融服务覆盖面逐步扩大,优质金融产品供给不断丰富,金融业务质效显著提升,金融服务民营企业、小微企业等实体经济水平取得新突破。

——金融风控水平明显提高。金融安全管理制度基本形成,金融风险技防能力大幅提高,金融风险防范长效机制逐步健全,金融风险管控水平再上新台阶。

——金融监管效能持续提升。金融科技监管基本规则体系逐步完善,金融科技创新产品全生命周期管理机制基本形成,金融监管效能和金融机构合规水平持续提升。

——金融科技支撑不断完善。金融科技法律和标准体系日益健全,消费者金融素养显著提升,与金融科技发展相适应的基础设施逐步健全。

——**金融科技产业繁荣发展**。培育一批具有国际知名度和影响力的金融科技市场主体，社会组织和专业服务机构对金融科技发展支撑作用不断强化，开放、合作、共赢的金融科技产业生态体系基本形成。

第三章　重点任务

第一节　加强金融科技战略部署

从长远视角加强顶层设计，把握金融科技发展态势，强化统筹规划、体制机制、人才队伍建设等方面的战略部署，为金融科技发展提供保障。

（一）加强统筹规划。深刻认识发展金融科技的紧迫性、必要性和重要性，深入贯彻新发展理念，明确发展方向、转变发展方式、制定发展战略，结合市场需求及自身禀赋谋求差异化、特色化发展。从战略全局高度谋划，加强顶层设计与总体规划，加快在运营模式、产品服务、风险管控等方面的改革步伐，制定金融科技应用的时间表和路线图，加大科技投入力度，重塑业务价值链，补齐传统金融短板，巩固和扩大竞争优势，打造新的增长点。金融机构要在年报及其他正式渠道中真实、准确、完整地披露用于创新性研究与应用的科技投入情况。

（二）优化体制机制。着力解决利用金融科技实现转型升级过程中的体制机制问题，积极稳妥推进治理结构、管理模式、组织方式的调整优化，理顺职责关系，打破部门间壁垒，突破部门利益固化藩篱，提高跨条线、跨部门协同协作能力，加快制订组织架构重塑计划，依法合规探索设立金融科技子公司等创新模式，切实发挥科技引领驱动作用，构建系统完备、科学规范、运行有效的制度体系。加强管理制度创新，推动内部孵化与外部合作并举，增强组织与管理的灵活性、适应性，提升对市场需求的反应速度和能力，探索优化有利于科技成果应用、产品服务创新的轻型化、敏捷化组织架构，加强金融与科技产业对接，集中内外部优势资源，提升新技术自主掌控能力，更好地促进金融科技转化为现实生产力。

（三）加强人才队伍建设。围绕金融科技发展战略规划与实际需要，研究制定人才需求目录、团队建设规划、人才激励保障政策等，合理增加金融科技人员占比。金融机构要在年报及其他正式渠道中真实、准确、完整地披露科技人员数量与占比。建立健全与金融市场相适应、有利于吸引和留住人才、激励和发展人才的薪酬和考核制度，激发人才创新创造活力。拓宽人才引进渠道，通过社会招聘吸纳成熟人才，通过校园招聘构建后备力量，通过顾问、特聘等形式引进行业尖端智慧。制订金融科技人才培养计划，深化校企合作，注重从业人员科技创新意识与创新能力培养，造就既懂金融又懂科技的专业人才，优化金融业人员结构，为金融科技发展提供智力支持。

第二节　强化金融科技合理应用

以重点突破带动全局，规范关键共性技术的选型、能力建设、应用场景和安全管控，探索新兴技术在金融领域安全应用，加快扭转关键核心技术和产品受制于人的局面，全面提升金融科技应用水平，将金融科技打造成为金融高质量发展的"新引擎"。

（四）科学规划运用大数据。加强大数据战略规划和统筹部署，加快完善数据治理机制，推广数据管理能力的国家标准，明确内部数据管理职责，突破部门障碍，促进跨部门信息规范共享，形成统一数据字典，再造数据使用流程，建立健全企业级大数据平台，进一步提升数据洞察能力和基于场景的数据挖掘能力，充分释放大数据作为基础性战略资源的核心价值。打通金融业数据融合应用通道，破除不同金融业态的数据壁垒，化解信息孤岛，制定数据融合应用标准规范，发挥金融大数据的集聚和增值作用，推动形成金融业数据融合应用新格局，助推全国一体化大数据中心体系建设。在切实保障个人隐私、商业秘密与敏感数据前提下，强化金融与司法、社保、工商、税务、海关、电力、电信等行业的数据资源融合应用，加快推进服务系统互联互通，建立健全跨地区、跨部门、跨层级的数据融合应用机制，实现数据资源有效整合与深度利用。

（五）合理布局云计算。统筹规划云计算在金融领域的应用，引导金融机构探索与互联网交易特征相适应、与金融信息安全要求相匹配的云计算解决方案，搭建安全可控的金融行业云服务平台，构建集中式与分布式协调发展的信息基础设施架构，力争云计算服务能力达到国际先进水平。加快云计算金融应用规范落地实施，充分发挥云计算在资源整合、弹性伸缩等方面的优势，探索利用分布式计算、分布式存储等技术实现根据业务需求自动配置资源、快速部署应用，更好地适应互联网渠道交易瞬时高并发、多频次、大流量的新型金融业务特征，提升金融服务质量。强化云计算安全技术研究与应用，加强服务外包风险管控，防范云计算环境下的金融风险，确保金融领域云服务安全可控。

（六）稳步应用人工智能。深入把握新一代人工智能发展的特点，统筹优化数据资源、算法模型、算力支持等人工智能核心资产，稳妥推动人工智能技术与金融业务深度融合。根据不同场景的业务特征创新智能金融产品与服务，探索相对成熟的人工智能技术在资产管理、授信融资、客户服务、精准营销、身份识别、风险防控等领域的应用路径和方法，构建全流程智能金融服务模式，推动金融服务向主动化、个性化、智慧化发展，助力构建数据驱动、人机协同、跨界融合、共创分享的智能经济形态。加强金融领域人工智能应用潜在风险研判和防范，完善人工智能金融应用的政策评估、风险防控、应急处置等配套措施，健全人工智能金融应用安全监测预警机制，研究制定人工智能金融应用监管规则，强化智能化金融工具安全认证，确保把人工智能金融应用规制在安全可控范围内。围绕运用人工智能开展金融业务的复杂性、风险性、不确定性等特点，研究提出基础性、前瞻性管理要求，整合多学科力量加强人工智能金融应用相关法律、伦理、社会问题研究，推动建立人工智能金融应用法律法规、伦理规范和政策体系。

（七）加强分布式数据库研发应用。做好分布式数据库金融应用的长期规划，加大研发与应用投入力度，妥善解决分布式数据库产品在数据一致性、实际场景验证、迁移保障规范、新型运维体系等方面的问题。探索产用联合新模式，发挥科技公司的技术与创新能力，共同研发新产品、发展新产业、凝聚新动能。有计划、分步骤地稳妥推动分布式数据库产品先行先试，形成可借鉴、能推广的典型案例和解决方案，为分布式数据库在金融领域的全面应用探明路径。建立健全产学结合、校企协同的人才培养机制，持续加强分布式数据库领域底层和前沿技术研究，制定分布式数据库金融应用标准规范，从技术架构、安全防护、灾难恢复等方面明确管理要求，确保分布式数据库在金融领域稳妥应用。

（八）健全网络身份认证体系。构建适应互联网时代的移动终端可信环境，充分利用可信计算、安全多方计算、密码算法、生物识别等信息技术，建立健全兼顾安全与便捷的多元化身份认证体系，不断丰富金融交易验证手段，保障移动互联环境下金融交易安全，提升金融服务的可得性、满意度与安全水平。综合运用数字签名技术、共识机制等手段，强化金融交易报文规范管理，保障金融交易过程的可追溯和不可抵赖，提升金融交易信息的真实性、保密性和完整性。积极探索新兴技术在优化金融交易可信环境方面的应用，稳妥推进分布式账本等技术验证试点和研发运用。

第三节　赋能金融服务提质增效

合理运用金融科技手段丰富服务渠道、完善产品供给、降低服务成本、优化融资服务，提升金融服务质量与效率，使金融科技创新成果更好地惠及百姓民生，推动实体经济健康可持续发展。

（九）拓宽金融服务渠道。充分运用信息技术与互联网资源做强线上服务，丰富完善金融产品和业务模式，为客户提供全方位、多层次的线上金融服务。进一步发挥线下资源优势，构筑线上线下一体化的经营发展模式，加快制定线上线下渠道布局规划和全渠道服务实施方案，实现电子渠道与实体网点、自助设备等的信息共享和服务整合，增强交叉营销、跨渠道服务水平，解决线上线下发展不平衡不充分的问题。借助应用程序编程接口（API）、软件开发工具包（SDK）等手段深化跨界合作，在依法合规前提下将金融业务整合解构和模块封装，支持合作方在不同应用场景中自行组合与应用，借助各行业优质渠道资源打造新型商业范式，实现资源最大化利用，构建开放、合作、共赢的金融服务生态体系。

（十）完善金融产品供给。强化需求引领作用，主动适应数字经济环境下市场需求的快速变化，在保障客户信息安全的前提下，利用大数据、物联网等技术分析客户金融需求，借助机器学习、生物识别、自然语言处理等新一代人工智能技术，提升金融多媒体数据处理与理解能力，打造"看懂文字""听懂语言"的智能金融产品与服务。结合客户个性化需求和差异化风险偏好，构建以产品为中心的金融科技设计研发体系，探索运用敏捷开发、灰度发布、开发运维一体化等方法提升创新研发质量与效率，打造差异化、场景化、智能化的金融服务产品。加强客户服务持续跟踪，借助互联网等渠道改进营销策略、改善用户体验、提升营销效果，提高产品易用性与获客留客能力。

（十一）提升金融服务效率。积极利用移动互联网、人工智能、大数据、影像识别等技术推动传统实体网点向营销型、体验型智慧网点转变，优化改进网点布局和服务流程，缩减业务办理时间，提升网点营业效率。探索基于跨行业数据资源开展多渠道身份核验，提升金融服务客户识别效率。探索轻型化金融服务模式，打造对内聚合产品与服务、对外连接合作机构与客户的综合性金融与民生服务平台，发挥客户集聚效应，降低金融服务边际成本，提升金融服务与社会公共服务效率。利用云计算等技术实现资源高度复用、灵活调度和有效供给，探索构建跨层级、跨区域的自动化、智能化业务处理中心，提升金融服务运营效率。

（十二）增强金融惠民服务能力。强化金融服务意识，下沉经营重心，加大对零售客户的服务力度,使金融科技发展成果更多地惠及民生。依托电信基础设施,发挥移动互联网泛在优势,面向"三农"和偏远地区尤其是深度贫困地区提供安全、便捷、高效的特色化金融科技服务,延伸金融服务辐射半径,突破金融服务"最后一公里"制约,推动数字普惠金融发展。积极探索金融惠民创新服务模式,借助移动金融、情景感知等手段将金融服务深度融入民生领域,进一步拓展金融服务在衣食住行、医疗教育、电子商务等方面的应用场景,实现主要民生领域的金融便捷服务广覆盖,提升社会保障、诊疗、公用事业缴费等公共服务便利化水平。

(十三)优化企业信贷融资服务。加大金融科技产品服务创新力度,加强人工智能、移动互联网、大数据、云计算等科技成果运用,加快完善小微企业、民营企业、科创企业等重点领域的信贷流程和信用评价模型,引导企业征信机构利用替代数据评估企业信用状况,降低运营管理成本,提高贷款发放效率和服务便利度,纾解企业融资难融资贵的困局,促进经济转型升级和新旧动能转换。基于海量数据处理和智能审计等技术,综合分析企业类型、财务状况、偿债能力等,降低信息不对称,加强风险侦测和预警,及时调整融资主体信用评级,防止资金流向经营状况差、清偿难度大的高风险企业,为解决脱实向虚、资金空转等问题提供决策支持。加强供应链大数据分析应用,确保借贷资金基于真实交易,通过跨界融合、搭建供应链金融服务平台、建立产业链生态等,为供应链上下游企业提供高效便捷的融资渠道,解决供应链资金配置失衡等问题,合理引导金融资源配置到经济社会发展的关键领域和薄弱环节。

(十四)加大科技赋能支付服务力度。利用人工智能、支付标记化、云计算、大数据等技术优化移动支付技术架构体系,实现账户统一标记、手机客户端软件(App)规范接口、交易集中路由。推动条码支付互联互通,研究制定条码支付互联互通技术标准,统一条码支付编码规则,构建条码支付互联互通技术体系,打通条码支付服务壁垒,实现不同 App 和商户条码标识互认互扫。探索人脸识别线下支付安全应用,借助密码识别、隐私计算、数据标签、模式识别等技术,利用专用口令、"无感"活体检测等实现交易验证,突破 1∶N 人脸辨识支付应用性能瓶颈,由持牌金融机构构建以人脸特征为路由标识的转接清算模式,实现支付工具安全与便捷的统一。

第四节 增强金融风险技防能力

正确处理安全与发展的关系,运用金融科技提升跨市场、跨业态、跨区域金融风险的识别、预警和处置能力,加强网络安全风险管控和金融信息保护,做好新技术应用风险防范,坚决守住不发生系统性金融风险的底线。

(十五)提升金融业务风险防范能力。完善金融业务风险防控体系,运用数据挖掘、机器学习等技术优化风险防控数据指标、分析模型,精准刻画客户风险特征,有效甄别高风险交易,提高金融业务风险识别和处置的准确性。健全风险监测预警和早期干预机制,合理构建动态风险计量评分体系、制定分级分类风控规则,将智能风控嵌入业务流程,实现可疑交易自动化拦截与风险应急处置,提升风险防控的及时性。组织建设统一的金融风险监控平台,引导金融机构加强金融领域 App 与门户网站实名制和安全管理,增强网上银行、手机银行、直销银行等业务系统的安全监测防护水平,提升对仿冒 App、钓鱼网站的识别处置能力。构建跨行业、跨部门的风险联防联控机制,加强风险信息披露和共享,加大联合惩戒力度,防止风险交叉传染,实现风险早识别、早预警、早处置,提升金融风险整体防控水平。

（十六）加强金融网络安全风险管控。严格落实《中华人民共和国网络安全法》等国家网络安全法律法规及相关制度标准,持续加大网络安全管理力度,健全全流程、全链条的网络安全技术防护体系,加快制定并组织实施金融业关键软硬信息基础设施安全规划,增强与网信、公安、工信等部门的协调联动,切实提高金融业关键软硬信息基础设施安全保障能力。完善网络安全技术体系建设,健全金融网络安全应急管理体系,优化金融业灾难备份系统布局,提升金融业信息系统业务连续性。加强网络安全态势感知,动态监测分析网络流量和网络实体行为,绘制金融网络安全整体态势图,准确把握网络威胁的规律和趋势,实现风险全局感知和预判预警,提升重大网络威胁、重大灾害和突发事件的应对能力。加强顶层设计和统筹协调,建设跨业态、统一的金融网络安全态势感知平台,支撑金融业网络攻击溯源和精确应对,提升重大网络攻击的全面掌控和联合处置能力。

（十七）加大金融信息保护力度。建立金融信息安全风险防控长效机制,研究制定金融信息全生命周期管理制度和标准规范,定期组织对易发生金融信息泄露的环节进行排查,保障身份、财产、账户、信用、交易等数据资产安全。加强金融信息安全防护,遵循合法、合理原则,选择符合国家及金融行业标准的安全控件、终端设备、App 等产品进行金融信息采集和处理,利用通道加密、双向认证等技术保障金融信息传输的安全性,运用加密存储、信息摘要等手段保证重要金融信息机密性与完整性,通过身份认证、日志完整性保护等措施确保金融信息使用过程有授权、有记录,防范金融信息集中泄露风险。强化金融信息保护内部控制管理,健全金融信息安全管理制度,明确相关岗位和人员的管理责任,定期开展金融信息安全内部审计与外部安全评估,防止金融信息泄露和滥用。

（十八）做好新技术金融应用风险防范。正确把握金融科技创新与安全的关系,加强新技术基础性、前瞻性研究,在安全合规的前提下,合理应用新技术赋能金融产品与服务创新。综合实际业务场景、交易规模等深入研判新技术的适用性、安全性和供应链稳定性,科学选择应用相对成熟可控、稳定高效的技术。充分评估新技术与业务融合的潜在风险,建立健全试错容错机制,完善风险拨备资金、保险计划、应急处置等风险补偿措施,在风险可控范围内开展新技术试点验证,做好用户反馈与舆情信息收集,不断提升金融产品安全与质量水平。强化新技术应用保障机制,明确新技术应用的运行监控和风险应急处置策略,防范新技术自身风险与应用风险。

第五节 加大金融审慎监管力度

加强金融科技审慎监管,建立健全监管基本规则体系,加大监管基本规则拟订、监测分析和评估工作力度,运用现代科技手段适时动态监管线上线下、国际国内的资金流向流量,探索金融科技创新管理机制,服务金融业综合统计,增强金融监管的专业性、统一性和穿透性。

（十九）建立金融科技监管基本规则体系。充分借鉴国际先进经验,系统梳理现行监管规则,结合我国金融科技发展现状和趋势,加强金融科技监管顶层设计,围绕基础通用、技术应用、安全风控等方面，逐步建成纲目并举、完整严密、互为支撑的金融科技监管基本规则体系。针对不同业务、不同技术、不同机构的共性特点，明确金融科技创新应用应遵循的基础性、通用性、普适性监管要求，划定金融科技产品和服务的门槛和底线。针对专项技术的本质特征和风险特性，提出专业性、针对性的监管要求，制定差异化的金融监管措施，提升监管精细度和匹配度。针对金融科技创新应用在信息保护、交易安全、业务连续性等方面的共性风险，从敏感信息全生命周期管理、安全可控身份认证、金融交易智能风控等通用安全要求入手，明确不可逾越的安全红线。

（二十）加强监管协调性。建立健全金融协调性监管框架，充分发挥金融业综合统计对货币政策和宏观审慎政策双支柱调控框架的支撑作用，在国家金融基础数据库框架内搭建金融机构资产管理产品报告平台，将金融科技新产品纳入金融业综合统计体系，通过统计信息标准化、数据挖掘算法嵌入、数据多维提取、核心指标可视化呈现等手段，助力"统一、全面、共享"的金融业综合统计体系建设，覆盖所有金融机构、金融基础设施和金融活动，确保统计信息的完整性和权威性。

（二十一）提升穿透式监管能力。加强监管科技应用，建立健全数字化监管规则库，研究制定风险管理模型，完善监管数据采集机制，通过系统嵌入、API等手段，实时获取风险信息、自动抓取业务特征数据，保证监管信息的真实性和时效性。综合全流程监管信息建立监测分析模型，把资金来源、中间环节与最终投向穿透联接起来，透过金融创新表象全方位、自动化分析金融业务本质和法律关系，精准识别、防范和化解金融风险，强化监管渗透的深度和广度。引导金融机构积极配合实施穿透式监管，通过系统接口准确上送经营数据，合理应用信息技术加强合规风险监测，提升智能化、自动化合规能力和水平，持续有效满足金融监管要求。

（二十二）建立健全创新管理机制。加强金融科技创新产品规范管理，出台基础性、通用性监管要求，明确不可逾越的监管红线和底线，运用信息公开、产品公示、公众参与、共同监督的柔性监管方式，划定金融科技守正创新边界，使金融科技创新有章可循、有规可依，确保金融科技产品业务合规、技术安全、风险可控。事前抓好源头管控，落实主体责任，强化内部管控和外部评估，严把金融科技创新产品入口关。事中加强协同共治，以金融科技创新产品声明管理为抓手，充分调动社会各方积极性，扩大参与度，构建行业监管、社会监督、协会自律、机构自治的多位一体治理体系，共同打造全社会协同共治的治理格局，及时发现金融科技创新产品风险隐患，杜绝存在安全隐患的产品"带病上线"，筑牢金融科技创新安全防火墙。事后强化监督惩戒，畅通投诉举报渠道，建立联合惩戒机制，加强违规惩戒，确保创新产品不突破监管要求和法律法规，不引发系统性金融风险。

第六节 夯实金融科技基础支撑

持续完善金融科技产业生态，优化产业治理体系，从技术攻关、法规建设、信用服务、标准规范、消费者保护等方面有力支撑金融科技健康有序发展。

（二十三）加强金融科技联合攻关。合理布局金融科技产业生态，促进产学研用协同联动、形成合力。聚焦重大科学前沿问题和基础理论瓶颈，开展前瞻性、基础性研究，支持高校和科研院所研究建立金融科技相关学科体系，推动经济金融、计算机科学、数理科学等多学科交叉融合,把握金融科技发展深层规律,夯实金融科技应用理论基础。针对金融科技发展面临的共性技术难题,推动产业部门加大支持力度,鼓励科技企业加强研究攻关,为金融科技发展与应用提供技术支撑。通过孵化平台、专项合作、试点推广等手段,促进技术成果及时转化和共享,提升我国金融科技产业链整体竞争力。

（二十四）推动强化法律法规建设。针对现代科技成果金融应用新特点,推动健全符合我国国情的金融法治体系,研究调整完善不适应金融科技发展要求的现行法律法规及政策规定,推动出台金融业新技术应用的相关法律法规,在条件成熟时将原有立法层次较低的部门规章等及时上升为法律法规。厘清法律边界,明确金融监管部门的职能和金融机构的权利、义务,破除信息共享等方面的政策壁垒,营造公平规范市场环境,为金融与科技融合发展提供法治保障。

（二十五）增强信用服务支撑作用。完善金融信用信息基础数据库,引导市场化征信机构依法合规开展征信业务,扩大征信覆盖范围,打造具有较高公信力和较大影响力的信用评级机构,满足社会多层次、全方位和专业化的征信需求,促进信用信息共享与应用。加强信用信息主体权益保护,防范信用信息泄露风险,完善信用信息主体的异议、投诉及责任处理机制,切实保障个人信用信息安全,提升征信市场有效供给和征信服务水平。

（二十六）推进标准化工作。针对金融科技发展新情况、新趋势,完善金融科技标准体系,培育满足市场和创新需要的国家及金融行业标准,加强标准间协调,从基础通用、产品服务、运营管理、信息技术和行业管理等方面规范引导金融创新。加快制定完善人工智能、大数据、云计算等在金融业应用的技术与安全规范。针对金融业信息技术应用建立健全国家统一推行的认证机制,进一步加强金融科技创新产品的安全管理,促进金融标准的实施落地,有效提升金融服务质量与安全水平。持续推进金融业信息技术创新应用标准的国际化,积极参与国际标准制定,推动国内优秀标准转换为国际标准,促进我国金融科技创新全球化发展。

（二十七）强化金融消费者权益保护。建立健全适应金融科技发展的消费者权益保护机制,规范和引导金融机构提供金融科技产品与服务,依法加强监督检查,及时查处侵害金融消费者合法权益的行为,维护金融科技市场有序运行。引导金融机构将保护金融消费者合法权益纳入公司治理、企业文化建设和经营发展战略中统筹规划,建立完善重大突发事件应急处置机制,认真落实投资者适当性制度,制定先行赔付、保险补偿等保护金融消费者合法权益的具体措施。督促和指导金融机构切实履行金融消费者投诉处理主体责任,完善投诉处理程序,提升投诉处理质量与效率,接受社会监督,切实保护金融消费者合法权益。

第四章　保障措施

第一节　加强组织统筹

金融科技发展规划是关系我国金融业高质量发展的前瞻谋划,必须高度重视,加强组织领导,结合实际、科学谋划、统筹协调,以钉钉子的精神切实抓好落实,一张蓝图干到底。根据职能定位和任务分工研究制定具体实施办法、完善配套政策措施、健全正向激励机制,提高相关单位推进金融科技发展的积极性,形成金融管理部门、金融机构、产业部门、社会团体等密切配合、协同推进的工作格局,确保各项措施和要求落实到位。

第二节 加大政策支持

加大中央、地方预算内资金投入力度,发挥国家科技计划(专项、基金等)作用,重点支持金融科技领域基础、共性和关键技术研发以及重大应用试点示范、公共服务平台建设等。探索引导性资金支持方式,对需求明确的金融科技创新活动,发挥好市场配置资源的决定性作用、金融机构的创新主体作用和财政资金的杠杆作用。落实国家支持科技创新与应用的税收政策,降低金融科技创新的税收负担。

第三节 完善配套服务

充分发挥各地区资源、技术、人才、环境等优势,加大金融科技相关配套服务支持力度,全面做好软硬件方面的统筹布局。加大金融科技载体建设力度,科学设立产业园区、孵化器、加速器、特色小镇、众创空间等金融科技示范区,集中承载金融科技业态,激发金融机构、科技公司等的内生发展动力。探索金融资源与科技资源对接的新机制,发展法律咨询、知识产权、风险投资、股权融资、创业孵化、市场推广等专业服务,构建全链条、全方位的金融科技产业生态。

第四节 强化国际交流

坚持金融业改革开放,进一步深化与其他国家、地区、国际组织的紧密联系与沟通,在人才、技术、标准、知识产权等方面加强多形式、多层次、多领域的平等磋商与务实合作,完善金融科技全球治理体系,推动建立有利于金融科技发展的国际新规则,实现互惠共赢、共同发展。结合共建"一带一路"倡议,积极对外输出我国金融科技发展催生的技术、标准、产品和服务等,探索双边、多边的示范性项目合作,不断提升我国金融业利用信息技术的能力和水平。

第五节 做好宣传贯彻

主动做好政策解读,推进相关政策措施公开透明,正面引导社会舆情,确保政策准确传导并有效实施。金融机构、行业自律组织等要积极运用多种形式广泛开展宣传工作,普及金融科技应用与发展相关知识,提升消费者金融素养,培养消费者现代金融理念,增强消费者风险防范能力,为发展规划的实施创造良好的社会环境和舆论氛围。

参考文献

[1] IBM. 区块链（Blockchain）引领未来市场的关键技术[EB/OL]. [2016-10-08]. https://www-07.ibm.com/tw/blueview/2016apr/pdf/BVP58-03.pdf.

[2] 安永. 下一片蓝海：区块链和分布式基础设施的应用实践[EB/OL]. [2017-10-30]. https://www.ey.com/cn/zh/services/advisory/risk/ey-implementing-blockchains-and-distributed-infrastructure.

[3] 巴曙松：中国金融科技发展的评估和趋势展望[EB/OL]. [2017-01-19]. http://www.gaierkeji.com/news/201779.html.

[4] 毕马威. 中国银行业转型20大痛点问题与金融科技解决方案[EB/OL]. [2017-08-22]. https://assets.kpmg.com/content/dam/kpmg/cn/pdf/zh/2017/08/china-banking-transformation-20-problems-solutions.pdf.

[5] 陈蕾，蓝兆君，陈以诺，李嘉华. 保险科技：互联网保险的下一个竞争前沿[EB/OL]. [2017-06-07]. https://read01.com/2oNNPz.html#.W4zBIadKhPY.

[6] 陈生强：科技助力金融迈进"无界"时代[EB/OL]. [2017-12-16]. https://m.pedaily.cn/news/424691.

[7] 陈心颖. 从平安到平台：科技创新赢未来[J/OL]. [2017-11-20]. http://www.irasia.com/listco/cn/pingan/announcement/sca171120a.pdf.

[8] 程华，杨云志. 区块链发展趋势与商业银行应对策略研究[J]. 金融监管研究，2016(6).

[9] 德勤中国. 前有激流，未雨绸缪——一般保险行业的变革力量和创新趋势[EB/OL]. [2017-07-17]. https://www2.deloitte.com/content/dam/Deloitte/cn/Documents/financial-services/deloitte-cn-fs-turbulence-ahead-zh-170717.PDF.

[10] 东北证券. 中国平安：金融科技打开盈利和价值增长点[EB/OL]. [2017-12-18]. http://stock.jrj.com.cn/hotstock/2017/12/19023123813069.shtml.

[11] 段新星. 稳健与积极的再平衡——从数字货币的设计思路到央行的策略建议[EB/OL]. [2017-03-29]. http://www.8btc.com/5436224.

[12] 方国伟. 从0到1——平安云的构建与运维实践[EB/OL]. [2018-01-19]. http://www.cfc365.com/technology/cloudcomputing/2018-01-19/14644.shtml.

[13] 冯明华，等. 智能投顾发展现状与监管研究[EB/OL]. [2017-10-12]. http://www.sac.net.cn/yjcbw/zgzqzz/2017/2017_08/201710/P020171012327144030835.pdf.

[14] 复旦大学中国保险科技实验室. 中国保险科技发展白皮书[EB/OL]. [2017-05-31]. http://www.efnchina.com/uploadfile/2017/0531/20170531113639894.pdf.

[15] 高强. AI在金融科技领域的实践[EB/OL]. [2017-03-25]. https://pic.huodongjia.com/ganhuodocs/2017-08-14/1502691434.67.pdf.

[16] 高盛. 区块链：从理论到实践[EB/OL]. [2017-09-16]. http://bbs.pinggu.org/thread-5975892-1-1.html.

[17] 高西庆. 区块链将彻底改变金融系统游戏规则[EB/OL]. [2018-02-23]. http://finance.ifeng.com/a/20180223/15993684_0.shtml.

[18] 光大银行. 风险一体化项目实施[EB/OL]. [2017-09-07]. https://cloud.tencent.com/developer/article/1107434.

[19] 何宝宏. 预见区块链的2018[EB/OL]. [2017-12-15]. http://www.cnii.com.cn/technology/2017-12/15/content_2023283.htm.

[20] 何大勇. 智慧运营,银行业竞争的下一个决胜之地——下一代中国银行业运营模式研究[EB/OL]. [2017-10-19]. http://image-src.bcg.com/Images/BCG_Banking_Operations_Oct%202017_CHN_tcm55-173580.pdf.

[21] 霍学文. 互联网金融的发展框架与哲学思考[J]. 中国银行业, 2015(3).

[22] 李博, 董亮. 互联网金融的模式与发展[J], 中国金融, 2013(10).

[23] 林小驰, 胡叶倩雯. 关于区块链技术的研究综述[J]. 金融市场研究, 2016(2).

[24] 刘欣琦, 齐瑞娟, 高超. 众安在线:金融科技驱动的互联网保险龙头[EB/OL]. [2018-01-16]. http://img.zhitongcaijing.com/pdf/20180117/20180117151352_46183.pdf.

[25] 刘绪光, 徐天骄. 国际保险科技发展实践与监管趋势[EB/OL]. [2017-09-29]. http://www.sohu.com/a/195455794_499199.

[26] 麦肯锡. 集约化、智能化、跨越式发展零售银行之路[EB/OL]. [2017-07-07]. http://www.mckinsey.com.cn/集约化、智能化、跨越式发展零售银行之路/.

[27] 麦肯锡. 区块链——银行业游戏规则的颠覆者[EB/OL]. [2016-05-17]. http://www.mckinsey.com.cn/wp-content/uploads/2016/05/区块链.pdf.

[28] 美国金融科技考察团. 美国金融科技考察报告[EB/OL]. [2017-11-06]. http://img.bimba.pku.edu.cn/resources/file/13/2017/11/06/20171106202353409.pdf.

[29] 普华永道. 保险业"新常态"以保险科技驱动创新[EB/OL]. [2017-08-01]. https://www.pwccn.com/zh/industries/financial-services/insurance/publications/driving-innovation-with-insurtech.html.

[30] 普华永道. 人工智能在金融领域的场景解析[EB/OL]. [2018-10-01]. http://www.ftrc.nccu.edu.tw/wordpresseng/wp-content/uploads/2017/10/pwc_no2_1018.pdf.

[31] 申万宏源. 区块链技术,颠覆式创新——区块链和数字货币系列报告之一:入门指南[EB/OL]. [2016-03-23]. https://new.qq.com/rain/a/20160323020122.

[32] 上海北外滩金融研究院. 区块链行业研究报告[EB/OL]. [2017-08-17]. http://www.cicpa.org.cn/Column/hyxxhckzl/zcyxs/201708/W020170824582100469201.pdf.

[33] 肖风. 区块链催生了全新的商业模式——分布式商业[EB/OL]. [2018-02-12]. http://www.chinavalue.net/Finance/Blog/2018-2-12/1500281.aspx.

[34] 谢平, 邹传伟. 互联网金融模式研究[J]. 金融研究, 2012(12).

[35] 兴业证券. 区块链与数字货币:原理、特征与构想[EB/OL]. [2017-05-15]. https://www.jianshu.com/p/acdff92bd16c.

[36] 徐奇琛. 京东技术服务智能化实践[EB/OL]. [2018-04-23]. http://news.idcquan.com/news/141913.shtml.

[37] 杨晓晨,张明.比特币:运行原理、典型特征与前景展望[J].金融评论,2014(1).

[38] 姚国章,赵刚.互联网金融及其风险研究[J].南京邮电大学学报(自然科学版),2015(2).

[39] 姚国章.区块链驱动的金融业发展变革研究[J].南京邮电大学学报(自然科学版),2015(2).

[40] 姚国章,赵刚,等.比特币:潮起潮落背后的理性思考[J].南京邮电大学学报(社会科学版),2014(2).

[41] 叶宇.Fintech与人工智能对金融机构和监管带来的变革[EB/OL].[2016-05-01].http://pifs.law.harvard.edu/wp-content/uploads/2016/05/concept-paper-yu-ye-updated.pdf.

[42] 袁勇,王飞跃.区块链技术发展现状与展望[J].自动化学报,2016(2).

[43] 张家林.区块链:构建新型互联网金融的重大技术创新[EB/OL].[2015-10-08].http://www.cf40.org.cn/uploads/PDF/20151008.pdf.

[44] 郑宇庭.大数据于金融稳定之应用[EB/OL].[2016-12-01].http://www.tpefx.com.tw/uploads/download/tw/Big%20Data%20in%20Financial%20Stability.pdf.

[45] 中国信通信研究院.金融区块链研究报告[EB/OL].[2018-07-26].http://www.199it.com/archives/753409.html.

[46] 中国信息通信研究院.中国金融科技前沿技术发展趋势及应用场景研究[EB/OL].[2018-01-16].http://www.caict.ac.cn/kxyj/qwfb/ztbg/201804/P020180116491991162222.pdf.

[47] 中国支付清算协会金融大数据应用研究组,中国信息通信研究院云计算与大数据研究所.大数据在金融领域的典型应用研究[EB/OL].[2018-03-27].http://www.caict.ac.cn/kxyj/qwfb/ztbg/201804/P020180327605403296958.pdf.

[48] 朱民:金融科技蚕食银行表内业务只是时间问题[EB/OL].[2017-11-06].http://cj.sina.com.cn/article/detail/5365680250/470876.

[49] 陈继东.解密蚂蚁金服基于大数据的安全和风控体系[EB/OL].[2015-03-18].https://www.aliyun.com/zixun/content/2_11_1883623.html.

[50] 陈铃,彭俊宁.芝麻信用的发展现状及问题探讨[J].当代经济,2016(8).

[51] 胡喜.首席架构师揭秘蚂蚁金服互联网IT运维体系实践[EB/OL].[2016-08-25].http://www.36dsj.com/archives/59543.

[52] 蚂蚁金服.蚂蚁金服安全和技术创新探索[EB/OL].[2017-06-29].https://www.antfin.com/exploration.htm.

[53] 漆远.用大数据和人工智能打造智能金融平台[EB/OL].[2017-06-29].http://www.yisou.sd.cn/keji/content/12203673.html.

[54] 孙清.大数据时代来临 蚂蚁金服全面发力"互联网+"[EB/OL].[2015-12-04].http://www.mingin.com/column/1442-1.html.

[55] 王国荣.大数据案例:大数据"维他命"养大的"蚂蚁金服"[EB/OL].[2017-06-28].http://www.shdongchang.com/home/newsdetail/3226.

[56] 张树人.阿里巴巴金融科技的经验与教训[EB/OL].[2017-06-30].http://sfm.fi-

nance. nsysu. edu. tw/php/Papers/CompletePaper/Panel6. pdf.

[57] 赵湘怀. 蚂蚁金服之九层塔[EB/OL]. [2015-10-19]. http://data. eastmoney. com/report/20151019/hy,APPGPdhtzmenIndustry. html.

[58] 周卫林. 蚂蚁金服在大数据合作上的创新实践[EB/OL]. [2017-06-13]. http://www. sohu. com/a/148510821_265460.